# 500 VOYAGES de RÊVE

## *hors des sentiers battus*

# 500 VOYAGES *de* RÊVE

## *hors des sentiers battus*

AVANT-PROPOS DE KEITH BELLOWS

RÉDACTEUR EN CHEF DU *NATIONAL GEOGRAPHIC TRAVELER MAGAZINE*

NATIONAL GEOGRAPHIC

# Sommaire


Votre prochain voyage commence ici 7

❶ Le monde à vos pieds 8
Prendre de la hauteur pour mieux contempler

❷ Derniers paradis sauvages 38
Lieux préservés, loin de tout, où la nature est restée intacte

❸ Îles du bout du monde 78
Refuges idylliques, baignés de soleil ou prisonniers des glaces

❹ Routes et chemins de traverse 114
Itinéraires insolites, à pied ou en voiture, tranquilles ou sportifs

❺ Secrets d'histoire 150
Monuments et sites anciens méconnus

❻ Oasis spirituelles 178
Cathédrales, tombeaux et temples juchés au sommet des reliefs

❼ Trésors cachés 206
Musées, demeures et châteaux nichés dans des lieux reculés

❽ Villages oubliés 246
Paysages bucoliques, de la jungle indonésienne à la campagne anglaise

❾ Escapades urbaines 276
Jardins secrets et quartiers historiques au cœur de la frénésie citadine

Index 312
Crédits 319

Page précédente : la marche tranquille des éléphants à travers la savane africaine.
Ci-contre : danses ancestrales et costumes traditionnels pour ces Indiens Zuñis d'une réserve du Nouveau-Mexique.

SUNNY SIDE
ITALIAN RESTAURANT
31

# Votre prochain voyage commence ici

Nous avons tous connu, dans nos voyages, un instant magique marqué par la découverte d'un lieu confidentiel, d'un panorama stupéfiant, d'un site insolite. Si je devais partager avec vous un de ces secrets, je vous parlerais de ce lac, dans la région des chalets au Canada, que l'on découvre du haut d'un éperon de granit de 25 m, au bout d'une route poussiéreuse. De cette balade à Londres, de la maison de Keith Richards jusqu'à une statue de Thomas Carlyle où l'on trouve une espèce en voie de disparition — un véritable pub. Ou encore de ce point de la baie de Chesapeake, sur la côte est des États-Unis, qui, au lever du jour, offre une vue superbe sur une flottille de pêche affairée à remonter des casiers grouillant de crabes bleus. Et de ce petit loch écossais bordé de palmiers…

J'aime suivre, dans mes voyages, les pas de ceux qui connaissent la région et profiter de leurs bons conseils. Un principe que reprend cet ouvrage. Cette édition est la suite de *400 Voyages de rêve*, un recueil publié en 2008 de voyages extraordinaires, qui peuvent « changer une vie ». Un inventaire que nous essayons aujourd'hui de compléter avec ces *500 Voyages de rêve hors des sentiers battus*. Cette fois, nous avons décidé de creuser encore plus en profondeur, à la recherche de perles rares. Ce livre est le fruit d'années d'exploration aux quatre coins de la planète, en quête des joyaux de la Terre. Un monde d'initiés dans lequel les guides de voyage conventionnels ne s'aventurent pas : le Grand Canyon depuis un point de vue insolite, une rencontre sauvage au Kenya, les vestiges mayas d'Altun Ha au Belize, Londres avant « London Eye », le pittoresque chemin de fer de Sarajevo à Mostar, le passage secret entre le palais Pitti et la galerie des Offices à Florence, les meilleurs kebabs de Turquie, des villages espagnols hors du temps au sud de Salamanque ou encore cette île qui est le secret le mieux gardé des Antilles… Des lieux, des idées, des conseils pour découvrir, au fil des pages suivantes, ce que les habitants de ces superbes régions aiment garder pour eux. Histoires cachées, secrets urbains, merveilles de la nature oubliées, ces destinations secrètes vous attendent.

*Keith Bellows, rédacteur en chef*
*du* National Geographic Traveler Magazine

Ci-contre : le pittoresque canal de Nyhavn, dans le centre de Copenhague, et les façades colorées des maisons bourgeoises qui le bordent.

# 1

# LE MONDE À VOS PIEDS

Voir le monde depuis ses sommets est un des plus grands plaisirs que les voyages apportent. Si certaines vues sont célèbres au point d'être devenues des clichés touristiques, d'autres sont restées préservées, un peu à l'écart des sentiers battus. Des vues qui, sans doute parce qu'elles arrivent comme une surprise, sont souvent magiques. Certains des itinéraires qui suivent vous font découvrir des panoramas incroyables, comme celui de Bonifacio, qui semble accrochée à son rocher, en surplomb sur la Méditerranée. À la frontière entre le Tennessee et la Caroline du Nord, un superbe paysage de montagne récompensera vos efforts. D'autres itinéraires vous amèneront au plus près des merveilles de la nature, jusqu'à un face-à-face avec un condor dans le canyon de Colca, au Pérou. Pour les moins vaillants, des chemins de fer à crémaillère permettent souvent de gagner les hauteurs, comme dans les Alpes suisses. Et une fois arrivés, marcheurs et passagers se retrouvent à pied d'égalité, le souffle coupé par tant de beautés.

Le joli village de Mürren, dans les Alpes suisses, posé sur un étroit plateau haut perché sur la vallée de Lauterbrunnen, offre une vue des plus spectaculaires et vertigineuses sur les montagnes environnantes.

CANADA

# Les lacs Waterton

## Les pics de granit se reflètent dans les eaux cristallines du lac Waterton supérieur, dans le sud-ouest de la province d'Alberta.

Les amateurs d'espaces sauvages sont aux anges lorsqu'ils découvrent le paysage qui les accueille dès leur entrée dans le parc national des lacs Waterton, à 3 heures de route de Calgary. C'est ici que les Prairies canadiennes rencontrent les Rocheuses, que les pics escarpés viennent peu à peu mourir sur de douces pentes herbeuses. C'est là également que des glaciers ont laissé leurs marques en une série de cuvettes et de petits lacs qui parsèment les hauteurs, et que la roche précambrienne, érodée par l'eau et le vent, jette des éclats rouges et verts au soleil. Portant le nom d'un naturaliste anglais du XIXe siècle, Charles Waterton, ce parc de 505 km$^2$ renferme de nombreux lacs, parfois de plus de 150 m de profondeur, et des sommets de près de 3000 m. Lorsque l'été arrive, un tapis de fleurs sauvages recouvre la Prairie, notamment cypripède des montagnes, de la famille des orchidées, reine-des-prés et androsace laineuse. Et lorsque la neige enveloppe le parc dans son silence hivernal, wapitis, cerfs-mulets et mouflons des Rocheuses déambulent dans le village de Waterton tels d'innocents visiteurs, tandis que les passionnés de glisse reprennent leurs droits sur les pistes, avant de se retrouver autour d'un chocolat chaud au Prince of Wales Hotel, un superbe chalet construit sur un promontoire en 1927.

**Quand ?** En plus d'être humide et venteux, le temps à Waterton change rapidement. Les températures peuvent atteindre 35 °C en été et -40 °C en janvier et février, avec de fréquents redoux hivernaux (10 °C). Juin et avril sont les mois les plus humides. Attendez-vous à trouver de la neige en hiver.

**Où ?** Le parc est accessible en voiture depuis Calgary, à 264 km au nord, ou *via* la Chief Mountain International Highway depuis le parc national américain voisin de Glacier, dans le Montana.

**À savoir** Le parc est ouvert toute l'année mais certains services ne sont pas proposés en hiver. Vous trouverez des hôtels et auberges dans le village de Waterton, près du lac moyen. Le parc accueille plusieurs campements. Autorisations et cartes de randonnée auprès du centre d'information, ouvert de mai à octobre.

**Internet** www.watertonpark.com, www.pc.gc.ca, www.travelalberta.com, www.canada.travel

### La réserve des Pieds-Noirs

Partageant une frontière avec le parc, la **réserve des Pieds-Noirs** (Blackfeet) accueille, sur un territoire de plaines, de forêts et de montagnes, la tribu du même nom, aujourd'hui sédentarisée.

■ L'héritage de cette tribu des plaines du Nord est présenté au sein du **Museum of the Plains Indian**, à Browning, dans le Montana. Rites et coutumes y sont expliqués et les habits traditionnels présentés.

■ À Browning également, le **Blackfeet Heritage Center & Art Gallery** permet de découvrir poteries, tapis, statuettes kachinas, vannerie et peintures.

Le parc national des lacs Waterton dans les Rocheuses renferme une série de lacs glaciaires et de paysages sauvages surplombant les Prairies canadiennes.

Raven Cliff Falls, à travers une trouée. Une chute d'eau de 128 m au total descend l'à-pic en une série de cascades.

ÉTATS-UNIS

# Le parc Caesars Head

## En Caroline du Sud, un point de vue au sommet d'un vertigineux escarpement et les contreforts des Appalaches s'offrent à vous.

Dans le nord-ouest de la Caroline du Sud, les collines laissent soudainement place à un « grand mur bleu », un escarpement de 610 m de haut appartenant à la chaîne des Blue Ridge, formant la partie orientale des Appalaches. La crête de cette élévation correspond au Caesars Head State Park, une étendue sauvage adorée par les habitants du coin mais presque inconnue en dehors de l'État. Au XIXe siècle, les familles de fermiers s'y retrouvaient en été pour pique-niquer. Comme aujourd'hui, la principale attraction était l'avancée en granit et sa vue quasi panoramique sur les monts voisins. Cette saillie, aux yeux des premiers colons, ressemblait au profil d'un empereur romain, d'où le nom. Par temps clair, on peut voir jusqu'à une centaine de kilomètres de distance. Caesars Head fait partie de la Mountain Bridge Wilderness Area, une réserve qui offre 80 km de très bons sentiers de randonnée de montagne. Le plus populaire est la boucle de 6,4 km qui mène aux Raven Cliff Falls, une des plus hautes chutes des États-Unis. Plus difficile, un autre itinéraire de 14 km conduit les randonneurs, *via* un pont suspendu au-dessus des chutes, vers un belvédère naturel qui offre un point de vue magistral sur la série de cascades.

**Quand ?** Le printemps et l'automne, peu humides, sont très agréables. De mi-septembre à fin octobre, il est possible d'y voir des milliers de buses à queue rousse, éperviers bruns, éperviers de Cooper et autres rapaces, lors de leur migration annuelle vers le sud.

**Où ?** Le bureau du parc se trouve à 56 km au nord-ouest de Greenville, en Caroline du Sud, sur l'U.S. 276.

**À savoir** Desservie par un aérodrome dynamique, Greenville est une petite ville dont les auberges et restaurants de qualité gagnent en réputation dans le sud-est des États-Unis.

**Internet** www.southcarolinaparks.com, www.wildernet.com

### Une jolie chapelle

Non loin de Caesars Head, une petite route qui serpente entre Caroline du Nord et Caroline du Sud termine son trajet à la porte d'une adorable chapelle perchée au sommet d'une falaise, fort justement surnommée « **Pretty Place** ». Cette chapelle a été bâtie sur un solide éperon rocheux qui se détache de la montagne, quelque 600 m au-dessus d'une vallée boisée. Romantique à souhait, le lieu est très prisé pour les mariages et est très souvent pris d'assaut les week-ends. En semaine, vous pouvez avoir la chance d'y être seul, notamment à l'aube, pour profiter d'un magnifique lever de soleil sur les montagnes environnantes.

ÉTATS-UNIS

# La Cherohala Skyway

## Une petite route tranquille qui traverse les Great Smoky Mountains et offre de multiples points de vue sur les forêts alentour.

La « voie céleste de Cherohala » est une petite route pittoresque qui part de la ville de Tellico Plains dans le Tennessee, à 300 m d'altitude. Elle serpente ensuite à travers de denses forêts avant de s'élever pour franchir le Blue Ridge, puis de redescendre vers Robbinsville, en Caroline du Nord. À la frontière entre les deux États, elle déroule son ruban d'asphalte à 1 220 m d'altitude et grimpe même jusqu'à 1 585 m, franchissant plusieurs cols en moins de 25 km. Achevée en 1996 après trente années de construction – une prouesse d'ingénierie –, elle traverse une des régions montagneuses les moins développées de l'est des États-Unis, ne comptant pas moins de quatre réserves naturelles : au nord la Citico Creek Wilderness et la Joyce Kilmer-Slickrock Wilderness, au sud le Snowbird Backcountry et la Bald River Gorge Wilderness. Quelque 8 km après le centre d'information, dans le Tennessee, on découvre toute la beauté des gorges de la Bald en empruntant le chemin forestier 210 qui conduit là où la rivière se transforme en un rideau de brume de 30 m de haut avant de retomber dans une paisible cuvette. À l'automne, les deux forêts fédérales – Cherokee et Nantahala – que la « voie céleste » traverse sont d'une beauté sans nom.

**Quand ?** Les deux premières semaines d'octobre, les versants se parent d'une multitude de rouges, jaunes et oranges flamboyants et le temps, généralement frais et sec, offre de grandes vues dégagées. Il est aussi plaisant de suivre cette route en mai et début juin alors que la nature est en fête et que les rhododendrons, les azalées candulacées et les lauriers des montagnes maculent les pentes d'immenses taches de couleur.

**Où ?** Le parcours est plus agréable d'ouest en est. Partez de Tellico Plains, prenez la route d'État 165. Des cartes gratuites sont disponibles au centre d'information de Tellico Plains.

**À savoir** La « voie céleste » est une route tranquille et bien entretenue mais sur laquelle on ne rencontre aucune station-service. Faites le plein d'essence, eau et en-cas avant de partir. Il faut 3 h pour parcourir tranquillement ses 88 km, en prenant le temps de profiter des panoramas. Ajoutez 3 h de balade dans la Joyce Kilmer-Slickrock Wilderness et le programme de votre journée est établi.

**Internet** www.cherohala.com, www.cherohala.org, www.grahamcountytravel.com

### En mémoire du poète

La **Joyce Kilmer Memorial Forest** porte le nom du poète et naturaliste qui a écrit « Je pense que je ne verrai jamais / un poème beau comme un arbre » et protège une des plus belles et vieilles forêts du sud des Blue Ridge Mountains. Kilmer a été tué lors de la Grande Guerre mais l'esprit de sa poésie a survécu en ce lieu. Au cœur d'un vallon encaissé, un sentier facile de 3 km en forme de huit serpente au milieu des chênes, noyers d'Amérique et peupliers. Certains de ces arbres géants ont plus de 400 ans et une circonférence supérieure à 6 m.

La Cherohala Skyway offre de superbes points de vue sur les forêts fédérales de Cherokee et Nantahala, notamment à l'automne.

Dead Horse Point domine le paysage aride et érodé du parc national de Canyonlands.

ÉTATS-UNIS

# LE PARC DE DEAD HORSE POINT

**La géologie est votre marotte ? Faites-vous plaisir dans le parc de Dead Horse Point, près de la petite ville de Moab, dans l'Utah.**

L'univers minéral est en fête : pitons rocheux et buttes de grès rouge, fruits d'une érosion constante, se dressent en rang sous un ciel sans fin. Lorsque le soleil se couche, les falaises et mesas se parent d'une lumière rougeâtre qui semble émaner de la roche, tandis que, 610 m plus bas, le Colorado luit comme du mercure et déroule ses méandres sur plus de 2 250 km vers le golfe de Californie. Le parc, de 2 104 ha, a autrefois été le domaine des cow-boys et des mustangs. Dead Horse Point, un promontoire plat accessible uniquement par un étroit corridor, servait alors de corral naturel pour capturer les chevaux sauvages. Aujourd'hui, le parc est une étape incontournable pour tout visiteur de Moab, un lieu saint pour les vététistes, les grimpeurs et ceux qui aiment marcher dans le désert. Il est possible de camper et de suivre les nombreux sentiers qui sillonnent le parc et offrent une perspective différente à chaque virage. Faites attention toutefois : le terrain est particulièrement accidenté et un « imprévu », comme disent les gens du coin, peut vite gâcher votre journée. Autre possibilité : rejoindre le belvédère de Dead Horse Point en voiture et rester béat d'admiration devant une œuvre en cours, vieille de 150 millions d'années.

**Quand ?** L'été est dur dans le sud de l'Utah ; préférez le printemps ou l'automne (il peut encore faire chaud en journée). Visitez le site à l'aube ou au crépuscule, lorsqu'un phénomène d'optique atmosphérique colore les falaises en rose fluorescent.

**Où ?** De Moab, roulez pendant 14 km vers le nord-ouest sur l'U.S. 191, puis en direction du sud-ouest sur la route d'État 313 sur 37 km environ pour atteindre l'entrée du parc.

**À savoir** Salt Lake City, Utah, Phoenix, Arizona, Albuquerque, Nouveau-Mexique, Denver, Colorado et Las Vegas, Nevada, sont d'excellents points de chute. Moab est la ville la plus proche. Une voiture est indispensable.

**Internet** www.utah.com/stateparks/dead_horse.htm, www.moab-utah.com, www.discovermoab.com

### Le paradis des vététistes

Le parc de Dead Horse Point est situé en plein pays des « roches rouges », région d'Utah mondialement connue auprès de la communauté vététiste. Pas besoin d'être un pro toutefois pour apprécier l'exercice. Sur place, les loueurs de VTT sauront vous recommander des itinéraires faciles et vous conseiller. Le **réseau de sentiers** du parc propose diverses difficultés de parcours.

Les plus intrépides ne manqueront pas le **Slickrock Trail** : 17 km associant terrains difficiles et vues superbes. Il faut entre 3 et 4 h pour parcourir la boucle. Le sol est aride et il fait souvent chaud… Prenez des réserves d'eau !

PÉROU

# Le canyon de Colca

**Ce profond canyon creusé dans les Andes par la rivière Colca était déjà habité avant les Incas.**

Difficile d'imaginer qu'un animal aussi imposant, avec une envergure de près de 3 m, puisse quitter le sol, encore moins voler avec autant de grâce. Et pourtant, le condor des Andes joue avec les ascendances thermiques du sud du Pérou, sans se soucier de ceux qui, rivés au sol, le pointent du doigt et le mitraillent depuis le *mirador* de Cruz del Condor, un des belvédères qui surplombent le canyon de Colca. Né de la formation de failles lors des dernières phases du soulèvement andin, le canyon doit sa forme actuelle à près de 150 millions d'années d'érosion de la roche volcanique modelée par le vent et l'eau. Les aviateurs américains qui l'ont survolé pour la première fois dans les années 1920 l'ont surnommé la Vallée perdue des Incas. En 2005, sa profondeur maximale a été établie à 4 160 m – deux fois celle du Grand Canyon en Arizona. Les hauteurs du canyon sont habitées par des communautés indigènes qui cultivent encore les champs en terrasses construits sur les versants escarpés par leurs ancêtres, bien avant l'époque inca. Ils avaient pour coutume de conserver leurs récoltes et d'enterrer leurs chefs dans les *colcas* (niches) des falaises. Plusieurs modes d'exploration du canyon sont possibles : à pied, à cheval, en VTT ou en descendant la rivière en rafting ou kayak. Vous pouvez aussi choisir l'option détente et profiter d'une source chaude qui remonte des profondeurs volcaniques, en admirant la magie des éléments qui ont façonné ce paysage et les lois de la physique qui permettent aux condors de voler.

**Quand ?** Désert d'altitude, la région de Colca connaît des journées ensoleillées et des nuits froides tout au long de l'année. La saison des pluies, si l'on peut dire, a lieu en été (janvier-mars).

**Où ?** La partie la plus profonde du canyon est comprise entre Chivay (près de la partie supérieure du canyon) et Cabanaconde (près de Cruz del Condor), à 4 h de voiture (200 km) d'Arequipa, régulièrement desservie par des vols de et vers Lima. La plupart des services touristiques sont sur le bord sud, notamment à Chivay, Yanque et Cabanaconde.

**À savoir** Le choix de l'hébergement va de modestes pensions de famille à des hôtels-boutiques haut de gamme. Des hôtels qui organiseront pour vous des sorties ornithologiques au Cruz del Condor ou des randonnées de 1 semaine dans les profondeurs du canyon.

**Internet** peru.travel, www.pablotour.com, www.tourisme-perou.com, www.lascasitasdelcolca.com

Ci-contre : Sibayo, à plus de 3 800 m d'altitude. Ci-dessus : vol d'un condor au-dessus du canyon.

## Des attractions géologiques

Le canyon est loin d'être la seule merveille géologique de la région :

- Plus proche de la surface de Mars que d'un paysage terrestre, la **vallée des Volcans** est criblée de cônes et de cratères éteints - 80 en tout. Elle est dominée par le **Nevado Coropuna**, le plus grand volcan actif du Pérou. Culminant à 6 425 m d'altitude, il est le dixième plus haut sommet des Andes.

- À 100 km environ au sud de Cabanaconde, bien caché dans le paysage désertique de la vallée du Majes (le Colca devient le Majes en descendant vers le Pacifique), le site de **Toro Muerto** (littéralement taureau mort) renferme plus d'un millier de pétroglyphes pré-incas. Ces gravures rupestres de formes géométriques et zoomorphiques affichent une certaine ressemblance avec les géoglyphes de Nazca.

Il est recommandé d'explorer la vallée des Volcans et Toro Muerto, deux sites reculés et difficiles d'accès, avec un guide local.

Malgré leur hauteur, les chutes de Fumaça terminent leur course en un filet d'eau.

BRÉSIL

# Les chutes de Fumaça

Une balade tranquille au pied des plus hautes chutes du Brésil, avant de gagner le haut de cette vertigineuse cascade pour une vue imprenable.

Appuyé sur les coudes, allongé sur une roche plate et chaude et retenu par la poigne de votre guide, vous admirez la cascade de Fumaça, haute de 384 m. Emportée par le vent, la colonne d'eau devient, peu à peu, un voile de fumée, d'où son nom en portugais : Fumaça. La cascade se trouve dans la Chapada Diamantina, un parc national de l'État de Bahia, dans le nord-est du Brésil, connu pour ses mesas, vallées, rivières et grottes. Vers le milieu du XIXe siècle, la région a été envahie par les *garimpeiros*, des prospecteurs séduits par la promesse de diamants. Leurs sentiers servent aujourd'hui de parcours de randonnée de trois jours, depuis Lencóis, dans la vallée de Capão, jusqu'au pied des chutes. Les bivouacs sont organisés dans des grottes ouvertes ou dans d'anciennes églises et les repas préparés sur des feux de camp, à la belle étoile. Le dernier jour, vous atteignez une superbe cuvette au pied de la cascade dans laquelle vous pouvez vous baigner et évaluer l'ascension qui vous attend. Trois heures, sur une pente parfois très raide, parfois plus accessible, pour atteindre le haut de la falaise et admirer la vallée dont vous venez de vous extraire.

**Quand ?** Les mois de juin à septembre sont les plus frais, avec des températures en journée de 21-26 °C. Le ciel est souvent clair. Durant la saison des pluies, de décembre à mars, la végétation devient luxuriante et les rivières sont gonflées.

**Où ?** Lencóis est le camp de base des excursions dans la Chapada Diamantina. Elle est à moins de 1 h en avion ou à 5 h de route cahoteuse en autocar de Salvador, à 400 km à l'ouest.

**À savoir** Tous types d'hébergements possibles à Lencóis. Des villages, tels que Mucugê et Vale do Capão, sont plus dans le parc et moins touristiques. Il est fortement conseillé d'engager un guide pour des randonnées supérieures à une journée dans la mesure où il est parfois difficile de se repérer.

**Internet** www.chapada-diamantina.com, www.guialencois.com.br, www.infochapada.com/francais

### Piscines naturelles

Une marche tranquille de 4 km au sud de Lencóis vous conduit à **Ribeirão do Meio**, un toboggan naturel que la rivière Lencóis a façonné sur les rochers, autour d'une série de cuvettes étagées qui débouchent sur un bassin plus large, où il est possible de se baigner. Les cuvettes font de délicieux jacuzzis naturels – asseyez-vous et laissez-vous chatouiller par l'eau, colorée par les minéraux. Vous pouvez également lézarder au soleil sur les rochers alentour. Pour l'adrénaline, et si un ou deux bleus ne vous font pas peur, laissez-vous glisser le long du toboggan naturel.

AUSTRALIE

# La baie de Wineglass

## Une baie paisible de la péninsule de Freycinet, littoral rocailleux de l'est de la Tasmanie, que l'on découvre après un peu d'effort.

Ceux qui descendent encouragent ceux qui montent : « Continuez, ça vaut vraiment le coup. » Le sentier raide depuis le parking de Coles Bay finit par atteindre un belvédère rocheux entre deux sommets de granit rose du massif des Hazards. En dessous, un somptueux arc de sable siliceux blanc dessine un croissant parfait entre les eaux turquoise et les versants boisés : la baie de Wineglass, joyau du parc national de Freycinet, langue de terre encore vierge et sauvage, d'une extraordinaire beauté au nord de Hobart. La plage n'est alors plus qu'à une demi-heure de marche. Prenez des provisions pour un déjeuner sur le sable, qu'un wallaby un peu curieux risque de venir vous disputer. Regardez les pygargues blagres qui tournoient dans le ciel ou les dauphins qui viennent s'amuser et faire des bonds dans l'eau avant de replonger. Vous pouvez également vous baigner – les eaux sont sans danger mais la baignade n'est pas surveillée – avant de choisir un coin retiré sous des pins australiens pour pique-niquer. Le retour se fait par le même chemin ou en traversant le petit isthme marécageux vers Hazards Beach (30 minutes environ), puis par le sentier côtier qui contourne le mont Mayson, une marche de 2 à 3 heures avec des tronçons rocailleux et parfois glissants par temps de pluie. Plus rapide, vous pouvez demander à un aqua-taxi de venir vous chercher.

**Quand ?** Malgré un climat marin tempéré, les activités en extérieur sont plus agréables de la fin du printemps à l'automne (novembre-avril), lorsque l'air est plus chaud et les jours plus longs.

**Où ?** Rejoignez le parc national de Freycinet depuis Hobart par la Tasman Highway (A3) *via* Swansea vers Coles Bay (138 km). Carte d'entrée en vente au centre d'accueil qui propose aussi des cartes de randonnée.

**À savoir** Chaussures de marche, chapeau, eau et nourriture indispensables. Signalez-vous au départ et au retour de votre randonnée. Le circuit Wineglass Bay/Hazards Beach fait 11 km de long. Possibilités de visites guidées, aqua-taxis, déjeuners croisière et bateaux nolisés ; réservations indispensables.

**Internet** www.wineglassbay.com, www.freycinetadventures.com.au, freycinetseacruises.com, www.freycinetcoast.com.au, www.sealifecentre.com.au, www.freycinetvineyard.com.au

### Plaisirs gustatifs

- **Freycinet Marine Farm**, dans la bien nommée Great Oyster Bay, propose homards, moules et huîtres en dégustation.
- **Kate's Berry Farm** vous invite, du printemps à l'automne, à cueillir vos fruits ; glaces et confitures également en vente.
- Dégustation de vins de divers cépages dont riesling, sauvignon blanc, pinot noir et chardonnay dans les domaines de **Coombend** et **Freycinet Vineyards**, sur la Tasman Highway entre Swansea et Bicheno.
- Restaurant de fruits de mer au **Sea Life Centre** à Bicheno. Avec de la chance, vous pourrez voir des manchots pygmées sur la plage pendant le dîner.

La baie de Wineglass, parfait croissant de lune dessiné par une plage de sable blanc, creusée dans le massif de granit des Hazards.

TOP 10

# Vue sur la mer

Lorsque la terre rencontre la mer et offre un point de vue somptueux sur un littoral escarpé et un océan déchaîné.

## ❶ Le mirador Escénico, San Carlos, Mexique

Ce pittoresque point de vue, à 6 km de San Carlos, offre une vue sans égale sur le golfe de Californie, les spectaculaires pitons volcaniques de Tetakawi et les paisibles anses de Playa Piedras Pintas. Le mirador est également un site d'observation de premier ordre des dauphins, des pélicans et des baleines.

À savoir Pour découvrir le golfe de Californie (ou mer de Cortés), louez un kayak ou un bateau de pêche à San Carlos. Pour la plaisance ou la pêche, meilleure saison de novembre à mai. www.visitmexico.com

## ❷ Le Kalaupapa, Moloka'i, Hawaii, États-Unis

Suivez le guide et ses mules le long de ce sentier abrupt de 5 km dans le parc historique national de Kalaupapa pour atteindre un véritable paradis, à l'abri des plus hautes falaises au monde, qui plongent de 1 010 m dans l'océan Pacifique. Au XIX$^{e}$ siècle, ces falaises ont servi de palissade naturelle à une léproserie. En dépit de sa fermeture en 1969, certains résidents y sont restés.

À savoir Il est impératif de réserver, car seules 18 mules par jour sont autorisées sur le sentier. Parc fermé le dimanche. Autorisations de visite indispensables. www.muleride.com, www.gohawaii.com

## ❸ Le cap Leeuwin, Australie

À l'extrémité sud-ouest de l'Australie, là où les océans Indien et Austral se rencontrent, le phare du cap Leeuwin éclaire l'une des routes maritimes les plus fréquentées et dangereuses au monde. En été, la vue est tout simplement superbe. En hiver, c'est toute la force des éléments qui s'offre à vous.

À savoir Visites régulières des alentours du phare toute la journée. Point de vue encore plus spectaculaire en hiver ; on peut y voir des baleines de juin à décembre. www.westernaustralia.com

## ❹ Aïja depuis Sur, Oman

Sur, sur la côte nord-est du sultanat d'Oman, offre une très belle vue sur Aïja, de l'autre côté de la crique, un village de pêcheurs aux maisons blanches et pastel, entouré de plages de rochers. Des boutres, ces embarcations traditionnelles que plusieurs petits chantiers construisent encore, attendent au port.

À savoir Sur se trouve à 145 km environ de Mascate par la côte. La vue est encore plus belle à marée haute. www.omantourisme.com

## ❺ Hornbjarg, Islande

Les fjords de l'ouest et leurs falaises attirent une avifaune considérable qui vient y nicher, dont la plus importante colonie de petits pingouins. À la pointe la plus occidentale du pays, Hornbjarg (444 m) offre à ses rares visiteurs des vues embrumées sur des plages de sable blanc et le Snæfellsjökull au loin.

À savoir Départ en bateau d'Isafjord et de la pointe nord du Strandir pour Hornbjarg. www.visiticeland.com, www.voyage-islande.fr

## ❻ St. John's Head, Orcades, Grande-Bretagne

Près de la pointe septentrionale de l'île de Hoy, St. John's Head est la plus haute falaise de Grande-Bretagne. Atteindre son pied, avec la houle et la marée, est une véritable aventure. Les moins téméraires préféreront le point de vue qu'offre le ferry reliant, jusqu'à trois fois par jour, Scrabster à Stromness.

À savoir La falaise est superbe en été, d'un beau rouge incandescent dans le soleil couchant. Depuis le ferry, il est également possible de voir l'« Old Man of Hoy », une aiguille de 137 m. www.hoyorkney.com

## ❼ Son Marroig, Majorque, Espagne

Las de la vie de cour viennoise et séduit par les environs de Son Marroig, sur la côte nord de Majorque, Louis-Salvador de Habsbourg-Lorraine (1847-1915) y acheta une propriété jouissant de très belles vues sur la pointe de Na Foradada (« rocher troué »), percée d'un trou de 18 m en son centre.

À savoir Pour profiter pleinement de la pointe, demandez au musée l'autorisation de suivre le sentier de 3 km qui mène à Na Foradada. www.illesbalears.es, www.sonmarroig.com

## ❽ La baie de Sagres, Portugal

Peu de sites ont l'attrait de Sagres, point sud-ouest le plus extrême d'Europe, en termes d'histoire et d'aventures épiques. C'est dans ce village qu'au XV$^{e}$ siècle Henri le Navigateur, prince de Portugal, fonde son école de navigation pour former marins et cartographes, afin d'ouvrir une voie maritime vers les Indes et repousser les frontières du monde connu.

À savoir La baie de Sagres et le cap Saint-Vincent peuvent s'explorer à pied ou en voiture (pas de transport public). www.sagres.net

## ❾ Dun Aengus, îles d'Aran, Irlande

Un des plus beaux forts de falaise d'Europe, composé de murs de pierres sèches érigés en trois demi-cercles, Dun Aengus se dresse au sommet d'une falaise imprenable, haute de 100 m, baignée par l'océan. Le fort offre des vues superbes sur l'île d'Inishmore et le Connemara, au loin.

À savoir Ferry de Doolin, comté de Clare, et de Rossaveal, comté de Galway. Principale ville de l'archipel : Kilronan. www.aranisland.info

## ❿ La route côtière, Sahara occidental

Empruntée par le Paris-Dakar, cette route qui borde l'Atlantique semble couper une mer de sable et de roches sans fin. Si le paysage paraît d'abord monotone, la route permet de découvrir des palmeraies et des lagons aussi lisses que des miroirs.

À savoir Parce que le sol est encore miné, ne quittez la piste que sur les conseils d'un guide local. Le Sahara occidental attire de nombreux pêcheurs sportifs et adeptes de kitesurf et sand-surfing. www.transafrica.eu, www.sahara-online.net

Ci-contre : les falaises de la plage portugaise de Tonel, dans la baie de Sagres, offrent une vue magistrale sur l'océan Atlantique et le littoral de l'Algarve occidental.

NOUVELLE-ZÉLANDE

# LE MONT JOHN

## Ce décor de montagne au cœur de l'île du Sud offre une vue spectaculaire sur le lac Tekapo et les Alpes du Sud.

Un bon marcheur mettra un petit peu plus de une heure pour gagner le lac Tekapo («là où dormir sous les étoiles»). Après avoir traversé une forêt de mélèzes, le sentier, raide, atteint les champs de graminées du sommet du mont John, culminant à 1031 m. En approchant du sommet, ne manquez pas le chemin qui encercle la cime de ce dôme façonné par la glace. Le sentier passe devant les formes caractéristiques des télescopes astronomiques de l'université de Canterbury avant de mener au moderne Astro Café. De là, la vue à 360 degrés est stupéfiante. À ses pieds, les eaux vives et turquoise du lac Tekapo, dont la couleur intense est due à la présence de minuscules particules rocheuses dans les eaux de fonte qui l'alimentent. Au loin, les Alpes du Sud sont visibles, notamment l'Aoraki (ou mont Cook), plus haut sommet néo-zélandais culminant à 3754 m, et le mont Sefton qui dépasse les 3000 m. La boucle est une agréable balade de 45 minutes au milieu d'une flore étonnante – *Melicytus alpinus,* une espèce locale de violacées, *Muehlenbeckia,* l'endémique matagouri et deux espèces de genêts rares. Il est possible d'apercevoir des kéas, une espèce de perroquets montagnards néo-zélandais, et des faucons de Nouvelle-Zélande ainsi que des espèces introduites, comme le choukar.

**Quand ?** Toute l'année. L'Astro Café est ouvert de 10 h à 17 h en hiver et de 9 h à 18 h en été.

**Où ?** Le mont John se trouve en plein cœur de l'île du Sud, à 3 h en voiture de Christchurch. Le sentier qui mène au sommet part de la patinoire du village de Tekapo. Il est également possible d'atteindre le sommet en voiture.

**À savoir** Il faut 3 h environ pour gagner le sommet depuis le lac et revenir. Des chaussures de marche ou de randonnée légères conviennent mais, dans la mesure où le temps peut changer, prévoyez une veste chaude ou un pull (même s'il fait soleil, car le vent est frais). L'observatoire se visite de jour et de nuit.

**Internet** www.tekapotourism.co.nz/info/mt_john.html, www.earthandsky.co.nz (pour visiter l'observatoire)

### Le nez dans les étoiles

Les nuits sans lune, le mont John est un des lieux les moins éclairés de Nouvelle-Zélande. La stabilité et la transparence de l'atmosphère terrestre dans cette région, conjuguée à l'absence de pollution lumineuse, en font un site d'observation céleste idéal, un nombre incroyable d'étoiles pouvant y être vues à l'œil nu. Pour préserver ces conditions, tout éclairage est interdit autour de l'observatoire – phares de voiture, flashs et téléphones. Des soirées d'initiation en compagnie d'astronomes de l'observatoire (qui identifient les constellations à l'aide de pointeurs laser) sont proposées.

Le lac Tekapo au pied du mont John est célèbre pour ses eaux turquoise. L'église dite du Bon Pasteur a été construite en mémoire des premiers habitants.

Quelques flocons de neige et les environs du mont Lu se transforment en un paysage de montagne de carte postale.

CHINE

# Guling

## Guling, adorable petit centre de villégiature chinois, accroché sur le mont Lu, domine le Yangzi Jiang.

Repaire des peintres, des poètes, des calligraphes et des mystiques depuis le IVe siècle mais aussi des ennemis politiques Tchang Kaï-chek et Mao Tsé-toung au XVe siècle, le mont Lu (ou Lu Shan) offre des panoramas inégalés sur la rive sud du Yangzi Jiang, quelque 730 km en amont de Shanghai. La montagne doit sa renommée à un missionnaire anglais qui, sentant un bon filon, crée en 1895 une agréable bourgade d'altitude où les Occidentaux souffrant de la chaleur et de la moiteur du littoral chinois viennent se réfugier en été, et la baptise avec esprit Kuling (pour « *cooling* », que l'on pourrait traduire par « au frais »). Le mont Lu est parcouru de sentiers bordés de pins qui serpentent autour des pics enveloppés de brume. Un télésiège vous emmène sur un plus haut sommet pour admirer au nord le fleuve, à l'est le vaste lac Poyang et au sud la province de Jiangxi. Et de façon plus étrange, il permet de découvrir un petit bout d'Angleterre, désormais appelé Guling, avec de belles maisons bourgeoises et des cottages à colombage, des courts de tennis et des églises, ainsi que le tout premier jardin botanique de Chine.

**Quand ?** En été, comme les résidents occidentaux de l'époque, pour profiter de la fraîcheur du mont Lu, bien que de juin à septembre, en particulier les week-ends, les hôtels de Guling font payer le prix fort, sans que cela soit justifié. Peu de choses sont ouvertes à Guling de mi-octobre à début mai, mais en hiver la montagne fait vraiment penser à une peinture romantique chinoise classique.

**Où ?** Départ quotidien en autocar depuis les hôtels de Jiujiang (au pied du mont Lu sur le Yangzi Jiang). Et pour ceux qui organisent leur propre itinéraire, service régulier de bus jusqu'à Guling. Cartes des sentiers de randonnée de la région à Guling, de même que taxis pour découvrir en voiture le sommet du mont Lu.

**À savoir** En milieu de journée, le sommet peut être relativement fréquenté. Divers établissements simples, datant parfois de la belle époque, vous accueillent pour la nuit. Guling a de nombreux restaurants modestes, mais s'il s'agit d'une excursion d'une journée, prenez un pique-nique.

**Internet** www.chine-informations.com/guide/mont-lushan_1045.html, www.china-lushan.com/english

### L'enfance d'un écrivain

Mervyn Peake, auteur d'un chef-d'œuvre gothique du XXe siècle, *Le Cycle de Gormenghast*, est né à Kuling en 1911. Les étés passés dans cette ville l'ont marqué à jamais – en particulier l'étroit sentier raide et sinueux qui parcourait la montagne et qu'il gravissait, enfant, en chaise à porteur. Dans la première de ses œuvres publiées, il évoque la mort certaine que le moindre faux pas d'un porteur lui aurait value. Une véritable route existe aujourd'hui et même si ses virages en épingle sont relativement bien négociés par les chauffeurs chinois, l'ascension du mont Lu reste toujours impressionnante.

La colonne de fumée s'élevant du cœur du dôme affaissé du mont Bromo, à gauche, ne décourage pas les visiteurs.

INDONÉSIE

# Le mont Bromo

## Voir le soleil se lever sur un paysage lunaire de sable, de roches et de sommets fumants, depuis le bord d'un volcan actif de Java.

Les rizières et villages de l'est de Java sont dominés par la dorsale volcanique qui traverse cette île verdoyante. Gunung, ou mont, Bromo fait partie du système volcanique du Tengger. Son cône aux versants abrupts se dresse au milieu de la caldeira de ce vieux géant, large de 10 km. La route monte en serpentant des basses terres vers le bord de la caldeira avant de descendre vers son plancher recouvert de sable. L'approche du mont Bromo est splendide au lever du jour, lorsque vous atteignez l'étroit rebord de son cratère – large de quelques mètres seulement en certains endroits – tandis que les premiers rayons de lumière révèlent un paysage irréel : une vaste étendue de sable sur laquelle des bandes de brume s'effilochent pour laisser soudain apparaître un temple hindou, la silhouette insolite du mont Batur voisin, aux crêtes incroyablement cannelées et, au loin, les pentes vertes du Semeru, autre cône volcanique et point culminant de Java, surmonté d'un petit nuage de fumée blanc. À vos pieds, un chaudron de feu et de soufre. La cheminée au cœur du cratère ne recrache généralement que de la fumée et une désagréable odeur de soufre. Et puis parfois dans une explosion de flammes, une saisissante bouffée de chaleur et de vapeur jaillit des entrailles de la Terre.

**Quand ?** Les visites sont généralement plus plaisantes durant la saison sèche, de mai à septembre.

**Où ?** Le principal point d'accès est le petit village de Cemoro Lawang, près de l'arête nord-est de la caldeira du Tengger. Le mont Bromo est à 3 km environ de là. Pour être sûr de l'atteindre au lever du soleil, le mieux est de dormir la veille dans ce village. Vous pouvez traverser la caldeira à pied, à cheval ou en 4 x 4 jusqu'aux marches qui permettent de monter sur un versant du volcan.

**À savoir** Les excursions guidées partent de la ville de Probolinggo sur la côte nord de Java, à 1 h 30 de distance. Elles s'arrêtent généralement au point du jour à Penanjakan, un belvédère en bordure du cratère du Tengger, avant de poursuivre vers Bromo.

**Internet** www.infoindonesie.com, www.baliautrement.com/javabromo.htm, discover-indo.tierranet.com

### L'aube à cheval

La magie du paysage de la caldeira du Tengger est à son paroxysme lorsque vous traversez cette mer de sable qui entoure le Bromo à dos de cheval. Avant le lever du jour, les feux allumés par les guides qui attendent leurs clients dessinent de petits points rouges dans cette étendue déserte. Dès que les premières lueurs de l'aube apparaissent, les colonnes de cavaliers se mettent en route dans ce paysage lunaire de poussière et de lave refroidie, vers le cône fumant pour voir le soleil se lever. Attendez une petite heure et vous aurez alors le panorama pour vous seul.

INDE

# Ranikhet

## Une route de lacets et soudain un plaisant vestige de l'époque coloniale entouré de sommets himalayens, de forêts et de prairies.

Perchée à 1 820 m d'altitude, sur une crête dans les contreforts de l'Himalaya occidental, Ranikhet offre un panorama étonnant, des collines environnantes aux pics enneigés de la chaîne himalayenne, à moins de 100 km de distance au nord-est. Le Nanda Devi, le deuxième plus haut sommet indien (7 816 m), est clairement visible. De superbes champs de fleurs sauvages et de rhododendrons, bordés par des forêts de pins et de chênes, entourent la ville. Le plus exigeant des randonneurs y trouve son bonheur. En 1869, l'armée britannique acheta un lopin de terre aux villageois de Ranikhet afin de créer un camp de montagne où les soldats allaient pouvoir fuir la chaleur estivale des plaines. La ville accueille aujourd'hui le régiment de Kumaon de l'armée indienne, dont la présence accentue l'impression de tradition et d'héritage du passé. Le charme des édifices coloniaux britanniques est encore perceptible. Les maisons s'étirent sur la crête, de part et d'autre du quartier du bazar, mais, en suivant Mall Road, il est possible de rapidement se retrouver au milieu d'espaces verts plantés d'arbres et de prés fleuris. Contrairement aux stations plus imposantes de Shimla ou Dalhousie, Ranikhet demeure agréablement cachée. Sa quiétude invite à la sérénité.

**Quand ?** De fin février à fin juin et de début octobre à fin novembre. Nanda Devi Mela, un festival religieux animé, a lieu dans la région en septembre.

**Où ?** Ranikhet doit son calme et sa tranquillité à son isolement. Elle est à 5 h de bus de Ramnagar, gare la plus proche et principal point d'accès au parc national Corbett ; un train de nuit relie Delhi à Ramnagar. Nainital, au nord, est à 2 ou 3 h en bus, Delhi à 12 h.

**À savoir** Prenez des vêtements chauds avec vous, même en été. Hébergements – des hôtels aux maisons d'hôtes – pour tous budgets. Les passionnés de golf apprécieront un des parcours les plus pittoresques au monde, à 6 km seulement de la ville, à Upat.

**Internet** www.voyage-en-inde.org, www.treks-himalaya.com, www.corbettnationalpark.com

### Découverte de la faune

Le **parc national Corbett** se trouve à 3 h de voiture environ de Ranikhet.

- Accueillant une population de plus de 130 tigres, il est un des premiers sites d'observation de ces félins en Inde. La saison la plus propice court d'avril à juin mais peut s'avérer parfois très chaude.

- Vous pouvez également y voir des éléphants, d'impressionnants varans, des ours lippus, diverses espèces de singes et des crocodiles.

- Un spectacle envoûtant, notamment lorsqu'il est vu depuis le dos d'un éléphant.

Plusieurs sommets himalayens sont visibles de Ranikhet, perchée sur une crête dans les collines boisées de Kumaon.

INDE

# Pelling, montagne himalayenne

## Une pittoresque petite ville de montagne sous le toit du monde et un panorama grandiose sur l'Himalaya.

Un nom majestueux – Kangchenjunga – pour un sommet qui culmine à 8 598 m d'altitude. Voilà ce qui attire les visiteurs dans la petite ville de Pelling, au sein du minuscule État de Sikkim, au nord-est de l'Inde. Le troisième plus haut sommet du monde s'élève au-dessus de l'horizon et offre un point de vue sur l'Himalaya à nul autre pareil. Si la marche en haute montagne n'est pas de votre goût, Pelling et ses vues sur le Kangchenjunga sauront vous satisfaire. De quoi justifier le long trajet en 4 x 4 nécessaire pour atteindre cette bourgade – quelques rues en lacets bordées d'hôtels et de boutiques – au milieu de versants boisés. L'ancien royaume himalayen de Sikkim respire la quiétude. Les monastères bouddhistes de Pemayangtse et Sanga Chöling suivent toujours des modes de vie traditionnels. Un sentier caillouteux de 4 km, qu'une rangée sans fin de drapeaux de prière flottant au vent longe, vous conduira à Sanga Chöling, l'«île de l'enseignement ésotérique» et deuxième plus vieux monastère de l'État, construit en 1697. Vous pouvez aussi ménager votre souffle (Pelling est située à 1 890 m d'altitude) et profiter d'une tasse de thé près de la cheminée du salon de l'Elgin Mount Pandim Hotel, tout en admirant le paysage à travers l'immense baie vitrée – et voir la montagne vous rendre votre sourire.

**Quand?** Pelling est accessible toute l'année mais les températures peuvent être très froides au plus fort de l'hiver et le chauffage central est une modernité rarissime (même si certains hôtels proposent bouillottes et chaufferettes). Septembre/novembre et avril/mai sont les mois les plus propices.

**Où?** Le Sikkim reste surtout accessible en voiture, en 4 x 4 de préférence, de Darjeeling (soit un après-midi de conduite sur des routes de montagne) ou Siliguri, nœud routier névralgique à plusieurs heures de route dans le sud du Bengale occidental. Les prix sont négociables et varient. Ils ne doivent pas excéder 30 à 40 € pour un transport privé depuis Darjeeling et 40 à 50 € depuis Siliguri.

**À savoir** Un visa spécial gratuit est nécessaire pour le Sikkim. Il s'obtient auprès des ambassades indiennes ou, sur place, auprès des bureaux régionaux d'inscription des personnes étrangères de Calcutta, Bombay et Darjeeling. Si vous le demandez en Inde, prévoyez 1 journée de procédure administrative.

**Internet** www.elginhotels.com, www.voyage-en-inde.org, www.treks-himalaya.com

### Mon voyage insolite

*En cette veille de Noël, un air glacial souffle sur Pelling. Un temps parfait pour un feu de joie dont les flammes éclairent la pelouse de l'****Elgin Mount Pandim Hotel****. Un garde s'apprête à couper de nouveau du bois avec son khukuri. Réunis autour des flammes, les voyageurs entonnent des chants de Noël tout en sirotant un cherry servi dans des verres à liqueur en cristal. La soirée avance aux notes de Jingle Bells et de vieilles chansons d'amour bengalies. À 22 h, les convives regagnent l'intérieur où une table dressée les attend. Au menu, poulet au curry, poisson kerala, curry de pommes de terre, épinards au fromage, lentilles à l'indienne, riz jeera et quelques crackers tout britanniques. Un arbre décoré clignote près de la porte et l'hôtel s'anime peu à peu de cet esprit de fête. L'air n'est plus du tout glacial.*

**Karen J. Coates**
**Voyageuse et auteure**

Ci-contre : des drapeaux de prière bordent le sentier du monastère de Sanga Chöling. Ci-dessus : stupas.

SUISSE

# Vue sur les Alpes

## Mürren, le « village sur la falaise », entouré de sommets vertigineux, dont la photogénie n'a pas échappé au cinéma.

Accessible uniquement en téléphérique ou par un petit train de montagne depuis la gare de Grütschalp, le village de Mürren est perché sur un plateau herbeux au-dessus de la vallée de Lauterbrunnen dans le canton de Berne, en Suisse. En été, les randonneurs équipés de sacs à dos et de bâtons de marche traversent cette tranquille bourgade sans voitures et remplissent leurs gourdes aux sources qui coulent en filet dans des troncs évidés servant d'abreuvoir. Un village pittoresque qui ne compte que des chalets alpins dont les fenêtres, décorées de superbes géraniums, reflètent les parois abruptes des impressionnants Jungfrau, Eiger et Mönch, les trois sommets qui dominent la vallée. Les tintements des cloches des vaches – tous différents et tous reconnus par les bergers – montent des pâturages. Dès les premiers flocons, les marcheurs sont remplacés par les skieurs tandis que le village se transforme en une effervescente station de ski. Ayant accueilli le premier championnat mondial de ski alpin en 1931, le domaine de Mürren est le plus haut du canton. Trois cent soixante-cinq jours par an, le restaurant Stäger Stübli ne désemplit pas, servant de copieuses spécialités de la région (*schweinsbratwurst* – saucisses de porc, et *rösti* – galettes de pommes de terre râpées) aux randonneurs et skieurs affamés.

**Quand ?** Randonnées de juin à octobre ; ski de décembre à avril.

**Où ?** Il est possible de gagner Mürren depuis la vallée de Lauterbrunnen de trois manières : en téléphérique depuis le village de Lauterbrunnen jusqu'à Grütschalp (itinéraire recommandé pour les personnes souffrant de vertige ; face à la montagne, vous ne voyez pas le vide en dessous), puis en funiculaire jusqu'à Mürren ; par téléphérique depuis le village de Stechelberg, *via* Gimmelwald ; ou à pied depuis le bas de la vallée (pour les plus aguerris), en 3 ou 4 h.

**À savoir** Ne partez pas en randonnée sans vêtements chauds, car brume et nuages enveloppent vite les sommets. Le domaine skiable de Mürren s'étend sur 53 km de pistes aménagées, tous niveaux confondus. Ne négligez pas les avertissements sur le ski hors-piste et la présence de crevasses.

**Internet** www.wengen-muerren.ch, www.schilthorn.ch, www.switzerland-rando.ch

### Un monde de glace et de neige

Prenez le téléphérique de Mürren *via* Birg pour le sommet du **Schilthorn**, à 2 970 m d'altitude, pour voir, à perte de vue, un paysage de haute montagne : le Jungfrau, le Mönch et l'Eiger ; à l'ouest, les Alpes bernoises et le Jura et, au-delà encore, les Vosges françaises. Il est parfois même possible de distinguer le mont Blanc à la frontière franco-italienne.

Perché sur le sommet rocailleux du Schilthorn, le **Piz Gloria**, un restaurant panoramique tournant, vous permet d'admirer les pistes qui ont servi de décor à une magistrale scène de poursuite à ski dans *Au service secret de Sa Majesté*, un James Bond sorti en 1969.

Le Piz Gloria, restaurant panoramique au sommet du Schilthorn, aux premières loges du spectacle permanent qui se joue entre la montagne et les éléments.

Les falaises sont tellement rongées que la vieille ville de Bonifacio semble sur le point de basculer dans la mer.

FRANCE

# Bonifacio

## Située à l'extrême sud de la Corse, la ville domine les falaises des bouches de Bonifacio qui séparent l'île de la Sardaigne.

C'est depuis la mer, du pont d'un bateau, que Bonifacio est la plus belle. La haute ville médiévale surplombe les falaises de calcaire que le vent et les vagues ont sculptées en un rideau barré de mille et une rayures qui tombe dans la mer indigo. Lorsque vous remontez du port et traversez les vieilles portes de la ville, toute impression de précarité disparaît. À partir du IXe siècle, Pise, Gênes, la Couronne d'Aragon et la France se sont régulièrement disputé la Corse et ont modelé la silhouette de Bonifacio en y érigeant d'imposants murs d'enceinte, d'austères églises et un tissu serré de ruelles étroites. La vue depuis les remparts ainsi qu'un grand nombre de vieilles maisons sont parmi les plus belles de la Méditerranée. Juste en dessous se trouve le « Grain de Sable », un énorme bloc de calcaire tombé de la falaise et qui affleure devant la plage de Sutta Rocca. Un sentier en haut des falaises relie la vieille ville au phare de Pertusato (un aller-retour de 2 h 30) et offre de superbes points de vue sur la Sardaigne et les falaises de Bonifacio au retour.

**Quand ?** Toute l'année, bien que les mois d'hiver soient moins agréables. Si vous aimez la solitude, évitez le mois d'août, particulièrement fréquenté par les touristes.

**Où ?** Le parcours de visite de la vieille ville part du port, au niveau du parking et des arrêts d'autobus. Le chemin des falaises part du haut de la vieille ville.

**À savoir** 1 journée suffit pour explorer Bonifacio. Restaurants pour tous budgets dans la vieille ville et sur le port.

**Internet** www.visit-corsica.com, www.toute-la-corse.com, www.bonifacio-corse.com, www.bonifacio.fr, www.bonifacio.com

### Un littoral dentelé

La Corse réserve un autre spectacle aux passionnés de voile et conducteurs intrépides qui savent négocier les routes étroites et sinueuses creusées à flanc de coteaux.

■ Sur la côte ouest, à 200 km environ au nord de Bonifacio, un extraordinaire ensemble de formations de granit rouge appelé **calanques** (*calanche* en corse) s'élève au-dessus de la mer, atteignant parfois 400 m de haut. La Tête de chien, l'Ours et la Tortue sont les plus photogéniques. Un coucher de soleil sur les calanques – depuis la terre ou en mer – est une pure merveille.

■ Au pied des calanques se trouve un autre secret de la Corse, bien gardé. **Ficajola** est une des plus belles plages de l'île de Beauté. Le matin, cette petite baie de galets blancs, baignée par des eaux d'un bleu profond, est inondée de soleil. L'après-midi, tandis que le soleil descend derrière les calanques, elle se pare d'une superbe couleur violette. La plage de Ficajola est accessible à pied, par un chemin un peu tortueux mais qui en vaut la peine.

TOP 10

# Vues sur la ville

Tours, cathédrales, colonnes et observatoires font bien souvent de fantastiques belvédères sur les plus belles villes du monde.

## ❶ La Willis Tower, Chicago, États-Unis

Si vous êtes en manque de sensations, rendez-vous au « skydeck », point d'observation transparent situé au 103e étage de la Willis Tower (anciennement Sears Tower) haute de 412 m. Par temps clair, il est possible de voir quatre États depuis cette plate-forme – Illinois, Indiana, Michigan et Wisconsin.

À savoir La tour se trouve dans le centre du quartier des affaires, sur South Wacker Drive. www.willistower.com, www.choosechicago.com

## ❷ La camera obscura, La Havane, Cuba

Il est possible d'admirer depuis la Plaza Vieja de La Havane les merveilles de l'architecture coloniale espagnole et du style cubain du XVIIIe siècle. Sur le toit de la Casa de los Condes de Jaruco, dans l'angle sud-est de la place, se trouve une camera obscura à l'intérieur de laquelle des vues panoramiques de la ville sont projetées sur les murs.

À savoir La demeure est un parfait exemple d'architecture coloniale tardive. www.cubatourisme.fr, www.havana-vista.com

## ❸ La cathédrale du Christ-Sauveur, Moscou, Russie

Cette église orthodoxe, la plus haute au monde, est une reconstruction de la cathédrale édifiée pour remercier Dieu d'avoir permis à la Russie de vaincre Napoléon en 1812. Elle a été détruite en 1931 sous Staline. Une plate-forme d'observation en haut de l'édifice promet de belles vues du centre de Moscou.

À savoir La cathédrale ne se parcourt que dans le cadre d'une visite organisée. Jetez un œil au musée en sous-sol qui en retrace l'histoire. Métro : Kropotkinskaya. www.moscow.ru/fr

## ❹ Le dôme du Bundestag, Berlin, Allemagne

Souvent appelé le Reichstag en référence au premier Parlement allemand, le Bundestag a été construit après la réunification. Les visiteurs – le peuple – peuvent symboliquement observer depuis une tribune et une galerie les parlementaires réunis en séance plénière. Superbe point de vue sur la ville depuis le toit de la coupole.

À savoir Il faut s'inscrire en ligne pour visiter la coupole et le toit-terrasse. Les réservations du restaurant du toit-terrasse se font par téléphone. www.bundestag.de, www.visitberlin.de/fr

## ❺ Le toit de la basilique Saint-Pierre, Vatican

Pour voir les quartiers privés du Vatican, le dôme de la basilique, dessiné par Michel-Ange, et la lanterne qui le surplombe, il faut gravir 320 marches. On jouit alors d'une vue imprenable sur le Saint-Siège et une grande partie de Rome.

À savoir Si un ascenseur permet de gagner la galerie de la coupole, le toit et la lanterne ne sont accessibles qu'à pied. Pour éviter la queue, réservez ou prenez part à une visite guidée. www.vaticanstate.va

## ❻ Blackford Hill, Édimbourg, Grande-Bretagne

Le point de vue du Royal Observatory en haut de Blackford Hill réserve une superbe vue d'Édimbourg, tout en verdure, englobant la périphérie de Blackford, King's Buildings, le campus de l'université d'Édimbourg, les Braid Hills et Hermitage of Braid, et les Pentlands Hills – sans oublier le château d'Édimbourg, le Royal Mile, St. Giles' Cathedral et Holyrood Palace.

À savoir Blackford Hill est à 3 km au sud du centre-ville. Plusieurs chemins permettent de gagner l'observatoire. www.visitscotland.com

## ❼ Le Monument de Londres, Grande-Bretagne

Pour commémorer l'incendie qui dévasta Londres en 1666 et embrasser du regard les 50 églises qu'il devait réédifier, l'architecte sir Christopher Wren aida à dessiner une grandiose colonne dorique surmontée d'une plate-forme d'observation. La vue, protégée, de son chef-d'œuvre, la cathédrale Saint-Paul, vous fait vite oublier les 311 marches que vous venez de gravir.

À savoir Le Monument est à 15 min à pied de la cathédrale Saint-Paul. Si vous ne pouvez monter, une vidéo au rez-de-chaussée vous donne un aperçu des vues de la plate-forme. www.themonument.info

## ❽ Cacilhas, Lisbonne, Portugal

Si Lisbonne possède de nombreux points de vue connus, certains des panoramas les plus spectaculaires de la ville sont offerts par l'autre rive du Tage, depuis le port de Cacilhas. Pour une approche pittoresque, prenez le ferry de Cais do Sodré, parfait pour admirer le Ponte 25 de Abril, audacieuse réplique portugaise de 1 445 m de long du Golden Gate de San Francisco.

À savoir Prenez le temps de flâner à Cacilhas et d'admirer le fleuve depuis un restaurant de fruits de mer. www.visitlisboa.com

## ❾ La citadelle, Le Caire, Égypte

Le fort du Caire fut initialement construit pour un gouverneur du IXe siècle, pour sa vue dégagée et sa brise rafraîchissante. Il permet aujourd'hui d'admirer les monuments médiévaux et la ville et de voir, par temps clair, jusqu'aux pyramides de Gizeh.

À savoir Deux autres points de vue : la tour du Caire sur l'île de Gezira et le minaret de la mosquée Ibn Touloun près de la citadelle. www.egypt.travel

## ❿ Le Taj Talha Hotel, Sanaa, Yémen

Le café au 6e étage de ce palais du XVIIIe siècle dans la vieille ville de Sanaa dévoile une des plus belles vues du monde arabe. Sanaa, avec ses immeubles de pierre et de brique richement décorés de motifs géométriques en stuc blanc, est une des plus vieilles villes habitées au monde.

À savoir Si vous y résidez et si vous n'avez pas le vertige, demandez une chambre tout en haut pour la vue. www.taj-talha-hotel.com.ye

Ci-contre : le dôme de verre du Bundestag, dessiné par l'architecte Norman Foster, vous fait profiter d'une vue panoramique sur Berlin.

Les méthodes d'extraction aurifère des Romains ont rongé le sol, ne laissant qu'un paysage déchiqueté d'aiguilles et d'arêtes.

ESPAGNE

# Las Médulas

## Principale mine d'or de l'Empire romain, cet étrange paysage déchiqueté luit encore au soleil.

Le village de Las Médulas, perdu dans le nord-ouest montagneux de l'Espagne, est entouré d'un spectaculaire méli-mélo de roches et pitons rouge orangé creusés de galeries il y a 2000 ans par des esclaves romains chargés d'y trouver de l'or. Les vestiges de cette activité minière antique gravitent autour d'un *castro*, ou village, circulaire construit par les Astures à l'âge du bronze. Tribu ibère farouchement indépendante, les Astures, et leurs voisins les Cantabres, furent parmi les derniers habitants de la péninsule Ibérique à céder devant l'invasion romaine en 25 avant notre ère. Deux siècles et demi plus tard, la région devint le plus grand site aurifère de l'Empire, dans la lointaine province d'Hispanie ultérieure. Au IIIe siècle, pour des raisons encore inconnues, les Romains abandonnèrent les mines, laissant cet étrange paysage lunaire demeuré quasi intact depuis ce temps. Un belvédère dans le village de Orellán (Mirador de Orellán), en haut d'un dénivelé de 800 m dans une forêt de châtaigniers, offre la meilleure vue de la région.

**Quand ?** Juin ou septembre, lorsque les températures sont les plus agréables.

**Où ?** Las Médulas se trouve à 20 km au sud-ouest de Ponferrada dans la comarque d'El Bierzo, province de León. De Ponferrada, prenez la N-VI vers l'ouest. À La Barrosa, prenez la N-536 vers le sud. À Carucedo, suivez les panneaux Las Médulas. Garez-vous à la sortie du village. La balade part du centre d'information.

**À savoir** Le centre d'information, à la sortie du village (à 400 m du parking), propose une visite guidée de Las Médulas. Le centre d'information archéologique (Aula Arqueológica) à l'entrée du village explique les méthodes d'extraction minière des Romains et propose des cartes avec parcours de différentes longueurs dans ce paysage magnifique. Chaussures de marche et vêtements chauds indispensables.

**Internet** www.fundacionlasmedulas.org

### Le pouvoir de l'eau

Le génie militaire romain a remodelé le paysage de Las Médulas en construisant sept aqueducs et en utilisant des méthodes d'extraction hydraulique perfectionnées. Cette technique, qualifiée de *ruina montium* par Pline l'Ancien, utilise la force de l'eau pour détruire la roche. Barrages, canaux et écluses furent construits afin de canaliser et retenir l'eau dans de gigantesques réservoirs puis de la transporter jusqu'aux mines par des canaux. La pression était créée par gravité et libérée en ouvrant les vannes en bout de réseau. Un flux puissant emportait alors terre, roche et or vers des zones de lavage en contrebas.

Pendant plus de 250 ans, les Romains ont enlevé des millions de tonnes de terre et amassé près de 1830 tonnes d'or (5 millions de livres romaines).

ÉGYPTE

# L'hôtel Old Cataract

**Un luxe d'un autre temps, avec vue sur l'un des fleuves les plus romantiques du monde.**

On dit que c'est cette vue sur le Nil, depuis la terrasse de l'hôtel Old Cataract à Assouan, dans le sud de l'Égypte, qui a inspiré à Agatha Christie un de ses plus célèbres romans, *Mort sur le Nil*. Si la vérité se perd dans l'histoire de la littérature, il n'en reste pas moins que l'auteur britannique de romans policiers a flâné sur cette terrasse dont la vue est une des plus emblématiques du pays. Perché sur un promontoire rocheux sur la rive est du Nil, près de la première des six cataractes (des rapides, en réalité, dus à des encombrements rocheux) entre Assouan et Khartoum au Soudan, l'hôtel jouit d'une vue panoramique sur le fleuve et le désert, pure évocation de l'exotisme du pays. Aujourd'hui, le vieil hôtel romantique, avec ses arcs outrepassés et sa façade ocre, semble démodé, mais la vue de sa terrasse est, à peu de choses près, restée la même depuis son ouverture en 1899 – les felouques aux voiles blanches remontent ou descendent le fleuve tandis que les paysans s'affairent sur l'île Éléphantine. Sur la rive ouest du Nil se dresse le mausolée de Mohammed Chah, le prince Aga Khan III décédé en 1957. Au-delà, le vaste désert occidental s'étend à perte de vue. Profitez-en en savourant un thé à la menthe, à l'égyptienne avec beaucoup de sucre, sur la terrasse de l'hôtel. Un plaisir à la fois simple et d'une grande intensité.

**Quand ?** Mieux vaut éviter Assouan en été, lorsque les températures sont caniculaires ; l'hiver le long du Haut-Nil est clément et ensoleillé, quasi parfait pour explorer Assouan et ses environs à pied ou en bateau.

**Où ?** L'hôtel Old Cataract se trouve au sud de la ville. Accès illimité à la terrasse et au bar adjacent pour les résidents de l'hôtel ; un droit d'entrée est demandé aux non-résidents.

**À savoir** Accessible en train, Assouan figure aussi sur l'itinéraire de la plupart des croisières sur le Nil. Départ d'excursions pour Abou Simbel sur le lac Nasser, le barrage d'Assouan et le temple d'Isis.

**Internet** www.sofitel.com, www.sofitel-legend.com, www.egypt.travel

## Agatha Christie en Égypte

Agatha Christie découvre l'Égypte vers 1920. Elle visite le musée du Caire et séjourne au palais de Gezira (un hôtel Marriott aujourd'hui). Sa passion pour l'archéologie et l'Égypte antique naît dans les années 1930, lors de voyages en Égypte et en Syrie avec son époux, Max Mallowan, archéologue. Ils remontent le Nil en bateau, visitent les principaux sites et séjournent au Winter Palace de Louxor ainsi qu'au Old Cataract. Dans *Mort sur le Nil*, les héros embarquent à Assouan, franchissent la première cataracte et s'enfoncent dans la Haute-Égypte, un itinéraire désormais impossible depuis la construction du barrage.

La terrasse de l'hôtel Old Cataract est un adorable perchoir au pied duquel les felouques glissent sur le Nil.

TOP 10

# Cafés et terrasses avec vue

Une vue imprenable, c'est bien souvent ce qui fait la renommée de ces cafés, restaurants et terrasses du monde entier.

### ❶ The Yurt, Solitude Mountain Resort, É.-U.

En hiver, c'est en raquettes ou en skis que les convives suivent leur guide sur plus de 1 km à travers une forêt de sapins enneigés de l'Utah. Le restaurant qu'ils rejoignent est une vraie yourte mongole dont le chef prépare chaque soir des plats de saison sous leurs yeux.

À savoir Ouvert tous les jours sauf lundis et jours fériés pendant la saison de ski. Départ à 17 h 30, retour 21 h. Nombre de places limité. Réservations indispensables. www.skisolitude.com

### ❷ Le Café Gourmet Mirador, Sucre, Bolivie

Le service tranquille de cette terrasse de la Plaza Anzures, qui surplombe Sucre, permet aux patrons de prendre le temps de partager un cappuccino. Un point de vue rare et superbe sur de beaux exemples d'architecture coloniale espagnole – ainsi que sur les jardins botaniques voisins.

À savoir Le café touche le Mirador de Recoleta, à 10 min à pied de la place principale de Sucre. www.tourismebolivie.com

### ❸ Belvédère, Moorea, Polynésie, France

Au cœur de l'une des plus ravissantes îles du Pacifique Sud, ce petit bar sur un parking surplombant un ancien volcan domine la baie d'Opunohu à gauche, la baie de Cook à droite et le mont Rotui. Traversant des forêts de tecks, acajous, acacias et manguiers et des plantations de taro et d'ananas, la route qui mène au Belvédère est également très pittoresque.

À savoir La route en partie non asphaltée depuis la baie de Cook est étroite, sinueuse et raide. L'autre route, depuis la baie d'Opunohu, est plus facile. www.tahiti-tourisme.fr

### ❹ L'hôtel Mountain Top, Manali, Inde

Certaines régions d'Inde sont peu fréquentées. Sur les hauteurs de Manali, la terrasse de cet hôtel domine des versants couverts de cèdres sacrés d'un côté, des sommets enneigés de l'autre et une vallée vert émeraude plantée de vergers.

À savoir Manali n'est pas desservie par le train. L'aéroport le plus proche est à Bhuntar, à 50 km. www.mountaintophotel.com, www.himachaltourism.gov.in

### ❺ L'hôtel Pierre Loti, Istanbul, Turquie

Ce somptueux hôtel se trouve dans l'agréable quartier de Sultanahmet, à mi-chemin entre la basilique Sainte-Sophie et le Grand Bazar. Sur le toit-terrasse, le bar a une vue imprenable sur la Mosquée bleue, la Corne d'Or, le Bosphore, la mer de Marmara – et la ville à cheval sur deux continents.

À savoir Faites d'une « pierre » deux coups et profitez des plaisirs du hammam ou bain turc de l'hôtel. www.pierrelotihotel.com, www.goturkey.com

### ❻ Le Solliden, île de Djurgården, Stockholm, Suède

Restaurant, café et pub, le Solliden est le principal point de restauration du Skansen, le plus ancien musée de plein air au monde. Il jouit de très belles vues sur l'île de Djurgården et une grande partie du sud de Stockholm. On y sert des classiques suédois, notamment le gravlax (saumon cru mariné au sel, au sucre et à l'aneth) accompagné de pommes de terre à la crème.

À savoir Le Solliden Matsal (restaurant) est parfait pour un *smörgåsbord*. Festivités traditionnelles lors de célébrations nationales et concerts les mardis soir d'été au sein du Skansen. www.skansen.se

### ❼ Le M32, Museum der Moderne, Salzbourg, Autriche

Tenu par le chef Sepp Schellhorn, le bar-restaurant du musée d'Art moderne sert une excellente cuisine autrichienne au sein d'un magnifique décor baroque dominant la vieille ville de Salzbourg. Ne manquez pas d'admirer l'insolite installation lumineuse composée de 500 bois de cerf.

À savoir Le restaurant est fermé le lundi. www.salzburg.info/fr, www.museumdermoderne.at, www.m32.at

### ❽ La Sonnenterrasse, Hôtel Pilatus-Kulm, Suisse

La Suisse ne manque pas de vues superbes sur les Alpes mais peu surpassent celle de la spacieuse terrasse de cet hôtel du XIXe siècle, à 2 132 m d'altitude. Après l'air pur et le panorama vertigineux englobant 73 sommets, laissez-vous aller aux plaisirs d'une bière brassée avec de l'eau minérale des montagnes.

À savoir De mai à fin novembre, le chemin de fer à crémaillère le plus pentu au monde relie Alpnachstad au Pilatus-Kulm. Téléphérique toute l'année depuis Kriens, près de Lucerne. www.pilatus.ch/fr

### ❾ La fondation Joan Miró, Barcelone, Espagne

Ami de Miró, Josep Lluís a voulu que ce musée soit la plus grande vitrine au monde des sculptures et peintures de l'artiste. Son agréable terrasse et ses vues panoramiques sur une des plus belles villes d'Espagne peuvent être un autre prétexte de visite.

À savoir Le café est petit et souvent bondé. Préférez les heures creuses. www.fundaciomiro-bcn.org, www.barcelonaturisme.com

### ❿ Café Hafa, Tanger, Maroc

Le Café Hafa est posé au sommet d'une abrupte falaise surplombant l'endroit où, dans la baie de Tanger, la Méditerranée rencontre l'Atlantique. Jack Kerouac, Tennessee Williams et les Rolling Stones y sont eux aussi venus siroter un thé à la menthe et jouer au backgammon, en regardant Gibraltar.

À savoir Arrivez tôt si vous voulez être assis pour voir le soleil se lever. www.visitmorocco.com

Ci-contre : la vue depuis le mont Pilate, en Suisse, englobe plusieurs lacs et de multiples sommets.

PILATUS

Les sultans mérinides, qui ont régné sur l'Afrique du Nord, ont été inhumés sur une butte surplombant leur capitale.

MAROC

# Fès depuis la nécropole mérinide

**De cette butte où sont inhumés des souverains mérinides, la vue de Fès au coucher de soleil est magique.**

Sur cette colline au nord de Fès, surveillées par la porte de Bab el Guissa, les tombes des sultans mérinides resplendissent d'une couleur de miel dans l'air chaud. Peu de touristes s'aventurent sur cette butte inondée de soleil ; il n'est pas rare d'y être seul. Au XIIIe siècle, les Mérinides, une tribu berbère, ont fait de Fès leur capitale et pris le contrôle d'une grande partie du nord de l'Afrique. Restés au pouvoir près de deux siècles, bon nombre de leurs souverains sont enterrés sur cette colline. Les tombeaux sont en ruine, mais le site offre une vue superbe du cœur spirituel du Maroc, notamment lorsque l'appel à la prière résonne d'entre les murs de la ville… à vous donner des frissons. Délimitée par d'arides collines et entourée par un antique rempart, la médina s'étend à vos pieds, un imbroglio compact de maisons carrées et blanches duquel émergent de fins minarets. Les toits verts de ces lieux de culte scintillent au-dessus des murs blancs, le plus facile à repérer étant celui de l'imposante mosquée Al Quaraouiyine. De plus près, on se rend compte que la médina possède de multiples joyaux architecturaux et que ses ruelles étroites, où l'on croise des ânes, accueillent de nombreux souks qui sentent le thé à la menthe et les épices.

**Quand ?** Au printemps, lorsque la température est agréable. Visitez la nécropole tôt le matin ou tard le soir, lorsque la colline est tranquille.

**Où ?** Sortez de la médina par Bab Mahrouk pour rejoindre la nécropole.

**À savoir** De nombreux hébergements à Fès, des chaînes hôtelières internationales aux riads, mais il est conseillé de réserver. Restaurants pour tous les budgets. La nourriture est délicieuse et sans danger en prenant de simples précautions. N'oubliez pas les pourboires. Le marchandage est inscrit dans la culture marocaine – vous pouvez espérer payer moitié prix les produits d'artisanat.

**Internet** www.visitmorocco.com, www.visitfes.org, www.villefes.com

### Les trésors de l'Atlas

Les Mérinides sont venus du sud, après avoir traversé l'Atlas, où peu de visiteurs s'aventurent, même aujourd'hui. Pourtant, parcouru de profondes vallées et de hauts sommets, de lacs et de cascades, ce massif renferme de nombreux trésors.

À 65 km de Fès vous attend la très jolie **vallée des Roches**, avec ses lacs, dans les environs d'Ifrane. À une centaine de kilomètres vers l'est, vous trouverez le **parc national de Tazekka et Taza**, une citadelle bâtie à l'extrémité d'un plateau escarpé. Parmi les plus vieilles villes du Maroc, elle a été restaurée plusieurs fois par les Mérinides.

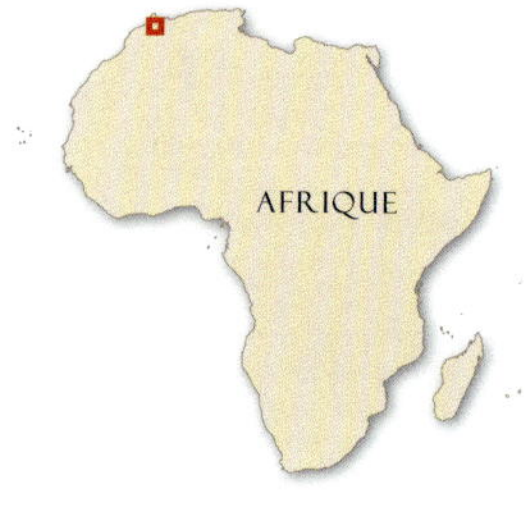

MALI

# La falaise de Bandiagara

Une marche en pays dogon et une succession de vues spectaculaires depuis la crête de cet escarpement long de 145 km.

Le soleil darde ses rayons mais, au sommet de la falaise, une brise légère rafraîchit agréablement l'air. De la crête de ce vertigineux escarpement haut de 488 m, vous embrassez du regard la savane inondée de lumière – la plaine du Séno-Gondo au Mali, s'étirant à perte de vue jusqu'au Burkina voisin. Quelques acacias ont poussé dans cette terre rouge, ainsi que de rares et majestueux baobabs. À vos pieds, au bas de la falaise se dressent les villages en briques crues des Dogons, célèbres pour leurs masques rituels en bois et leurs habitations à l'architecture singulière. Une vue qu'il vous sera donné d'admirer à plusieurs reprises lors d'une marche de 3 jours en pays dogon. L'escarpement forme la bordure sud-est du massif du Bandiagara, une élévation de grès au pied de laquelle les Dogons se sont installés dès le XV^e siècle. Accueilli la nuit dans les maisons dogons ou campant dans les villages, vous suivez la ligne de l'escarpement, en marchant parfois à sa base, parfois sur sa crête rocheuse. Préparez-vous, lorsque vous aurez à vous hisser en haut de la falaise, à grimper sur des troncs d'arbre accrochés à la roche, les bouts des branches coupées servant de barreaux d'échelle. Si l'on vous offre une coupe de bière de mil, une spécialité locale, n'oubliez pas d'en verser un peu sur le sol, en offrande aux ancêtres.

**Quand ?** De novembre à mars, pour éviter la saison des pluies et la chaleur intense de l'été.

**Où ?** La plupart des visiteurs gagnent Bamako en avion. La capitale est à une journée de route de Mopti, la ville la plus proche du pays dogon. Les autobus Bani Transport sont confortables, tout comme la route entre Bamako et Mopti. Pour un voyage plus plaisant, faites une halte d'une nuit à Ségou.

**À savoir** Visa et certificat de vaccination contre la fièvre jaune requis pour le Mali. À moins d'être un globe-trotter aventureux et solitaire, organisez votre marche en pays dogon avec un voyagiste.

**Internet** www.toungatours.com, www.autremali.com, www.sagatours.com, www.festival-au-desert.org

### Villages dogons

Au cœur d'un village dogon se trouve une construction ouverte surmontée d'un lourd toit de chaume. Il s'agit de la *toguna*, ou maison à paroles, où le *hogon*, le chef spirituel du village, et d'autres hommes se réunissent. En traversant le village, vous verrez également d'étroites maisons aux toits de chaume pointus. Il s'agit de greniers, divisés en greniers mâles (où mil et autres céréales sont conservés, surélevés par rapport au sol pour les protéger des rongeurs) et femelles (où les femmes entreposent leurs biens personnels). Le nombre de greniers est un reflet de la richesse du village ou d'une famille.

Endé, et ses maisons aux toits plats, regarde la vaste plaine sèche qui s'étend à perte de vue.

Le marais d'Enkongo Narok, au pied d'Observation Hill, est régulièrement visité par les éléphants.

KENYA

# Observation Hill

## Une petite butte, une marche tranquille et les animaux du parc national d'Amboseli, dans le sud du Kenya.

Petite élévation d'une trentaine de mètres à peine, Observation Hill n'est pas grand-chose, notamment à côté du Kilimandjaro visible au loin. Mais ce renflement volcanique au milieu de la plaine du parc national d'Amboseli est un des plus beaux points de vue d'Afrique de l'Est. Et comme seule une piste piétonne rejoint le sommet, c'est l'unique endroit au Kenya où vous pouvez descendre de votre véhicule et marcher. Cette butte a la particularité de se dresser en bordure de la plaine verte et marécageuse d'Enkongo Narok. Alimenté par le ruissellement des eaux de fonte du Kilimandjaro, le marais apporte l'eau – et donc la vie – à des créatures de tout acabit, des millions d'insectes et dizaines de milliers d'oiseaux aux troupeaux d'éléphants visibles depuis le sommet de la colline. Une paire de jumelles et un peu de patience suffisent souvent pour voir des hippopotames en train de barboter, des girafes traverser d'un pas tranquille le paysage ou des tourbillons de poussière danser sur la plaine. Le lever du jour est propice à l'observation des animaux ou encore pour saisir une image du « Kili » avant que les nuages ne l'enveloppent. Et un coucher de soleil n'a pas son pareil, confortablement assis sur une chaise en sirotant un cocktail.

**Quand?** Amboseli a deux saisons des pluies : d'avril à juin et de novembre à décembre. Même si le paysage est alors plus vert (et les températures plus fraîches), les animaux sont plus faciles à observer et à photographier durant les saisons sèches.

**Où?** L'option la plus rapide est un vol de 40 min (Air Kenya) de Nairobi vers une piste près de l'entrée Empusil du parc d'Amboseli. Il faut 5 h pour parcourir les 240 km qui séparent Nairobi de l'entrée principale du parc (Meshanani Gate), *via* Namanga à la frontière tanzanienne. Observation Hill est dans le sud du parc, près de la piste d'atterrissage.

**À savoir** Comptez 3 jours complets pour bien en profiter; visite au lever du soleil incontournable.

**Internet** www.magicalkenya.fr, www.kws.org, www.oltukailodge.com, www.oldonyowuas.com

### Nouvelle attraction

Le **parc national de Chyulu Hills**, voisin d'Amboseli, est la dernière réserve naturelle kenyane officiellement classée. Avec ses cônes et cratères âgés de 500 ans à peine, c'est également un des massifs les plus jeunes au monde. Le parc est surtout connu pour les vues incroyables qu'il offre sur le centre-sud du Kenya. Mais Chyulu renferme aussi des merveilles naturelles : des grottes volcaniques, 37 variétés d'orchidées, une luxuriante forêt d'altitude et des animaux insolites tels que le raphicère champêtre – une antilope – et l'insaisissable léopard.

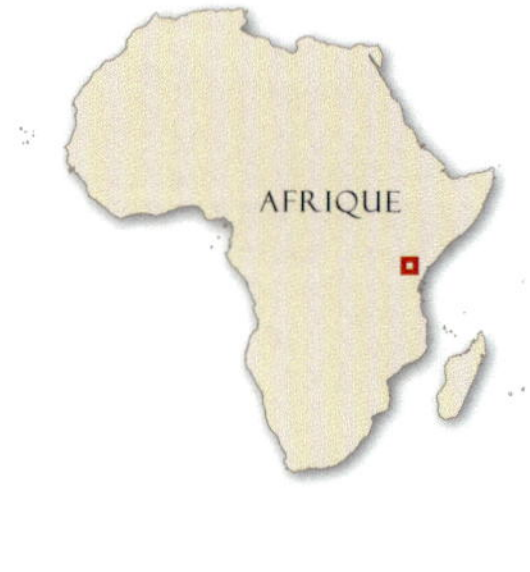

OUGANDA/KENYA

# LE MONT ELGON

## À cheval sur la frontière entre l'Ouganda et le Kenya, le mont Elgon accueille une faune et une flore originales.

L'Ouganda et le Kenya partagent un secret – avec de rares routes et des sentiers peu fréquentés, le mont Elgon invite à la détente. Ce volcan éteint possède la plus grande caldeira intacte de tous les volcans au monde. Sa dernière grande éruption a eu lieu il y a 12 millions d'années. Le mont Elgon est aujourd'hui une ascension facile, ne requérant aucun matériel spécial. Le sommet côté ougandais s'atteint en 3 jours, contre quelques heures côté kenyan. Bien que cette face soit plaisante, si vous avez le temps, préférez le côté ougandais. Vous en traverserez les divers étages de végétation et aurez peut-être la chance d'apercevoir des colobes noir et blanc, des cercopithèques à diadème, des damans ou encore des francolins de Jackson et des souimangas. Au sommet, la caldeira s'étire devant vous sur 8 km de large, une série de pics escarpés et de falaises abruptes dessinant son pourtour. Par temps clair, ce sont les plaines de l'est de l'Ouganda qui s'offrent à vous d'un côté et la cuvette de la caldeira de l'autre. La rivière Suam coupe le cratère en deux et marque la frontière entre les deux pays. Elle vous mène à une brèche dans le pourtour de la caldeira où l'odeur de soufre d'une source chaude (à 48 °C) est la seule réminiscence de l'activité volcanique du mont. Profitez-en pour délasser vos pieds fatigués avant de redescendre.

**Quand ?** Lors des saisons sèches - de juin à août et de décembre à mars.

**Où ?** Le versant ougandais possède plusieurs sentiers jusqu'au sommet ; ils sont accessibles depuis la ville de Mbale, à 3 ou 4 h en voiture de Kampala sur une route goudronnée. À Mbale, il est possible de louer les services d'un guide. Côté kenyan, gagnez Kitale en voiture, à 470 km de Nairobi, où vous trouverez Chorlim Gate, l'entrée du parc.

**À savoir** Toute randonnée au sein du parc national se fait accompagnée d'un guide officiel. Après entente préalable, il est possible de gravir le versant ougandais avec un guide local, de traverser la frontière au niveau des sources chaudes puis de descendre côté kenyan escorté par un guide du Kenya Wildlife Service (ou inversement). Hébergement possible dans les villes et villages autour du parc.

**Internet** www.kws.org/parks/parks_reserves/MGNP.html, www.acaciasafari.co.ug, www.magic-safaris.com

### Des grottes de sel

Dans la **grotte de Kitum** (le « lieu des cérémonies » en massaï), sur le versant kenyan du mont Elgon, les éléphants ont creusé une caverne de plus de 200 m de profondeur dans la montagne. Ils y cherchent le sel dont ils ont besoin, grattant de leurs défenses les parois, le sol et le plafond de la cavité. À l'instar des buffles et antilopes également en quête de sodium, ils pénètrent dans la grotte la nuit. Passant au travers de la chute d'eau qui en barre l'entrée, ils suivent le même sentier à l'intérieur, trouvant leur chemin dans le noir parmi les roches. Il est possible de visiter la grotte, accessible par un petit sentier depuis l'entrée du parc.

Le cratère du mont Elgon est recouvert de plantes alpines et autres espèces rares, telles que des lobelies géantes.

# Derniers paradis sauvages

Il semble aujourd'hui presque miraculeux de trouver sur notre Terre un coin de nature encore vierge. Tel est toutefois le cas des destinations proposées au fil des pages suivantes, restées intactes comme par enchantement. Des sites rares et fragiles où le temps semble s'être arrêté. C'est une incroyable diversité qui attend ceux qui n'hésitent pas à sortir des sentiers battus. Qui supposerait, par exemple, que le parc de Yellowstone renferme encore des paysages peu connus ? D'autres voyages vous conduiront au bout du bout du monde – vers les champs de lave du Groenland ou les sites de nidification des majestueux albatros en Nouvelle-Zélande. Certaines expéditions se planifient à l'avance, comme celle qui suit la migration des gnous dans la plaine du Serengeti, en Tanzanie. D'autres enfin vous font découvrir un univers d'initiés – traverser à cheval le désert de Mongolie en compagnie des nomades ou dormir sur une péniche dans le bayou en Louisiane, avec des serpents et alligators pour voisins. Des lieux préservés qu'il est impératif de respecter.

Le lac O'Hara, au cœur des Rocheuses canadiennes, dans le parc national Yoho, est un havre de paix entouré de forêts et de montagnes sculptées par les glaciers.

Une odeur caractéristique d'œuf pourri émane des sources jaune soufre des environs de Leirhnjúkur.

ISLANDE

# Les coulées de Leirhnjúkur

**Dans ce coin reculé d'Islande, des sources chaudes bouillonnent et sifflent au milieu d'extraordinaires formations de lave solidifiée.**

Parcourir les champs de lave de Leirhnjúkur, c'est un peu comme marcher sur la Lune ; certains des cratères ont d'ailleurs servi de sites d'entraînement aux astronautes des missions Apollo. Cette région géothermique se trouve sur une faille de 80 km apparentée au vieux volcan Krafla, au nord-est de l'Islande. Si le volcan est endormi, les signes d'activité volcanique sont très présents : boues bouillonnantes, sources chaudes laiteuses, cônes de scories mouchetés de dépôts de couleur pastel, soufrières recrachant une vapeur à l'odeur d'œuf pourri, coussins de lave solidifiée. Des coulées de magma bigarrent cet austère paysage ; les plus anciennes sont recouvertes d'une végétation rase parsemée de fleurs, les plus récentes sont encore chaudes. La lave refroidie prend la coloration rouge du fer, jaune du soufre, bleu du sulfite et violet du carbonate de potassium. Une partie de la lave s'érode en blocs, tandis que d'autres formations ressemblent à des langues solidifiées. Un sentier de marche fléché part et revient au parking de Leirhnjúkur. Il est recommandé de rester dans les espaces balisés – quelques mètres plus loin, la croûte peut être fine et cacher des fissures, potentiellement dangereuses.

**Quand ?** La région est située sous le vent, les étés sont relativement secs et les jours longs.

**Où ?** Leirhnjúkur est à une heure de voiture à l'est d'Akureyri, dans le nord de l'Islande, et à 14 km au nord de Rekjahlið, un village sur la rive du lac Mývatn. La zone active est à 20 min de marche du parking. En été, un service de bus dessert Rekjahlið ; location de voitures et VTT possible sur place.

**À savoir** Bonnes chaussures de marche imperméables indispensables car le temps est variable. En été, une moustiquaire de tête est un bon investissement.

**Internet** fr.visiticeland.com, www.voyage-islande.fr

## Le feu et l'eau

■ Sur la route des champs de lave, un autre sentier permet de rejoindre les eaux bleues du **cratère Víti**, le cratère de l'enfer, sur le bord occidental de la caldeira du Krafla. Le souffle des cheminées trahit la présence d'un géant endormi.

■ Au sud-ouest, le **Lake Mývatn**, le bien nommé « lac des mouches », est une halte très appréciée des oiseaux d'eau migrateurs qui se régalent des larves d'insectes aquatiques.

■ Vous apercevrez peut-être dans la région des portes de verre dans le sol. Ce sont les portes de fours souterrains, où la chaleur volcanique sert à cuire un pain noir appelé *hverabrauð* (pain à la vapeur) en 12 à 24 heures.

CANADA

# Nunavik

## Ce paysage de roches et de silence, au nord du Québec, porte les cicatrices du tumultueux passé de la Terre.

Une randonnée vers le cratère des Pingualuit (auparavant appelé cratère Chubb) dans le parc du même nom vous donnera peut-être l'occasion d'apercevoir un caribou grattant le permafrost en quête de lichen tandis que ses petits gambadent autour. En été, le plus grand troupeau de caribous de la planète (600 000 têtes) envahit les 1 100 km$^2$ du parc dans le Nunavik, au Québec. Les Inuits y chassent encore, venant de Kangiqsujuaq, le village le plus proche, mais aussi de villages situés à plusieurs jours de marche, comme le faisaient leurs ancêtres. Depuis des générations, pour ce peuple indigène, la région revêt une grande importance spirituelle. Son nom, Pingualuit – qui signifie « là où la terre s'élève » en inuktitut – fait référence au cratère qui s'est formé, il y a 1,3 million d'années, lorsqu'une météorite géante s'est écrasée sur la Terre et a creusé une dépression de 400 m de profondeur et de 3,5 km de diamètre. Les bords du cratère s'élèvent à plus de 150 m au-dessus de la toundra, ressemblant de loin à une petite colline. Depuis le rebord, la vue sur le lac Pingualuk est superbe. D'un bleu intense, il n'est rempli depuis des millénaires que par des eaux de pluie et de fonte d'une extrême pureté.

**Quand ?** Bien que le parc soit ouvert toute l'année, mieux vaut s'y rendre de mi-juin à mi-septembre lorsque les jours sont longs et le temps plus clément. Mars et avril sont parfaits pour une visite en traîneau à chiens ou à skis *via* le sentier d'accès au parc depuis Kangiqsujuaq.

**Où ?** Kangiqsujuaq, à 1800 km au nord de Montréal, est desservi par des vols réguliers depuis Québec, Montréal et Ottawa. Si les plus aguerris n'hésitent pas à parcourir les 88 km qui séparent Kangiqsujuaq du cratère à pied, la plupart des visiteurs réservent un vol depuis le village vers le lac Laflamme, suivi d'une marche de 45 min.

**À savoir** Réservez voyages et hébergement pour le moins six semaines à l'avance. Préparez-vous à une approche délicate du cratère, sur un sol rocailleux qui peut également être glissant.

**Internet** www.nunavikparks.ca/fr/parcs/pingualuit/index.htm, www.nunavik-tourism.com, www.bonjourquebec.com/qc-fr/nunavik.html

### La vie d'un village inuit

**Le village inuit de Kangiqsujuaq se trouve en bordure de la baie de Wakeham, à 10 km du détroit d'Hudson. Si ce village de 600 habitants possède des installations modernes, dont un hôtel géré par la communauté, ainsi que les bureaux et le centre d'interprétation du parc, certaines traditions perdurent. Les hommes chassent le caribou et le béluga pour l'ensemble du village. Les femmes ramassent les moules sous l'épaisse banquise hivernale et récupèrent le duvet des canards eiders. Depuis des générations, les filles apprennent de leurs mères le *katajjaq*, ce chant de gorge qui imite les bruits de la nature, les oiseaux et les animaux.**

Le cratère des Pingualuit, qui se dresse brusquement sur une plaine rocailleuse, renferme un des plus grands lacs de cratère au monde.

ÉTATS-UNIS/CANADA

# Les réserves de Wrangell-Kluane

**Cette vaste étendue sauvage de forêts, montagnes, toundra, glaciers et rivages abrite une faune impressionnante.**

Si un arbre tombe dans la forêt et que personne n'est là pour l'entendre, fait-il du bruit ? Une question philosophique à laquelle l'immensité de la région de Wrangell et Kluane peut apporter une réponse. Chaque jour dans cette étendue sauvage s'étirant au sud de la frontière entre l'Alaska et le Yukon, la nature prospère loin de toute présence humaine. Là, les plus imposants glaciers d'Amérique du Nord grondent et se soulèvent. La plus grande concentration d'ours du continent s'y nourrit de saumons et de baies. Les rivières et torrents bouillonnent. Et un nombre incalculable d'arbres s'élèvent vers le ciel, se balancent dans le vent et tombent sans que personne les entende. La région de Wrangell et Kluane constitue la plus vaste aire protégée du monde – près de 130 millions de km$^2$ de forêts, montagnes, toundra, glaciers et rivages – et compte huit sanctuaires de vie sauvage, dont le parc national de Wrangell-Saint-Élie en Alaska et le parc national et réserve de Kluane au Canada, dans le Yukon. Quelque 2 000 glaciers alimentés par des champs de glace plus grands que plusieurs États des États-Unis sont ainsi protégés. La région compte plus de sommets de 4 875 m – dont le mont Logan et le mont Saint-Élie – que tout autre endroit d'Amérique du Nord. Elle accueille une incroyable diversité animale et des concentrations de grizzlis, baleines à bosse, orignaux, cygnes trompettes, mouflons d'Amérique et loups gris comme nulle part ailleurs sur Terre.

**Quand ?** De début juin à mi-septembre, la région jouit souvent d'un temps clair et sec. Il peut cependant encore neiger et les nuits sont parfois très froides. Certains établissements sont ouverts en hiver.

**Où ?** Les principaux points de chute sont, en Alaska, les villes de McCarthy-Kennecott dans le parc de Wrangell-Saint-Élie et le village de Gustavus, près de Glacier Bay ; et Haines Junction, au Canada, à deux pas du parc national de Kluane.

**À savoir** Nombreuses activités de plein air proposées notamment kayak, rafting, VTT, pêche et vol en hydravion. La zone protégée renferme également plusieurs sites historiques, dont la vaste mine de cuivre de Kennecott, aujourd'hui abandonnée, près de McCarthy.

**Internet** www.pc.gc.ca/fra/pn-np/yt/kluane/index.aspx, whc.unesco.org/fr/list/72, www.nps.gov/wrst, www.nps.gov/glba, www.steliasguides.com, www.ultimathulelodge.com

Ci-contre : la beauté sauvage du parc national de Wrangell-Saint-Élie. Ci-dessus : pygargues à tête blanche.

## Mon voyage insolite

*« On ne s'en lasse jamais » me dit le ranger avec lequel je pagaie sur des eaux aussi lisses qu'un miroir. « Je suis encore toujours autant émerveillé par les glaciers, les montagnes, le temps. » Où sommes-nous ? Icy Bay, un immense fjord sur la côte de Wrangell-Saint-Élie. La nature à l'état pur, sauvage – le mont Saint-Élie rose dans la lumière de fin d'après-midi, une chute d'eau de 180 m qui n'a même pas de nom et la façade bleu-blanc du glacier Guyot.*

*Après avoir accosté sur une plage rocailleuse à 1 km du Guyot, nous dressons le camp et commençons à préparer le dîner. Le silence est soudain interrompu par le vacarme d'un immense pan de glacier qui tombe dans la baie. Une vague se forme alors au point de chute, gagnant en hauteur et en vitesse. « Faut pas rester là ! » me dit le ranger en me poussant vers la moraine où nous avons planté nos tentes. Hors de danger, nous nous retournons pour voir l'endroit où nous nous tenions être balayé par un mini raz-de-marée.*

**Joe Yogerst**
**Voyageur et auteur**

CANADA

# Le lac O'Hara

Entouré de montagnes et de forêts de mélèzes, O'Hara en Colombie-Britannique est l'un des plus beaux lacs du Canada.

Situées sur le versant ouest de la ligne de partage des eaux des montagnes Rocheuses, dans le parc national Yoho, les eaux cristallines du lac O'Hara sont retenues dans une gigantesque cuvette rocheuse. Tout autour, de hauts sommets escarpés aux parois verticales, des amphithéâtres rocheux émaillés de petits lacs de montagne, de chutes d'eau et de vieux glaciers. Le paradis des randonneurs avec de nombreux sentiers de difficultés diverses. Si le tour du lac est une plaisante balade, mieux vaut avoir le cœur bien accroché pour arpenter les sentiers de montagne qui conduisent vers des terrasses abruptes et glissantes, le long d'arêtes tranchantes et sur des éboulis et pierriers. Entre autres dangers le long de ces sentiers, il faut se méfier des avalanches et chutes de pierre et, surtout, des grizzlis – il arrive que des sentiers soient fermés à certaines époques de l'année lorsque des ours sont aperçus à proximité. Surveillé par des pikas et des marmottes, vous rencontrerez peut-être des porcs-épics sur le sentier ou apercevrez des mouflons sur les hauteurs. En juin et juillet, la région est couverte d'un tapis de fleurs, le plus coloré des Rocheuses. À l'automne, les mélèzes jaunissent et en hiver la neige étend son blanc manteau et invite à découvrir la région à ski ou en raquettes.

**Quand ?** Le parc national Yoho, très fréquenté en juillet et août, est ouvert toute l'année. Les schistes de Burgess se visitent de juillet à septembre. Le temps est très variable - préparez-vous à toutes les conditions, notamment de la neige en altitude même en été.

**Où ?** La ville la plus proche est Field, en Colombie-Britannique, à 2 h en voiture à l'ouest de Calgary. De là, le lac O'Hara est accessible soit en bus soit par une marche de 11 km le long de la route d'accès.

**À savoir** Il faut réserver le bus pour le lac (en service de mi-juin à début octobre). Quota quotidien de visiteurs le jour et de campeurs la nuit. Un lodge et des bungalows sont ouverts toute l'année. La boucle des schistes de Burgess se fait en 8 à 10 h. Il est interdit de ramasser des fossiles.

**Internet** www.pc.gc.ca/fra/pn-np/bc/yoho/activ/ohara/a.aspx, www.burgess-shale.bc.ca

### Les schistes de Burgess

Dans le parc national Yoho, non loin du lac O'Hara, se trouvent les schistes de Burgess. Les roches de cette région contiennent les fossiles de créatures qui ont vécu il y a 500 millions d'années, lorsque la zone était inondée.

Il est possible de visiter ces sites historiques à **Walcott Quarry** et **Mount Stephen** en compagnie de guides de la Burgess Schistes Geoscience Foundation. Attention, les sentiers sont assez difficiles.

Le point de rendez-vous est le Yoho Trading Post de Field sur la Trans-Canada Highway. Le sentier pour Walcott Quarry passe non loin des spectaculaires chutes Takakkaw.

Le lac O'Hara est alimenté par plusieurs lacs supérieurs formés par des glaciers. Chacun d'eux est l'occasion d'une très belle marche.

La forêt nationale de Pisgah à l'automne, dominée dans le fond par le sommet de Cold Mountain.

ÉTATS-UNIS

# La Shining Rock Wilderness

## Cette région de montagne méconnue de Caroline du Nord englobe certains des plus hauts sommets de la chaîne des Blue Ridge.

Shining Rock et le site voisin de Middle Prong forment une des plus grandes réserves naturelles de l'Est américain. Trois sommets dépassent les 1 800 m, le plus élevé étant Cold Mountain, rendu célèbre par le roman de Charles Frazier. Cette réserve propose certains des plus beaux sentiers de randonnée de la chaîne des Blue Ridge. Des forêts millénaires, des torrents de montagne, des cascades et de hautes prairies qui offrent des vues spectaculaires sur des crêtes érodées. Le Cold Mountain Trail est un sentier un peu difficile de 16 km qui permet de gagner le sommet du mont. Là, toute fatigue disparaît devant la beauté du panorama englobant les sommets et les vallées embrumées des Greats Balsam Mountains. Le chemin permet de découvrir une diversité biologique parmi les plus riches d'Amérique. Aux étages les plus bas, les feuillus dominent, notamment noyers d'Amérique, chênes, érables et faux acacias. Plus haut, lauriers des montagnes, azalées candulacées et rhododendrons sont une explosion de blanc, rouge, orange et rose chaque printemps. Au-dessus de 1 500 m, le paysage se transforme en une forêt de pruches et de sapins.

**Quand ?** De préférence de mai à octobre ; fortes chutes de neige possibles en hiver.

**Où ?** Le Cold Mountain Trail est accessible depuis l'Art Loeb Trail, qui part du Daniel Boone Boy Scout Camp. Quittez la Blue Ridge Parkway au kilomètre 423,2 et partez en direction du nord sur la North Carolina 215 ; au bout de 21 km, prenez Little East Fork Road à droite et continuez sur 6 km jusqu'au camp de scouts.

**À savoir** Ce sentier est raide et ne convient qu'aux randonneurs expérimentés ; comptez 7 h, plus les pauses. Cartes et conseils sur les conditions au poste forestier : 1600 Pisgah Highway (U.S. 276), Pisgah Forest, NC 28768. Tél. : 828-877-3265. Hébergements possibles à Brevard et Waynesville.

**Internet** www.visitnc.com, www.fs.usda.gov/nfsnc

### Fiction et réalité

De nombreux personnages et scènes du roman *Retour à Cold Mountain* de Charles Frazier s'inspirent de la réalité.

La ville de Cold Mountain, dans le roman, ressemble beaucoup à **Bethel**, une petite ville près de Canton, à la croisée de plusieurs vallées.

Le personnage principal du roman s'inspire de l'arrière-grand-oncle de l'auteur, W.P. Inman, qui est né et a grandi à Bethel. Le véritable Inman a lui aussi servi dans l'armée confédérée et a été blessé au champ de bataille. Après s'être enfui de l'hôpital et avoir déserté, il est rentré à Bethel à pied (480 km), pour y être assassiné peu de temps après son retour.

Chaque mois de juin, la ville de Bethel organise des visites de la sépulture d'Inman, de la chapelle Inman, fondée par son frère, et des maisons construites par des hommes qui ont servi dans l'armée confédérée aux côtés d'Inman.

TOP 10

# Paysages fleuris

Des parterres de fleurs rares et colorées pour des panoramas somptueux et pourtant éphémères, des déserts aux prairies d'altitude, des cratères de volcan aux sols des forêts.

## ❶ Diamond Valley Lake, États-Unis

Arrivez en milieu de matinée, lorsque pavots de Californie, lupins d'un bleu profond, *Encelia farinosa*, *Nemophila menziesii*, campanules carillon et *Castilleja densiflora* éclatent en une gerbe de couleurs spectaculaire. Le temps est compté. La boucle de 2 km passant par ce champ de fleurs sauvages n'est ouverte qu'au mois de mars, lors de la floraison, de 6 h 30 à 16 h 45.

À savoir On rejoint le sentier près d'East Marina *via* les Domenigoni et Searl Parkways près d'Hemet, à l'est de Los Angeles. www.dvlake.com

## ❷ Volcan Haleakala, Hawaii, États-Unis

Une étrange plante, *Argyroxiphium sandwicense* ou *ahinahina*, fleurit de juillet à septembre sur le sommet et dans le cratère du volcan Haleakala. Le pédoncule, haut de 2 m, est piqué de fleurs rouge-violet. Il ne sort d'une boule de feuilles en forme d'épée couleur argent qu'une fois, au terme de la vie (de 15 à 50 ans) de la plante. Il produit des graines et meurt.

À savoir Le sommet de l'Haleakala est à 2 h en voiture de Kahului. La floraison des plantes est impossible à prévoir, même pour les spécialistes. www.nps.gov/hale/index.htm

## ❸ Province botanique du Sud-Ouest, Australie

L'Australie-Occidentale est un paradis de fleurs sauvages. Pendant six mois, dès les premières pluies de juin, les environs de Perth voient fleurir quelque 12 000 espèces de fleurs sauvages, notamment pattes de kangourou vertes et rouges, banksias orange foncé ou rouge vif, boronias roses et hibiscus jaunes.

À savoir Visitez la région de Pilbara, le parc national de Kalbarri et le Coalseam Conservation Park. www.westernaustralia.com

## ❹ Annapurna, Népal

Une mer multicolore avec pour toile de fond la blancheur pure de l'un des plus hauts toits du monde – voilà ce que vous promet une visite de l'Annapurna Conservation Area aux mois de mars et avril, lorsque les rhododendrons sont en fleurs. Les plus grandes étendues se trouvent près du village de Ghorepani, à 2 ou 3 jours de marche au pied de l'Himalaya.

À savoir 30 min d'avion ou 6 h de route de Katmandou à Pokhara… puis à pied. www.francenepal.info

## ❺ Monts Taurus, Turquie

Le printemps est tardif dans les montagnes du sud de la Turquie. Lorsque la neige fond, perce-neige, crocus et tulipes sortent de partout. En avril et mai, les pieds des versants sont une explosion de couleurs – cyclamens, pourpiers, vesces, bleuets, coquelicots, origan sauvage et 148 espèces d'orchidées.

À savoir Isparta, le pays de la rose, dans la région des lacs dans l'ouest des monts Taurus, est un point de chute plaisant. www.goturkey.com

## ❻ Col du Lautaret, France

Les prairies alpines de ce col du Dauphiné, séparant à 2 058 m d'altitude les Alpes du Nord des Alpes du Sud, sont un tapis de fleurs sauvages de mi-juin à fin juillet. Au niveau du col, le Jardin alpin, entretenu par l'université de Grenoble, réunit plus de 2 000 plantes alpines du monde entier.

À savoir Au nord-ouest de Briançon sur la RN 91. sajf.ujf-grenoble.fr

## ❼ Forêt de Brotonne, France

Dans un vaste méandre de la Seine, au cœur du parc naturel des Boucles de la Seine normande se trouve la forêt de Brotonne, plantée de hêtres et de chênes, et couverte d'un superbe tapis de campanules en avril. Elle donne une idée de ce qu'a pu être l'immense forêt d'Arelaune qui couvrait jadis la région.

À savoir À l'ouest de Rouen, en passant par le pont à haubans de Brotonne. brotonne.free.fr

## ❽ New Grove Meadows, Monmouth, G.-B.

Deux des quatre prairies de fleurs sauvages de ce coin du sud-est du pays de Galles sont considérées comme les plus belles de Grande-Bretagne. Primevères et carex fleurissent en avril. Orchis mâles et orchis bouffons apparaissent en mai. Puis le rose des orchis de Fuchs domine en juin, aux côtés des listères à deux feuilles. L'automne est la saison des champignons, notamment des délicats hygrocybes.

À savoir Au sud de Monmouth, sur la B4293 près de Loysey. gwentwildlife.org/reserves/NewGroveMeadows.htm

## ❾ Parc national Namaqua, Afrique du Sud

En août et septembre, le désert du parc national Namaqua se transforme en une nuit ou presque en un parterre de fleurs sauvages, des plus insolites. Une mer orange de marguerites africaines recouvre alors ce qui n'était qu'un sol de poussière. D'autres espèces du désert telles que *Romulea*, les délicates *Grielum humifusum* ou encore *Felicia australis* se rencontrent également.

À savoir Le parc est sur la N7 vers la Namibie, à 494 km au nord de la ville du Cap. www.sanparks.org/parks/namaqua

## ❿ Nieuwoudtville, Afrique du Sud

À une centaine de kilomètres au sud du Namaqualand, la Nieuwoudtville Wildflower Reserve protège une région qui contiendrait la plus riche concentration de bulbes au monde. Les épis orangés de l'endémique *Bulbinella latifolia*, les tapis roses d'*Hesperantha* ou lys des Cafres et de cotules s'étendent à perte de vue.

À savoir La Nieuwoudtville Wildflower Reserve est à 3 km de la ville sur la route de Calvinia. www.nieuwoudtville.com

Ci-contre : le sol désertique du Namaqualand se couvre chaque année de quelque 1000 espèces de fleurs endémiques.

Jadis fréquentés par des bateaux à vapeur, les bayous de l'Atchafalaya forment aujourd'hui une vaste étendue d'eau sauvage.

ÉTATS-UNIS

# LE MARAIS DE L'ATCHAFALAYA

**Des grands arbres couverts de mousse qui poussent les pieds dans l'eau et une riche diversité animale dans le sud de la Louisiane.**

Au cœur du pays cajun, près de Lafayette, en Louisiane, large de 32 km sur 241 de long, le marais de l'Atchafalaya est la plus grande zone marécageuse d'Amérique du Nord. Il s'agit en vérité d'un dédale de bayous, de cours d'eau immobiles, de forêts inondées aux arbres majestueux et de marais salants où la rivière Atchafalaya rencontre les eaux de marée du golfe du Mexique. Zone humide sauvage, le marais accueille une avifaune et une faune impressionnantes ainsi que des fleurs et des plantes rares. Des visites guidées dans des barques à fond plat ou en hydroglisseurs sont proposées mais l'idéal, pour pleinement découvrir la région et en voir toute la diversité animale et végétale, est de louer une péniche. Elle sera tirée jusqu'à un endroit tranquille du marais où vous jouirez du confort d'une maison au milieu de la splendeur naturelle de cette étendue d'eau sauvage. Profitez d'un coucher de soleil depuis la véranda tandis que le marais s'anime d'une multitude de bruits. Partez pêcher à l'aube ou regardez le soleil se lever sur l'horizon, alors que hérons et aigrettes se nourrissent sous l'œil endormi des alligators.

**Quand?** La meilleure saison est la fin du printemps et le début de l'été, lorsque les eaux sont hautes et la faune active, la température modérée et les fleurs sauvages épanouies.

**Où?** Le marais est accessible *via* l'Interstate 10. La plupart des excursions en bateau partent d'un des pontons du lac Henderson, juste à la sortie de la ville du même nom.

**À savoir** Location de péniche *via* Houseboat Adventures, en réservant bien à l'avance. Excursions en bateau organisées par McGee's Landing. Alligators et serpents sont nombreux dans le marais, mais ils restent à l'écart et ne sont généralement agressifs que s'ils sont provoqués. Si les moustiques sont rares la journée, ils pullulent à la nuit tombée – répulsif puissant indispensable si vous prévoyez une soirée en extérieur.

**Internet** www.houseboat-adventures.com/index.htm, www.mcgeeslanding.com, www.cafedesamis.com, www.lafayette.travel, louisiane.blogs.sudouest.fr

## La culture cajun

■ Pour découvrir la vraie culture cajun, rendez-vous au **McGee's Landing** à Henderson ou au **Whiskey River Landing** dans la ville voisine de Breaux Bridge où les week-ends vibrent au rythme du zarico, qui pousse immanquablement jeunes et moins jeunes sur la piste de danse.

■ Breaux Bridge est une adorable petite ville cajun. Le samedi matin, le **Café des Amis** propose un petit-déjeuner zarico avec musiciens. Habitués et visiteurs y viennent pour l'ambiance, pour danser, pour le café qui est fort, les omelettes savoureuses et les beignets légers et bien gonflés, saupoudrés de sucre glace.

ÉTATS-UNIS

# Un Yellowstone caché

## Au-delà de l'incontournable Old Faithful, cette région moins visitée, entre cascades et sources chaudes, accueille une faune impressionnante.

L'extrémité sud-ouest du parc national de Yellowstone est une région de prairies, de forêts et de chutes d'eau. Justement surnommée le « coin des cascades » *(Cascade Corner)*, elle est traversée par les rivières Bechler et Falls et leurs nombreux tributaires qui serpentent à travers les plateaux accidentés de Madison et Pitchstone et en descendent les versants en une série de cascades spectaculaires. Depuis la Bechler River Ranger Station, suivez les rives de la rapide Falls jusqu'à entendre le bruit assourdissant des Cave Falls. De gigantesques pins tordus encadrent cette large cascade, où des balbuzards viennent pêcher des truites. Partez ensuite vers le nord-est le long de la Bechler. En suivant le sentier, vous apercevez soudain la chaîne Teton. Une douce brise vous rafraîchit, agréablement parfumée de l'odeur des pins tandis que vous continuez dans le canyon à travers une des forêts les plus luxuriantes de la région. Les myrtilles le long du chemin ne demandent qu'à être cueillies. Les chutes d'Ouzel seront visibles au loin. Puis bientôt celles de Colonnade et enfin celles d'Iris (à 14,5 km du poste forestier). Un peu plus loin, au point dit de Ferris Fork sur la Bechler, faites une halte méritée à côté des sources chaudes pour admirer le paysage. Le retour se fait par le même itinéraire.

**Quand ?** La région de la Bechler est splendide fin août et septembre. Au début de l'été, les prairies peuvent être inondées et infestées de moustiques affamés.

**Où ?** La Bechler River Ranger Station est à 32 km à l'est d'Ashton, dans l'Idaho.

**À savoir** Yellowstone est le pays des ours et des bisons. Ne marchez jamais seul et informez-vous toujours des récentes activités des ours. Consultez le site web du parc pour savoir ce que vous devez faire si vous en rencontrez et comment utiliser un aérosol capsique. Anti-moustiques et chaussures étanches indispensables. Site de camping dans le canyon de la Bechler mais permis nécessaire.

**Internet** www.nps.gov/yell

### Un spa naturel

Bien que les sources de Yellowstone soient engageantes, elles sont très chaudes et il est illégal et dangereux de s'y baigner – les brûlures peuvent être fatales. Toutefois, à environ 26 km de la Bechler Ranger Station, il vous est permis de faire trempette dans un « chaudron » généralement sûr (mais vérifiez toujours auprès d'un garde).

Passez une nuit dans un des camps le long du Bechler Trail. Le lendemain, suivez le sentier de **Ferris Fork** qui passe non loin d'une grande cuvette fumante et bouillonnante. Avant de plonger dans ce jacuzzi naturel, vérifiez la température de l'eau du bout du pied.

Loin des sentiers battus de Yellowstone, Colonnade Falls, une des chutes superbes du bien nommé « coin des cascades ».

Descente en rafting de la Salmon River, réputée auprès des amateurs de cette discipline.

ÉTATS-UNIS

# La « Frank »

Que vous soyez en quête de solitude ou d'aventure, cette région préservée du centre de l'Idaho est un endroit de rêve.

Peu de visiteurs, peu de routes, des torrents turbulents, des lacs de montagne cristallins, de profonds canyons, de vastes forêts et des prairies de fleurs sauvages, la Frank Church-River of No Return Wilderness est la plus grande aire forestière nationale protégée des États-Unis en dehors de l'Alaska. Elle porte le nom du sénateur Frank Church, qui fit voter une loi pour protéger la zone, et du torrent – la Salmon River, ou la rivière sant retour – qu'il est particulièrement difficile de remonter (si ce n'est en bateau à moteur) à cause de ses rapides et tourbillons. Son canyon est plus profond que le Grand Canyon. Truites fardées et arc-en-ciel peuplent la rivière toute l'année, tandis que le printemps et l'été voient arriver des truites steelhead et saumons quinnat. Depuis les sentiers, il est possible d'apercevoir des mouflons d'Amérique et des chèvres de Rocheuses sur les hauteurs, des élans et des wapitis dans les forêts, ainsi que leurs prédateurs : couguars, loups, coyotes et carcajous. Les ours noirs sont présents mais discrets. Si vous recherchez l'isolement total, plus de 6 000 $km^2$ sans sentier vous attendent.

**Quand ?** La région est accessible toute l'année. En été, la température flirte avec les 38 °C dans les vallées ; en hiver, elle peut descendre jusqu'à -45 °C sur les sommets. Préparez-vous à des conditions extrêmes et difficiles, alors que vous serez coupé de tout.

**Où ?** 18 pistes accueillent de petits avions. Accès en bateau à moteur par la Salmon River. La plupart des visiteurs se déplacent à pied ou à cheval sur les 66 sentiers accessibles depuis les routes forestières.

**À savoir** Plus de 90 sociétés – joignables *via* l'Idaho Outfitters and Guides Association – organisent des activités de plein air dans la région. L'offre des ranches-hôtels sera moins « nature ». Un guide sur la zone protégée renseigne sur les quotas de visiteurs, les autorisations, etc. Les moyens de transport mécaniques, au nombre desquels les VTT, sont interdits.

**Internet** www.fs.fed.us/r4/sc/recreation/fcronr/userguide.pdf, www.ioga.org

## La guerre des Shoshones

Lorsque la glace s'est retirée, après la dernière glaciation, il y a 20 000 ans, les tribus amérindiennes telles que les Nez-Percés et les Shoshones s'établirent dans la région de la **Salmon River**. Barrages, outils en pierre et art rupestre témoignent de leur présence.

En 1879, des Shoshones, appelés « mangeurs de moutons » par les colons européens, furent accusés de plusieurs meurtres, sans preuve.

Il s'ensuivit un conflit lors duquel les troupes américaines durent se lancer à la poursuite des Shoshones dans la région. Connaissant parfaitement ce terrain difficile, les Indiens échappèrent aux soldats qui perdirent des mules, des chevaux et des provisions dans les falaises et les torrents impétueux, et souffrirent de froid et d'épuisement.

Toutefois, malgré leur supériorité dans les montagnes, les Shoshones se lassèrent d'être poursuivis. Ils se rendirent et furent transférés dans la réserve de Fort Hall dans l'est de l'Idaho.

ÉTATS-UNIS

# La Mojave National Preserve

## Découvrez le désert de Californie à l'état brut depuis les dizaines de kilomètres de routes et sentiers poussiéreux de la réserve naturelle.

À l'instar de la Vallée de la Mort, la Mojave National Preserve, de plus de 632 500 $km^2$, dans le sud de la Californie, est un vaste paysage de reliefs accidentés, de mesas et de buttes, de cônes de scories et de lacs asséchés où poussent des cactus. Une route goudronnée et poussiéreuse permet de découvrir le dôme de Cima, immense extrusion de granit érodé, au nord de la réserve, sur lequel pousse la plus vaste forêt au monde de yuccas arborescents, et le dédale de parois et boyaux creusés dans la roche volcanique rouge appelée rhyolite de Hole-in-the-Wall. Au sud-est, les dunes de Kelso accueillent plus d'une centaine de variétés de plantes indigènes. Il est possible d'y voir de grands géocoucous ou des aigles royaux et des buses à queue rousse. De nombreux mammifères, au nombre desquels couguars, coyotes, mouflons d'Amérique et lièvres de Californie, ont adopté un mode de vie nocturne en raison de la chaleur la journée. On y rencontre aussi des tortues du désert et plusieurs espèces de crotales. Si vous le pouvez, campez et passez une nuit sous l'immensité de la Voie lactée, loin de toute lumière artificielle. Un souvenir impérissable.

**Quand ?** Au printemps, lorsque le désert se couvre de fleurs sauvages, et à la fin de l'automne. Au cœur de l'été, la température peut grimper jusqu'à 49 °C.

**Où ?** La réserve se situe à 190 km environ au nord-est de Los Angeles, aisément accessible par les U.S. Highways 15 ou 40. Les deux axes forment les frontières nord et sud de la réserve.

**À savoir** La réserve se traverse en une journée, à condition de rester dans la voiture et sur la route. Si vous décidez de marcher et d'explorer la région, comptez 2 ou 3 jours de plus. Un 4 x 4 fiable est indispensable. Prévoyez un pneu de rechange et apprenez, le cas échéant, à en changer. Prenez pour le moins 4,5 litres d'eau par personne et par jour, plus de la nourriture ainsi que des glacières et de la glace pour la conserver. Évitez certains animaux : le crotale de Mojave est l'un des serpents les plus venimeux des Amériques. Sa morsure peut être fatale, faites donc attention. Outre les deux sites de campement entretenus, il est permis de camper en bordure de route. Pour une chambre, rendez-vous à Baker – petite ville sur l'Interstate 15.

**Internet** www.nps.gov/moja/index.htm, www.america-dreamz.com/californie/paysages/mojave_preserve.php

### Un passé ferroviaire

La ville fantôme de **Kelso** dans le sud-est de la réserve est un vestige des cycles économiques en dents de scie de l'Ouest. Fondée en 1905 comme arrêt entre Los Angeles et Salt Lake City, Kelso est appréciée par les compagnies ferroviaires, car elle possède de l'eau. À son apogée, la ville compte plus de 2 000 habitants. Mais l'arrivée des locomotives Diesel condamne Kelso, dont le dépôt ferme en 1986.

Le dépôt, de style mission, construit en 1924, a été restauré et accueille désormais le centre d'information de la réserve. La plupart des structures restantes de Kelso tombent élégamment en ruine et contribuent à l'envoûtante mélancolie du site.

Yuccas arborescents dans les environs du dôme de Cima, au sein de la Mojave National Preserve.

COSTA RICA

# LE PARC NATIONAL SANTA ROSA

## Récifs coralliens, marais, prairies et forêts, une grande biodiversité, pour le plus vieux parc national du Costa Rica.

L'aventurier américain William Walker n'aurait jamais pu deviner que son invasion manquée du Costa Rica en 1856 allait un jour permettre la création d'une des plus belles réserves naturelles du monde. Au milieu d'une nature aussi virginale, difficile d'imaginer que la sanglante bataille de Santa Rosa contre les forces de Walker s'est jouée dans cette forêt tropicale sèche. Avec la victoire du Costa Rica, la portée historique du site a aidé à sa protection et à sa désignation en tant que parc national en 1971. De ce cœur historique, le parc s'est considérablement étendu – une vaste réserve qui protège désormais toute la péninsule de Santa Elena et ses eaux côtières, soit une superficie totale de 500 km$^2$. Santa Rosa se partage en récifs coralliens, kilomètres de plages désertes, savane herbeuse, mangroves et broussailles épineuses plantées de cactus. Sa faune est tout aussi diverse – jaguars, ocelots, araignées, singes hurleurs, tapirs, paresseux, coatis et plus de 300 espèces d'oiseaux. L'essentiel de la bataille de 1856 a eu lieu autour de La Casona Hacienda, aujourd'hui transformée en musée. Des six grands sentiers qui sillonnent la zone protégée, le Sendero Palo Seco est celui qui permet le mieux d'observer les animaux. Les plages de la péninsule sont souvent désertes, notamment la playa Naranjo, l'un des meilleurs spots de surf de la région.

**Quand ?** Il est plus facile d'observer les animaux lors de la saison sèche (de novembre à avril), lorsqu'ils se réunissent autour des points d'eau et lorsque la végétation est moins dense.

**Où ?** Santa Rosa se trouve à 255 km au nord-ouest de San José sur la Pan-American Highway. Vous pouvez rejoindre la capitale en avion puis louer une voiture (le parc est à 4 h environ) ou reprendre un vol intérieur pour Liberia International Airport, à 1 h de route du parc. Cartes du parc et brochures d'information vendues à l'entrée.

**À savoir** Il est possible de camper aux postes de La Casona et Murciélago. Vous trouverez des hôtels à Liberia. Excursion de 1 journée vers Santa Rosa depuis les stations balnéaires de la péninsule de Papagayo.

**Internet** www.visitcostarica.com, www.ambassade-costarica.org, www.costarica-decouverte.com

### La forêt de nuages

La Pan-American Highway entre San José et Santa Rosa est bordée de plus d'une dizaine de parcs nationaux et de réserves naturelles, dont la plus resplendissante est la **forêt biologique de Monteverde**. Cet îlot préservé de forêt de nuages est parcouru par 119 km de sentiers. Enveloppé d'une constante humidité, à la limite des précipitations, sous une basse couverture nuageuse, cet habitat accueille une biodiversité hors normes : 1200 espèces de reptiles et amphibiens, 100 mammifères différents et plus de 400 espèces d'oiseaux dont le quetzal, sacré pour les Mayas.

Un capucin-moine femelle, avec son petit sur le dos, dans les arbres de Santa Rosa. Ce singe est l'une des espèces les plus fréquemment aperçues dans le parc.

Depuis la mer, la vue est imprenable sur le volcan fumant de Montserrat et le sud de l'île, en grande partie interdit.

MONTSERRAT

# La Soufrière

## Loin de la dévastation provoquée par son volcan, cette île des Antilles offre soleil, mer et nature dans un cadre serein.

Son réveil aurait pu être plus catastrophique encore que l'éruption du Vésuve qui a enseveli Pompéi. Endormie depuis plus deux siècles, la Soufrière est soudainement revenue à la vie lors de l'été 1995. Les signes avant-coureurs d'une éruption ont permis de faire évacuer les habitants des environs de ce cône de 914 m de haut, avant que les coulées pyroclastiques ne dévalent ses flancs. Plymouth, la capitale de l'île, a néanmoins été recouverte par une vague de cendres et de boues volcaniques. Les éruptions ont affecté le sud de l'île, le rendant inhabitable. La plupart de ceux qui ont perdu leur maison sont partis à l'étranger, quittant pour toujours cette petite île en forme de poire de 100 km$^2$, ne lui laissant qu'un tiers de sa population initiale. L'ironie du sort veut qu'aujourd'hui, le dôme fumant – et la menace constante d'une autre éruption – soit la principale attraction de l'île. Le Montserrat Volcano Observatory accueille en nombre les visiteurs voulant tout savoir des forces qui ont déclenché l'éruption et qui titillent la curiosité de scientifiques de renommée mondiale. Richmond Hill offre une vue panoramique de ce qu'il reste de Plymouth. De nuit, du point de vue de Jack Boy Hill, lorsque du magma en fusion orange vif s'en échappe, la Soufrière est encore plus magique.

**Quand?** Montserrat fait la fête le jour de la Saint-Patrick (17 mars). Le reste de l'année, c'est une île antillaise de plages désertes, de bars décontractés et de sentiers perdus dans la jungle.

**Où?** À moins que vous n'ayez un bateau ou un avion privé, vous ne pourrez gagner Montserrat que par les airs depuis l'île voisine d'Antigua. WinAir assure plusieurs vols quotidiens.

**À savoir** Il y a peu d'hôtels sur l'île; le Gingerbread Hill et les Tropical Mansions Suites comptent parmi les meilleurs établissements. Green Monkey, société d'activités de plein air de l'île, organise des excursions en bateau pour voir les vestiges de Plymouth. Plongée, kayak, observation de tortues, randonnées guidées et pêche en haute mer également proposées.

**Internet** www.visitmontserrat.com, www.divemontserrat.com, www.fly-winair.com, www.mvo.ms

### L'autre île d'émeraude

■ Descendants de colons arrivés dans les années 1630, bon nombre de 4700 habitants de l'île ont des racines (et des noms) catholiques irlandaises.

■ **Montserrat** est le seul endroit au monde, en dehors de l'Irlande, où la Saint-Patrick est une fête nationale. La journée couronne une semaine de célébrations avec dîners et soirées sur le thème de l'Irlande et de l'île.

■ La harpe et l'Union Jack sur le drapeau de Montserrat, ainsi que le trèfle vert apposé sur les passeports, sont les vestiges d'un temps où les deux îles d'Émeraude faisaient partie de l'Empire britannique.

D'impressionnantes racines soutiennent les arbres de la forêt amazonienne de Manú, offrant un riche habitat à la flore et à la faune locales.

PÉROU

# Le parc national de Manú

## Uniquement accessible en bateau, ce coin préservé de forêt est un paradis pour les ornithologues et les passionnés de nature.

Accroché sur le versant est des Andes, à plus de 3200 km en amont de l'Amazone, le parc national de Manú est aussi isolé que possible. S'il faut organiser ce qui ressemble à une mini-expédition pour explorer cette réserve géante, située sur la rivière Manú, le jeu en vaut la chandelle – un parc où l'on trouve à la fois une forêt de nuages, de moites plaines tropicales, des lodges somptueux et de simples camps en bordure de rivière, de grands prédateurs tels que jaguars et loutres de rivière géantes et plus d'un million d'espèces d'insectes. Seule une infime partie du parc – le long des berges de la Manú et de l'Alto Madre de Dios – est ouverte au public. Le reste est réservé à la recherche scientifique, à la conservation de la faune et à quelque 2000 nomades indigènes. Si l'exploitation minière, forestière et agricole a dévasté des pans entiers de l'Amazonie, l'isolement de Manú lui a permis d'entrer quasi intact dans le XXIe siècle. Pour la zoologue Mercedes Foster, « Manú permet de voir la nature originelle. Pas ce qu'elle est devenue après en avoir coupé la moitié des arbres ».

**Quand?** C'est l'Amazonie – il pleut donc toute l'année. Même en saison sèche (de mai à septembre), des averses sont à prévoir. Les températures en journée varient entre 29 et 32 °C toute l'année. Les nuits sont très agréables en juin et juillet, avec des températures de 15-18 °C.

**Où?** Les excursions partent souvent de Cuzco sur le plateau péruvien. Il est possible de gagner en avion une petite piste près de Boca Manú puis de prendre la direction du parc en bateau; ou de franchir la crête des Andes en voiture jusqu'à Atalaya, où un bateau vous emmènera en 1 journée vers Boca Manú.

**À savoir** Si vous voyagez seul, organisez votre transfert en bateau avant de quitter Cuzco. Camper de manière rudimentaire est la seule manière de passer 1 nuit au sein du parc. On trouve des lodges dans la partie est du parc. Plusieurs sociétés de voyages de Cuzco organisent des excursions.

**Internet** whc.unesco.org/fr/list/402, www.inkanatura.info, www.pantiacolla.com, www.manuwildlifecenter.com

### Le cœur des arbres

Vers 1890, l'explorateur péruvien **Carlos Fermin Fitzcarrald** a remonté la rivière Ucalayi, un affluent majeur de l'Amazone, et découvert une voie terrestre vers la rivière Manú et ses vastes étendues d'hévéas. Des ouvriers et des esclaves indiens ont abattu pour lui une trouée dans la jungle, démonté un bateau à vapeur qu'ils ont porté pièce par pièce jusqu'à la rivière et réassemblé afin d'explorer la région. La voie ouverte lui a permis d'exploiter le caoutchouc des arbres. Il est mort noyé quelques années plus tard.

L'histoire de ce baron du caoutchouc a inspiré *Fitzcarraldo* au réalisateur allemand Werner Herzog, avec Klaus Kinski dans le rôle-titre.

JAPON

# Le parc national d'Akan

## Un paysage volcanique actif inouï, dans l'est d'Hokkaido, avec des lacs limpides, des forêts vierges et des sources chaudes.

L'eau est omniprésente à Akan. Le parc compte trois grands lacs de cratère au milieu de sommets volcaniques, entourés de forêts de pins d'Hokkaido et de sapins de Sakhaline, où vivent des ours bruns et des sikas d'Hokkaido, des pygargues empereurs et les rares kétoupas de Blakiston. La caldeira d'Akan mesure 19 km de large et domine la partie occidentale du parc. Le lac Akan est connu pour ses algues marimo, qui s'accumulent en boulettes vertes, pouvant atteindre après quelques siècles la taille de ballons de football. D'abruptes falaises entourent le lac et tout autour, les signes d'activité volcanique sont manifestes. Dans la station thermale d'Akankohan Onsen, près de l'écomusée, un chemin forestier mène à des *bokke*, ou boues bouillonnantes. Les sentiers de randonnée traversent deux volcans – le mont Oakan, montagne masculine, d'un côté du lac, et le mont Meakan, plus haut, pendant féminin, de l'autre. Le Meakan est formé de trois cratères, dont deux sont remplis d'eau, et émet des gaz de soufre. La partie est du parc compte deux lacs de cratère : le lac Kussharo, le plus grand du parc, est bordé de sources chaudes ; le lac Masshu a la réputation d'être le plus beau – lorsqu'on peut le voir car un dense brouillard l'enveloppe souvent – et ses eaux bleu intense les plus claires du monde.

**Quand ?** Les étés y sont plus secs et plus froids que dans le reste du Japon ; juin, juillet et août sont parfaits pour la randonnée. Les sentiers de montagne, couverts de neige en hiver, sont accessibles de juin à octobre. La température en hiver peut descendre jusqu'à -30 °C.

**Où ?** Vols de Tokyo pour la ville de Kushiro en 90 min. L'irrégularité des autocars et des trains de Kushiro pour le parc justifie la location d'une voiture – environ 1 h de route depuis Kushiro.

**À savoir** Kawayu Onsen, station thermale près des lacs Masshu et Kussharo, est un agréable point de chute. Les sentiers qui sillonnent les monts Oakan et Meakan sont relativement faciles et se font en 1 demi-journée. Prenez toutefois de bonnes chaussures de marche. Renseignez-vous sur l'activité du volcan Meakan avant toute randonnée – sa dernière éruption remonte à 2006.

**Internet** www.tourisme-japon.fr, www.lake-akan.com

### La danse des grues

Entre Kushiro et le parc national d'Akan se trouve le **marais de Kushiro**, qui accueille la seule population connue de grues du Japon dans le pays. Elles sont plus faciles à voir en hiver, lorsqu'elles se rassemblent pour se nourrir. Leur « danse » dans le soleil de mi-février est un spectacle magnifique. Par couples, têtes en arrière, elles ouvrent leurs ailes et accomplissent une série de révérences, sauts et coups de pattes. Leur observation est très bien organisée. L'Akan International Crane Center, au sein du parc national de Kushiro Shitsugen, est le principal centre de reproduction et accueille aussi un musée.

Les grues du Japon, en voie de disparition, passent l'hiver dans le marais de Kushiro.

CHINE

# Les Trois Fleuves parallèles

## Dans ce coin reculé de la Chine, la Salouen, le Mékong et le Yangzi Jiang coulent pratiquement en parallèle dans des gorges vertigineuses.

Près de la frontière birmane, dans le sud-ouest subtropical de la Chine, se trouve une région sauvage coupée du monde extérieur par les derniers contreforts orientaux de l'Himalaya. Au cœur de ce territoire de montagnes vert émeraude et de jungles, trois fleuves majestueux se fraient un chemin tumultueux au travers de profondes gorges, leurs eaux chargées des sédiments emportés du plateau tibétain, tandis qu'ils coulent vers le sud et l'est pour rejoindre la mer. Il s'agit de la région des Trois Fleuves parallèles, décrite par l'Unesco comme abritant « probablement la plus riche biodiversité de toutes les zones tempérées de la planète ». Ces fleuves, les plus grands d'Asie, coulent du nord au sud en parallèle sur près de 320 km – la Salouen (Nu Jiang) à l'ouest, le Mékong (Lancang Jiang) au milieu, et le Yangzi Jiang – l'ancien fleuve Bleu –, à l'est. Si les gorges sont proches à vol d'oiseau, elles sont séparées par les crêtes presque infranchissables du Hengduan Shan, dont plusieurs sommets dépassent les 6 100 m. Un trek dans la région vous permettra de pleinement apprécier la diversité du paysage – gorges spectaculaires, forêts millénaires, reliefs de karst et pics couverts de glace – et de découvrir sa remarquable biodiversité : près de 6 000 espèces de plantes et une riche faune comptant entre autres des petits pandas, léopards des neiges, ours noirs et oiseaux exotiques.

**Quand ?** Le climat change beaucoup d'une gorge à l'autre et du nord au sud. En règle générale, les treks de basse altitude se font d'octobre à mars. En dessous de 900 m, il fait bon toute l'année ; la zone de randonnée dans la partie nord des gorges de la Salouen est légèrement plus froide mais encore fréquentable en hiver à basse altitude. Les mois d'avril à septembre sont souvent humides.

**Où ?** Comme on peut s'y attendre pour une région aussi reculée, l'accès n'est pas facile. Les trekkeurs préfèrent les gorges de la Salouen, accessibles par la ville de Fugong – à 12 h d'autocar de l'aéroport le plus proche, Dali, dans le sud. De Fugong, des autocars poursuivent vers le nord le long de routes cabossées vers Gongshan et Bingzhonglou, points de départ de randonnées au cœur des gorges et de paysages magnifiques.

**À savoir** Pour un paysage similaire mais plus accessible, visitez les gorges du Saut du tigre, près de Lijiang sur le Yangzi Jiang, à 140 km à vol d'oiseau au-dessus des montagnes à l'est de la Salouen.

**Internet** whc.unesco.org/fr/list/1083, www.yunnan-roads.fr, www.terrechinoise.com

Ci-contre : traversée de la Salouen à l'aide d'une tyrolienne. Ci-dessus : première boucle de la Salouen, près de Fugong.

### Des fleuves record

Chaque fleuve prend sa source en altitude, sur l'aride plateau du Tibet oriental, serpentant vers le sud puis l'est avant de plonger dans la province du Yunnan.

- La **Salouen**, ou Nu Jiang (3 000 km, 24e plus long fleuve au monde), continue sa route vers le sud et la Birmanie avant de se déverser dans le golfe du Bengale.
- Le **Mékong**, ou Lancang Jiang (4 200 km, 11e plus long fleuve), traverse le Laos, la Thaïlande, le Cambodge et le Vietnam pour se jeter dans la mer de Chine méridionale.
- Le **Yangzi Jiang**, ou Chang Jiang (6 000 km, 3e plus long fleuve), traverse le centre de la Chine et se jette dans la mer de Chine orientale non loin de Shanghai.

La région accueille divers peuples minoritaires dont le mode de vie a su résister au monde moderne. On trouve dans le nord des communautés tibétaines. Dans la région des gorges, les **Lisu**, **Dulong**, **Bai** et **Yi** vivent disséminés dans des clairières le long des berges des fleuves, leurs villages souvent accessibles par d'incertains ponts de bois.

LAOS

# VIENG XAI

## Dissimulées dans le dédale des collines karstiques du nord-est du Laos, les grottes de Vieng Xai sont une cachette idéale.

Au cœur d'une étroite et pittoresque vallée, non loin de la frontière vietnamienne et de l'ancienne piste Hô Chi Minh, les grottes de Vieng Xai ont été le repaire du Pathet Lao lors de sa lutte pour la prise de pouvoir du Laos dans les années 1960 et 1970. Chaque chef de file de ce mouvement communiste avait sa propre grotte. Quelques-unes sont aujourd'hui ouvertes aux visites. Une des plus remarquables est celle de Souphanouvong – le Prince rouge, ce membre de la famille royale laotienne devenu un défenseur de la liberté. Elle est remarquablement bien équipée, ses parois et son sol largement recouverts de bois. Devant l'entrée se tient une maison, avec rien de moins qu'une piscine et un jardin, construits lorsque les menaces de bombardement se sont estompées en 1973. La grotte de Kaysone Phomvihane, le chef suprême, premier président de la république démocratique populaire lao, est la plus grande. Profonde de plus de 150 m, elle accueille une bibliothèque et une salle de réunion, et les lits d'origine, ainsi que des habits et un portrait du « Che » y sont encore visibles. Une autre grotte a servi d'hôpital militaire, une autre encore – qui a abrité 2000 soldats – a accueilli dans son théâtre souterrain des artistes vietnamiens, chinois et russes. Certaines zones étaient isolées par des portes en aluminium et pourvues de pompes à oxygène en cas d'attaque chimique.

**Quand ?** Mieux vaut les visiter lors de la saison sèche (de novembre à mai).

**Où ?** La ville de Vieng Xai est à 40 min en car ou en camion de Sam Neua, le grand centre régional (vols quotidiens de Vientiane). Les grottes sont à quelques minutes de marche de la ville.

**À savoir** À moins d'organiser la visite depuis Sam Neua, vous devez vous signaler au centre d'accueil pour visiter les grottes. Droits d'entrée plus cachet (obligatoire) pour le guide. Droit supplémentaire si vous souhaitez prendre des photos. La visite dure environ 2 h ; tous les jours de 9 h à 11 h et de 13 h à 16 h. Quelques maisons d'hôtes dans la ville de Vieng Xai.

**Internet** www.tourismlaos.org, www.amica-travel.com, www.laos-roads.fr

### Des abris anti-bombes

Les grottes ont aussi servi d'abris lors des bombardements américains. De 1964 à 1973, les bombardiers B-52 de l'U.S. Air Force auraient lâché 2 millions de tonnes de bombes sur l'est du Laos, et quelque 23 000 personnes – en plus des soldats du Pathet Lao – auraient trouvé refuge dans les grottes.

De nombreuses bombes n'ont pas explosé, ce qui pose un terrible problème : ces munitions tuent et mutilent près de 300 personnes chaque année. Il est demandé aux visiteurs de ne pas sortir des sentiers balisés lorsqu'ils visitent **Vieng Xai** et d'autres régions du Laos proches de la frontière vietnamienne.

Creusé dans les falaises de calcaire de Vieng Xai, ce théâtre offrait des divertissements aux leaders du Pathet et à leurs soldats.

Le cheval de Mongolie, bien que d'humeur imprévisible, est un moyen de locomotion parfait pour les vastes steppes du pays.

MONGOLIE

# LE MONT TSAST

## Explorez les steppes désertiques de l'ouest de la Mongolie à cheval, aux côtés d'un des derniers peuples nomades de la planète.

La Mongolie est une interminable plaine verdoyante, épisodiquement marquée par la ligne jaune de traces de 4 x 4. Son immensité est de temps à autre rompue par un groupe de yourtes, ces tentes circulaires de feutre blanc que les nomades Mongols appellent maison. Khovd, la capitale provinciale, à l'extrême ouest, non loin des frontières chinoise et russe, est un petit ensemble de constructions soviétiques, au milieu de la plaine désolée au pied de l'Altaï. La base du Tsast Uul, qui se dresse du haut de ses 4 193 m à l'extrémité ouest du massif du Tsambagarav, n'est qu'à 96 km de là. Cette région de steppes se prête volontiers à la randonnée, notamment à cheval, avec leurs propriétaires pour guides. L'air pur se charge soudain d'effluves de menthe et d'ail sauvage que les sabots des chevaux effleurent. Les névés distants semblent néanmoins à portée de main et les bruits les plus lointains vous parviennent avec clarté – un yak qui grogne, une marmotte qui siffle en se précipitant vers son terrier, un oiseau qui s'envole. Au milieu de nulle part apparaissent soudain un chamelier et son cortège de bêtes dédaigneuses, ou encore des chasseurs de marmottes. Un vol de rapaces indique souvent la présence de yourtes, dont les occupants sortent pour retenir un mastiff peu commode et vous invitent à les rejoindre pour partager un verre de lait de jument fermenté.

**Quand?** De mi-mai à septembre. Juillet est populaire pour les traditionnels *naadam* - festivals de 3 jours où les hommes s'affrontent dans des épreuves de lutte, tir à l'arc et course de cheval - dans les principaux centres de la région. D'octobre à avril, il peut faire extrêmement froid.

**Où?** On rejoint généralement l'ouest de la Mongolie *via* Pékin et Oulan-Bator. Vols réguliers entre Oulan-Bator et Khovd.

**À savoir** Des sociétés spécialisées telles que Mongolie Nomade ou Horseback Adventure proposent des séjours clés en main ou sur mesure.

**Internet** officedutourismedelamongolie.com, www.mongolienomade.mn, www.horseback-mongolia.com

### Mon voyage insolite

*Parcourir la Mongolie à cheval est un plaisir suprême... hormis peut-être pour votre séant. Celui qui, aujourd'hui, est un peu caractériel et n'aime pas que son cavalier porte un déodorant ni prenne des photos alors qu'il est sur son dos, a grandement contribué, il y a huit siècles, au succès de l'invasion mongole de la Chine. Il faut reconnaître que les appareils photo étaient peu répandus au XIIIe siècle et une légende dit que les envahisseurs mongols pouvaient être sentis avant même d'être aperçus... Difficile toutefois d'imaginer ce cheval de Mongolie, si susceptible, à l'origine de la création d'un empire s'étirant de la mer Noire à la mer Jaune.*

**Peter Neville-Hadley**
**Voyageur et auteur**

SUMATRA

# Kerinci Seblat

## La Terre, il y a des millions d'années – jungle, marécages, volcans et une chaîne alimentaire dominée par des plantes et des prédateurs géants.

Dans un des endroits les plus sauvages de la planète – l'île indonésienne de Sumatra –, Kerinci Seblat s'étend sur quatre provinces et trois grands bassins hydrographiques. Le cœur du parc se compose de trois grandes vallées entourées de volcans immenses, dont le mont Kerinci qui, avec ses 3 805 m, est le point culminant de Sumatra. Un pays de cascades et de lacs, dont le Danau Kerinci et le Gunung Tujuh, un lac de cratère, perché en altitude. Une géographie impressionnante qui accueille une faune et une flore extraordinaires. Le parc est presque trois fois plus grand que Yellowstone. Il abrite, entre autres particularités florales, la plus grosse fleur au monde – la rafflésie – ainsi que la plus grande – l'arum de Titan – qui se distingue aussi par son parfum de viande en décomposition. Éléphants et tapirs d'Asie, rhinocéros de Sumatra, ours malais et panthères longibandes comptent parmi les plus gros habitants du parc. Mais Kerinci est avant tout connu pour sa population de tigres de Sumatra et une créature irréelle appelée *orang pendek* (« petite personne ») qui, selon votre interlocuteur, est soit un primate très rare, soit une version locale de Bigfoot (une sorte de yéti). La jungle est en effet pleine de surprises et c'est ce qui fait tout le charme de Kerinci.

**Quand ?** Presque à cheval sur l'équateur, Kerinci jouit d'un climat tropical toute l'année, avec de la pluie tous les jours ou presque, même durant la prétendue saison sèche (décembre-janvier). En altitude, la température est plutôt agréable et la chaleur et l'humidité sont modérées.

**Où ?** En avion *via* Singapour et Padang, sur la côte ouest de Sumatra. Par la route côtière comme par la route intérieure, le parc national est à 6 h de voiture au sud de Padang.

**À savoir** La plupart des hôtels et maisons d'hôtes se trouvent à Sungai Penuh, ruche somnolente au milieu du parc. Entouré de rizières, à la périphérie de la ville, le Mahkota est le meilleur établissement. La marche de 2 jours vers le sommet du volcan Kerinci est l'activité la plus populaire mais non la seule : il est également possible de marcher dans la jungle vers le lac de cratère du Gunung Tujuh. Comme il est facile de se perdre dans le parc, la présence d'un guide local est indispensable. Plaquettes d'information auprès du siège du parc à Sungai Penuh ou dans les villages environnants.

**Internet** www.tourisme-indonesie.fr, whc.unesco.org/fr/list/1167, www.bahasa.net/kerinci/kerinci.html

### Mon voyage insolite

*Me voici devant la porte d'une maison en blocs de cendre, à la périphérie du parc national de Kerinci Seblat, où habite mon amie Debbie Martyr, responsable d'un programme de conservation. Durant 3 jours, Debbie et son équipe – 20 jeunes Indonésiens d'un dévouement sans faille – vont m'emmener explorer Kerinci. En tant qu'experte locale d'un groupe de protection de l'environnement appelé Fauna & Flora International (FFI), Debbie travaille en collaboration avec les responsables du parc et du ministère des Forêts. Elle a traqué des chasseurs d'ivoire, sevré des bébés ours malais, géré des conflits entre tigres et fermiers et essayé (en vain jusqu'à présent) de capturer l'orang pendek sur pellicule. Il semble que ses efforts commencent à payer puisque la population de tigres dans le parc est en hausse.*

**Joe Yogerst**
**Voyageur et auteur**

Ci-contre : la jungle tropicale de Kerinci, incroyable de diversité. Ci-dessus : le tigre de Sumatra, menacé.

Le tronc de ce tingle géant du parc national de Walpole-Nornalup a été creusé par le feu.

AUSTRALIE

# Walpole-Nornalup

## Des forêts d'arbres géants et des criques désertes, ce coin d'Australie-Occidentale est un paradis pour les amoureux de nature.

Il y a le pôle Nord, le pôle Sud et, entre les deux, un autre joyau de la nature, Walpole. C'est ainsi que les habitants des environs de cette ville du littoral sud de l'Australie-Occidentale en parlent. L'odeur caractéristique des feuilles d'eucalyptus emplit l'air. Des forêts séculaires couvrent les collines, habitées par une avifaune nombreuse. Il y pleut beaucoup et les torrents rapides coulent vers des estuaires plus calmes. Prenez part à une éco-croisière pour explorer les eaux miroitantes des criques de Walpole et Nornalup. L'air est doux et pur sur les cours d'eau cristallins. Le parc est également traversé par les rivières Frankland et Deep. Faites une pause sur un ponton de bois de la Nuyts Wilderness Peninsula avant de suivre un sentier qui traverse des dunes opalines et débouche sur une surprenante plage bordée de falaises de granit contre lesquelles les vagues de l'océan Austral viennent s'écraser. De retour sur le bateau, après une tasse de thé et un petit *« tingle cake »* au citron fait maison, le capitaine vous ramène à Walpole, sous le regard paisible de cygnes noirs.

**Quand ?** De septembre à novembre (printemps) pour les fleurs sauvages ; en janvier (plein été), les fleurs rouges de *Corymbia ficifolia* animent le bush. Toute l'année, la région résonne de cris d'oiseaux – méliphagidés et perroquets – et il est facile d'apercevoir des kangourous géants ainsi que des bandicoots.

**Où ?** Walpole est sur la South Western Highway, à 120 km à l'ouest d'Albany, qui est aussi l'aéroport le plus proche. Les Wow Wilderness EcoCruises partent de la jetée de Walpole ; réservations indispensables.

**À savoir** Vous trouverez à Walpole hôtels et cafés, une ferme à « herbes aromatiques » et un parc à perroquets. Destination populaire pour le canoë, la pêche et la randonnée dans le bush. Départ de certains circuits, tels que le Coalmine Beach Heritage Trail (3 km). Pour les plus aguerris, le Bibbulmun Track – de près de 1000 km, le plus long sentier d'Australie-Occidentale – traverse la ville.

**Internet** www.walpole.com.au, www.wowwilderness.com.au, www.bibbulmuntrack.org.au

### La vallée des Géants

■ Enfants et adultes se tiennent au rail de sécurité tandis qu'ils avancent sur la **passerelle aménagée** à la cime des arbres, dans la vallée des Géants, au sein du parc national de Walpole-Nornalup, et qu'ils admirent la canopée. La passerelle se balance doucement tandis qu'ils s'enfoncent dans cette forêt millénaire de *karri, jarrah,* et *marri,* des eucalyptus géants où grouillent oiseaux et petits animaux.

■ La forêt est connue pour ses « **tingles** », des eucalyptus géants qui ne poussent que dans ce coin de l'Australie. À dix minutes de Walpole, une passerelle métallique permet de la parcourir à 40 m au-dessus du sol, en profitant des chants des oiseaux.

■ Au niveau du sol, une **promenade de planches**, en partie accessible aux fauteuils roulants, traverse la forêt dite de l'Ancien Empire et en dévoile certains secrets.

AUSTRALIE

# L'OUTBACK À DOS DE DROMADAIRE

## Parcourez l'outback australien à la manière des premiers explorateurs et bivouaquez à la belle étoile.

Si les villes côtières de l'Australie sont animées, l'intérieur du pays est pour l'essentiel un désert, largement inhabité, traversé par quelques routes seulement. La meilleure façon de parcourir ces vastes espaces est de le faire à la manière des premiers explorateurs européens, avec une caravane de dromadaires. Ces excursions se font dans les environs du lac Eyre, dans le sud de l'Australie, une région de vastes plaines de sable rouge plantées d'acacias et parsemées de lacs de sel. Déserte, d'une beauté extrême, elle est aussi incroyablement riche en histoires. Les camélidés éveillent la curiosité des kangourous et des émeus, rarement habitués à partager ce paysage aride. Le silence n'est interrompu que par les cris des bergeronnettes et des pies et, parfois, le grognement d'un dromadaire. Là où les ânes sauvages ont labouré la terre, le peu d'eau qui s'accumule suffit à faire pousser de l'herbe qui finit par former un sentier. Un chemin qui a pu être tracé par l'homme, comme le prouve la découverte d'un vieux fer à cheval ou d'un piolet de mineur dont le nom est encore visible sur le manche, ou d'un tas de bouteilles de schnaps, abandonnées après avoir été vidées il y a peut-être plus de cent ans.

**Quand ?** Les treks à dos de dromadaires se font lors de l'hiver australien, de fin avril à début septembre, lorsque les températures sont supportables.

**Où ?** Les indications pour rejoindre les points de départ de ces excursions sont données par les sociétés qui les organisent. Ils sont souvent distants. Si vous n'avez pas de voiture, vous pouvez trouver un bus qui vous y amène ou voir avec la société organisatrice.

**À savoir** N'oubliez pas votre sac de couchage, que vous transporterez dans un baluchon, comme les journaliers qui louaient leurs bras de ferme en ferme au début du XX$^{e}$ siècle. Le reste du matériel est fourni – de même que les repas cuits au feu de bois, d'une extraordinaire saveur après une journée au grand air, notamment lorsqu'ils sont arrosés d'un verre de très bon vin australien.

**Internet** www.australia.com, www.austcamel.com.au

### Le vaisseau de l'outback

Le dromadaire est entré dans l'histoire de l'Australie en 1840, lorsqu'un représentant de l'espèce, Harry, est arrivé des Canaries pour aider John Horrocks à explorer l'arrière-pays. Même si Harry a provoqué la mort accidentelle de l'explorateur alors que celui-ci déchargeait son arme, ces animaux ont joué un rôle clé dans la découverte de l'outback. Venant de l'actuel Pakistan, ils ont transporté des marchandises et du courrier et ont même servi de montures à la police. À l'avènement du moteur à combustion, plus de 10 000 individus ont été laissés libres dans le désert et forment aujourd'hui la plus importante population sauvage au monde (200 000 têtes).

Traversée à dos de dromadaire du paysage rouge typique du centre de l'Australie, animé par le vert de quelques eucalyptus.

Les falaises, les anses et les cuvettes de Taiaroa Head abritent une riche diversité d'oiseaux de mer, manchots et mammifères.

NOUVELLE-ZÉLANDE

# TAIAROA HEAD

## Ce sanctuaire de faune est l'un des sites de reproduction du plus grand oiseau de mer au monde, l'albatros royal du Nord.

La route côtière qui mène vers Taiaroa Head, à la pointe de la péninsule d'Otago sur l'île du Sud, offre au détour d'un virage une vue magnifique sur des eaux bleu cobalt et de paisibles anses entourées de hautes falaises. Un albatros royal du Nord plane en silence, déployant ses ailes de 3 m d'envergure. Il regagne son nid, caché dans l'herbe, où un jeune au duvet blanc comme neige attend impatiemment des poissons pêchés dans les eaux froides du Pacifique. Le promontoire est le seul site de reproduction néo-zélandais du plus grand oiseau de mer au monde, aujourd'hui protégé par une réserve. Non loin, des cormorans bronzés nichent sur de minuscules saillies rocheuses. Au crépuscule, sur une plage voisine, des manchots antipodes, l'espèce de manchots la plus rare, regagnent le rivage après une journée de chasse en mer. Les *hoiho*, comme les appellent les Maori, se reposent un peu sur la plage avant de partir en se dandinant vers leurs terriers tout en poussant des cris perçants. Sur Pilots Beach, autre anse isolée, des manchots pygmées détalent devant des otaries à fourrure, dérangées dans leur sieste par un imposant mâle se frayant maladroitement un chemin sur les rochers glissants.

**Quand ?** Toute l'année, bien que de début novembre, lorsque les bébés albatros et manchots naissent, à fin mars, les animaux marins soient présents en plus grand nombre.

**Où ?** Taiaroa Head est à 40 min en voiture le long de la péninsule de Dunedin, deuxième plus grande ville de l'île du Sud, surplombant le port d'Otago.

**À savoir** Hôtels et location de voiture à Dunedin. Pour voir les animaux de près, visitez le Royal Albatross Centre ou le Penguin Place, un centre de conservation ouvert toute l'année. Il convient de réserver. L'observatoire du centre des albatros est fermé lors de la saison de reproduction, de mi-septembre à fin novembre. Excursions en bateau ou à pied proposées par plusieurs sociétés.

**Internet** www.otago-peninsula.co.nz, www.albatross.org.nz, www.penguinplace.co.nz

### Le château de Nouvelle-Zélande

N'hésitez pas à faire un détour pour le **château de Larnach** – le seul château du pays – construit dans les années 1870 avec du marbre, des tuiles et du verre importés et des essences de bois indigènes. Son commanditaire n'a pas regardé à la dépense pour cette demeure de 43 pièces. Il a fallu 12 ans pour réaliser les plafonds en bois sculpté. Dans les années 1930, un autre propriétaire a décoré le parc de personnages et objets d'*Alice au pays des merveilles*, un curieux thème encore poursuivi aujourd'hui. Perché au sommet d'une colline, le château offre depuis sa tour une vue panoramique sur la péninsule d'Otago, l'océan et Dunedin.

INDE

# LE SANCTUAIRE DE FAUNE DE MANAS

## Trek en éléphant, descente de rivière et des animaux rares au cœur d'un sanctuaire de nature, dans les contreforts himalayens de l'Assam.

Une nuit dans un bungalow de Mathanguri, près des berges de la Manas, dans la forêt du sanctuaire de faune du même nom, suffit à se sentir au cœur de la nature. Le rugissement du tigre, le cri de l'endémique entelle doré, le piaillement de milliers d'oiseaux, le « whoop whoop » du très discret houlock, dans un constant tumulte d'eau, sont parmi les sons exotiques qu'il vous est donné d'entendre lorsque la nuit tombe. Le lendemain matin, votre monture vous attend. Les éléphants obéissent à chaque ordre du cornac. Ils parcourent les plaines herbeuses du sanctuaire tandis que le guide montre du doigt un oiseau rare, parmi plus de 450 espèces présentes, tel qu'un calao bicorne ou une outarde du Bengale, ou encore un barasinga, des cochons et des éléphants sauvages. Le rhinocéros indien est fréquemment aperçu et, avec un peu de chance, vous pourrez peut-être voir une panthère longibande, un chat de Temminck ou un léopard nain. Les tigres sont plus fuyants, mais il n'est pas totalement exclu d'en croiser étant donné l'étendue et la densité du sanctuaire. Pour finir, un bateau vous fait découvrir le cœur de la forêt dense, à la frontière de l'Inde et du Bhoutan.

**Quand ?** D'octobre à avril.

**Où ?** Barpeta Road, à 40 km au sud de l'entrée du parc, est la gare et le nœud routier le plus proche. L'aéroport le plus proche est à Guwahati, la capitale de l'État d'Assam, à 175 km de là. Des bus et taxis desservent Guwahati et Barpeta Road/Manas, en 5 h environ.

**À savoir** Il vous faudra un permis, délivré par les bureaux du parc à Barpeta Road. Il y a deux lodges près du parc, un à Barpeta Road et l'autre, Bansbari Lodge, à l'entrée du parc. Bansbari Lodge organise des croisières sur la Manas. Les deux bungalows à Mathanguri sont gérés par le département d'État du tourisme. Si vous y séjournez, prévoyez des provisions car il n'y a pas de service de restauration, même si vous pouvez engager un cuisinier pour un salaire modeste.

**Internet** whc.unesco.org/fr/list/338, incredibleindia.org, www.assambengalnavigation.com

### Fête de la nature

■ *Reinwardtia indica, Pueraria subspicata, Exacum teres, Pygmaeoprema herbacea, Chiloschiosta junifera* et *Mangifera sylvatica* sont parmi les rares plantes et fleurs que l'on trouve à Manas.

■ En hiver, il est possible de voir des oiseaux migrateurs qui font escale dont le tadorne casarca, le rougequeue à cape blanche, le cormoran et le calao bicorne.

■ Les mois de décembre à mars sont parfaits pour la pêche à la ligne en rivière. Prenez un livre et attendez que le poisson vienne mordre, tout en écoutant les bruits de la forêt.

Pause pour les éléphants de Manas, qui ont transporté des visiteurs dans le parc toute la journée.

TOP 10

# APPELS DE LA NATURE

Pour des rencontres fantastiques avec certains des animaux les plus remarquables au monde.

## ❶ Les baleines franches, baie de Fundy, Canada

Bien que sur le point de disparaître, des baleines franches visitent chaque été, de mai à octobre, la baie de Fundy et viennent se nourrir dans les environs de l'île Grand Manan. Elles se distinguent des autres baleines par leur dos large, dépourvu de nageoire dorsale, et les callosités blanches qu'elles ont sur la tête.

À savoir Sorties organisées pour observer les baleines depuis la pointe du Digby Neck en Nouvelle-Écosse et des îles voisines, dont Brier, Saint Andrews, Grand Manan et Deer Island. www.bayoffundytourism.com

## ❷ Les grizzlis, Alaska, États-Unis

Les grizzlis aiment le saumon. Mi-juillet puis de nouveau mi-août et septembre, ils ne quittent plus les rivières d'Alaska. Ils se réunissent en nombre dans les rapides et les cuvettes, se battant parfois pour les meilleurs sites. Plates-formes d'observation dans le MacNeil River State Game Sanctuary, aux Brooks Falls dans le parc national de Katmai et à Fish Creek, près de Hyder.

À savoir La plupart des sites sont accessibles par avion puis marche. Hyder se trouve sur la Stewart-Cassiar Highway. www.explorenorth.com

## ❸ Les monarques, sierra Chincua, Mexique

À l'automne, des millions de monarques d'Amérique du Nord parcourent des milliers de kilomètres pour rejoindre les forêts d'oyamel de la chaîne transvolcanique, dans le Michoacán, pour hiberner. Ils se regroupent sur les troncs, les buissons et le sol de la sierra Chincua et des quatre collines voisines qui forment la réserve de biosphère du papillon monarque.

À savoir Chincua est une des deux collines de la réserve ouverte au public de novembre à mars. whc.unesco.org/fr/list/1290

## ❹ Le Community Baboon Sanctuary, Belize

Les singes hurleurs noirs sont appelés « babouins » en créole. Deux cents propriétaires ont œuvré pour protéger ces singes, une initiative qui couvre aujourd'hui plus de 50 $km^2$ de forêt ombrophile le long du Belize. Des visites guidées et promenades nocturnes sont proposées par la communauté.

À savoir À moins de 1 h de route de Belize, ou par bateau depuis Ambergris Caye ou Caye Caulker. www.howlermonkeys.org

## ❺ Les baleines à bosse, Rurutu, Polynésie fr.

Avec de 30 à 60 m de visibilité, Rurutu est un des meilleurs sites d'observation des baleines au monde. Entre juillet et octobre, ses eaux accueillent des baleines à bosse qui s'accouplent et mettent bas. Des bateaux proposent des croisières d'observation de trois heures à partir du village de Moerai. Il est également possible de nager parmi les cétacés.

À savoir Rurutu est à 90 min d'avion de Tahiti. La capacité d'accueil de l'île est limitée ; réservez. www.tahiti-tourisme.fr

## ❻ Les dragons de Komodo, Komodo, Indonésie

Atterrir sur Komodo revient à se retrouver au temps des dinosaures. Cette île volcanique montagneuse abrite l'un des plus gros lézards vivants au monde – le varan, ou dragon de Komodo. D'un point d'observation à Banugulung, vous pouvez voir les gardiens du parc apporter des carcasses de chèvres aux varans, parfois longs de plus de 3 m.

À savoir Accessible en bateau depuis Bima (est de Sumbawa) ou Labuan Bajo (ouest de Flores). www.komodonationalpark.org

## ❼ Les macaques japonais, Chubu, Japon

Pour se réchauffer en plein hiver, les macaques japonais ont l'habitude de se baigner dans les sources chaudes. Il est possible de les voir prendre leur bain au sein du Jigokudani Wild Monkey Park, dans le centre des Alpes japonaises. Une marche à travers la forêt de Nagano permet d'atteindre le site.

À savoir Accessible en train jusqu'à Yudanaka, car jusqu'à Kanbayashi puis marche jusqu'à Jigokudani. www.jigokudani-yaenkoen.co.jp

## ❽ Les lucioles, Selangor, Malaisie

Par une nuit claire, descendez à bord d'un sampan la Selangor pour voir la plus grande colonie au monde de lucioles. Les coléoptères scintillent tant que les berembangs des mangroves près de Kampung Kuantan ressemblent à des arbres de Noël, l'effet « guirlande » étant accentué par la synchronisation des mâles qui clignotent ensemble.

À savoir Kampung Kuantan est à 9 km de Kuala Selangor et à 56 km de Kuala Lumpur. www.virtualmalaysia.com

## ❾ Les pandas géants, Shaanxi, Chine

La réserve naturelle nationale de Wolong étant fermée depuis le séisme de 2008, vous pouvez opter pour celle de Laoxiancheng dans le Shaanxi, une des nombreuses réserves des monts Qinling. Un projet d'écotourisme propose des treks guidés dans les forêts de bambous, dans l'espoir de rencontrer des pandas géants, rhinopithèques de Roxellane et takins dorés.

À savoir Laoxiancheng est à 105 km à l'est de Baoji. Meilleur moment, de mai à septembre. www.wildgiantpanda.info/qinling.htm

## ❿ La migration des gnous, Serengeti, Tanzanie

La migration annuelle des gnous est sans conteste le spectacle naturel le plus extraordinaire qui soit. Quelque 200 000 zèbres et gazelles et 1,4 million de gnous traversent alors les plaines du Serengeti, en quête d'eau et d'herbe fraîche. Lions et hyènes ne sont pas loin et les crocodiles les attendent.

À savoir Les gnous traversent la Tanzanie de décembre à juillet puis franchissent le Masai Mara au Kenya en août et septembre. www.tanzaniaparks.com

Ci-contre : au plus fort de l'hiver, deux macaques japonais se réchauffent dans une source chaude du parc des singes Jigokudani, au Japon.

SRI LANKA

# Le parc national de Yala

Deuxième plus grand parc national du Sri Lanka, Yala est connu pour sa faune exotique et ses plages virginales.

Difficile de repérer ce chef-d'œuvre de camouflage avant qu'il ne bouge. Les taches noires apparaissent soudain tandis que le félin traverse une clairière du parc. Plus vaste zone protégée du Sri Lanka, Yala s'étire sur plus de 1 000 km$^2$ dans la pointe sud de l'île. Des éléphants d'Asie et des ours lippus aux crocodiles et buffles sauvages, le parc compte de nombreux animaux de grande taille. Mais sa renommée lui vient des léopards – l'endroit n'a pas son pareil pour y observer et y photographier ces « gros chats ». Le « Block One », la principale zone ouverte aux visiteurs, en abrite une population de 30 à 35 individus, pour une fois, peu farouches. Le parc se visite en 4 x 4, et des lodges ou des tentes accueillent les visiteurs pour la nuit. Le paysage fait penser à l'Afrique, un mélange de maquis et de savane, parsemé de quelques points d'eau où les animaux viennent se désaltérer et se baigner. Seules ses plages rappellent qu'il s'agit du Sri Lanka. Le parc est bordé par des kilomètres de côtes intactes, en lisière de l'océan Indien, longées par des récifs coralliens et affleurements rocheux. Le passage du tsunami de 2004 a provoqué de nombreux dégâts et fait des victimes parmi les visiteurs et employés mais n'a affecté que dans une moindre mesure les écosystèmes et les animaux.

**Quand ?** Avril et mai correspondent à la saison des pluies, lorsque la mousson du nord-est balaie le golfe du Bengale. Il pleut encore plus de novembre à janvier. La saison sèche de janvier-avril est propice à l'observation des grands mammifères, celle d'octobre-décembre à l'observation des oiseaux.

**Où ?** L'entrée de Yala est à 19 km environ au sud-est de Tissamaharama et à 306 km au sud-est de Colombo. Accessible en voiture, train ou bus depuis Colombo. Tangalle est à 2 ou 3 h de route de Yala.

**À savoir** 3 journées permettent de bien explorer le parc, en profitant des safaris en 4 x 4 à l'aube et en fin d'après-midi. Cinq camps vous accueillent au sein du parc ainsi que plusieurs lodges dans la partie ouest, dont Elephant Reach Hotel et le Yala Village. Les hôtels proposent souvent des excursions en 4 x 4.

**Internet** www.srilankatourism.org, www.zoomsrilanka.com, www.srilankaecotourism.com, www.yalahotel.com, www.elephantreach.com

## Tangalle

- Au milieu de criques aux eaux bleu saphir, **Tangalle** possède des plages de sable blanc d'une incroyable finesse bordées de cocotiers. Ce port de pêche a conservé une intéressante architecture de l'époque coloniale hollandaise, dont l'ancien fort devenu prison.

- Tangalle possède de très beaux complexes touristiques dont **Amanwella**.

- Un peu en retrait se trouve le temple rupestre de **Mulkirigala**, célèbre pour ses fresques, sa bibliothèque et ses imposants Bouddhas allongés. Réparti sur huit grottes, le temple date du IIIe siècle av. J.-C.

Les léopards de Yala sortent à la tombée du jour.

Des kilomètres de plages de sable désertes s'étirent le long de l'isthme de Courlande.

LITUANIE/RUSSIE

# L'isthme de Courlande

## Ce paysage de dunes sur la rive orientale de la mer Baltique est apprécié des promeneurs et des ornithologues.

Après avoir traversé le détroit de Memel, depuis le port lituanien de Klaipeda, l'isthme de Courlande s'étend devant vous sur 97 km – dont 52 km en Lituanie et le reste dans la province russe isolée de Kaliningrad. Cette longue et fine langue de sable qui sépare la lagune de Courlande de la mer Baltique atteint tout juste 4 km en son point le plus large et seulement 400 m au plus étroit. Des vents forts accumulent le sable en dunes; celles donnant sur la Baltique ne font que 12 m de haut mais celles donnant sur la lagune s'élèvent à 60 m, voire plus. Des pins, des épicéas et des chênes ont été plantés sur de nombreuses dunes pour empêcher que les villages voisins ne soient enfouis. D'autres dunes, en forme de cimeterre, avancent encore. Culminant à 67 m, la plus haute dune de l'isthme est la dune de Vecekrug, à 1,5 km environ au sud du village de Preila. Il est facile de l'atteindre par la piste cyclable qui longe la seule route parcourant l'isthme dans toute sa longueur. Au printemps et à l'automne, de nombreux oiseaux migrateurs font une pause dans la région, qui accueille par ailleurs une riche avifaune. De discrets pygargues à queue blanche s'y reproduisent et des faucons hobereaux et milans noirs nichent dans la forêt. Non loin du village de Juodkrante, se trouve la plus grande et ancienne colonie de hérons cendrés et de cormorans de Lituanie.

**Quand?** L'isthme de Courlande est plaisant toute l'année, ses plages de sable, ses dunes et ses forêts quasiment désertes. Bien qu'il neige en hiver, le climat est relativement clément. Les étés sont chauds.

**Où?** Klaipeda est relié par ferry (toutes les 30 min) à Smiltyne, à la pointe nord de l'isthme. Un bus relie Smiltyne à Nida, la capitale non officielle de l'isthme, à l'extrême sud de la partie lituanienne, et s'arrête à Juodkrante en chemin. Le bus peut être bondé, notamment les dimanches en été.

**À savoir** Une route parcourt l'isthme sur toute sa longueur, de Smiltyne à Nida. Location de voitures à Klaipeda. Il est très agréable de se déplacer à bicyclette.

**Internet** whc.unesco.org/fr/list/994, www.nerija.lt

### Sur les traces de l'ambre

Vers 1850, de l'ambre a été trouvé dans la lagune de Courlande et, durant les 30 années qui ont suivi, plus de 2 250 tonnes de matériaux ont été extraites. Y ont également été mis au jour des amulettes, des broches, des figurines, des perles et des boutons sculptés dans l'ambre. Les spécialistes de l'université de Königsberg (Prusse orientale) les ont datés du milieu du néolithique et de l'âge du bronze, ce qui en fait les plus anciennes sculptures d'ambre.

Lors de la Seconde Guerre mondiale, la collection a pour l'essentiel été détruite ou volée. Quelques pièces épargnées et de superbes répliques sont visibles au **musée de l'ambre** à Nida.

BULGARIE

# Les montagnes de Bulgarie

**Les pics escarpés, lacs glaciaires, gorges profondes et grottes des Rhodope, Pirin et Rila abritent une avifaune et une flore rares.**

La Bulgarie est un pays de montagnes sauvages et reculées. Trois chaînes – le Rhodope, le Pirin et le Rila – dominent le sud-ouest du pays et sont les plus anciens massifs de la péninsule balkanique. Pays du karst, le Rhodope est un paysage sculpté par l'eau en une série de crêtes effilées et de profondes vallées. Ses roches calcaires ont des formes fantastiques, comme les deux immenses arches, dites Ponts merveilleux, creusées par l'Erkyupryia, dans l'ouest du massif. Les gorges les plus spectaculaires sont celles de Trigrad, un canyon de 7 km pris, une grande partie de sa longueur, entre deux parois de marbre distantes de 300 m. Le point dit du Saut du loup forme même un goulot d'étranglement d'une centaine de mètres de large seulement. Plusieurs espèces rares d'oiseaux fréquentent les gorges, dont le tichodrome échelette. La chaîne du Pirin qui se dresse à l'ouest du Rhodope forme une grande partie du parc national du Pirin, une région montagneuse couverte d'une dense forêt de pins de Macédoine, de pins de Bosnie et de sapins de Bulgarie où vivent des loups, des ours bruns et la plupart des oiseaux de proie d'Europe, dont l'aigle impérial. Sa partie nord est reliée au massif du Rila, où se trouvent le point culminant du pays, le mont Mousala (2925 m), des lacs glaciaires, des sources chaudes et le monastère de Rila, le plus grand de l'Église orthodoxe d'Orient en Bulgarie.

**Quand?** Au printemps, après la fonte des neiges, pour la cascade des gorges du Diable, alors très impressionnante. Juin pour les prairies alpines d'altitude en fleurs. La neige en hiver tient plus de 6 mois sur les versants les plus élevés. Les étés sont chauds.

**Où?** Chepelare, à 230 km au sud-est de Sofia, fait un excellent point de chute pour explorer le Rhodope. Les gorges de Trigrad, les gorges du Diable et la grotte de Yagodina sont à 48 km de cette ville de montagne. Bansko, pittoresque bourgade de montagne accessible en voiture *via* Blagoevgrad, permet de parcourir le Pirin. Les sites de randonnée du Rila sont accessibles *via* Samokov, au sud-est de Sofia.

**À savoir** Les trois massifs sont parcourus de sentiers de randonnées balisés et plusieurs refuges y sont ouverts. Des randonnées guidées pédestres ou à cheval sont proposées. Des vêtements chauds sont nécessaires pour visiter les grottes car la température intérieure ne dépasse guère 6 °C.

**Internet** www.bulgariatravel.org, la-bulgarie.fr, whc.unesco.org/fr/list/216

Ci-contre : lacs glaciaires dans le massif du Rila. Ci-dessus : roches sculptées du Rhodope.

## Un pays de grottes

■ Dans les gorges de Trigrad, la rivière du même nom disparaît dans un vaste labyrinthe de galeries souterraines dites **gorges du Diable** où l'on trouve la plus haute chute d'eau souterraine d'Europe (42 m). La première partie du gouffre se visite.

■ Non loin des gorges du Diable, une autre grotte est très appréciée des spéléologues. Pour rejoindre la grotte d'**Haramiiska**, il faut escalader une gigantesque cheminée de 20 m de haut dans la paroi verticale puis descendre 43 m en rappel de l'autre côté pour pénétrer dans une immense caverne de 160 m de long et 60 m de haut.

■ Une marche de 8 km (2 h environ) du village de Trigrad vous conduit à la **grotte de Yagodina**, non loin des gorges de Buynovsko. Habité à l'âge de pierre, il y a plus de 6000 ans, s'étendant sur 10 km, ce réseau de grottes est le plus long du pays. Son premier niveau – sur cinq – est éclairé et se visite. Quelque 45 min au cœur du règne minéral, avec des stalactites semblables à des rideaux de pierre et des orgues, des stalagmites en forme de flèches et des nids de pisolithes.

Les bisons d'Europe ont été réintroduits à partir d'une population originaire de Białowieska.

POLOGNE/BIÉLORUSSIE

# La forêt de Białowieska

Cette région préservée est un vestige de l'immense forêt primaire qui s'étendait jadis de la mer du Nord aux steppes de Russie.

Des raies de lumière filtrent à travers la canopée, éclairant les restes couverts de mousse et de champignons d'un arbre tombé sur le sol de la forêt. Autour, vieux chênes, érables, charmes et épicéas replongent dans l'obscurité et le silence de la forêt, à peine interrompu par le vol d'un insecte. Telle est Białowieska, la dernière forêt primaire d'Europe, s'étendant sur une plaine basse de part et d'autre de la frontière entre la Pologne et la Biélorussie. Impossible de ne pas voir qu'elle diffère des autres forêts, l'apparent « désordre » du paysage étant une preuve de son authenticité : le couvert forestier est variable, alternant entre grandes zones boisées, bosquets denses et clairières. Les arbres sont de toutes formes et de toutes tailles, dépourvus de cette uniformité que l'on rencontre dans les forêts plantées. Certains des chênes de Białowieska ont plus de quatre siècles et s'élèvent à plus de 35 m. La région protégée est divisée en une zone centrale et une zone extérieure – la première, dite « réserve stricte », ne se visite qu'accompagné d'un guide officiel. Vous apprécierez ainsi la magie ancestrale de la forêt. La zone extérieure, ouverte à tous, est parcourue par de nombreux sentiers pédestres et pistes cyclables.

**Quand ?** De fin mars à début octobre, car les hivers sont très froids et enneigés.

**Où ?** La plupart des visiteurs pénètrent dans le parc national de Białowieska côté polonais, depuis le village de Białowieska, au cœur de cette forêt, à 100 km environ au sud-est de Białystok. Service de car quotidien entre Białystok et Białowieska. Diverses possibilités d'hébergement dans le village.

**À savoir** Attelages tirés par des chevaux sur des parcours guidés pour visiter une partie de la zone extérieure et la réserve de bisons – réservez en été. Droits d'entrée pour toutes les zones.

**Internet** www.bpn.com.pl, whc.unesco.org/fr/list/33

### Le bison européen

Peu de personnes savent que l'on trouve des **bisons** en Europe et que Białowieska en est l'un des derniers refuges. En 1914, le parc national ne comptait déjà plus que 700 individus. Un grand nombre de ces bisons a été tué lors de la Première Guerre mondiale et les derniers survivants abattus par des braconniers en 1919. L'espèce a été réintroduite avec succès dans la région en 1929. Le parc abrite aujourd'hui quelque 750 bêtes, parfois de près de 2,5 tonnes. Il est possible d'en voir dans la zone centrale du parc ou dans la réserve spéciale, où les animaux sont gardés en captivité pour se reproduire.

La forêt est également peuplée d'élans, de loups et de castors et d'une avifaune très riche – 240 espèces recensées dont 175 se reproduisent dans la région.

FRANCE

# Le Marais poitevin

**Deuxième plus grande zone humide de France, le marais se découvre en barque, conduite par un guide-batelier.**

Site unique en Europe, le Marais poitevin s'étend sur plus de 1000 ha de terres humides aménagées. La ville de Niort en marque l'extrémité est. Le marais s'étire sur plus de 65 km à l'ouest vers la ville de Marans, près de la baie d'Aiguillon sur la côte atlantique, au nord de La Rochelle. Au nord, le marais commence dans les environs de Fontenay-le-Comte en Vendée et compte plus de 4000 km de canaux. Ce sont des moines qui ont commencé à creuser les premiers canaux de drainage au XIe siècle. Peu à peu, tout un réseau a été mis en place dans cette région insolite, servant à l'agriculture et aux transports. La barque à fond plat est utilisée depuis des siècles pour transporter le bois en grumes, les céréales et le bétail. Aujourd'hui, celui que l'on surnomme la Venise verte se visite à pied, à bicyclette ou en canoë, qu'il est facile de louer. Pour pleinement observer ce fragile écosystème ainsi que sa flore et sa faune, réservez une barque et un guide et laissez-vous glisser paisiblement dans la lumière du soir. Les grenouilles entament leur chant nocturne, indiquant aux aigrettes, loutres, martins-pêcheurs et rats musqués qu'il est temps de sortir.

**Quand ?** Location de barque d'avril à octobre. Les oiseaux sauvages font une halte dans le marais au printemps et à l'automne, saisons parfaites pour visiter le parc ornithologique de Saint-Hilaire-la-Palud, à l'ouest de Niort. Les canaux sont bordés d'iris jaunes à la fin du printemps.

**Où ?** Pour un accès facile au dense labyrinthe de canaux qui compose la partie la plus intéressante du marais, dirigez-vous vers Arçais. Les rues du village conduisent vers de petits embarcadères où vous pourrez réserver votre promenade avant de profiter d'un agréable déjeuner. Cartes des circuits cyclables et navigables à l'office de tourisme, en face de l'église. Le marais mouillé se situe entre Niort et Maillé.

**À savoir** Location de voitures possible à La Rochelle et Niort. Un séjour de 1 semaine permet de visiter l'ensemble de la région. Listes des hébergements auprès des offices de tourisme de Coulon, Arçais et Niort.

**Internet** www.marais-poitevin.com, www.parc-marais-poitevin.fr, www.la-venise-verte.com

## Un peu d'histoire

- Visitez le musée d'histoire naturelle de **La Rochelle** qui présente de manière plaisante les écosystèmes de la région, sa faune et sa flore.

- Arrêtez-vous à **Coulon** (à l'ouest de Niort) pour visiter la Maison des marais mouillés – exposition sur l'histoire, les outils et le folklore local.

- À **Maillezais**, visitez les superbes ruines de l'abbaye Saint-Pierre avant de monter dans une barque pour une visite guidée et de nombreux rendez-vous avec la nature. Les barques se réservent auprès de l'embarcadère de l'abbaye.

Promenade tranquille au fil de l'eau dans le Marais poitevin, la Venise verte, entre eau et verdure.

TOP 10

# Grands sites ornithologiques

Admirez certains des spectacles les plus fascinants du monde aviaire, des couleurs fantastiques des oiseaux des forêts tropicales aux prouesses acrobatiques des oiseaux de falaise.

### 1 Le parc national de la Pointe-Pelée, Canada

Un joyeux concert emplit l'air de la forêt et des marécages de la Pointe-Pelée, en Ontario, qui se termine dans le lac Érié. Premier bout de littoral où les oiseaux migrateurs qui remontent vers le nord peuvent se poser, elle accueille des dizaines de parulines et des centaines de représentants d'autres espèces qui, épuisés après un long voyage au-dessus des eaux, tombent littéralement du ciel.

À savoir La migration bat son plein mi-mai. www.pc.gc.ca

### 2 Le Quivira National Wildlife Refuge, É.-U.

C'est un même brouhaha qui vous accueille lorsque oiseaux d'eau et de rivage envahissent les marécages et les vasières du Quivira National Wildlife Refuge et la réserve voisine de Cheyenne Bottoms, dans le Kansas. Des nuées d'oiseaux d'eau et de rivage s'y arrêtent pour reprendre des forces.

À savoir Au printemps ou à l'automne, les espèces migratrices sont les plus nombreuses. www.fws.gov/quivira

### 3 L'Asa Wright Nature Center, Arima, Trinité

Une ancienne plantation de café et cacao du nord de Trinité, convertie en réserve naturelle où vivent des guits-guits céruléens, des manakins à tête d'or et autres oiseaux aux couleurs chatoyantes. Le centre (600 ha) est reconnu pour son engagement envers la conservation de la vie sauvage tropicale.

À savoir Il n'est possible de voir la colonie de guacharos des cavernes que si vous réservez un minimum de 3 nuits au centre. www.asawright.org

### 4 Mindo, Équateur

Alors que vous gravissez le versant ouest du volcan Pichincha dans la forêt de nuages d'altitude de la réserve forestière de Mindo-Nambillo, un vif éclair orangé passe non loin – un coq-de-roche péruvien. Des quetzals dorés volent dans la canopée. Cette réserve naturelle de 19 200 ha garantit la protection de plus de 50 espèces d'oiseaux endémiques.

À savoir Accessible en bus ou en taxi, Mindo est à 65 km au nord-est de Quito. Meilleure période : de septembre à janvier, lorsque les espèces migratrices sont présentes. www.ecuador.com

### 5 Roebuck Bay, Australie

Les échassiers sont présents en nombre dans les riches vasières de Roebuck Bay, sur la côte nord-ouest de l'Australie où ils se nourrissent. Des 300 espèces rencontrées dans la région de Broome, près de 50 sont de rivage, soit 25 % du total mondial.

À savoir Hébergement et sorties ornithologiques guidées auprès du Broome Bird Observatory, un centre d'éducation et de recherche local. www.broomebirdobservatory.com

### 6 La péninsule de Shiretoko, Japon

Les environs de Rausu, sur la péninsule de Shiretoko dans l'est d'Hokkaido, accueillent la plus importante population au monde de pygargues empereurs. Un habitat partagé le temps de l'hiver avec des pygargues à queue blanche, des goélands bourgmestres, des cygnes chanteurs et des canards pilets. Et quand tombe la nuit, vient le rare kétoupa de Blakiston.

À savoir Pour bien voir les pygargues empereurs, prenez part à une excursion en bateau qui vous emmène de Rausu au bord de la banquise. www.tourisme-japon.fr, whc.unesco.org/fr/list/1193

### 7 La colline de Çamlica, Turquie

Du haut de la colline de Çamlica (262 m), point le plus élevé d'Istanbul, vous verrez des cigognes, bondrées orientales ainsi que des rapaces arriver par vagues d'Europe et traverser le Bosphore. Diurnes, ces migrateurs planent dans les ascendances thermiques au-dessus de la mer.

À savoir Meilleur moment : du milieu de la matinée au milieu de l'après-midi en août et septembre. www.goturkey.com

### 8 L'archipel de Vega, Norvège

Ces îles balayées par les vents au sud de l'Arctique accueillent une des plus denses populations au monde de pygargues à queue blanche ainsi que de nombreux oiseaux de mer résidents et migrateurs, tels que guillemots à miroir et oies cendrées. De petits abris sont construits par les villageois de Vega, la plus grande île habitée, pour protéger les nids des eiders communs.

À savoir L'archipel est accessible en ferry depuis la ville de Brønnøysund. www.verdensarvvega.no

### 9 La Camargue, France

La Camargue, entre les deux bras du Rhône, accueille une importante population de flamants, qui, lorsqu'ils ne plongent pas le bec dans la vase à la recherche de crevettes, se tiennent sur une patte. Les pieds dans l'eau, ces oiseaux aquatiques réalisent un ballet insolite, se déplaçant de manière synchronisée.

À savoir En janvier ou févier, au début de la saison des amours, pour les parades nuptiales. www.parc-camargue.fr

### 10 La réserve des chutes de Mkhuze, Afr. du Sud

La diversité des habitats de la réserve – savane d'acacias, marais et une rare forêt sablonneuse – attire plus de 400 des 820 espèces d'oiseaux recensées en Afrique du Sud. C'est le seul site de reproduction du pélican gris du pays. L'occasion de voir peut-être le barbion à croupion jaune, le tisserin intermédiaire ou le touraco à huppe splendide.

À savoir L'entrée est du parc donne plus facilement accès à divers habitats et au village zoulou de KwaJobe. www.sa-venues.com

Ci-contre : parade nuptiale de flamants roses en Camargue, dans le sud de la France. Ils doivent leur coloration rose au plancton dont ils se nourrissent.

La Mawddach devient un bel estuaire sablonneux avant de se jeter dans l'océan, dans la baie de Barmouth.

GRANDE-BRETAGNE

# L'ESTUAIRE DE LA MAWDDACH

## De multiples activités de plein air, des kilomètres de plages et les montagnes de Snowdonia en toile de fond.

Situé dans le nord du pays de Galles, le parc national de Snowdonia renferme d'étonnants paysages au cœur de plus de 2000 km² de terres sauvages. L'estuaire de la Mawddach en est un bel exemple, avec ses eaux bleu intense qui coulent au milieu de verts pâturages et monts accidentés. La Mawddach enchante ses visiteurs avec ses plages de sable mordoré qui scintille au soleil. Pendant un instant, la région a même connu une ruée vers l'or, mais les mines sont depuis longtemps abandonnées. Le Mawddach Trail, dans le sud du parc national, vous offre une superbe balade le long de l'estuaire, loin de toute circulation. Considéré comme l'un des plus beaux sentiers du Royaume-Uni, il suit une voie ferrée désaffectée et, traversant de vastes étendues plates, convient parfaitement aux marcheurs et aux cyclistes. Partant de la ville de Dolgellau, le sentier serpente sur une quinzaine de kilomètres à travers des champs parsemés de fleurs sauvages et se termine près de la ville balnéaire de Barmouth. Chaque virage vous révèle de magnifiques paysages. Le doux parfum de l'air salé vous suit, des échassiers et goélands s'amusent sur le rivage et le Cadair Idris enneigé domine le panorama.

**Quand?** L'estuaire de la Mawddach est agréable toute l'année et au printemps la région est un tapis de rhododendrons en fleurs.

**Où?** Pour rejoindre l'estuaire, gagnez Birmingham puis prenez un train pour Machynlleth. De là, prenez un car pour Dolgellau. Ou prenez un train de Birmingham pour Barmouth. La traversée de l'estuaire en bateau de Barmouth à Fairbourne offre un joli point de vue sur les montagnes.

**À savoir** En longeant l'estuaire jusqu'à Portmeirion, faites une halte à Harlech, pour son imposant château perché sur une colline surplombant la côte.

**Internet** www.visitwales.fr

### Un parfait exemple d'ornement

Sorte de vision onirique fantastique, le village de **Portmeirion** se tient sur une péninsule privée de plages dorées et de vastes jardins subtropicaux, à 21 km au nord de l'estuaire de la Mawddach. Créations de l'architecte gallois Clough Williams-Ellis, les maisons et édifices d'inspiration italienne ont été construits sur la partie méridionale de Snowdonia, pour montrer qu'un lieu sauvage pouvait être aménagé sans en altérer la beauté. Entre autres fantaisies, l'hôtel Portmeirion possède des chambres uniques, dont une tapissée de miroirs dorés. Sa salle à manger Art déco rappelle celle d'un paquebot de luxe.

# COFFEE BAY

## Des rivages immaculés d'Afrique du Sud, baignés par l'océan Indien, à découvrir à pied et qui abritent une avifaune colorée.

Coffee Bay se trouve au cœur de la Wild Coast, un paradis relativement intact de la province sud-africaine du Cap-Oriental, qui a vu naître Nelson Mandela. L'histoire dit que la baie a été ainsi baptisée après qu'un bateau transportant du café en grain s'est échoué au début du XIX^e siècle. Certains grains auraient pris racine, même si, aujourd'hui, rien n'indique la présence de caféiers. La plage de sable virginale est bordée de hautes falaises. Il n'est pas rare d'y croiser une ou deux vaches domestiques. Elles appartiennent aux Xhosa, une ethnie d'Afrique du Sud. Ils vivent dans les cases au toit de chaume disséminées sur les collines et invitent souvent les visiteurs chez eux – l'Afrique authentique. La baie est traversée par le Wild Coast Hiking Trail, signalé en certains endroits par des empreintes de pied blanches sur des roches sombres. Une balade de trois heures au sud de Coffee Bay dans le maquis côtier, les aloès et les euphorbes vous conduira au « Hole in the Wall », une impressionnante arche entre l'océan et une lagune à l'embouchure de la rivière Mpako. En chemin, vous apercevrez « Baby Hole in the Wall », une arche plus petite, dominée par de hautes falaises (50 m) et la cascade de Hlungunwane.

**Quand ?** Le climat subtropical est agréable toute l'année, sans grande amplitude thermique. Les températures hivernales (avril à août) varient de 7 °C à 20 °C, et en été de 16 °C à 28 °C. De 7 à 8 h d'ensoleillement par jour, en moyenne.

**Où ?** Coffee Bay est à 4 h de route d'East London. Prenez la N2 au nord ; peu avant Mthatha (ancienne Umtata), prenez la sortie Viedgesville et suivez la route côtière pendant 80 km jusqu'à Coffee Bay.

**À savoir** Deux petits hôtels et deux auberges animées vous accueillent. La réserve naturelle d'Hluleka se trouve à 90 km au sud-est de Mthatha, sur la R61. Elle est ouverte toute l'année, du lever au coucher du soleil. Il est possible d'y séjourner dans des chalets.

**Internet** www.sa-venues.com, www.ecparks.co.za

### Un paradis caché

Un peu plus haut sur la côte, entre Coffee Bay et Port Saint Johns, se trouve la **réserve naturelle d'Hluleka**.

■ Impalas, gnous et zèbres déambulent parmi des essences exotiques dont *Heywoodia lucens*. L'avifaune est abondante ; vous croiserez sans doute des perroquets robustes, des calaos terrestres et peut-être un touraco louri, ce bel oiseau dont les ailes rouge vif ressortent lorsqu'il vole, ou encore le rare malcoha au bec jaune.

■ On y trouve aussi des pygargues vocifères et balbuzards pêcheurs. Baleines et dauphins peuvent faire une apparition au large.

Battue par l'océan, la Wild Coast est un littoral de hautes falaises, de rivages de roches, de grottes marines et de plages abritées.

# 3
# Îles du bout du monde

On trouve encore des lieux magiques perdus au milieu d'une mer cristalline bleu turquoise qui baigne de douces plages de sable blanc bordées de palmiers. Loin de tout, totalement isolées, ces îles, minuscules têtes d'épingles inondées de soleil qui affleurent à peine à la surface des eaux calmes des Antilles, de l'océan Indien ou du Pacifique Sud, sont à peu de choses près la matérialisation d'un Éden sur Terre. Chaque île a toutefois sa particularité. Au milieu des glaces, la Géorgie du Sud, porte de l'Antarctique, ou le Spitzberg, que l'on surnomme aussi les Galápagos de l'Arctique, offrent de somptueux tableaux de la nature. Socotra, au large de la Corne de l'Afrique, nous emmène ailleurs avec son paysage extraterrestre couvert de végétaux endémiques, aussi étranges que merveilleux. Et partout dans le monde, des Hébrides au littoral sud-américain, ce sont bien souvent les peuples, avec leur histoire, leur culture et leur folklore uniques, qui font de leur île une destination magique et inoubliable.

L'archipel d'El Nido, aux Philippines, baigné par la mer de Chine méridionale, réunit tous les ingrédients pour une escapade de rêve sur une île tropicale - plage de sable fin, forêt virginale et récifs coralliens foisonnants.

# Saint Helena Island

## Particulièrement accueillante, Saint Helena Island est une île imprégnée d'histoire, berceau de la culture gullah afro-américaine.

Saint Helena Island est une des îles barrières qui longent le littoral de la Caroline du Sud et de la Géorgie. Un territoire au tempérament et à la culture si différents du continent qu'il pourrait s'agir d'un autre pays. Les Sea Islands font partie du Lowcountry, vaste domaine côtier de précieuses parcelles de terre à fleur d'eau. Là, des milliers de ruisseaux, d'eau douce et salée, irriguent tels des capillaires un paysage de marais et de buttes sèches, grouillant de vie à l'ombre d'une espèce de chêne locale *(Quercus virginiana)*. Avant la guerre de Sécession, ces îles ont été parmi les terres les plus fertiles d'Amérique. La culture du riz et, plus tard, du coton a généré des richesses inouïes grâce au travail des esclaves. Puis la terre – épuisée – a été donnée aux esclaves affranchis. Une culture et une langue, le gullah, sont nées. Alors que la guerre sévissait encore, Saint Helena Island a offert aux enfants des affranchis la possibilité d'aller à l'école. Le lieu est aujourd'hui un centre (Penn Center) qui préserve l'histoire des Sea Islands et la culture gullah. Explorer le vieux phare de l'île, profiter de la plage de Hunting Island, parcourir les marais en kayak, visiter le Penn Center et acheter des paniers en crin végétal, font partie des plaisirs que propose cette île.

**Quand?** Le printemps et l'automne sont les meilleures saisons. Avril et début mai sont plaisants sans être trop chauds et voient éclore par paquets azalées, magnolias, glycines et autres fleurs. À l'automne, les herbes des marais prennent une superbe couleur dorée.

**Où?** Les aéroports les plus proches sont Savannah/Hilton Head (77 km) et Charleston (142 km). La route U.S. 21 relie Saint Helena Island au siège du comté de Beaufort.

**À savoir** On trouve de bons hôtels à Beaufort. Fripp Island, près du Hunting Island State Park sur la façade maritime de Saint Helena Island, offre la possibilité de séjourner dans de très belles maisons donnant sur la plage. Les amateurs de nature peuvent louer un bungalow en plein marais à Palm Key, à 43 km de Beaufort, dans les terres, où les rencontres animales sont garanties.

**Internet** www.southcarolinalowcountry.com, www.beaufortsc.org, www.rhetthouseinn.com

### Perle sudiste

Centre maritime prospère grâce aux produits des plantations d'indigo et de coton, **Beaufort** est aujourd'hui une charmante localité aux nombreuses maisons de style néogrec. Photogénique et appréciée des réalisateurs hollywoodiens, la ville a servi de décor notamment à *Forrest Gump*.

Le centre historique de la ville est très plaisant, de la fin du printemps au début de l'automne, parcouru dans un attelage tiré par des chevaux. Pour plonger dans l'univers sudiste, prenez un brunch dominical sous le porche de **Rhett House Inn**, élégante demeure de planteur construite en 1820.

De mai à décembre, il est possible d'acheter des crevettes fraîches auprès des pêcheurs, dès leur retour.

La plage déserte de Sun Bay déroule un long ruban de sable de plus de 3 km, en forme de croissant et ponctué de palmiers.

PORTO RICO

# VIEQUES

## Jadis occupée par l'armée américaine, Vieques se réinvente aujourd'hui comme une destination d'écotourisme.

Choisie lors de la Seconde Guerre mondiale comme site d'essai de la marine américaine, la petite île de Vieques, à 10 km des côtes sud-est de Porto Rico, est longtemps restée interdite. Héritage inattendu de l'occupation américaine, les deux tiers environ de l'île n'ont aucunement été aménagés et forment la plus vaste aire naturelle des Antilles, présentant la plus grande diversité écologique : lagunes côtières, récifs coralliens, plages bordées de palmiers, mangroves et forêts où poussent des bananiers, des manguiers et les bien nommés flamboyants. Mosquito Bay, la plus ample baie bioluminescente du monde, est une pure merveille. Son rare écosystème abrite des dinoflagellés – du plancton qui émet de la lumière pour dérouter les prédateurs. Plongez vos mains dans l'eau au coucher du soleil… effet garanti. Vieques possède également une histoire intéressante. C'est à Puerto Ferro, un mini-Stonehenge méconnu, que les plus anciens vestiges humains des Antilles ont été mis au jour, prouvant la présence des hommes depuis 1900 av. J.-C. Lorsque les conquistadors sont arrivés vers 1500, ils ont soumis le peuple indigène taino et presque anéanti sa culture. Le fort – le dernier construit par les Espagnols – et le phare voisin de Punta Mulas sont des réminiscences de la domination espagnole.

**Quand ?** Il y fait bon toute l'année. Évitez la saison haute – de mai à août, relativement fréquentée.

**Où ?** Vieques est accessible en ferry depuis Fajardo ou en avion, sur vols réguliers depuis San Juan et Ceiba et vols charters depuis Culebra.

**À savoir** Les transports publics sur Vieques sont déficients. De nombreuses routes et certaines des plus belles plages ne sont accessibles qu'en 4 x 4. Louez une Jeep ou un cheval pour visiter l'île. Faites attention aux chevaux sauvages dans le noir. Certaines zones sont inaccessibles, car les routes sont en réfection ou le sol miné. L'offre touristique se concentre autour d'Esperanza, sur la côte sud, ou d'Isabel Segunda, le centre administratif de la côte nord. En dehors d'un établissement de luxe, les hôtels sont modestes. Essayez de voir Mosquito Bay en fin de journée – visites organisées par Abe's Snorkeling.

**Internet** www.vieques.fr, www.viequestravelguide.com

### Haut lieu culinaire

■ Vieques est devenue en quelques années un haut lieu du Nuevo Latino, une cuisine inventive qui n'a pas peur d'associer ingrédients locaux et techniques internationales. Le *ceviche* est une marinade de poisson cru au citron. *Mofongo* et *tostones* sont deux recettes populaires à base de bananes plantains (respectivement en purée et frites).

■ Les *arepas fritas*, des galettes de farine blanche, accompagnées d'*arroz con habichuelas* (riz et haricots) et de poisson frit sont une spécialité de Vieques. On les arrose de *bilí* : du rhum blanc, du sucre blanc et des fruits de saison – quénette, noix de cajou, tamarin ou fruits de la Passion.

TOP 10

# Îles au soleil

De minuscules grains de sable dans l'océan, difficilement repérables, et qui pourtant donnent l'impression d'une immense plénitude sur Terre.

## ❶ Eleuthera, Bahamas

Ce sont des pèlerins puritains anglais, arrivés en 1648, qui ont donné son nom à l'île, signifiant « libre » en grec. Et c'est exactement ce que l'on ressent lorsque l'on pose le pied sur ce ruban de terre, tout en longueur (177 km). La paix règne sur cette île de plages blanches, de villages coloniaux, de plantations d'ananas à perte de vue, de falaises rougeâtres et de bougainvillées aux couleurs chatoyantes.

À savoir Il n'y a pas de transport public, mieux vaut donc louer une voiture auprès de l'un des trois aéroports de l'île. www.bahamas.fr

## ❷ Bonaire, Antilles néerlandaises

Les plongeurs s'y rendent en nombre pour admirer, entre autres merveilles sous-marines, antennaires, poissons perroquets, holothuries, dauphins, volcans et épaves. Sur terre, Pink Beach accueille des centaines de flamants et lézards bleus. Le lac Bay, dans l'est de l'île, est très apprécié des véliplanchistes.

À savoir Les plongeurs doivent s'acquitter d'un forfait, valable une année. www.tourismbonaire.com

## ❸ Îles San Blas, Panamá

À 20 minutes de vol de la ville de Panamá se trouvent les îles des Kunas, peuple indien qui a conservé un mode de vie séculaire. Les hommes pêchent le crabe, la daurade et la langouste au large des récifs, dans des bateaux creusés dans des troncs d'arbre, tandis que les femmes, dans les villages de chaume, portent les traditionnels *molas,* ornés de dessins géométriques colorés ou de motifs de poissons, oiseaux et animaux.

À savoir Les Kunas vivent dans une réserve. De fait, un petit geste sera apprécié si vous les photographiez. www.visitpanama.com

## ❹ Ilha Grande, Brésil

Une marche dans la forêt ombrophile protégée est l'occasion de voir des singes hurleurs, des paresseux à crinière ou aïs, des perroquets amazone à sourcils rouges et des yacarés overo. En mer, vous pouvez apercevoir des manchots de Magellan et des baleines franches australes. Plus d'une centaine de plages immaculées, sur une île où tout moteur est interdit.

À savoir N'hésitez pas à séjourner dans la forêt, loin des principaux villages. www.ilhagrande.com.br

## ❺ Rangiroa, Polynésie française

Des centaines d'îlots minuscules entourent un profond lagon assez vaste. De rares routes mènent à de petits villages, églises de corail et bungalows sur pilotis. Un bateau à fond transparent permet d'explorer les eaux turquoise du lagon.

À savoir Visitez un élevage d'huîtres perlières produisant des perles noires et dégustez le vin local. www.tahiti-tourisme.com

## ❻ Koh Rong, Cambodge

Des plages désertes baignées par des eaux calmes, un petit village de pêcheurs et quelques huttes au toit de chaume. Une île rarement visitée, accessible par bateau depuis Sihanoukville. Et la plage de Snowdrift Bay, au sable incroyablement fin.

À savoir Aucun hébergement sur l'île. Prévoyez une tente et des provisions. www.ambcambodgeparis.info

## ❼ Îles Cocos (Keeling), Australie

Les quelque 600 habitants d'origines européenne et malaise vivent dans un isolement total au milieu de l'océan Indien, avec pour seules ressources les noix de coco. Le nord de l'archipel abrite la dernière population du seul oiseau endémique de l'île, *Gallirallus philippensis andrewsi.*

À savoir Louez une voiture ou un vélo pour explorer l'île West. www.australia.com

## ❽ Lakshadweep, Inde

Si son nom signifie « cent mille îles » en sanskrit, Lakshadweep n'en compte que 36, dont 10 habitées. Ce joyau émeraude, au large de l'État indien du Kerala en bordure de la mer d'Oman, est le seul récif corallien d'Inde. Ses lagons foisonnants plaisent aux plongeurs comme aux pêcheurs. Bangaram, île inhabitée, est la destination pour tout oublier par excellence.

À savoir Meilleure période : d'octobre à mi-mai. Autorisations de visite des îles délivrées à Kochi. Consommation d'alcool interdite en dehors de Bangaram. www.lakshadweep.nic.in

## ❾ Sífnos, Grèce

Des villages de cartes postales, aux maisons blanches, perchés sur des collines ou posés au bord d'une mer bleu cobalt. On y trouve aussi une église pour chaque jour de l'année, dont le monastère de Chrissopigi, sur un promontoire rocheux, non loin du village de Faros. Lors des *paniyiri,* célébrations religieuses traditionnelles en l'honneur d'un saint, l'office est suivi d'une fête avec banquet, musique et danse.

À savoir Bus locaux fiables, desservant les principaux villages et la plupart des plages. www.sifnos1.e-sifnos.com

## ❿ Île Frégate, Seychelles

Les histoires de trésors enterrés ne font qu'ajouter au charme de ce paradis tropical de 200 résidents permanents. L'île doit son nom aux frégates qui jouent les acrobates dans son ciel. Pas moins de 50 espèces d'oiseaux, dont le rare merle shama, y ont été recensées. On peut aussi y voir des tortues géantes et des coléoptères endémiques, les ténébrions géants de l'île Frégate.

À savoir Avril-mai et octobre-novembre pour se baigner et explorer les fonds avec masque et tuba. www.seychelles.travel

Ci-contre : Rangiroa, le plus grand atoll de Polynésie française, est une destination prisée des plongeurs.

FRANCE

# Saint-Barthélemy

## Toute l'élégance et le style français, dans une ambiance antillaise, sur un petit bout de terre vallonné et rocailleux.

Une alléchante odeur de pain et d'arabica frais flotte dans la douce brise marine et vous poursuit dans les rues étroites bordées de cafés, boulangeries, boutiques chics et galeries d'art. Gustavia, la capitale de Saint-Barthélemy, est, comme le reste de l'île, incontestablement française – même si son nom (en l'honneur de Gustave III de Suède) est un héritage d'un siècle environ de domination suédoise, à partir de 1784. Aujourd'hui, l'île est une collectivité d'outre-mer de la France. Langue, culture et cuisine y sont françaises. On y parle même encore de vieux dialectes normand ou breton et, dans le village de pêcheurs de Corossol, les dames d'un âge respectable portent des *quichenottes*, les traditionnelles coiffes blanches amidonnées. La baie de Saint-Jean, de l'autre côté de l'île, est parsemée de boutiques de stylistes, de cottages de carte postale, de cafés et terrasses de front de mer, de bungalows et de bateaux aux couleurs vives. Loin des strass et des paillettes, la vie nocturne de Saint-Barthélemy se traduit souvent par une balade sur la plage au clair de lune, après un repas divin, ou par une soirée bercée par des rythmes de béguines aux tambours et baguettes *tibwa* et des chants créoles.

**Quand ?** Les températures sont généralement clémentes et les journées couvertes rares et espacées. La saison haute court de mi-décembre à mi-avril. En été, les plages sont moins fréquentées et les locations moins chères. Quelques restaurants sont fermés en septembre. Juin et novembre sont un petit peu plus humides. Les averses sont très fugaces.

**Où ?** Saint-Barthélemy est accessible en ferry depuis Saint-Martin mais également en voilier et en avion. Vols directs ou charters depuis l'Europe et les États-Unis vers la Guadeloupe ou pour St. Maarten (Saint-Martin), sur la partie néerlandaise de l'île. St. Maarten n'est qu'à 10 minutes de vol.

**À savoir** Louez un 4 x 4 ou un scooter pour circuler sur les routes étroites et sinueuses de l'île. Conduite à gauche. Attention, de nombreux lacets et peu de rails de sécurité. L'île compte une vingtaine d'hôtels de charme mais la préférence des visiteurs va aux villas.

**Internet** www.saintbarth-tourisme.com, www.st-barths.com, www.gotostbarths.com

### Haute voltige

**Saint-Barthélemy** en avion peut devenir une véritable aventure. Comme la piste du petit aérodrome ne fait que 660 m de long, seul un avion de 20 places peut s'y poser. Une véritable prouesse pour son pilote, car il lui faut frôler un pic avant de toucher la piste. Le vent vient souvent compliquer l'affaire. Aucun atterrissage n'est autorisé de nuit et les pilotes doivent avoir suivi une formation spéciale au préalable. Ce qui n'empêche pas même les meilleurs de sortir de la piste et de terminer leur course dans l'eau. Fort heureusement, même dans ce cas, tout ce que les passagers risquent, c'est d'avoir les pieds mouillés.

Les bateaux de pêche traditionnels côtoient de luxueux voiliers dans ce petit bout de France des antipodes.

Une promenade en pirogue à travers la forêt tropicale constitue une bonne introduction à la flore et à la faune de l'île.

LA DOMINIQUE

# La Dominique

## Il est encore possible de tout oublier sur une île qui a très peu changé depuis que Christophe Colomb l'a découverte en 1493.

Le soleil se lève à peine, un samedi matin et vous êtes seul sur un sentier – un chemin qui serpente à travers une forêt tropicale virginale et qui débouche soudain sur la cascade d'Emerald Pool. Le temps d'enfiler votre maillot et vous êtes déjà dans l'eau fraîche du bassin, nageant vers la chute d'eau qui cache l'entrée d'une grotte naturelle. Île émeraude s'il en est une, la Dominique possède le pourcentage le plus élevé de terres décrétées parcs nationaux et réserves forestières des Antilles. Des plages désertes de sable noir, des versants luxuriants, des lacs et des sources chaudes et une rivière différente pour pêcher ou se baigner chaque jour de l'année. L'évocation même du paradis tropical. La culture créole, très riche, se manifeste dans la cuisine de l'île ainsi que dans ses carnavals et ses festivals, tel que le World Creole Music Festival qui a lieu chaque année en octobre. Mais le principal attrait de l'île reste la nature, sauvage et préservée. Vous pourrez sans doute voir de près des baleines à bosse et l'ascension du morne Trois Pitons, sommet volcanique qui a donné son nom à un parc national, vous permettra peut-être de croiser l'amazone impériale ou sisserou, fierté de la Dominique.

**Quand?** Le climat tropical de l'île signifie que des averses sont possibles à tout moment de l'année, août à octobre étant les mois les plus humides. Les cachalots fréquentent les eaux territoriales de la Dominique toute l'année, les baleines à bosse de novembre à mars seulement.

**Où?** Il n'y a pas de vol direct vers la Dominique depuis l'Europe ni l'Amérique du Nord. Les escales les plus pratiques sont San Juan (Porto Rico), Antigua et Sainte-Lucie. L'express des Isles propose une liaison par ferries rapides de la Martinique, la Guadeloupe et Sainte-Lucie.

**À savoir** Surplombant la baie, le Fort Young Hotel, à Roseau, occupe le site d'un ancien fort colonial britannique du XVIIIe siècle. L'hôtel Beau Rive, sur la côte est, vous plonge au cœur de la nature. La société Ken's Hinterland Adventure Tours vous propose, entre autres, des randonnées guidées et des rallyes cascades.

**Internet** www.authentique-dominique.com, www.fortyounghotel.com, www.beaurive.com, www.expressdesisles.com

### Mon voyage insolite

*C'est au milieu de gingembre sauvage et d'anthuriums rouges, sur une route de montagne, dans l'est de la Dominique, que j'ai rencontré ces enfants des Caraïbes, aux traits presque asiatiques et à la peau marron clair.*

*Ils appartiennent au minuscule groupe ethnique des Kalinagos – les derniers représentants des Indiens Caribes qui peuplaient l'ensemble des îles du Vent avant l'arrivée des Européens. Quelque 2 000 Indiens vivent ainsi dans huit villages des hautes terres, au sein d'une petite réserve concédée par le gouvernement de l'île.*

*Les enfants ont accepté de me conduire dans leurs maisons au toit de chaume, à plus d'un kilomètre de là, au cœur de la jungle. Les Caribes que j'ai rencontrés sont amicaux mais réservés. Leur anglais mêlé de créole est difficile à comprendre mais, grâce au langage des mains, j'ai réussi à en savoir plus sur leur mode de vie : tissage, décoration de calebasses, poterie en argile et chasse aux oiseaux à l'aide d'un arc et de flèches. Ce détour impromptu en territoire caribe lors de mon périple vers la côte ouest m'a permis de découvrir une culture qui a peu changé depuis l'époque précolombienne.*

**Joe Yogerst**
**Voyageur et auteur**

Ces bateaux n'attendent plus que les pêcheurs et plongeurs désireux d'explorer les eaux turquoise de Margarita.

VENEZUELA

# Margarita

La perle des Antilles, pour les Vénézuéliens, avec ses plages de sable blanc inondées de soleil 365 jours par an ou presque.

Les photographes sont prêts pour un nouveau coucher de soleil tandis qu'une main céleste peint en or et rose le ciel de Juan Griego, petite ville de la côte nord de l'île. Cette pittoresque baie est encore plus belle depuis La Galera, la forteresse qui a vu les insulaires livrer une rude bataille pour leur indépendance contre les Espagnols au début du XIX^e siècle. Pour découvrir la vie de l'île, présente et passée, aventurez-vous dans l'arrière-pays, jusqu'au charmant village de Santa Ana, où des femmes confectionnent, sur de vieux métiers en bois, les traditionnels hamacs. Dans le village voisin de La Vecindad, ces hamacs sont faits à partir de tissus multicolores. El Cercado compte, pour sa part, de nombreux artisans qui travaillent l'argile et créent des poteries singulières. Un autre aspect des Antilles vous attend à Punta de Piedras, port de pêche animé aux maisons colorées. Sur l'étroit isthme qui sépare la côte est de l'île de l'aride péninsule de Macanao, en grande partie encore vierge, à l'ouest se trouve le parc national de la Laguna de la Restinga, une bande de sable, de marais et de mangroves bordée par une plage de sable corallien sur laquelle vivent plus d'une centaine d'espèces d'oiseaux, notamment flamants, ibis rouges et blancs, grandes aigrettes, pélicans et faucons.

**Quand?** Margarita est fréquentée à Noël, à Pâques et de juillet à mi-septembre. Il n'y a pas de saison des pluies. Temps le plus souvent ensoleillé, avec des températures moyennes de 27 °C.

**Où?** Vols directs pour Caracas de Houston et Miami et vols charters depuis l'Europe. Un ferry (traversée en 2 h) ou un vol de 30 min permettent ensuite de gagner l'île.

**À savoir** Louez une petite voiture ou un scooter, car les routes de campagne sont étroites; attention aux nids-de-poule. La sieste est sacrée : les magasins sont en général ouverts de 9 h 30 à 13 h et de 15 h à 20 h.

**Internet** www.caraibes-tourisme.fr, www.levenezuela.com, www.ilemargarita-venezuela.com, www.islamargarita.fr, www.inatur.gob.ve

### Spécialités

Le *pabellón criollo,* plat national vénézuélien, se compose de bœuf émincé, de riz blanc, de haricots noirs et de bananes plantains frites – représentant les quatre principaux groupes ethniques du pays. Le *pabellón a caballo* (« à cheval ») est une variante avec un œuf au plat. Le plat est servi accompagné d'*arepas,* des pains de maïs ronds et plats. En période de carême, on trouve, en plus du poisson, de la viande de *chigüire* (capybara). L'histoire dit qu'au XVII^e siècle, des créoles parvinrent à convaincre l'Église catholique que ce rongeur, semi-aquatique, était en fait un poisson !

BRÉSIL

# Fernando de Noronha

## Trésor caché du Brésil, cet archipel n'est que la partie visible d'un mont volcanique submergé.

Sur le rivage, les frégates attaquent en piqué les paille-en-queue à brins rouges pour les dépouiller de leurs prises encore frétillantes. Aux côtés de ces pirates des airs, des pélicans, noddis, sternes et fous. Dressé au milieu d'un océan turquoise à 320 km au large du littoral nord-est du Brésil, cet archipel – composé d'une île principale, qui a donné son nom à l'ensemble, et d'une vingtaine d'îlots – abrite une des plus importantes colonies insulaires d'oiseaux marins d'Amérique du Sud tropicale. En novembre, des milliers d'oiseaux migrateurs, dont des tournepierres à collier, y font halte. C'est également la période de reproduction des tortues vertes, sur la plage de Leão. Les femelles viennent y pondre leurs œufs dans le sable entre décembre et mai. Toute activité de plaisance, plongée et même baignade est interdite dans la bahia dos Golphinos, site de repos diurne des dauphins à long bec. Ils s'animent peu à peu en fin d'après-midi, faisant de joyeux bonds dans l'eau avant de prendre le large pour chasser à la nuit tombée. Sous la surface, les plongeurs découvrent un monde merveilleux de coraux, d'éponges et de poissons multicolores. Les rencontres avec des requins citrons, des requins-nourrices et des requins de récifs ne sont pas rares, de même que les « vols » d'exocets – les poissons volants. En surface, le paysage est dominé par les roches volcaniques et la protubérance phallique du Morro do Pico, point le plus haut de l'île.

**Quand ?** La saison des pluies dure de janvier à août, avec une accentuation entre mars et juillet. Octobre est le mois le plus sec ; janvier, février et mars sont les plus chauds.

**Où ?** Vols quotidiens vers l'île principale au départ de São Paulo, avec une brève escale à Recife, ou vols directs depuis Natal.

**À savoir** Le nombre de touristes présents sur l'île est limité. Une taxe servant à la protection de l'environnement est appliquée, de plus en plus élevée si le séjour se prolonge. Insectifuges indispensables.

**Internet** www.noronha.pe.gov.br, www.noronha.com.br, whc.unesco.org/fr/list/1000

### Un passé mouvementé

C'est l'explorateur portugais Fernão de Noronha qui aurait découvert l'archipel en 1501. Sa situation stratégique en plein Atlantique Sud lui a valu d'être plusieurs fois envahi, tour à tour occupé par les Anglais, les Français, les Hollandais et les Portugais.

Lorsque Charles Darwin le visite en 1832, il trouve une « île boisée ». Tous les arbres seront par la suite abattus pour empêcher toute évasion de prisonniers sur des radeaux de fortune.

Forteresse et colonie pénitentiaire, **Fernando de Noronha** a également servi d'escale aux premiers vols transatlantiques, de base aérienne et de base américaine de détection de missiles.

Une tortue verte adulte viendra se reproduire et pondre à Leão Bay, la plage où elle a pris la mer pour la première fois, des années plus tôt.

# Isla Grande de Chiloé

## Des églises en bois par dizaines témoignent du temps où les jésuites s'étaient donné pour mission de convertir les Huilliches.

Une brume tiède plane sur la mer devant Castro, la ville principale de l'île, et les maisons de bois sur pilotis du quartier des *palafitos.* Suivie par une nuée bruyante de mouettes, une petite flotte de chalutiers jaunes lourdement chargés rentre au port. Isla Grande, longue de 190 km sur 64 en son point le plus large, est la plus grande des îles de l'archipel de Chiloé ; quelques milles marins seulement la séparent du Chili. La plupart de ses habitants vivent sur sa façade est, regroupés en petites communautés agricoles ou villages de pêcheurs, sous le regard bienveillant de centaines d'églises en bois inscrites sur la liste du Patrimoine mondial de l'Unesco, dont l'architecture unique s'intègre parfaitement à l'environnement. Elles sont le fruit du zèle jésuite dont l'île a fait l'objet aux XVII^e et XVIII^e siècles, et c'est cette fusion entre christianisme et croyances indigènes, où trolls, vaisseaux fantômes et monstres se mêlent, qui confère au folklore de l'île tant de richesse. Chiloé a par ailleurs été le dernier bastion espagnol en Amérique du Sud, et les traditions rurales et maritimes des Chilotes ont évolué différemment de celles de leur État souverain. L'archipel abrite également une faune intéressante, dont le renard chilote et le pudú, un cerf miniature, dans le parc national de Chiloé. Des sentiers permettent de marcher dans la forêt pluviale tempérée valdivienne et de suivre un littoral préservé.

**Quand ?** Les mois d'été (de novembre à février) sont les plus plaisants, même si l'île jouit d'une sorte de microclimat, plutôt humide et frais. Le festival costumbrista qui a lieu tous les ans en février à Castro célèbre tous les aspects de la culture chilote.

**Où ?** Vol de Santiago à Puerto Montt, dans le sud du Chili. De là, gagnez Pargua dans le sud-est (à 56 km) et prenez le ferry pour traverser le canal de Chacao et atteindre l'île (en 30 minutes).

**À savoir** 4 ou 5 jours sur l'île permettent de visiter Castro et Ancud et de passer un peu de temps dans le parc national de Chiloé pour en découvrir la flore et la faune. Si vous restez plus longtemps, partez explorer certaines des îles les plus reculées de l'archipel.

**Internet** www.chiloestories.org, www.chile.travel, whc.unesco.org/fr/list/971

### Cuisine chilote

■ Le *curanto* est un plat chilote typique, à base de fruits de mer, poisson, viande, saucisses, pommes de terre et légumes – séparés en étages par une feuille de rhubarbe, figuier ou chou – cuit dans un pot en terre sur des braises chaudes dans un trou creusé dans le sol.

■ Autres délices, les *chapalele* et *milcao,* à base de farine de pommes de terre, surtout lorsqu'ils sont trempés dans la sauce du *curanto.*

■ La *Licor de oro* (liqueur d'or) est faite à partir de pommes, baies et zestes de citron. Elle est essentiellement produite dans la pittoresque ville balnéaire de **Chonchi.**

Les maisons colorées sur pilotis du quartier des *palafitos* de Castro, principal centre culturel et touristique de l'île.

Plus de 200 000 manchots royaux se rassemblent sur la plage de Salisbury Plain, sur le littoral nord de l'île, pour se reproduire.

ANTARCTIQUE

# L'île de Géorgie du Sud

**Les audacieux qui se risquent jusqu'à ce paradis de glace, aux portes de l'Antarctique, sont récompensés par un fascinant spectacle naturel.**

Isolée dans l'extrême sud de l'océan Atlantique, cette île tout en longueur, entourée d'îlots et de rochers, est l'un des derniers véritables édens sauvages sur Terre. Les tempêtes balaient le littoral et le blizzard peut soudain apparaître de nulle part. L'île ne peut se visiter que dans le cadre d'une croisière. Alors que le bateau s'en approche, des monts enneigés se dessinent à l'horizon. Puis des plaques de roche noire viennent entacher la blancheur de ce paysage virginal. Des glaciers bleutés étreignent la côte tandis que des pics abrupts et des chaînes escarpées façonnent l'intérieur des terres. Il semble extraordinaire que la vie puisse s'épanouir dans un paysage si inhospitalier et pourtant. Elle est là, en nombre. Manchots royaux, gorfous macaronis et manchots-papous y vivent en grandes colonies ; éléphants de mer et otaries à fourrure se comptent par milliers. Le ciel est un ballet incessant de parades nuptiales, notamment d'albatros hurleurs et royaux, avec leurs grandes ailes blanches de 3,50 m d'envergure, « vastes oiseaux des mers », chers à Charles Baudelaire. Les rennes, introduits au XXe siècle par des baleiniers norvégiens, ont prospéré. Les baleines, que des aventuriers sont venus chasser dans les années 1900, nagent aujourd'hui tranquillement.

**Quand ?** Les croisières sont généralement proposées durant l'été austral – de novembre à janvier.

**Où ?** La ville d'Ushuaia, à l'extrémité sud de l'Argentine, est le principal point de départ des croisières en Antarctique. Liaisons aériennes régulières de Buenos Aires (Argentine) et Santiago (Chili).

**À savoir** Le voyage peut se révéler éprouvant. L'océan est parfois très agité, avec des creux de 9 m ; le mal de mer est donc très probable. Il n'y a pas de structure médicale ni d'équipe de sauvetage sur l'île. La météo est extrême et fortement imprévisible. Certains animaux, dont les otaries à fourrure, peuvent se montrer agressifs. Mieux vaut garder ses distances. Prévoyez des vêtements polaires imperméables et des bottes chaudes, un écran solaire et des lunettes de soleil.

**Internet** www.hurtigruten.fr, www.sgisland.org, www.sght.org

### Ernest Shackleton

Une simple pierre dans le cimetière de **Grytviken**, au milieu des tombes des baleiniers, marque celle d'un des plus grands explorateurs du XXe siècle. En 1914, Ernest Shackleton embarque pour la Géorgie du Sud, dernière partie de sa traversée de l'Antarctique.

Son navire, l'*Endurance*, s'abîme sur la glace en mer de Weddel. Après plusieurs mois sur la banquise, l'équipage rejoint l'inhospitalière île Éléphant. De là, Shackleton et quelques-uns de ses hommes entreprennent de rejoindre l'île de Géorgie du Sud, soit 1290 km en canot de sauvetage. Des semaines plus tard, ils accostent sur le rivage sud de l'île et, au terme d'une marche de 36 heures, finissent par trouver la station baleinière de Stromness.

# KIRIBATI

**Rien n'atteint la joie de vivre des Kiribatiens, pas même un futur menacé par la hausse inexorable du niveau de la mer.**

Robert Louis Stevenson écrivait à propos des Kiribatiens, habitants d'un archipel du Pacifique Sud étiré sur une distance supérieure à la largeur des États-Unis : « Ils chantent avec une réjouissance malicieuse et bachique. » À l'époque de l'écrivain écossais, cette colonie britannique – chapelet d'atolls – s'appelait les îles Gilbert. La vague du progrès a balayé ces terres isolées, sans toutefois entamer l'atmosphère cordiale et innocente qui les caractérise. Les Kiribati comptent 33 atolls, parmi lesquels Tarawa, la capitale, qui rassemble plus d'un tiers de la population totale de l'archipel. C'est ici que s'est déroulée l'une des batailles les plus sanglantes de la Seconde Guerre mondiale, comme en témoignent des chars rouillés et autres vestiges qui gisent çà et là. Plus au nord, voici Makin et la Porte de l'Éternité, par laquelle tous les Kiribatiens accèdent à l'au-delà. La boisson nationale est le *kaokioki*, puissant breuvage fermenté à base de noix de coco, selon une recette secrète transmise de génération en génération depuis des siècles. Et quand résonne le rythme du vigoureux *Te Buki*, danse traditionnelle où les hanches ondulent sous de lourds pagnes de feuilles de palmier, les Kiribati s'embrasent.

**Quand ?** Il fait toujours beau et chaud aux Kiribati, et une brise légère vient adoucir les températures diurnes qui oscillent entre 25 et 33 °C. L'archipel connaît une semaine de réjouissances à la mi-juillet, avec la fête nationale (12 juillet) et trois autres célébrations.

**Où ?** Air Pacific assure une liaison bi-hebdomadaire Fidji-Tarawa.

**À savoir** Le tourisme est balbutiant, l'offre hôtelière n'est donc pas encore très étoffée. À Tarawa, le Mary's Motel et son restaurant proposent des chambres correctes (air conditionné). Au Otintaai Hotel (40 chambres), vous pouvez louer une voiture, organiser des traversées vers d'autres îles ainsi que le transport pour assister à des spectacles de danse. Les îliens parlent l'anglais.

**Internet** www.kiribatitourism.gov.ki, www.airpacific.com, www.otintaaihotel.com

## À la une

■ Avec des atolls qui s'élèvent à moins de 2 m au-dessus du niveau de la mer, les **Kiribati** sont menacées de disparaître si la montée des eaux se poursuit. L'érosion du littoral pose déjà problème. Le gouvernement a entrepris des pourparlers avec les pays voisins (Nouvelle-Zélande, par exemple) pour que ceux-ci reçoivent les réfugiés kiribatiens en cas de submersion totale.

■ En 2000, **Caroline** (ou île du Millénaire), la terre la plus orientale de l'archipel, fut la première de la planète à voir le soleil se lever sur le IIIe millénaire – occasion de grandes célébrations sur cet îlet d'ordinaire inhabité.

Grâce à son climat chaud et à sa myriade de lagons, l'archipel est un gros producteur de fruits de mer.

Les vestiges de la mystérieuse cité de Nan Madol s'étendent sur plusieurs îlets artificiels, dans un lagon transparent.

ÉTATS FÉDÉRÉS DE MICRONÉSIE

# Pohnpei

## Malgré ses innombrables merveilles – naturelles ou non –, cette île volcanique reste à l'écart des flux touristiques.

Vaste, humide et sauvage, Pohnpei est l'une des plus grandes îles de Micronésie, nation du Pacifique occidental indépendante depuis 1986 après plus d'un siècle sous le giron colonial espagnol, allemand, japonais puis américain. À Pohnpei, il pleut plus que partout ailleurs dans le monde (7 620 mm/an), l'eau sublimant un paradis vert émeraude strié d'une quarantaine de rivières et ruisseaux et d'une kyrielle de cascades s'écrasant dans des piscines naturelles translucides. Il y a ici peu de routes, l'arrière-pays offre un relief tourmenté que l'on parcourt au rythme de sentiers serpentant à travers une épaisse forêt tropicale et le long de crêtes menant aux plus hauts sommets volcaniques de l'État. Réputées pour leur biodiversité, ses forêts sont le refuge d'espèces d'oiseaux uniques au monde – le loriquet et le rhipidure de Ponapé. Le gigantesque lagon qui entoure Pohnpei est l'un des plus diaphanes. Le littoral déchiqueté et piqué de mangroves regorge d'une exceptionnelle faune marine – site privilégié pour les plongeurs et les pêcheurs.

**Quand ?** Il fait chaud, humide et il pleut toute l'année, avec des températures avoisinant les 28 °C. Les surfeurs aventureux se donnent rendez-vous d'octobre à avril à Palikir Pass, un « spot » réputé pour ses énormes vagues venues du Pacifique Nord.

**Où ?** Continental Micronesia atterrit à Pohnpei, escale sur sa liaison Honolulu-Guam. Temps de vol : de 10 à 11 h.

**À savoir** Emportez un imperméable léger et des chaussures étanches, surtout si vous randonnez à l'intérieur des terres. Séjournez de préférence au Village Resort Hotel, établissement de gestion familiale aux bungalows coiffés de chaumes et ombragés par les palmiers, sur l'un des îlots situés à la limite du lagon. Il y a quelques restaurants et bars sur l'île.

**Internet** www.visit-fsm.org/pohnpei, www.continental.com, www.thevillagehotel.com

### La Venise du Pacifique

Au départ de Kolonia, la ville principale de Pohnpei, une traversée de 45 minutes vous emmène à **Nan Mandol**, une ville en ruine d'une beauté fulgurante, où les palais et les temples sont reliés par des canaux. Selon la légende (en partie attestée par de récentes fouilles archéologiques), ses habitants vénéraient des anguilles sacrées et sacrifiaient des tortues de mer.

Découvertes au XIX^e^ siècle par des explorateurs allemands, Nan Mandol et son architecture mégalithique sont LE grand mystère de Micronésie : on ignore en effet d'où proviennent ces énormes blocs de pierre et comment ils furent apportés sur place.

TOP 10

# BARRIÈRES DE CORAIL

**Beaucoup d'îles sont enserrées par de sublimes paysages sous-marins - paradis des plongeurs - où poissons et animaux aquatiques se faufilent entre d'extraordinaires sculptures de corail.**

## ❶ Andros, Bahamas

La barrière de corail, à 2,5 km au large, délimite une faille qui s'enfonce à 610 m de profondeur. Le récif décline grottes et dolines hérissées d'éponges tubulaires géantes, fouets de mer, corail étoilé et gorgones de 1,50 m de haut. Attention au corail de feu et aux coraux urticants, qui brûlent la peau.

À savoir Deux liaisons quotidiennes Nasau-Andros par avion, une hebdomadaire par bateau. www.bahamas.fr

## ❷ Récif de Palancar, San Miguel, Mexique

Au programme de la quarantaine de «spots» de plongée : canyons sous-marins, crevasses étroites, arches, tunnels, grottes, ravins profonds tapissés de coraux noir et rouge... Le sommet du récif de Horseshoe est très apprécié des plongeurs.

À savoir San Miguel se situe sur l'île de Cozumel, à 19 km à l'est du Yucatán. Vous atterrissez à l'aéroport international de Cozumel, de préférence d'octobre à juin. www.visitmexico.com

## ❸ San Pedro, Belize

Anses sablonneuses par centaines, mangroves, lagons littoraux et estuaires frangent cet îlet de coraux calcaires. Des clubs de plongée proposent des sorties sur plus de 40 sites regorgeant de coraux durs, mous et charnus déclinant la gamme du doré, rouge, orange, vert, brun et jaune. La vie marine nocturne est foisonnante : plongez plutôt de nuit.

À savoir Si l'anglais est la langue officielle, on parle ici aussi bien l'espagnol que le créole. Il pleut beaucoup en juin. www.travelbelize.org

## ❹ Parc national de Cahuita, Costa Rica

Poissons en costume de zèbre, orgues et concombres de mer, gorgones semblables à des feuilles montrent le chemin jusqu'au jaune éclatant du corail-cerveau, au corail corne-d'élan et au corail corne-de-cerf tout bleu. Deux épaves du XVIII<sup>e</sup> siècle attendent votre visite. Sur terre, guettez le singe capucin, le paresseux et l'iguane, ainsi que le hocco et le toucan de Swainson, en route vers leur aire de nidification.

À savoir Des bus partent chaque jour de San José pour Cahuita (4 h de trajet). Il y a un aéroport régional à Limon, à 48 km au nord de Cahuita. www.visitcostarica.com, www.ambassade-costarica.org

## ❺ Grand Central Station, îles Fidji

Des jardins sous-marins de coraux mous déclinant une palette de mauve, rouge, orange et jaune intense ; des tridacnes géants, des poulpes, des calmars, des poissons-clowns... Les eaux transparentes de ce gigantesque récif corallien se prêtent à la plongée, à la flânerie sur la plage, à la sieste dans un hamac...

À savoir Venez à la saison «fraîche», de mai à août. www.fijime.com

## ❻ Ningaloo, Australie

Pour rejoindre cette barrière de corail de l'Ouest australien depuis la plage, il suffit de... marcher – une expérience unique. Lavande de mer, *Hedophyllum sessile* et corail-cerveau figurent parmi les 300 espèces de coraux de ce lagon au sable blanc où 500 espèces de poissons colorés vous chatouillent les chevilles. Le parc est le refuge de tortues vertes, caouannes et à écailles.

À savoir Hébergement possible à proximité, à Coral Bay et Exmouth. www.australia.com/fr

## ❼ Récifs de Tubbataha, Philippines

Espèces menacées – napoléon, tortue verte – habitent les récifs coralliens multicolores du parc naturel de Tubbataha. Il faut plus de 10 h de mer pour atteindre ce site, dormez à bord.

À savoir Des vols réguliers au départ de Manille desservent Puerto Princesa City, sur Palawan. Là, des bateaux vous conduisent au parc. De mars à juin. www.tubbatahareef.org, whc.unesco.org/fr/list/653

## ❽ Récifs de la mer d'Andaman, Thaïlande

Des récifs coralliens enserrent les îles au large de la côte occidentale de la Thaïlande. Dans les îles Similan, plongez sur le Beacon Reef pour explorer une épave colonisée par les chauves-souris de mer ; ou East of Eden pour son jardin japonais sous-marin façonné par les coraux mous. Eaux translucides, sable banc, grottes et murs de coraux récompensent une croisière de plongée de 4 jours.

À savoir Selon le type de bateau, le parc national des Similan se situe de 45 min à 3 h de traversée de Phuket. Les meilleures plongées se planifient d'octobre à mai. www.tourismethaifr.com

## ❾ Maldives

Un archipel de 1 100 îlets de corail et 26 atolls naturels forme une exceptionnelle chaîne de montagnes sous-marine. Les trois quarts des espèces de poissons des récifs coralliens de la planète vivent ici. Sur certains atolls, les récifs sont si proches de la plage que même les enfants peuvent s'y rendre.

À savoir Tous les complexes touristiques sont équipés d'un centre de plongée. www.visitmaldives.com, www.themaldives.com

## ❿ Parc d'iSimangaliso, Afrique du Sud

Anciennement parc de Sainte-Lucie, le site a été rebaptisé iSimangaliso, ce qui signifie «merveille» en zoulou. Le paysage sous-marin est riche de canyons coralliens, de coraux suspendus, de rochers en forme de champignons... Plongez à Cap Vidal, Block Rock ou Kosi Bay.

À savoir Sainte-Lucie se situe à 3 h 30 de route au nord de l'aéroport de Durban. La saison sèche, d'avril à septembre, est la plus agréable. Séjournez en pleine nature, ou dans un lodge. www.southafrica.net

Ci-contre : des poissons-clowns peuplent le monde psychédélique des récifs coralliens de la mer d'Andaman, paradis des aventuriers des fonds marins.

PHILIPPINES

# Île Palawan

## Des kilomètres de terres inaltérées, une mer où foisonne une multitude d'espèces : bienvenue aux confins des Philippines.

Pour Jacques Cousteau, explorateur et océanographe, Palawan était le plus bel endroit du monde. Ses eaux transparentes regorgeant d'une faune aquatique en font le paradis des plongeurs. Sur la terre ferme, cette île longue et étroite, incroyablement sauvage et recouverte pour une bonne partie de forêt, se découvre à pied. Sabang, petit village de carte postale, s'étend à la rencontre de la forêt vierge et de la mer de Chine méridionale, aux deux tiers du littoral ouest. C'est le point de départ idéal de treks rythmés par les chutes d'eau, les grottes et la forêt équatoriale intacte. En remontant vers l'est le long de la plage, vous distinguez bientôt un sentier balisé s'enfonçant dans les arbres. Très vite, le bruit du vent et de la mer s'éloigne, la lumière d'un blanc éclatant laisse la place à une ambiance bleutée, tandis qu'une puissante odeur de terre s'élève du sol de la jungle. Le sentier grimpe parmi des arbres démesurés, drapés de mousses et de lianes – eldorado des singes, des varans et d'une kyrielle d'oiseaux exotiques. Quelques kilomètres plus loin, une grotte mène à la rivière Saint Paul – vraisemblablement le plus long cours d'eau souterrain de la planète. Parcourez ses 8 km en bateau au gré de dômes minéraux dignes d'une cathédrale, puis émergez à l'air libre, dans les eaux chaudes et turquoise ; l'expérience est inoubliable.

**Quand ?** La saison sèche dure de fin novembre à début mai.

**Où ?** Plusieurs vols par jour au départ de Manille à destination de la capitale, Puerto Princesa, principale porte d'entrée. Des bus et des taxis collectifs (des Jeeps abandonnées par l'armée américaine en 1945) partent de Puerto Princesa et sillonnent toute l'île - les routes sont en très mauvais état.

**À savoir** Réglez l'accès au parc national de la rivière souterraine Saint Paul à la digue de Sabang avant de vous mettre en route. Deux sentiers conduisent à la rivière - le Monkey Trail et le Jungle Trail : empruntez l'un à l'aller, l'autre au retour. Vous pouvez également faire la traversée en bateau *(banca)*. Prévoyez du temps pour profiter de la fabuleuse plage de Sabang et faites-y une plongée. La plupart du temps, il est possible de rejoindre le complexe touristique El Nido depuis Sabang par la mer (de 6 à 8 h de traversée) ; sinon, liaison par bus depuis Puerto Princesa. El Nido est aussi accessible par avion au départ de Manille. Prenez vos précautions : le paludisme fait rage sur cette île.

**Internet** www.palawan.gov.ph

Ci-contre : les falaises d'El Nido veillent sur l'église Saint-François d'Assise. Ci-dessus : le soleil se lève sur Bacuit Bay.

### Bacuit Bay

Remontez la côte ouest depuis Sabang pour rejoindre **El Nido**, complexe touristique paradisiaque de Bacuit Bay, une crique piquée d'îlets.

■ Les gigantesques falaises de calcaire littorales servent d'habitat aux salanganes dont le nid (*nido* en espagnol), perché à des centaines de mètres, est une spécialité gastronomique chinoise (la fameuse soupe au « nid d'hirondelle »). Façonné grâce à la salive de l'oiseau, le nid, en forme de coupelle, est réputé très nourrissant et posséder des vertus aphrodisiaques. Il se vend à prix d'or.

■ Les eaux qui entourent El Nido font partie du plus grand sanctuaire marin des Philippines. Ici, les récifs coralliens attirent plus de 200 espèces de poissons, ainsi que des tortues à écailles et la tortue olivâtre. Grâce aux dépressions sous-marines, les plongées sont superbes.

JAPON

# Îles Amakusa

Refuge des chrétiens voilà quatre siècles, cet archipel plus délicat qu'un collier de perles accueille aujourd'hui les voyageurs.

Le minuscule avion couvert de dauphins bleus amorce sa descente aussitôt après le décollage, pour se poser quelques minutes plus tard, chancelant, au sommet d'une colline. Bienvenue à Amakusa, archipel de 120 îles situé au bout du monde, à 20 minutes de vol de Kumamoto, préfecture du sud du Japon. Le décor laisse sans voix : littoral déchiqueté parsemé d'îlots rocheux, villages de pêcheurs, épaisses forêts, sommets couronnés de nuages... Faites une reconnaissance par voie de mer – passez, par exemple, sous chacun des cinq ponts qui relient les trois îles principales, tandis que disparaît le soleil, d'un orange flamboyant. Amakusa est spécialisée dans la production de perles, d'agrumes, de figues et de patates douces, mais sa plus grande réussite demeure son patrimoine spirituel : c'est sur son rivage accidenté et à l'intérieur de ses terres que les chrétiens japonais persécutés ont trouvé refuge au XVII^e^ siècle, lorsque leur religion fut interdite. Aujourd'hui, les pèlerins sont bien peu nombreux comparativement aux touristes venus pêcher, canoter, chercher des fossiles et observer les dauphins ; mais le coucher de soleil sur Amakusa séduit tous les publics car la côte ouest, face à la mer de Chine orientale, offre, jour après jour, les plus beaux crépuscules que l'on puisse imaginer.

**Quand ?** Amakusa s'apprécie toute l'année, mais préférez tout de même le printemps et l'automne, quand les températures sont plus douces. Il fait souvent frais en hiver, parfois très froid, même si le ciel est bleu ; les étés sont très humides.

**Où ?** Amakusa Airlines exploite des vols quotidiens depuis les aéroports de Kumamoto (20 min) et Fukuoka (35 min), avec correspondances pour l'aéroport Haneda de Tokyo (2 h). Réservez votre véhicule et votre hébergement.

**À savoir** Évitez les périodes d'affluence : le Nouvel An et la Semaine d'Or (début mai). Des bateaux-taxis vous emmènent d'île en île.

**Internet** www.tourisme-japon.fr

### Chic et chrétienté

■ Une blanche église enserrée de vertes collines, une mer scintillante : décor inhabituel dans le Japon rural. Les îles Amakusa – ou les résidents sont surtout bouddhistes ou shintoïstes – conservent pourtant deux jolies églises – **Sakitsu** la gothique et **Oe** la romane. Union des cultures occidentale et orientale, on se déchausse à l'entrée, comme dans les demeures japonaises.

■ Le luxueux hôtel **Gosoku no Kutsu**, accroché au versant d'un relief boisé, offre un panorama saisissant sur la mer. Ses longs couloirs de pierre, éclairés aux bougies, sont décorés d'objets catholiques mexicains. Les portes de bois semblent sorties d'un monastère.

Une vue inédite dans un village de pêcheurs japonais : l'église de Sakitsu (Amakusa), reconstruite en 1934.

Les eaux du McKenzie, lac suspendu niché au creux des dunes et alimenté par la pluie, sont infiniment transparentes.

AUSTRALIE

# Île Fraser

## Un chapelet ininterrompu de plages immaculées, des lacs limpides et la forêt vierge : cette île multiplie les atouts.

Cette île basse et verte se situe à 10 minutes en ferry au large de Hervey Bay, sur la côte du Queensland. La plupart des touristes débarquent à Kingfisher Bay depuis le nord, mais emprunter la barge à fond plat qui relie Tin Can Bay à Hook Point, à la pointe sud de l'île, permet de profiter de l'océan. Goûtez la douceur de la brise, tandis que le ferry transporte des 4 x 4 chargés de tentes et de matériel de pêche. À terre, mettez votre conduite sur sable à l'épreuve sur « l'autoroute » nimbée d'embruns qui remonte la côte est jusqu'à Indian Head sur 100 km. La plage est très fréquentée : des colonies de sternes y atterrissent… et en décollent à l'approche d'un véhicule. En haut des mâts, les drapeaux des clubs de pêche claquent au vent. À marée basse, des avions légers se posent sur le sable. Longue de 120 km, Fraser est la plus grande île de sable du monde, presque entièrement protégée par le statut de parc national. C'est l'une des rares où pousse la forêt vierge. Ses gigantesques dunes sont en constante évolution – Hammerstone Sandblow est l'une des plus vastes. Il est impossible de surfer ou de nager dans l'océan à cause des requins et des courants, mais la baignade dans les sublimes lacs suspendus est une pure merveille.

**Quand ?** Climat tempéré toute l'année. Venez de juillet à septembre pour les fleurs, de juillet à octobre pour l'observation des baleines (sorties en mer possibles depuis Hervey Bay ou Kingfisher Bay).

**Où ?** Comptez 45 min de vol entre Brisbane et Hervey Bay, 3 h 30 environ en voiture depuis Brisbane.

**À savoir** Hébergements « verts » et confortables à Kingfisher Bay et Eurong. Les excursions en 4 x 4 de 1, 2 ou 3 jours vous emmènent en forêt depuis Wanggoolba Creek, le camp de l'ancienne exploitation forestière à Central Station, le lac McKenzie, Eli Creek, et les « Cathédrales » (falaises multicolores).

**Internet** www.guide-australie.com/FraserIsland-Presentation.asp, www.australievoyage.fr

### Que d'eau !

■ Au sud d'Indian Head, sur la côte est, voici Mahano Beach, où **Eli Creek** – la plus large voie d'eau de l'île – forme un toboggan d'eau naturel. L'eau est si limpide (elle est filtrée par le sable) que l'on peut voir le sable qui couvre le fond ; et le courant est tel que vous glissez sans efforts jusqu'à la plage qui frange l'océan. Sur chaque berge, une promenade conduit à la crique, où vous vous baignez. Sous la chaleur du soleil du Queensland, détendez-vous à l'ombre des palmiers pandanus au vert éclatant et des frêles casuarinas.

■ À 3 km au nord d'Eli Creek gît l'épave du **SS *Maheno***, un luxueux navire construit en 1905. En 1935, il est emporté par un cyclone alors qu'il est remorqué vers le Japon. Depuis cette date, il rouille sur les sables de l'île Fraser, pour le plus grand bonheur des touristes. Il est toutefois interdit d'y grimper.

■ Un peu plus au nord sur la côte, il est possible d'explorer les flèches minérales rouges, bleues et ocre de **The Pinnacles**, des rochers rongés par la mer et le vent et colorés par les oxydes de fer suintant de la roche.

MALAISIE

# Îles Perhentian

## Ici, les aventuriers partent à l'assaut de la jungle ou des profondeurs marines, mais les plages se tiennent à la disposition des hédonistes.

Il n'y a pas de routes au paradis, seulement des sentiers serpentant sous la canopée et des eaux douces qui caressent des rivages dépeuplés. Les varans piétinent le sable brûlant et les pygargues descendent en piqué des falaises escarpées. La nuit, les portes des bungalows restent entrouvertes pour profiter de la brise apportée par la marée. Il n'y a plus que le chant des grillons, qu'accompagne le bruit des vagues. Ici, nul routard pour squatter la plage éclairée des rayons de lune – ce qui est rare en Malaisie. Les îles Perhentian – Perhentian Besar (la grande île) et Perhentian Kecil (la petite île) – ont beaucoup à offrir, en fonction des goûts de chacun. Prenez un livre, faites la sieste dans un hamac. Si vous avez la bougeotte, plongez et nagez avec les poissons-perroquets qui broient les coraux à l'aide de leur bec crochu. Marchez jusqu'à un petit village de pêcheurs musulmans – le seul village des Perhentian – pour savourer un curry de mouton aux bananes plantains. Sautez dans un kayak : quand le vent tombe, l'eau se fige comme une vitre au travers de laquelle on admire le ballet des poissons et des anémones de mer.

**Quand ?** Les Perhentian restent encore une destination confidentielle, mais le tourisme s'y développe rapidement ; réservez une chambre pendant la haute saison (juillet et août). Évitez absolument la région pendant la mousson (octobre-février), car tout est fermé.

**Où ?** Les Perhentian sont accessibles par bateau à moteur (45 min de traversée, plusieurs liaisons quotidiennes) au départ de la jetée de Kuala Besut sur la côte orientale de la péninsule malaise. Il y a aussi des bateaux plus lents (avec des liaisons supplémentaires depuis les îles de Redang et Lang Tengah).

**À savoir** Quelques chalets avec air conditionné sur Perhentian Besar ; Perhentian Kecil s'adresse aux budgets plus serrés et aux voyageurs équipés d'une bonne moustiquaire ! Bungalows et restaurants sur les deux îles et quelques adresses secrètes où vous vous retrouverez seuls au monde. Les Perhentian font partie d'un parc marin, ce qui génère quelques frais d'accès. Pas de banques ni de distributeurs de billets.

**Internet** www.malaisie.org/perhentian.php, www.pulauperhentian.com, www.perhentian.com.my

### Mon voyage insolite

*Minuit. L'heure idéale pour une randonnée au clair de lune à travers la forêt, jusqu'à la plage située de l'autre côté de l'île. Sur le sable, des empreintes semblables aux roues d'un tracteur : une tortue verte femelle est passée par là, ponctuelle, comme chaque année en mai. Des heures d'effort l'attendent pour pondre ses œufs, non loin des arbres. Elle grogne et se tortille, soulevant du sable autour d'elle. La ponte terminée, la mer s'est retirée, l'obligeant à se traîner péniblement jusqu'à l'eau, sur les coraux pointus et les rochers déchiquetés. Elle connaît le trajet d'instinct, comme sa mère et sa grand-mère avant elle.*

**Karen J. Coates**
**Voyageuse et auteure**

Les fonds marins sont parfaitement visibles sous les eaux transparentes de Coral Bay, sur Perhentian Kecil.

Paisibles villages de pêcheurs et plages de sable blond bordent la côte orientale de Koh Lanta Yai.

THAÏLANDE

# Koh Lanta Yai

## Une fois les touristes partis, sillonnez ce petit coin de paradis de la mer d'Andaman, juché sur votre motocyclette.

Hors saison, il ne reste plus sur l'île thaïlandaise de Koh Lanta Yai que quelques sympathiques sosies de Bob Marley et pléthore de motos à louer. Parti de Krabi, vous voilà à Baan Saladan, microscopique et poussiéreux : direction l'hôtel Lanta Emerald, où se cache le paradisiaque bar Ting Tong. Commandez une bière Leo, prenez place sur un tabouret aux côtés de résidents venus écouter une sirène thaïe susurrer des chants locaux. Le lendemain, le gazouillis des oiseaux vous tire du lit aux aurores : il est temps de louer cette moto et de filer vers le sud. À 15 km sur la côte est, arrêtez-vous à Baan Lanta, la « Vieille Ville ». Ses maisons sur pilotis permettaient autrefois aux vaisseaux chinois et arabes de s'abriter. Aujourd'hui, musulmans et thaïs cohabitent avec les « expats » fuyant la côte occidentale, plus touristique. L'un d'entre eux dirige la Hammock House. Passez-y prendre une carte spéciale « routard » (elle est gratuite) et admirer les hamacs fabriqués par les tribus de l'île. Offrez-vous ensuite un thé dans le boutique-hôtel Mango House de Sang Ka Ou Resort & Spa, à 10 km de là. L'hôtel est fermé à cette période de l'année, mais son propriétaire, Dtong, ne refuse jamais une visite. Vous dormirez dans une maisonnette perchée dans un arbre, avec vue sur la mer et partagerez, le matin venu, un plat de riz frit avec Dtong et ses amis. Puis reprenez la route et laissez faire le hasard.

**Quand ?** La basse saison, également la saison des pluies, court d'avril à juin, puis de septembre à octobre. Les averses sont généralement brèves, les températures délicieuses et vous aurez l'île pour vous tout seul.

**Où ?** Krabi, au nord, est l'aéroport le plus proche (70 km). Hors saison, vous rejoignez Koh Lanta depuis Krabi en minivan ou en ferry (comptez 3 h).

**À savoir** N'oubliez pas votre imperméable. Nombre d'hôtels sont fermés, mais ceux qui restent ouverts proposent leurs chambres à moitié prix.

**Internet** www.tourismethaifr.com, www.koh-thai.com, www.lantaoldtown.com, www.kolanta.net

### Sur le pouce

Manger est une préoccupation essentielle chez les Thaïlandais ! C'est pourquoi on peut se restaurer à tout moment dans la rue – plats épicés riches en viande ; bols fumants de riz blanc ou de riz gluant ; nouilles sautées ou nageant dans la soupe... Les menus sont en thaïlandais, mais n'hésitez pas à montrer du doigt ce que vous désirez et à apprendre quelques noms : *Tom Yum Gai* (soupe au poulet) ; *Somtam* (salade épicée aux papayes et cacahuètes) ; *Paa Thai* (spécialité aux nouilles sautées). Et laissez-vous tenter par un dessert : sandwich à la crème glacée (dans un pain à hot-dog !) ou riz au lait de noix de coco à la betterave ou au taro.

Le beffroi de la cathédrale Saint-Marc offre un poste d'observation idéal aux habitants de la cité fortifiée de Korčula.

CROATIE

# Korčula

## Cette île tranquille de l'Adriatique possède un centre historique semblable à celui de Dubrovnik, la foule en moins.

À un bon kilomètre au large de la côte dalmate, l'île croate de Korčula, rafraîchie par la brise, est couverte de forêts de pins, de plages paisibles et de vignes. Elle cache la vieille ville la mieux préservée de Méditerranée. Les bateaux venus du continent pénètrent dans le port en franchissant les remparts qui encerclent le centre historique bâti du XVe au XVIIIe siècle sur la péninsule qui s'avance sur la mer. En passant sous la porte fortifiée, suivez les ruelles étroites et grimpantes : le parfum des pins vous assaille ; laissez-vous enivrer par l'ocre chaud des façades des maisonnettes et la symphonie rose et violet des fleurs qui se déversent du haut des balcons et ont colonisé le moindre recoin pierreux. Une kyrielle de décorations – blasons, coquillages, grenouilles, silhouettes, lions ailés – sculptées par des artistes locaux ornent les murs des palais, des maisons et des églises qui se pelotonnent les uns contre les autres. Les rues sont rythmées par les petits ponts qui relient les premiers étages des demeures – un moyen habile d'agrandir sa surface habitable. La vieille ville est dominée par la cathédrale Saint-Marc, dont l'élégant beffroi fait office de tour d'observation. Toute proche, voici la maison – aménagée en musée – où, selon les habitants, naquit l'explorateur Marco Polo.

**Quand ?** Du printemps à l'automne. Une brise rafraîchissante souffle toujours, même au plus fort de l'été.

**Où ?** À 2 h 30 environ de Dubrovnik en hydroglisseur. Ou en ferry depuis Orebic et Split.

**À savoir** Korčula se visite en 1 journée, mais restez la semaine pour profiter des plages (sable à Lumbarda, près de la ville ; galets ailleurs) et découvrir les vignobles des environs de Vela Luka. Louez voiture et vélo près de la marina. Villages et plages sont desservis régulièrement par bus.

**Internet** croatia.hr, www.korcula24.com/fr, www.korculainfo.com

### La danse du sabre

Depuis plus de quatre siècles, les habitants de l'île exécutent la *moreska*, la « danse du sabre » qui illustre le combat entre le Roi Blanc (en rouge !) et le Roi Noir après que Bula, la fiancée du Roi Blanc, a été capturée par l'armée du Roi Noir. Pour cette danse rituelle, réalisée avec de véritables sabres, l'armée rouge encercle l'armée noire, les soldats se faisant face. Les deux cercles tournent et les hommes s'attaquent, avec des gestes de plus en plus rapides. Le Roi Noir est finalement défait, et Bula retourne à son promis. En été, il y a une représentation par semaine dans la vieille ville.

SUÈDE

# Sandhamn

## Il y a toujours ici une atmosphère de bout du monde, même en été, quand les habitants de Stockholm débarquent en nombre.

Voiliers et bateaux de plaisance disparaissent à mesure que le bouillonnant port de Stockholm s'éloigne et que le ferry se dirige vers un archipel de plus de 20 000 îles, sous le regard intéressé des mouettes. À chaque mile franchi surgit une nouvelle île – immense ou microscopique. Au bout d'une heure, aux confins de ce paisible archipel, voici Sandhamn (« port de sable »). À la fin du XIXe siècle, cette île gagne en popularité grâce aux écrivains et aux artistes – Carl Larsson ou Auguste Strindberg – qui la décrivent comme « un lieu d'une étonnante beauté naturelle, circonscrit par l'eau sur trois côtés, et par la mer sur le quatrième ». Sandhamn est depuis longtemps un grand centre de navigation : des régates y sont organisées depuis la fin des années 1890 et aujourd'hui, au cœur de l'été, le port affiche complet. Quelques voitures, des piétons et des cyclistes arpentent ses chemins sablonneux, dans une atmosphère résolument décontractée. Le centre-ville, au charme suranné, déborde de cottages aux façades pastel et de petits cafés alignés sur le front de mer. Non loin de là s'étendent une épaisse forêt de pins et une longue plage de sable blanc, baignée d'une eau incroyablement bleue. Sandhamn est décidément le secret le mieux gardé de Suède.

**Quand ?** Sandhamn est superbe en toute saison, mais préférez l'été pour les températures. Emportez toutefois un imperméable, un parapluie et un pull supplémentaire, au cas où.

**Où ?** De Stockholm, prenez un ferry affrété par une compagnie comme Waxholmsbolaget ou Cinderella. En été, Waxholmsbolaget propose un forfait 5 jours *(Båtluffarkort)*, pour vous déplacer d'île en île.

**À savoir** Hébergement dans l'unique hôtel, le Seglarhotellet, également équipé d'un restaurant, un bar, une piscine, un jacuzzi et des salles de remise en forme.

**Internet** www.visitsweden.com, www.sandhamn.com, www.archipelagofoundation.se

### Le pouvoir des fleurs

**Idö** est l'autre joyau de l'archipel. Sur cette île, la modernité n'a pas sa place, car la nature y règne en maître. Ici, il n'y a plus de résidents permanents et pas de voitures. Seules quelques cabanes rouge vif, abandonnées de longue date, surgissent de la végétation luxuriante. À côté d'elles, des pompes vous offrent de l'eau si vous avez soif, car l'île ne compte ni restaurants ni boutiques.

Les amoureux de la nature parcourent les sentiers quadrillant forêts, marais et prairies. Au printemps, les fleurs sauvages s'épanouissent, la blanche et délicate anémone des bois tapisse les sous-bois tandis que l'ail des ours et les primevères colorent les prairies.

En été, Sandhamn est la Mecque des plaisanciers.

NORVÈGE

# Le Spitzberg

## Isolé, cet avant-poste arctique du nord de l'Europe est loin d'être désolé ! Ses paysages naturels sont tout simplement envoûtants.

Flottant dans l'océan Arctique à 74°-81° de latitude nord, le Spitzberg est la plus grande île de l'archipel norvégien du Svalbard. Les quelques mois d'été, le Gulf Stream libère sa côte ouest des glaces polaires, transformant l'île en « Galápagos du Nord ». Avec les icebergs pour toile de fond, les fjords et les pics enneigés, le Spitzberg résonne du gazouillis des oiseaux qui cohabitent avec les ours polaires, les rennes, les renards polaires, les morses et les baleines. Aucun arbre en vue, seulement des buissons, une superbe variété de fleurs sauvages, des mousses et des lichens. L'endroit habité le plus septentrional de la planète regorge de charbon et sa capitale, Longyearbyen, fut baptisée du nom de l'industriel américain John M. Longyear, qui fonda la ville – centre des opérations de sa mine de charbon toute proche – en 1905. Récemment, Longyearbyen s'est métamorphosée en avant-poste ultramoderne où rien ne manque – cybercafés, télé satellite, galerie d'art, piscine couverte… Pour expérimenter l'appel de la nature dans toute sa démesure, il faut un bateau. Les navigateurs les plus téméraires traversent la mer de Barents sans hésitation, mais la plupart des touristes optent pour de petits navires de croisière qui envahissent l'archipel une fois l'été arrivé. Ne ratez pas le spectaculaire glacier de Monaco, ni les ruines d'un centre de chasse à la baleine du XVIIe siècle à Gravneset ou le fjord Bock, aux teintes rouille (centre d'entraînement de la Nasa des expéditions sur Mars).

**Quand ?** L'été (juillet et août) est la saison la plus agréable : le ciel est bleu, les journées sont longues et les températures avoisinent les 7 °C. Juin et septembre sont encore plaisants, mais plus frais. Toutefois, même au cœur de l'été, il peut geler la nuit.

**Où ?** SAS Braathens, compagnie intérieure de Scandinavian Airlines, dessert Longyearbyen depuis Oslo plusieurs fois par jour (*via* Tromsø, au nord du pays).

**À savoir** Dans la capitale, le Spitsbergen Hotel est un pittoresque établissement de bois, ex-résidence des directeurs de la mine. Pour plus de rusticité, allez chez Mary-Ann Polarrigg, chambres d'hôtes modernes avec toilettes et douches communes. Spitsbergen Travel organise des excursions dans les environs de Longyearbyen - chien de traîneau, moto-neige, randonnées, escalade, camping, kayak… La compagnie norvégienne Hurtigruten gère les croisières autour du Spitzberg à bord des MS *Nordstjernen* et MV *Polarstar*.

**Internet** www.svalbard.net, www.spitsbergentravel.com, www.polarriggen.com, www.hurtigruten.com

Ci-contre : un voilier fend la banquise arctique. Ci-dessus : les ours polaires sont les vedettes de tout séjour au Spitzberg.

### Sanctuaire végétal

Aux environs de Longyearbyen, le **Svalbard globale frøhvelv** (« chambre forte des graines du Svalbard »), le plus important bunker du monde, est enfoui à 130 m dans les flancs d'une montagne. Inauguré en 2008, ce lieu sécurisé de 9 millions de dollars, financé par le gouvernement norvégien, est une création du NORDGEN (Centre des ressources génétiques nordiques). On conserve dans ce sanctuaire ultramoderne les graines de toutes les plantes du monde pour ainsi préserver la biodiversité de la planète - espèces végétales rares et menacées, cultures vivrières et toutes les plantes essentielles à la survie de l'homme et de la Terre.

Le Spitzberg a été choisi pour son environnement préservé, l'épaisseur de son permafrost et l'absence relative d'activité tectonique. Directement inspiré des tombeaux de l'Égypte pharaonique, le site comprend trois chambres fortes que l'on rejoint depuis la surface par un long couloir souterrain. Leur accès est interdit au public, qui doit se contenter de la structure d'entrée, très moderne également.

PAYS-BAS

# TEXEL

**Année après année, les visiteurs reviennent savourer les grands espaces de Texel, à l'image des oiseaux migrateurs, toujours plus nombreux.**

Aux confins septentrionaux du pays, les cinq longues et étroites îles de Frise occidentale émergent de la mer des Wadden. Vestiges d'une chaîne de dunes courant autrefois de la France au Danemark, elles forment l'une des dernières contrées sauvages des Pays-Bas. Texel (prononcez « Tessel »), la plus vaste, est une terre de 160 $km^2$ au littoral sinueux, balayée par les vents. Ses 13 000 habitants se regroupent dans ses sept principaux villages. Des pâturages enserrent les hautes terres du centre, mais la côte déchiquetée est frangée de marais littoraux, de polders (terres conquises sur la mer) et de hautes dunes blanches. Les grandes marées découvrent des hectares de *wadden*, vasières riches en nutriments où abondent poissons, coquillages et vers – une source généreuse de nourriture pour les phoques et les milliers d'oiseaux aquatiques et limicoles qui convergent ici sur leur route de migration et de nidification. Spatules, avocettes et barges à queue noire viennent se reproduire à Texel. Dans la réserve naturelle marécageuse de De Slufter, la marée se faufile dans les criques deux fois par jour, baignant les plantes halophiles : limonium, armérie, salicorne… La mer repousse l'île vers le sud, balayant sans relâche le sable autour du phare de la pointe nord pour le redéposer au sud – une dynamique que les hommes, à grands renforts de barrages, digues et brise-lames, combattent depuis plus de sept siècles.

**Quand ?** Les touristes viennent surtout en été (de la fin mai au début septembre). Les flux d'oiseaux migrateurs sont à leur apogée en août. Les mois les plus chauds incitent aux activités de plein air (visites guidées des vasières). Il peut faire extrêmement froid en hiver.

**Où ?** Texel est relié au continent par ferry depuis le port de Den Helder (départ toutes les 30 min de 6 h à 21 h 30). Inutile de réserver.

**À savoir** Hôtels, chambres d'hôtes, cottages et camping sur place. Les voitures sont autorisées, mais la plupart des visiteurs leur préfèrent le vélo, le cheval… ou la marche.

**Internet** www.holland.com, www.texel.net

## Les guides de Texel

Pendant des siècles, les navires quittant **Amsterdam** et la zone abritée du **golfe de Zuiderzee** mouillaient à Texel pour attendre des vents favorables. Des marins locaux les attendaient en haut de la plus haute dune, la **Loodsmansduin** (« la dune du guide »), puis dévalaient la pente en courant dès qu'un navire était en vue. Ils se faisaient en effet rétribuer pour piloter le navire entre les bancs de sable de la mer de Wadden.

Pour une vue imprenable sur la mer, grimpez les 153 marches du gros phare rouge de Texel. Une exposition permanente y raconte son rôle crucial.

Dans le plat pays de Texel, ce moulin à vent au toit de chaume semble monter la garde.

Pendant le festival de musique de la Barra Fest, des accordéonistes distraient les clients d'un bar d'hôtel de Castlebay.

GRANDE-BRETAGNE

# BARRA ET VATERSAY

## Entrez de plain-pied au cœur de l'histoire et des traditions gaéliques, aux confins des Hébrides extérieures, véritable coin de paradis.

Rejoindre Barra par la voie des airs est une expérience unique : ici s'étire la seule piste du monde aménagée sur une plage – celle de Tràigh Mhòr –, disparaissant à marée haute! Barra est la plus vaste des deux îles habitées les plus au sud des Hébrides extérieures. Vatersay lui est reliée par une chaussée depuis 1991. Des établissements préhistoriques datant d'environ 4000 ans ont été mis au jour à Allt Chrisal, à proximité de la chaussée, et le reste de l'île est riche de sites archéologiques – fortifications et rotondes de l'âge du fer, nécropoles et timoneries de l'âge du bronze. La côte est le domaine du *machair*, plaine fertile couverte en été de fleurs sauvages – orchidées et gaillets jaunes. Sur Vatersay s'épanouit le trop rare liseron rose, surnommé la « fleur de Bonny Prince Charlie », car le prince Charles Édouard Stuart en aurait disséminé les graines en débarquant près d'Eriskay en 1745. L'île est le paradis des ornithologues – sur la route de Scurrival, en été, on entend les râles des genêts, compagnons des bécassines, des pluviers, des corbeaux, des morus et des eiders. Au large, il est aussi possible d'observer baleines, dauphins et requins pèlerins, tandis que sur les côtes se prélassent otaries et phoques. Les phoques communs mettent bas en juin et juillet ; les phoques gris en octobre et novembre. Sur des kilomètres, les plages sont absolument désertes, hormis la présence exceptionnelle d'un mouton, d'une vache… ou d'un avion.

**Quand ?** Le temps et les fleurs sont à leur apogée en été. Le festival de musique se tient à la fin de l'été.

**Où ?** Vols quotidiens au départ de Glasgow. Comptez 5 h de traversée pour le ferry partant d'Oban (sur le continent) pour Castlebay (la ville principale de Barra). Des bus sillonnent l'île. Location de voitures et de vélos.

**À savoir** Hôtels, chambres d'hôtes et cottages à louer sur les deux îles, avec des vues magnifiques sur la mer. Un petit bateau emmène les visiteurs au château de Kisimul, ouvert d'avril à octobre, quand le temps le permet. Des sentiers documentés conduisent aux différents sites archéologiques.

**Internet** international.visitscotland.com/fr, www.visithebrides.com, www.isleofbarra.com, www.calmac.co.uk

### Retour à la vie

Dressé sur un îlot rocheux au large de Castlebay, le **château de Kisimul** est depuis des siècles le camp retranché du clan MacNeil. Stratégiquement cerné par les flots, il est resté inexpugnable, une nasse et un puits d'eau douce assurant l'autarcie de ses occupants en période de siège.

Kisimul est abandonné en 1838, mais un Américain, Robert Lister MacNeil, achète le site en 1937 et le restaure. Aujourd'hui, le public a accès à la chapelle et ses fonts baptismaux en calcaire irlandais ; la tour de l'horloge, le donjon et sa fosse ; la grande salle ; la Tanist House et les appartements privés de l'actuel chef du clan ; la grande tour ; les cuisines. Les eaux sales des toilettes médiévales sont évacuées deux fois par jour par la marée.

TOP 10

# Îles citadines

Envie de fuir le tumulte de la ville ? Depuis les cités littorales, franchissez un pont ou empruntez un ferry pour rejoindre de petits paradis insulaires où la nature est reine.

### 1 Îles Georges et Spectacle, Boston, États-Unis

Érigé en 1847 dans le cadre du système défensif de Boston, le fort Warren se dresse sur l'île Georges, dans la baie du Massachusetts. Le Frisbee n'est pas obligatoire mais recommandé, car on y joue beaucoup ici. Les courants sont trop forts pour nager : réservez la trempette à l'île Spectacle et ses 8 km de sentiers, sa vue sur le port de Boston et ses concerts de jazz gratuits en été.

À savoir Un seul billet de ferry vous permet de rallier les deux îles. Partez avant midi. Il y a cinq points de départ dans le port de Boston. www.bostonislands.org/georges

### 2 City Island, New York, États-Unis

Une pointe de Nouvelle-Angleterre dans New York : il se dégage de cette île du Bronx de 2,4 km de long une atmosphère de bord de mer, avec ses marinas et ses restaurants de fruits de mer. Les navires de l'America's Cup ont été construits ici. Vous pouvez louer un bateau ou aller pêcher en mer. Les maisons de bois du XIXe siècle servent de décor à de nombreux films.

À savoir Un pont routier relie l'île au Bronx. www.cityisland.com, etats-unis.americas-fr.com/new-york/city-island.html

### 3 Bowen Island, Vancouver, Canada

En 20 minutes depuis l'ouest de Vancouver, le ferry vous dépose sur cette île boisée, à l'atmosphère conviviale et nonchalante. Pas d'hôtels, pas de campings, seulement des chambres d'hôtes. Profitez des plages, des lacs et des cascades. Louez un vélo, un kayak ou un bateau.

À savoir Les ferries (voitures et piétons) partent de Horseshoe Bay pour Snug Cove toutes les heures. www.bowenisland.org

### 4 Île de Paquetá, Rio de Janeiro, Brésil

Au cœur de la baie de Guanabara, au large de Rio, cette île tropicale romantique est prise d'assaut tous les week-ends. En semaine, le brouhaha de la ville semble à des milliers de kilomètres. Les bâtiments coloniaux confèrent à l'endroit un charme désuet. L'absence de voitures est une bénédiction – places aux carrioles tirées par des chevaux et aux vélos.

À savoir À Rio, depuis la Praça Quinze de Novembro, prenez le ferry (1 h) ou l'hydroglisseur (25 min). www.ilhadepaqueta.com.br

### 5 Île Matiu/Somes, Wellington, Nouv.-Zélande

Occupant un point stratégique du port de Wellington, l'île Matiu/Somes, ancien établissement maori fortifié et camp militaire, a accueilli le premier phare du pays. Aujourd'hui, sous la gestion de la Société de protection des oiseaux et des forêts, elle est rendue à la nature… et au petit manchot pygmée.

À savoir Des bateaux partent de Wellington (Queen's Wharf). Comptez 20 min de traversée. Prévoyez eau et nourriture. www.wellingtonnz.com

### 6 Île Cockatoo, Sydney, Australie

Où pouvez-vous planter votre tente au bord de l'eau, en plein centre-ville ? Ici, dans l'île Cockatoo – ancienne colonie pénitentiaire et plus grand chantier naval d'Australie –, qui regorge de cales sèches et de bâtiments industriels qui se prêtent idéalement aux événements et performances artistiques.

À savoir L'île se trouve à 10 min en ferry du Circular Quay de Sydney. On peut se restaurer au café. www.cockatooisland.gov.au

### 7 Pulau Ubin, Singapour

L'ultime refuge rural de la modernissime cité-État, Pulau Ubin accueille les pêcheurs et les producteurs de crevettes. Cette île granitique de 8 km de long est un patchwork de jungle et de mangroves riche d'une faune variée. Dans ses vasières, des espèces faunistiques et floristiques menacées prolifèrent.

À savoir Prenez un bumboat depuis Changi Point Jetty. Ils partent avec 12 passagers. 15 min de traversée. www.wildsingapore.com/ubin

### 8 Margitsziget, Budapest, Hongrie

Lorsque le Danube atteint la capitale hongroise, son lit se divise en deux à l'approche de Margitsziget (ou « île Marguerite »), baptisée du nom d'une princesse du XIIIe siècle. Circonscrite par la vieille ville, l'île est le poumon de la cité – sentiers de course à pied, restaurants, théâtre, sources thermales. Les vestiges de monastères ajoutent une touche de romantisme.

À savoir L'île est accessible par les ponts Arpád et Margitsziget. Seuls les taxis et le bus n° 26 sont autorisés, mais vous pouvez louer vélos à quatre roues ou voiturettes électriques. www.hongrietourisme.com

### 9 Île de Kampa, Prague, République tchèque

De jour comme de nuit, le site niché dans la capitale tchèque est délicieusement paisible. Descendez les marches du pont Charles et vous voici sur une île de la Vltava , qui faisait jadis fonctionner des moulins. Le moulin Sova héberge aujourd'hui le musée d'Art moderne tchèque. Des demeures Renaissance et baroques enserrent une place où abondent cafés et restaurants.

À savoir Rejoignez l'île en descendant les marches du pont Charles du côté du quartier de Malá Strana. www.praguewelcome.cz/fr

### 10 Île aux Cygnes, Paris, France

Une promenade dans Paris en toute tranquillité ? Direction l'île aux Cygnes. Cette étroite bande de terre cerclée d'arbres, d'à peine 1 km de long, s'étire au milieu du lit de la Seine, à quelques encablures de la tour Eiffel. Faisant face à New York, telle une figure de proue, la réplique de la statue de la Liberté, offerte par la France à la communauté américaine.

À savoir Accédez à l'île aux Cygnes par le pont de Grenelle ou le pont Bir-Hakeim ; métro Bir-Hakeim (ligne 6). www.paris.fr

Ci-contre : au cœur de Prague, le moulin du Grand Prieur, sur l'île de Kampa, a conservé sa roue à eau.

Urquell

La grande et la petite Sercq sont reliées par un isthme étroit appelé « la Coupée ».

ÎLES ANGLO-NORMANDES

# Sercq

**Les visiteurs venus découvrir cette île - petite, mais magnifique - ressentent très vite une impression de « bout du monde ».**

Aucune voiture ne circule sur Sercq – les camions de pompiers et les ambulances sont tirés par un tracteur – et les radios sont interdites hors de chez soi. Sur la plus petite des quatre îles Anglo-Normandes, la vie s'écoule à un rythme lent, comme pour mieux apprécier sa beauté naturelle. Les randonneurs arpentent promontoires rocheux et falaises sur 65 km de littoral et observent des macareux. Au large s'ébattent dauphins, marsouins et requins-pèlerins. Les falaises sont criblées de grottes – ne ratez pas la Jewel Cave et ses anémones de mer multicolores, ses éponges et ses ascidies jaunes. Baies sablonneuses, bras de mer et piscines naturelles se succèdent. Au printemps et en été, il y a des fleurs sauvages à profusion : campanules, compagnons rouges et ail des ours colonisent bois et vallées, aux côtés des primevères, coquelicots, violettes et marguerites. Sur les falaises s'étire un tapis d'arméries, de thym et de salicornes, sans oublier de beaux ensembles de digitales pourprées et d'ajoncs à la senteur de noix de coco. Les eaux limpides de la côte sont riches en poissons, crabes et homards qui font le bonheur des restaurants de Sercq et de leurs clients. L'île compte plusieurs hôtels et chambres d'hôtes haut de gamme. Des campings sont aménagés le long d'étroites routes bordées de haies bien entretenues – elles sont régulièrement inspectées, et toute négligence est punie d'une amende.

**Quand ?** La « Quinzaine des fleurs sauvages » *(Wildflowers forthnight)* a lieu de la fin avril au début mai.

**Où ?** En avion depuis Jersey ou Guernesey. Ou en bateau : départ quotidien de Saint-Pierre de Guernesey (45 min de traversée); liaisons fréquentes depuis Saint-Hélier (Jersey) d'avril à septembre (50 min).

**À savoir** Des « charretiers » sont à disposition pour vos bagages. Une remorque tirée par un tracteur vous emmène de Harbour Hill au village; puis vous rejoignez votre hébergement à pied, à vélo ou à cheval.

**Internet** www.sark.info, www.dw-world.de/dw/article/0,,2870809,00.html

### Seigneurs de Sercq

Jusqu'en 2008, Sercq est demeurée l'un des ultimes bastions du féodalisme européen : son conseil, non élu, était dirigé par le seigneur. Aujourd'hui, l'île dispose d'un Parlement élu - les Chefs Plaids - mais conserve son seigneur, qui a le droit à un pigeonnier, une chienne non stérilisée, et au territoire compris entre marée haute et marée basse.

Depuis 1730, les seigneurs de Sercq résident à **La Seigneurie**. Son superbe jardin est ouvert au public (fermé en hiver). Le canon de bronze fut offert au premier seigneur, Hélier de Carteret, par la reine Élisabeth I^re^ en 1572.

ITALIE

# PONZA

**Les Italiens aisés rejoignent en toute discrétion, l'été venu, cette île dont ils ont fait leur destination secrète.**

Léchée par les eaux bleu-vert de la mer Tyrrhénienne, Ponza est la plus vaste des îles volcaniques des Pontines. Circée, la magicienne qui transforma en pourceaux Ulysse et ses compagnons, aurait eu ici une cachette. Les notables romains étaient exilés sur cette terre, mais aujourd'hui, ils s'y rendent à bord de yachts et de voiliers afin de passer le mois d'août à nager dans ses *cale* (criques) isolées et à explorer ses innombrables grottes. La « plèbe » débarque quant à elle du ferry à Porto, où les maisons aux couleurs pastel s'alignent en arc de cercle, devant la mer. Face au port, la petite baie de Cala Frontone déroule son sable et ses clubs de plage. Les Romains ont creusé un tunnel de 55 m pour relier le port à Spiaggia Chiaia di Luna, la plus grande plage de l'île adossée à des falaises de tuf ocre. Le plupart des criques et des grottes de Ponza sont uniquement accessibles par la mer. Si vous ne possédez pas de yacht, louez un petit bateau au port et faites le tour de l'île. Baignez-vous dans les eaux céruléennes des Grotte Azzure (grottes Bleues) ou, comme les Romains, plongez dans les Grotte di Pilato (grottes de Pilate). Ou marchez jusqu'aux piscines naturelles près de Le Forna, une baie tranquille aux eaux incroyablement calmes. Décidément, il devait bien exister pire châtiment qu'un exil à Ponza…

**Quand ?** De Pâques à la fin septembre. La plupart des hôtels et restaurants ferment d'octobre à la semaine précédant Pâques et les liaisons par ferry sont limitées à cette période.

**Où ?** Liaisons maritimes entre Ponza et Anzio (1 h 45 de traversée), Formia (2 h 30 en ferry, 1 h 15 en hydroglisseur) et Naples (2 h 50 en hydroglisseur).

**À savoir** Louez un petit bateau auprès de l'un des nombreux kiosques du port. La Cooperativa Barcaioli Ponzesi organise des excursions autour de Ponza et vers les îles inhabitées de Palmarola et Zannone. Dans les restaurants, réservez pour dîner, surtout en août.

**Internet** www.italia.it/fr, www.ponza.com, www.barcaioliponza.it

### Spécialités locales

- Lentilles et *cicerchie* (hybrides lentilles/pois chiches) sont cultivées à Ponza depuis l'Antiquité et composent des soupes qui tiennent au corps. La *murena* (murène) est servie frite ou marinée au vinaigre ; les poissons de la mer Tyrrhénienne sont tout simplement grillés.

- **Da Gerardo**, au-dessus de la plage de Cala Frontone, propose une authentique *ponzese cucina*, sous une pergola ombragée. Le propriétaire a aménagé un petit musée consacré à l'histoire ethnographique de l'île, qu'il raconte bien volontiers au dessert.

- À Le Forna, on célèbre l'Assomption de la Vierge le 15 août par le *sagra del pesce azzurro* (la fête du poisson bleu).

Dans les grottes de Pilate, sous Porto, les notables romains se baignaient à l'abri du soleil afin de ne pas bronzer comme les membres de la plèbe.

YÉMEN

# Socotra

**Poser le pied à Socotra, c'est embarquer pour une odyssée botanique à travers l'un des lieux les plus étranges de la planète.**

Cette île de la Corne de l'Afrique et ses modestes voisines sont les territoires les plus isolés du globe à ne pas être d'origine volcanique. Ils se sont détachés quand les masses continentales formant le super-continent Gondwana se sont séparées, il y a 23 à 34 millions d'années. Aujourd'hui, ces îles ressemblent à des mondes oubliés. Les scientifiques surnomment Socotra « les Galápagos de l'océan Indien », car un tiers de ses espèces végétales sont uniques au monde. Au Ier siècle av. J.-C., l'historien grec Diodore de Sicile l'a décrite comme le premier fournisseur au monde de plantes aromatiques et médicinales. C'est encore le cas aujourd'hui. Parmi les aloès du Cap, la myrrhe et l'encens, surgit le curieux arbre du sang-dragon, gigantesque parapluie retourné aux baleines attachées au tronc. Il tient son nom de sa résine rougeâtre, utilisée pendant des siècles comme remède et colorant. Sa croissance terminée, le figuier de Socotra ressemble étrangement à un gros escargot coiffé de piquants grimpant à la verticale le long d'un rocher. Encore plus surprenant, la rose du désert en forme de bouteille qui développe des cornes d'où jaillissent des fleurs roses. Toutes ces plantes sont capables de stocker de l'eau. Socotra compte également d'innombrables espèces endémiques de passereaux et plusieurs vastes aires de nidification. Les flux migratoires saisonniers se déclinent en colonies gigantesques de dauphins, tortues de mer, baleines, requins (y compris le requin-baleine), raies mantas, marlins et des myriades de poissons plus petits.

**Quand ?** D'octobre à avril, pour éviter vents forts, grandes marées et l'intense chaleur des mois d'été et de la mousson saisonnière.

**Où ?** Un vol hebdomadaire depuis Aden et Sanaa sur le continent (50 min), 5 vols/semaine depuis Riyan Mukalla (sauf mercredi et dimanche).

**À savoir** L'infrastructure touristique est rudimentaire : pas de taxis ni de transports en commun. Le camping est recommandé. Louez un 4 x 4 avec guide, chauffeur et cuisinier. Les guides comprennent l'anglais. Visa de 3 mois délivré aux aéroports. Soyez respectueux des coutumes locales et des obligations vestimentaires. Certaines régions sont déconseillées - consultez les recommandations gouvernementales.

**Internet** www.yementourism.com, www.socotraisland.org, www.tovisitsocotra.com

Ci-contre : l'île est célèbre pour ses roses du désert. Ci-dessus : l'arbre du sang-dragon peut atteindre 10 m de haut.

## La grotte de Hoq

Aux trois premiers siècles de notre ère, Socotra est une étape importante sur la route commerciale orientale. L'encens, le cinabre, l'aloès et le sang-dragon sont les ressources principales que se procurent les voyageurs venus du Moyen-Orient, de l'Afrique de l'Est et de l'Inde à leur arrivée sur l'île.

L'importance économique de Socotra est attestée par la **grotte de Hoq**, labyrinthe souterrain proche de la côte nord-est. Dans la grotte, à 2 km de l'entrée, on trouve un ancien lieu de culte, utilisé jusqu'au IIIe siècle de notre ère. Les archéologues ont mis au jour deux tablettes de bois portant des inscriptions en araméen (l'une d'entre elles datant de 258 apr. J.-C.) ainsi que des poteries, des peintures et des inscriptions murales remontant à l'époque du Christ.

Tous ces témoignages archéologiques - très bien préservés dans la grotte - attestent que des cérémonies religieuses secrètes se déroulaient ici.

Embauchez un guide local qualifié pour visiter ce site. Le circuit dure environ 2 h.

# São Tomé-et-Príncipe

À 300 km au large de la côte ouest de l'Afrique, deux îles volcaniques ont tout à offrir, de la jungle aux plages désertes.

Arpentez la forêt tropicale deux heures durant… puis marchez sur l'eau. Bienvenue dans Obô, forêt d'altitude couvrant la quasi-totalité du territoire de São Tomé-et-Príncipe (STP). Le guide pointe chaque merveille de la faune et de la flore – les îles, par leur situation et leur origine volcanique, possèdent une infinité d'espèces endémiques. Goûtez la cannelle et les framboises sauvages, observez les passereaux à l'extraordinaire plumage noir iridescent voleter de fleur en fleur et prélever du nectar de leur bec recourbé. Vous voici au cratère empli d'eau du volcan éteint de Lagoa Amélia, sur São Tomé. Un tapis de végétation s'est formé sur la cavité, ce qui permet de marcher sur l'eau, avec un équilibre relatif ! Quelle journée ! Demain est un autre jour : direction la côte est de São Tomé et ses plages *(praias)* sablonneuses où vous ne croiserez qu'un ou deux pêcheurs. À Água Izé, visitez une plantation de cacao. À Boca de Inferno (la Bouche de l'Enfer), regardez les vagues de l'Atlantique se fracasser dans un trou d'air, soulevant de puissants embruns. Sur le domaine de Roça de São João et sa résidence de maître datant de la colonisation portugaise, découvrez les secrets de la culture du café. Après avoir admiré une chute d'eau non loin du village de pêcheurs de Riberia Peixe, baignez-vous à Praia das Sete Ondas (la plage des Sept Vagues) avant de remonter vers le nord.

**Quand ?** Pour randonner ou profiter de la richesse faunistique, venez aux saisons sèches : juin-septembre et mi-décembre-février.

**Où ?** TAP Air Portugal et la compagnie domestique STP desservent São Tomé depuis Lisbonne (Portugal). Liaisons quasi quotidiennes entre les îles de São Tomé et de Príncipe.

**À savoir** Dans la capitale São Tomé, l'agence de voyages Navetur se charge des réservations d'hôtels et de l'organisation de randonnées. Les solutions d'hébergement incluent chambres d'hôtes dans d'anciennes plantations *(roças)* ou le confort de l'Omali Lodge (sur São Tomé) ou du Bom Bom Island Resort (sur Príncipe).

**Internet** www.sao-tome.st, www.stptourism.st, www.navetur-equatour.st

### À ne pas manquer

- Un trek (avec guide) de deux jours vous emmène au **Pico de São Tomé**, point culminant de l'île (2 024 m d'altitude). De son sommet, la beauté du lever du soleil récompensera vos efforts.
- De septembre à avril, les **tortues luths** pondent leurs œufs à l'aube sur la **Praia Jalé**, au sud de São Tomé. Accompagnez les gardes qui patrouillent sur la plage pour assister à cet incroyable spectacle.
- Si vous allez à **Príncipe**, ne ratez pas **Praia Banana** et **Baía das Agulhas**, deux prodigieuses plages de la côte ouest, où la forêt tropicale descend jusqu'à l'eau.

Des bananes aux fruits à pain, tout ce que vous mangez est cultivé sur place et est d'une incroyable fraîcheur. Régalez-vous de poisson – frais, salé, fumé ou séché.

Les traditionnels *ngalawas* de bois quadrillent les eaux poissonneuses au large de Pemba.

TANZANIE

# PEMBA

## Au contraire de la sœur du sud, Zanzibar, cette île infiniment exotique reste à l'écart de la marche du monde.

L'arôme entêtant des clous de girofle séchant au bord de la route sur des tapis en fibre de coco pénètre jusque dans les autobus de bois reliant Wete à Chake Chake. Les premiers navigateurs arabes surnommaient cette île de l'archipel de Zanzibar Al Huthera (l'île Verte). Aujourd'hui, ses terres fertiles sont couvertes d'une mosaïque paysagère : plantations de clous de girofle, cocoteraies, rizières s'étirant au creux des vallées. Mangroves et plages de sable protègent le littoral, les eaux limpides de l'océan Indien et sa barrière de corail où grouille la vie aquatique. Au large des petites îles à l'ouest de Pemba, des embarcations traditionnelles de bois *(ngalawas)* se propulsent, leurs voiles gonflées par le vent. La prise quotidienne des pêcheurs séchera au soleil de l'après-midi ou sera vendue, le soir venu. Sur la place du marché, des hommes en *shukas* colorés (un drap qui enserre les hanches) se retrouvent au salon de thé *(chai)* pour siroter un thé à la cardamome et déguster des *mandazi* (petits beignets). Tandis que le soleil plonge à l'arrière des feuilles de palmiers, l'appel à la prière du muezzin oblige les fidèles à rejoindre la mosquée par les ruelles étroites et tortueuses.

**Quand ?** De décembre à mars, pour éviter la saison des pluies.

**Où ?** En avion depuis Zanzibar, Dar es Salaam ou Tanga ; des vols quotidiens desservent l'aéroport près de la capitale, Chake Chake. Acquittez-vous des taxes aéroportuaires en monnaie tanzanienne. La traversée en bateau depuis Zanzibar prend de 3 à 6 h ; ou prenez un *dhow* (boutre) depuis Tanga (horaires aléatoires).

**À savoir** Restaurez-vous sur les étals le long des routes. Pour éviter des déboires gastriques, refusez salade et glaçons. Pour profiter des plages et faire de la plongée, séjournez au Kervan Saray Beach Lodge au nord de l'île ; ou au luxueux Fundu Lagoon sur la côte ouest ; préférez le Pemba Crown Hotel à Wete si votre budget est serré. Cachets anti-paludéens et spray anti-moustique obligatoires.

**Internet** www.zanzibartourism.net/fr, www.kervansaraybeach.com, www.fundulagoon.com

### Hors des sentiers battus

Demandez au gérant de votre maison d'hôtes, au marché ou au café, de louer ou d'emprunter un *piki-piki* (motocyclette) afin d'explorer l'île. Filez sur les chemins de terre et traversez les villages jusqu'à la forêt **Ngezi** (repaire du renard volant de Pemba), au nord-ouest. Suivez la piste sableuse qui parcourt la forêt et débouchez sur la **plage Verani** et sa baie. Cette longue langue de sable est souvent déserte et les plongées y sont extraordinaires.

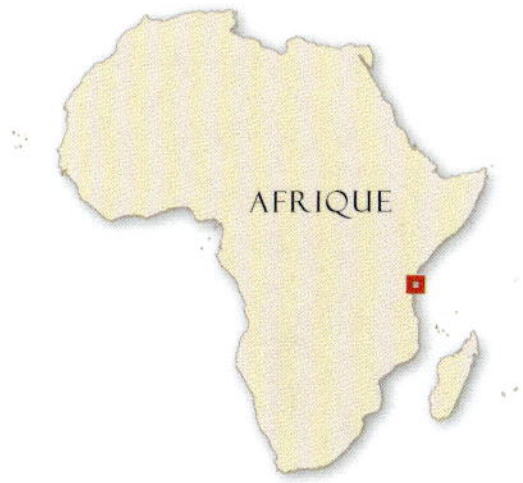

# 4 ROUTES ET CHEMINS DE TRAVERSE

Certains des itinéraires qui suivent sont peu fréquentés, peu connus et, pourtant, les histoires qui les accompagnent se révèlent fascinantes : canaux secrets, pittoresques voies ferroviaires, agréables marches le long de sentiers tranquilles ou expéditions extrêmes jusqu'aux sites les plus sauvages. Les amateurs de *road-movies* apprécient la solitude de ce tronçon de l'U.S. Highway 50 au Nevada – surnommée « la route la plus solitaire d'Amérique ». Les fans de bluegrass, gospel et musique ancienne préfèrent la convivialité de cette route de Virginie qui a pour thème la musique du patrimoine et traverse, de village en village, le centre des Appalaches où des versions traditionnelles de musique country sont encore jouées. Les voies côtières du Danemark sont appréciées des cyclistes tandis que le pays Basque, dans le nord de l'Espagne, ravit les randonneurs et régale leurs papilles. Les plus audacieux traversent la jungle de la Guyana à la recherche d'une chute parmi les plus spectaculaires ou suivent le Larapinta Trail, en Australie, pour en découvrir le cœur rouge.

Dans la vallée du Grand Rift au Kenya, une route déserte et poussiéreuse rejoint le lac Nakuru qui miroite au loin. Des millions de flamants et autres oiseaux s'y rassemblent et offrent un des plus beaux spectacles ornithologiques qui soient.

Vous rencontrez plus d'animaux sauvages que de touristes sur cette route cahoteuse qui traverse le territoire du Yukon.

CANADA

# La South Canol Road

## À peine plus qu'une route poussiéreuse et pourtant, en été, elle permet d'accéder au cœur sauvage du Yukon.

Lorsque l'on quitte Johnson's Crossing par le nord, un panneau prévient que la prochaine station-service se trouve à 230 km, à Ross River – au bout de la South Canol Road. Lenteur et prudence sont de mise, car la route déserte rétrécit peu à peu et se creuse de nids-de-poule. Elle déroule son ruban de terre dans un paysage qui alterne criques, lacs et rivières, forêt dense et crêtes de montagne, sur fond de pics enneigés même en été. Les vues invitent à de fréquents arrêts – ce qui permet également d'apercevoir les nombreux résidents de la région, tels qu'ours noirs et grizzlis, loups et lynx, cerfs mulets, caribous, porcs-épics, renards et pygargues. À mi-chemin environ, on atteint le rivage du pittoresque Quiet Lake, où l'on peut camper et pêcher, faire du canoë et de la randonnée ou simplement en apprécier la tranquillité. Après avoir franchi le récent pont à Ross River – la rivière est généralement calme en été, mais en 2008 elle a emporté le pont au printemps –, la route continue son parcours en longeant le cours d'eau, puis le lac Lapie, connu pour les truites qui peuplent ses eaux froides et claires. Elle traverse enfin les magnifiques gorges de la Lapie avant d'atteindre Ross River.

**Quand ?** Les étés sont brefs ; organisez votre voyage entre mi-juin et fin août.

**Où ?** Johnson's Crossing est à 129 km à l'est de Whitehorse, où il est possible de louer un 4 x 4. Vous pouvez revenir de Ross River à Whitehorse par la Robert Campbell Highway – soit 407 km *via* Carmacks ou 814 km *via* Watson Lake.

**À savoir** La South Canol Road peut être parcourue en une journée, sous réserve des conditions météorologiques. Il peut faire chaud mais il n'est pas rare de rencontrer de la neige sur les hauteurs, même en juillet. Johnson's Crossing possède une station-service, une boulangerie et un petit camping et Ross River, une épicerie et un hôtel. Quelques aires de camping rudimentaires.

**Internet** fr.canada.travel, www.travelyukon.com, www.naturetoursyukon.com, www.visitwhitehorse.com

### La route du pétrole

Afin de garantir l'approvisionnement en pétrole lors de la Seconde Guerre mondiale, un pipeline et une route de service ont été construits entre **Whitehouse**, dans le Yukon, et les puits de pétrole de **Norman Wells**, dans les Territoires du Nord-Ouest.

Les ouvriers de la Canol (pour Canadian Oil) ont travaillé dans de terribles conditions. Le pétrole n'a coulé que pendant une année, jusqu'en 1945. La route a été rouverte dans les années 1950 comme accès saisonnier. Aujourd'hui, les camions des années 1940 abandonnés sur le bord de la route en rappellent l'origine.

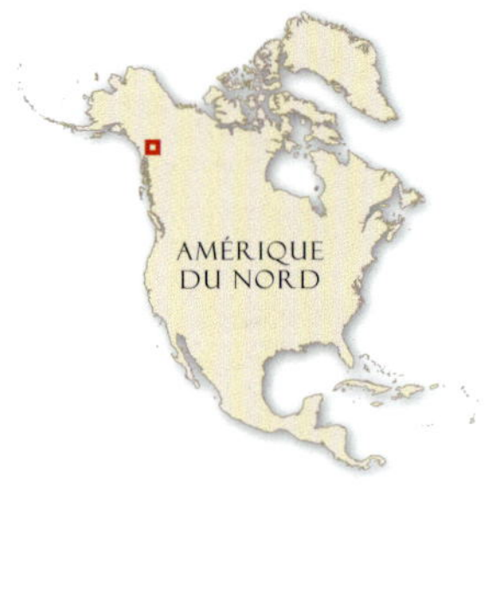

ÉTATS-UNIS

# La Crooked Road

## Prenez la route à travers les montagnes du sud-ouest de la Virginie pour découvrir l'âme musicale et culturelle de la région.

Dès les premières notes de banjo, les amateurs de bluegrass de la salle pleine à craquer bondissent de leurs chaises et commencent à taper du pied en rythme. Une scène familière en Virginie le long de la Crooked Road, également appelée Heritage Music Trail où résonnent les accords des ballades montagnardes et les claquements secs des claquettes sur fond de pics effilés et de vallées profondes. Longue de 407 km, elle explore le patrimoine musical traditionnel montagnard, visitant les hauts lieux du bluegrass : le Blue Ridge Institute & Museum de Ferrum est le dépositaire de la culture et de la musique des montagnes. Floyd, petite bourgade qui s'anime le vendredi soir, voit les passionnés se réunir au Floyd Country Store pour écouter des groupes de gospel, de bluegrass et de musique ancienne. À Galax, le Rex Theater propose des concerts de musique bluegrass et country traditionnelle retransmis en direct. La route repart vers le Blue Ridge Music Center et Bristol, où vous attend le Mountain Music Museum, rendant hommage aux pionniers de la musique des Appalaches. Le samedi soir, le Carter Family Fold à Hiltons perpétue ces traditions musicales. Le pèlerinage musical se termine à Clintwood, où Ralph Stanley, notoire joueur de banjo de Virginie du Sud-Ouest, est célébré au Ralph Stanley Museum ainsi qu'au Traditional Mountain Music Center.

**Quand ?** Des concerts sont donnés dans diverses salles toute l'année. Demandez les programmes sur place. L'Old Fiddler's Convention a lieu tous les mois d'août à Galax.

**Où ?** La Crooked Road est aisément accessible depuis les Interstates 81 et 77.

**À savoir** Certaines salles de concert, dont le Carter Family Fold et le Floyd Country Store, ne sont ouvertes qu'un soir par semaine ; organisez votre séjour en conséquence. Arrivez tôt pour être assis. Réservez une chambre, notamment en été et lors des week-ends de festival.

**Internet** www.thecrookedroad.org, www.crookedroadvirginia.com

### Un dénicheur de talents

Sans un certain Ralph Sylvester Peer, la musique des Appalaches aurait pu rester cachée dans les montagnes. En juillet 1927, ce dénicheur de talents de la Victor Talking Machine Company de Camden, New Jersey, se rend à Bristol pour enregistrer de la musique locale, dont de nombreux airs sont transmis de génération en génération. Organisant un studio d'enregistrement de fortune dans un entrepôt, Peer encourage les habitants à partager leurs chansons dans ce qui deviendra les Bristol Sessions. Lorsqu'il repart, 12 jours plus tard, il a en sa possession plus de 70 morceaux de musique hillbilly.

En pleine *« jam session »* lors de l'Old Fiddler's Convention, organisée à Galax chaque année depuis 1935.

ÉTATS-UNIS

# L'Umpqua Trail

## Un sentier nature et sauvage qui suit les méandres de la branche nord de l'Umpqua, dans sa course vers le Pacifique.

C'est à 1829 m d'altitude, dans la chaîne des Cascades, en Oregon, près d'un lac limpide qui laisse s'échapper, entre lichens et herbes duveteuses, un mince filet d'eau où des vairons frétillent, que l'Umpqua prend sa source. C'est là également que commence le sentier qui suit ce cours d'eau, tandis qu'il devient peu à peu la North Umpqua. Pendant 127 km, ce chemin – divisé en 11 segments – vous conduit à travers une maigre forêt, où les souches d'arbre, polies par le soleil et le vent prennent des reflets argentés, puis vous fait traverser les terres arides où les premiers colons se sont établis. La rivière cascade sur des rochers et, alimentée par des tributaires, devient plus large, plus forte, plus bruyante. La forêt change également – plus haute, plus dense, plus humide. Des cèdres pourrissent sur la berge, sous d'autres géants. Un petit panneau indique que Zane Grey, écrivain américain qui a donné une image idéalisée de l'Ouest dans ses romans, a pêché non loin. Le sentier se termine près de l'Oregon 138, à côté d'Idleyld. Le cours d'eau poursuit sa route, rejoignant la branche sud, avant de se jeter, 179 km plus en aval, dans une baie du Pacifique balayée par le vent.

**Quand ?** L'été est la saison la plus fréquentée et l'automne la plus belle. Le mauvais temps peut occasionner la fermeture de certains tronçons du sentier, notamment en hiver sur les hauteurs s'il neige ou en plaine en cas de fortes pluies et inondation. La sécheresse en été peut provoquer des incendies.

**Où ?** Chaque début de tronçon est accessible en voiture à l'exception du lac Maidu, à l'extrémité est du sentier, à 7,6 km à pied de Digit Point Campground.

**À savoir** Les segments, de difficulté variable, font entre 5,6 km et 25,3 km de long. Aires de camping et de pique-nique, avec eau potable et toilettes au niveau de chaque départ. Autre option : suivre l'Oregon 138, pour explorer en divers points le sentier de la North Umpqua, en route vers le parc national de Crater Lake. Passez la nuit dans l'adorable Crater Lake Lodge.

**Internet** www.blm.gov/or/districts/roseburg/recreation/umpquatrails, www.fs.fed.us/r6/umpqua

### Ouvert à tous

Vous n'aurez pas besoin de marcher pendant des jours pour profiter de la North Umpqua. Le sentier est ouvert aux cavaliers, cyclistes, canoéistes, pêcheurs et promeneurs du dimanche. À l'automne, le segment **Tioga**, le tronçon le plus occidental, offre un spectacle naturel d'une grande beauté. Garez-vous près du **Swiftwater Trailhead** et marchez jusqu'aux **Deadline Falls** toutes proches. Vous y verrez les saumons réaliser d'incroyables bonds, remontant le courant pour essayer de franchir les rapides. Ils échouent parfois, retombent sur un rocher ou disparaissent dans l'eau. Mais ils rejaillissent peu après, obstinément, prêts pour un autre combat.

Les eaux vert émeraude de la North Umpqua se forgent un passage à travers un encombrement rocheux.

La route franchit une série de massifs enneigés qui interrompent le désert du Nevada.

ÉTATS-UNIS

# La Highway 50

## Les véhicules sont rares sur cette partie de l'US 50 qui, dans sa traversée d'est en ouest, passe par le Nevada.

L'ouest des États-Unis ne manque pas d'espaces sauvages. Il en est un toutefois très accessible : le tronçon de l'U.S. 50, la route la plus solitaire d'Amérique, qui traverse le Nevada. Route intercontinentale, la Highway 50 relie, au terme de 4 800 km, Sacramento, en Californie, à Ocean City, dans le Maryland. Ses 657 km de désert dans le Nevada sont une réelle expérience de la solitude – on y croise plus de lièvres et de corbeaux que d'hommes. Elle ne dessert que quatre petites villes – Fallon, Austin, Eureka et Ely – où l'on trouve encore des vestiges de la grande époque de l'Ouest, édifices abandonnés et résidus d'extraction minière. La route, qui reprend le trajet du Pony Express, célèbre service postal de l'Ouest, offre une passionnante leçon de géographie sur le Nevada et ses cordillères accidentées séparées par de larges vallées. La végétation et la géologie changent constamment au fil des kilomètres, des pins *Pinus edulis* des sommets à l'armoise qui recouvre les versants, en passant par les saules des dépressions marécageuses jusqu'aux salants blancs et désolés.

**Quand ?** Le Nevada est une fournaise en été, tandis que les hivers sont très froids et souvent neigeux ; préférez la fin du printemps ou le début de l'automne.

**Où ?** Le tronçon du Nevada est généralement emprunté depuis la Californie. De San Francisco, prenez le Bay Bridge vers l'Interstate 80 à Oakland. Gagnez Sacramento (145 km) puis prenez l'U.S. 50 sur approximativement 160 km jusqu'à la frontière d'État avec le Nevada.

**À savoir** Le trajet peut se faire en 1 journée ou être scindé, avec arrêt d'une nuit à Fallon, Austin, Eureka ou Ely. Les stations-service sont rares, faites le plein dès que vous le pouvez. Prévoyez de l'eau et des couvertures en cas de panne. La viande est souvent très bonne dans les restaurants familiaux mexicains.

**Internet** www.byways.org/explore/byways/2033, www.nevadatravel.net

### Un joyau du désert

En plein cœur du Nevada, la Highway 50 débouche sur **Austin**, un petit village tranquille qui a autrefois été le théâtre d'une importante ruée vers l'argent. De nombreux édifices historiques ont été préservés, dont Stokes Castle, une tour de pierre de trois étages construite en 1897 par un excentrique local.

Austin s'est aujourd'hui tourné vers la production de turquoises et plusieurs mines des environs fournissent aux joailliers locaux des pierres de qualité. Quelques boutiques de la grande rue (la Highway 50) vendent ce minerai de couleur bleu céleste sous toutes ses formes, encore brut dans la pierre ou poli en cabochon, et plus souvent taillé en bagues fines ou assemblé en broches et colliers plus imposants, montés sur argent.

# Le Salt Missions Trail

## Les ruines d'églises en adobe sont les seuls vestiges de la présence missionnaire dans les pueblos indiens.

Vers 1600, les frères franciscains vont essaimer en quelque 75 ans un chapelet de missions dans cette vallée que les Espagnols ont baptisée « Salinas » en raison des grandes quantités de sel présentes. Les ruines de ces églises en pierre rouge sont aujourd'hui protégées au sein du Salinas Pueblo Missions National Monument, un des sites classés monuments nationaux les moins connus. Le sentier des missions part de la petite ville de Tijeras, à l'est d'Albuquerque. La mission la plus septentrionale est Quarai, qui a été le siège de la redoutable Inquisition espagnole au Nouveau-Mexique. Hauts de 12 m, les murs de grès rouge de l'église La Purísima Concepción donnent une idée de l'importance de la mission à son apogée. Mountainair, où l'esprit des pionniers survit toujours auprès de certaines institutions locales comme le Rosebud Saloon, accueille un centre d'information et un musée. La mission Abó et son église, également imposante, sont à 10 minutes seulement à l'ouest de la ville ; les vastes ruines de Gran Quivira sont un peu plus au sud, à 40 km, sur la New Mexico 55. Famine, sècheresse et attaques apaches ont eu raison des Européens qui ont abandonné Quivira, le plus grand des pueblos des Salinas, en 1672.

**Quand ?** Il n'y a pas de mauvaise saison pour visiter la vallée des Salinas. Profitez des fleurs sauvages au printemps. L'été peut être caniculaire et les flocons de neige ne sont pas rares en hiver.

**Où ?** Suivez l'Interstate 40 d'Albuquerque jusqu'à l'embranchement pour Tijeras. La New Mexico 337 mène vers les missions. Vous pouvez aussi prendre l'Interstate 25 au sud à travers la vallée du Rio Grande jusqu'à Belen puis suivre la direction de Mountainair et les panneaux du centre d'information.

**À savoir** Le Shaffer Hotel à Mountainair (fondé en 1923) est un des rares établissements situés sur le sentier même. Les missions sont souvent visitées en une journée depuis Albuquerque, où, entre autres possibilités d'hébergement se trouve, en centre-ville, l'hôtel Embassy Suites, moderne et confortable. Prévoyez eau et encas pour la journée d'excursion.

**Internet** www.newmexico.org, www.nps.gov/sapu, www.shafferhotel.com

### Un triste site d'essai

À 80 km au sud de Gran Quivira se trouve **Trinity Site**, le site où a explosé pour la première fois au monde une bombe atomique, le 16 juillet 1945. Mise au point dans le cadre du projet Manhattan dans des laboratoires du nord du Nouveau-Mexique, cette bombe au plutonium est un prototype de celle qui sera lâchée sur Nagasaki moins d'un mois plus tard. Site historique national, Trinity se visite deux fois par an (les premiers samedis d'avril et d'octobre). On y voit les bunkers, le camp de base et le vieux ranch où le cœur de la bombe a été assemblé.

Édifices chrétiens et indiens sacrés côte à côte à Abó. La structure circulaire, ou *kiva*, était utilisée par les Pueblos pour leurs rites religieux.

Le kayak est idéal pour explorer les grottes, les anses et le littoral de l'île.

MEXIQUE

# L'île Espíritu Santo

## Glisser en kayak sur les eaux calmes du golfe de Californie pour voir en kaléidoscope un des plus riches écosystèmes du monde.

Vous levez votre pagaie et l'eau tiède et salée de l'océan coule le long de votre bras. À côté de votre kayak, des raies mantas ondulent sous la surface puis viennent soudain frapper l'air de leurs nageoires. Difficile d'être plus près de la nature que lors de cette semaine de kayak – le matin uniquement – le long des côtes d'Espíritu Santo, une île du Pacifique, au large de la Basse-Californie, au Mexique. Sur le littoral ouest abrité, l'océan vient doucement lécher les criques de sable blanc. La côte est, plus rocheuse et escarpée, creusée de nombreuses cavités, est battue par les vents. L'île attire de nombreux oiseaux de terre et de mer, et quelque 500 espèces de poissons nagent dans les récifs coralliens qui la bordent. Chaque après-midi, vous accostez sur une plage et passez le reste de la journée à explorer l'intérieur aride couleur cuivre de l'île, ponctué de cactus solitaires et d'étranges formations rocheuses. Vous pouvez plonger dans l'océan et explorer les grottes sous-marines ou nager avec d'espiègles otaries. Une balade à travers les gorges ombragées de l'île vous amène vers une chute d'eau, douche naturelle qui lavera votre peau du sel accumulé après plusieurs jours en mer. Lorsque le soleil se couche, ce sont un cocktail et un poisson fraîchement pêché qui vous attendent, avant de passer la nuit sous les étoiles.

**Quand ?** Voyages organisés toute l'année mais les mois d'octobre à décembre sont les plus agréables, avec un temps chaud et une mer calme. Les vents augmentent de décembre à mars ou avril. Il pleut rarement.

**Où ?** Départ des excursions en bateau à moteur de La Paz, en Basse-Californie, située à 2 h d'avion de Los Angeles. Il est préférable d'arriver la veille de votre excursion en kayak.

**À savoir** Des guides très compétents sont là pour aider les débutants en kayak. Un bateau à moteur porte le matériel de camping et de cuisine (ainsi que les très importantes toilettes chimiques).

**Internet** www.bassecalifornie.org, whc.unesco.org/fr/list/1182, www.kayakinbaja.com, www.bajatravel.com

### Observer les baleines

Chaque hiver, des baleines grises peuvent être observées dans les eaux peu profondes et tempérées de la **baie de Magdalena** sur la façade pacifique de la Basse-Californie. Elles viennent y mettre bas et élever leurs petits, au terme d'un éprouvant voyage depuis l'Alaska.

Un tour en bateau à moteur vous permettra d'approcher, presque au point de les toucher, ces gentilles géantes couvertes de bernacles qui nagent aux côtés de la vedette. La baie de Magdalena se trouve à 3 h 30 environ de La Paz en bateau.

TOP 10

# Plages idylliques

Ce n'est jamais la cohue au paradis, juste des kilomètres de plage déserte, inondée de soleil.

### ❶ Coast Guard Beach, États-Unis

En été, impossible de passer à côté de cette plage du Cape Cod National Seashore, dans le Massachusetts, premier bout de terre que les pèlerins du *Mayflower* auraient aperçu en 1620. C'est un paysage de dunes de sable, marécages et tourbières, où vient nicher le rare pluvier, qui attend les randonneurs.

À savoir La plage est surveillée de fin juin à fin août. Un droit d'accès est appliqué de fin juin à début septembre. www.capecodchamber.org

### ❷ Saint Joseph Peninsula State Park, États-Unis

Bordée à l'ouest par le golfe du Mexique et à l'est par la baie Saint-Joseph, cette flèche littorale couverte de hautes dunes plantées d'unioles maritimes possède des kilomètres de plage de sable blanc, où des tortues caouannes viennent pondre en été. Les levers et couchers de soleil y sont de toute beauté. L'avifaune est riche, plus de 240 espèces ont été recensées.

À savoir Les sprays sont interdits dans le parc, n'oubliez pas votre insectifuge. www.floridastateparks.org/stjoseph

### ❸ Descanso Beach, île Catalina, États-Unis

Un havre de paix, à un jet de pierre de Los Angeles, où il est possible d'observer des dauphins et des baleines s'ébattre dans les eaux cristallines du Pacifique. Explorez l'île dans une voiture de golf, un kayak ou à vélo ; ou enfilez des palmes pour aller découvrir les épaves au large.

À savoir L'île est située à 1 h de ferry ou à 15 min d'hélicoptère de Los Angeles. www.catalinachamber.com

### ❹ Grace Bay Beach, îles Turks et Caicos

Avec plus de 16 km de plages de sable blanc et doux, vous devriez trouver un coin tranquille pour vous baigner dans le nord-est de Providenciales, une des îles de l'archipel. Un récif corallien borde le littoral et offre des eaux turquoise sous un soleil quasi permanent (350 jours par an). C'est l'aire de jeu du grand dauphin : le ski nautique et le jet ski y sont interdits.

À savoir À 1h30 d'avion de Miami et 3h30 de New York. www.turksandcaicostourism.com

### ❺ Canouan, Saint-Vincent-et-les-Grenadines

Connue pour le Raffles Resort et le Trump International Golf Club, cette petite île verdoyante, rehaussée des couleurs des bougainvillées et orchidées, est posée au milieu d'eaux émeraude et calmes qui forment une vaste piscine d'eau de mer. Ses nombreuses baies et anses abritent une abondante vie marine. Appréciez la vue du mont Royal, plus haut point de l'île.

À savoir À 2 h de Saint-Vincent en ferry. Les avions arrivent de San Juan, la Barbade et Grenade. www.discoversvg.com

### ❻ Morro de São Paulo, Brésil

Le village de Morro de São Paulo, sur l'île de Tinharé, à 1 h 30 en bateau de Salvador, possède cinq plages, qui ont toutes leur spécificité. Sable blanc, restaurants et *pousadas* (auberges) pour la première, la plus proche du village, tandis que la quatrième et la cinquième sont plus calmes, parfois désertes, et baignées par des eaux tranquilles.

À savoir Écotaxe de 10 reais (4 €) par visiteur, en faveur de la protection de l'île. www.morrodesaopaulo.com.br

### ❼ Cable Beach, Broome, Australie

Non loin de la ville perlière de Broome, cette plage de 22,5 km de sable blanc, régulièrement lavée par la marée, se parcourt à dos de chameau le soir au soleil couchant. À marée basse, à Gantheaume Point, on peut voir des empreintes de dinosaures vieilles de 130 millions d'années.

À savoir Broome est à 2h30 en avion de Perth ; la plage est à 7 km de la ville sur une route goudronnée. Attention aux méduses de novembre à mars. www.westernaustralia.com

### ❽ Cala Luna, Sardaigne, Italie

C'est la falaise de calcaire tombant dans la mer qui attire les grimpeurs sur cette superbe plage en forme de demi-lune sur la côte est, tandis que les eaux claires et peu profondes se prêtent volontiers à la baignade et à la plongée avec tuba.

À savoir La plage est à quelques encablures de Cala Gonone. sardegna.italiaguida.it

### ❾ Agios Georgios, Corfou, Grèce

L'île ionienne possède certaines des plus belles plages de la Méditerranée, pour la plupart pavillon bleu. Chargée d'effluves de sauge et de citron, entourée d'oliviers, Agios Georgios au nord de la côte ouest est un pur joyau, une plage de sable doré nichée au cœur d'une baie en fer à cheval. La baie et ses vents sont appréciés des véliplanchistes.

À savoir Agios Georgios est à 45 min en bus de la ville de Corfou. www.corfuvisit.net, corfougrece.free.fr

### ❿ Réserve naturelle De Hoop, Afrique du Sud

Située près de la pointe australe de l'Afrique, à 257 km du Cap, cette zone protégée se trouve sur une étonnante étendue côtière de dunes de sable et de baies tranquilles bordées de falaises. Le Whale Hiking Trail permet d'observer les cétacés. En chemin, vous apercevrez sans doute des babouins, des zèbres, des mangoustes fauves et des léopards.

À savoir Baleines présentes de juin à novembre, août et septembre étant les meilleurs mois pour les voir. www.enafriquedusud.com

Ci-contre : Glorious Cable Beach en Australie-Occidentale doit son nom au câble télégraphique sous-marin posé dans les années 1880 et reliant la région à Singapour.

L'église et le clocher du XVII^e siècle de l'hacienda Santa Bárbara

MEXIQUE

# Les haciendas de Tlaxcala

À 2 heures de l'agitation de Mexico, la route des haciendas vous fait découvrir les propriétés historiques de la région.

De l'autre côté des montagnes, à l'est de Mexico, s'ouvre le territoire des *rancheros* espagnols. Là, dans l'État de Tlaxcala, le plus petit du pays, parmi les champs de magueys et de figuiers de Barbarie, d'immenses domaines appelés haciendas ont prospéré pendant trois siècles. Leur cœur était une imposante demeure dans laquelle vivaient l'*hacendado* et sa famille. Si certaines haciendas sont aujourd'hui en ruine, d'autres, encore habitées par les descendants des premières familles, ouvrent leurs portes et partagent leur histoire. Ces dernières années, des haciendas abandonnées ont été restaurées et converties en maisons d'hôte. L'hacienda Soltepec propose des balades à cheval dans la campagne couverte de fleurs sauvages et dominée par des pics enneigés. Plusieurs propriétés élèvent encore des taureaux de corrida pour la féria de Tlaxcala. L'hacienda d'Atlangatepec, à 38 km de celle de Soltepec, initie à la tauromachie et emmène ses hôtes voir des corridas. Quelques haciendas, notamment Xochuca, produisent encore du *pulque*, une boisson alcoolisée traditionnelle à base de jus fermenté de maguey, que vous pourrez goûter.

**Quand ?** Tlaxcala bénéficie d'un climat tempéré. Au 15 août, pour le festival de l'Asunción, les rues de Tlaxcala, en fête, se transforment en un tapis de fleurs tandis que celles d'Huamantla voient défiler des taureaux.

**Où ?** Service de bus régulier entre Mexico et Tlaxcala (2 h). Huamantla est à 26 km de Tlaxcala. Commencez le circuit au niveau de l'hacienda Soltepec à 4,8 km d'Huamantla.

**À savoir** La route des haciendas offre de nombreuses possibilités : excursions à la journée, soirée de dégustation des spécialités régionales ou séjours de quelques nuits. Il est possible de louer une voiture ou de réserver un guide/chauffeur à l'office de tourisme de Tlaxcala.

**Internet** www.descubretlaxcala.com, haciendastlaxcala.com.mx, haciendasoltepec.com, haciendatenexac.com

## Tlaxcala et au-delà

■ Petite capitale d'État coloniale, **Tlaxcala** est construite autour d'une place centrale fleurie que l'architecture moderne n'a pas encore remaniée. Le **temple de San Francisco**, du XVI^e siècle, mérite un détour pour son intéressant plafond mauresque en bois marqueté et sa fresque du baptême des chefs indigènes de l'ancien royaume. De l'autre côté du patio pavé se trouve l'arène, une des plus vieilles du Mexique toujours utilisée.

■ À 18 km seulement de la ville se trouve le site archéologique de **Cacaxtla**, datant de 650 de notre ère. Vous y verrez des fresques de la bataille entre les guerriers aigles mexicains et les guerriers jaguars mayas, ainsi que l'homme-oiseau et l'homme-scorpion.

■ Le **zoo Altiplano** du village de San Pablo Apetatitlan est voué à la conservation des animaux menacés et a un programme de reproduction destiné à réintroduire les espèces en milieu naturel.

GUYANA

# Les chutes de Kaieteur

**Un trek dans la jungle de la Guyana dont le point d'orgue est l'une des plus spectaculaires chutes d'eau au monde.**

La nuit tombe sur le camp de Tukiet et des murs d'eau vous entourent. Vous êtes aux chutes de Kaieteur, dans un brouhaha constant. Dans le ciel, des milliers de martinets foncent comme des flèches derrière la cascade pour regagner leurs nids. La balade jusqu'aux chutes relève plus d'une expédition. Elle commence par une route cahoteuse qui part de Georgetown, la capitale de la Guyana, et traverse une région de bauxite pour rejoindre le point de départ sur le Potaro. Là, un bateau à moteur vous conduit, dans une jungle impénétrable, jusqu'à une plage de sable blanc de l'île d'Amatuk. Des hamacs sont suspendus entre les arbres, du poisson frais et du pain cassava cuisent sur un feu de bois et des randonneurs se baignent. Le sentier suit le fleuve dans l'épaisseur de la forêt, traverse des criques sur des ponts de fortune et serpente sur des blocs de roche sombre et glissante. Le dernier jour, une ascension de quatre heures jusqu'au haut des chutes de Kaieteur vous attend, pour voir le Potaro plonger de près de 225 m et finir dans un nuage de vapeur. Les chutes sont cinq fois plus hautes que celles du Niagara et font deux fois la hauteur des chutes Victoria. Il est possible de les survoler à bord d'un petit biplan avant de rentrer à Georgetown en passant au-dessus de la canopée.

**Quand ?** La plupart des excursions ont lieu entre juillet et novembre.

**Où ?** Les treks, de 3 à 5 jours, partent de Georgetown. La première journée se passe dans un bus, puis en 4 x 4 jusqu'au point d'entrée sur le Potaro.

**À savoir** Si vos bagages sont transportés par bateau pour l'essentiel du trek, le dernier jour, pour l'ascension finale, il vous faut porter votre équipement. Pensez-y en préparant votre sac. Manches et pantalons longs recommandés, car les moustiques et autres insectes piqueurs sont voraces. Le vol de retour vers Georgetown dure à peine plus de 1 h.

**Internet** www.guyana-tourism.com, www.kaieteurpark.gov.gy, www.wilderness-explorers.com

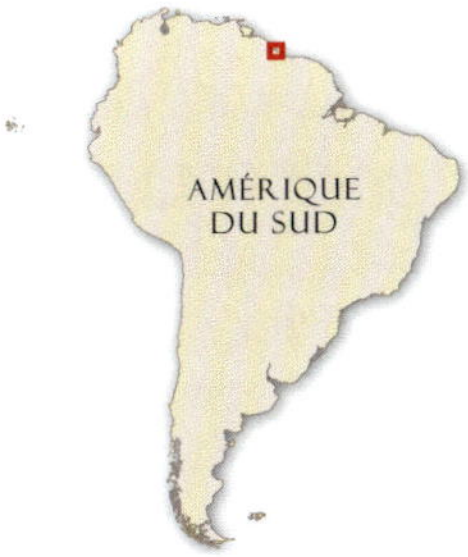


### La nature sous observation

Les forêts de la Guyana fourmillent de vie. Un flash de couleur au-dessus de vous et un ara ou un toucan viennent de passer. L'appel caractéristique du coq-de-roche mâle s'entend à des kilomètres à la ronde. Ces oiseaux au plumage orange vif, pourvus d'une impressionnante crête, construisent des nids précaires sur des parois quasi verticales. Vous verrez sans doute des planeurs, de magnifiques papillons de plus de 20 cm d'envergure aux ailes couleur café. Et vous aurez peut-être la chance d'apercevoir un ocelot qui se repose sur une branche basse de la forêt.

Avec un débit de 663 $m^3$/seconde, les chutes de Kaieteur sont parmi les plus puissantes cascades au monde.

LE MONDE À VOS PIEDS · DERNIERS PARADIS SAUVAGES · ÎLES DU BOUT DU MONDE · ROUTES ET CHEMINS DE TRAVERSE · SECRETS D'HISTOIRE · OASIS SPIRITUELLES · TRÉSORS CACHÉS · VILLAGES OUBLIÉS · ESCAPADES URBAINES

ARGENTINE/CHILI

# À travers les Andes

**De Salta en Argentine jusqu'à San Pedro de Atacama au Chili, en plein désert, un voyage en autocar tout en contrastes et en extrêmes.**

L'autocar laisse derrière lui l'agitation de la ville coloniale de Salta. La végétation devient plus dense, entre broméliacées et palmiers, fruit d'un insolite microclimat subtropical à près de 1 200 m d'altitude. Puis la flore se raréfie tandis que vous entrez dans une vallée de montagne, dans les environs du village de Purmamarca, où les parois rocheuses prennent alors des nuances dorées, ocre et rousses. La route gravit ensuite, en une série de virages en épingle, la raide côte de Lipan. Vous voilà au milieu des nuages, et seuls quelques cactus épineux agrémentent le paysage. Le brouillard enveloppe tout. Cela vaut mieux sans doute, car le précipice qui borde la route est impressionnant. La brume se disperse et les immenses lacs de sel desséchés de Salar Grande apparaissent. Ces étendues craquelées blanches brillent à perte de vue. Et c'est sous un ciel sans nuages, dans un paysage à la fois éclatant et morose, que la frontière argentine s'annonce – un modeste poste, au niveau du Paso de Jama, mais qui se trouve à 4 877 m d'altitude. Un paysage lunaire s'ouvre alors devant vous : des lacs bleu saphir et vert émeraude bordés de sel renvoient l'image des pics andins couleur rouille et des volcans saupoudrés de neige. Et tandis que vous glissez vers le désert d'Atacama, à l'ombre du Licancabur, une tache de vert apparaît au loin – l'oasis de San Pedro de Atacama, à 2 400 m d'altitude.

**Quand ?** Mieux vaut entreprendre ce voyage lors de la saison sèche à Salta, d'avril à octobre.

**Où ?** Vols réguliers entre Salta et Buenos Aires. La société d'autocars Nueva Chevallier assure un service quotidien depuis la capitale (17 h).

**À savoir** Les autocars qui relient Salta à San Pedro de Atacama circulent les mardis, vendredis et dimanches, départ 7 h, sous réserve de modifications. Le trajet dure 12 h. Pour un voyage plus agréable, organisez vous-même l'itinéraire et arrêtez-vous une nuit en chemin. Vous risquez de souffrir du mal des montagnes.

**Internet** www.saltargentina.com.ar, lapuna.free.fr, fr.norteexperience.com.ar, www.sanpedrodeatacama.com

## Salta

■ Autre possibilité, le **Tren a las Nubes** (le train vers les nuages), qui quitte Salta trois fois par semaine pour la frontière argentino-chilienne. Ponts, lacets et vertigineux viaducs pour cette voie de chemin de fer qui se termine à **La Polvorilla**.

■ **Cachi**, ville coloniale, est à 4 h de route de Salta. Son église du XVIe siècle est classée monument national.

■ De Cachi, il est possible de partir en randonnée à travers un paysage digne d'un film de cow-boys. Feu de camp et *yerba mate*, le fameux thé des jésuites, vous apporteront un peu de chaleur la nuit.

Le petit village de Purmamarca, sur les contreforts du Cerro de los Siete Colores, la bien nommée colline aux sept couleurs.

Un filin relie Hatago Iwa à la côte ouest de la péninsule. Les deux rochers symbolisent des amoureux.

JAPON

# La péninsule de Noto

## Une pointe de terre émergée qui s'avance dans la mer du Japon, où la vie est paisible et les traditions artisanales préservées.

Depuis l'aéroport de Noto, près du centre de cette péninsule sur la façade nord de Honshu, le littoral occidental escarpé n'est qu'à quelques minutes en voiture. La route traverse plusieurs tunnels et débouche soudain sur de vertigineuses falaises et un vaste panorama sur la mer. De curieuses formations rocheuses et îles ponctuent la côte, au nombre desquelles Hatago Iwa, deux rochers dits sacrés et reliés par un *shimenawa*, ou filin, et Ganmon, une grotte-tunnel creusée par l'érosion. Les habitants de la région vivent en parfaite harmonie avec la mer, dont ils ramassent les algues à marée basse et filtrent l'eau pour en récolter le sel. Les barrières de bambou, ou *magaki*, qu'ils érigent le long du front de mer ralentissent la force du vent et des vagues en hiver. Dans la petite ville septentrionale de Kamiozawa, une barrière de 10 000 pieds de bambou protège les maisons de bois traditionnelles des vents sibériens qui s'engouffrent entre les falaises autour du village. Un peu avant l'extrémité de la péninsule, la ville de Wajima compte de nombreux artisans qui travaillent encore les célèbres bois laqués Wajima-nuri, aussi délicats que résistants et dont l'art est mis en valeur dans deux musées. Le marché, vieux de près de 1 000 ans, est l'endroit idéal pour en acheter. Un peu plus loin sur la côte, la colline de Senmaida (des « mille rizières ») avec ses rizières en terrasses mérite aussi le détour.

**Quand ?** Le temps est plus plaisant en été et à l'automne mais l'hiver est la saison des fruits de mer et les vagues et vents qui balaient alors la côte assurent un grand spectacle.

**Où ?** L'aéroport de Noto est à 1 h de vol de Tokyo. En train, comptez 6 h.

**À savoir** Les autocars ne sont pas réguliers – louez une voiture à l'aéroport ou à la gare pour explorer la péninsule. Le marché de Wajima est quotidien, de 8 h à 12h. C'est en été qu'ont lieu les festivals des *kiriko*, ces lanternes géantes en papier exhibées dans les rues puis allumées.

**Internet** www.tourisme-japon.fr

### Mon voyage insolite

*Son visage se plisse tandis qu'il recherche ces mots d'anglais appris des années plus tôt. Nous nous lavons les mains et il me demande de m'incliner « pour répéter » avant d'entrer dans le sanctuaire shintoïste de Keta Taisha, dans le sud-ouest de la péninsule. Il en est le* guji *ou grand prêtre et le gardien de la forêt vierge. Seuls les prêtres peuvent y pénétrer mais il se souvient y avoir conduit, il y a 27 ans, l'empereur. « Il était si heureux qu'il en a fait un poème ! » Il récite le haïku : « Dans les bois du sanctuaire qui n'ont jamais connu la cognée, nous avons trouvé – combien rare ! – le* karatachibana *qui y grandissait. »*

**Katrina Grigg-Saito**
**Voyageuse**

AUSTRALIE

# Le Larapinta Trail

## Traversant le bush, ce sentier vous conduit au cœur de l'Australie centrale.

Il suffit d'une crête un peu raide et les falaises couleur ocre, les eaux lisses et l'avifaune animée d'Ormiston Gorge laissent soudain place à une vue panoramique sur le mulga et les collines couvertes de spinifex jusqu'aux remparts mauves du mont Sonder. C'est un des derniers tronçons (section 10 sur 12) du Larapinta Trail dans le Territoire du Nord, un sentier de randonnée nature qui court sur 222 km à l'ouest d'Alice Springs jusqu'au mont Sonder, sur la crête élimée de la chaîne ouest des monts MacDonnell. Chaque section du sentier est accessible en voiture, de sorte que les randonneurs parcourent la distance qu'ils veulent – ou qu'ils peuvent ! Il est vrai que les marcheurs sont moins nombreux plus le sentier avance vers l'ouest et rares au-delà d'Ormiston Gorge. Plus loin, le lit sablonneux de la Finke (*lara pinta* en arrernte) est un plaisant lieu de pique-nique. Un embranchement conduit jusqu'à l'avant-poste de Glen Helen, où il est possible de se rafraîchir, se restaurer et camper. Pendant des millénaires, les points d'eau du massif ont été des oasis de vie pour les hommes et les animaux. À Simpsons Gap, qui termine la première section, des wallabies des rochers se prélassent au soleil tandis que des milans et cacatoès tournoient dans les airs. Plus à l'ouest, le sentier s'engage dans la faille de Standley Chasm. À Ellery Creek, une profonde piscine naturelle entre d'abruptes parois de roche rouge attend les plus vaillants. Au niveau de Serpentine Gorge, les cigales se chargent du fond sonore et les diamants mandarins du spectacle.

**Quand ?** Il est recommandé d'entreprendre cette randonnée (en groupe de 3 personnes pour le moins) entre avril et octobre, lorsque la chaleur est moins intense. Les nuits peuvent être froides.

**Où ?** Alice Springs est reliée, par avion, à la plupart des grandes villes australiennes. Elle est également sur le trajet du Ghan, la ligne de chemin de fer qui relie Adelaide à Darwin.

**À savoir** Il faut 2 semaines pour parcourir l'intégralité du sentier. La difficulté de chaque section, nécessitant 1 ou 2 journées de marche, est précisée. Des parcours guidés avec transferts en voiture pour éviter les sections longues ou difficiles sont proposés. Le Glen Helen Resort propose des ravitaillements et des allers-retours entre différentes sections dans la partie ouest du sentier.

**Internet** www.nt.gov.au/nreta/parks/walks/larapinta, www.treklarapinta.com.au

Ci-contre : des randonneurs explorent Standley Chasm. Ci-dessus : un *ghost gum* bien esseulé et le mont Sonder au loin.

### Albert Namatjira

Artiste arrernte, Albert Namatjira a parfaitement su restituer dans ses aquarelles toute la beauté et la palette de couleurs de sa terre natale, l'ouest des monts MacDonnell.

Né en 1902, Namatjira commence à peindre dans un « style occidental » en 1936, inspiré par Rex Battarbee. Deux ans plus tard, sa première exposition, à Melbourne, connaît un vif succès, tout comme ses expositions suivantes à Adelaide et Sydney. Il paiera cher toutefois cette réussite. À une époque où les Aborigènes ne sont même pas reconnus comme des citoyens australiens, une exception est faite pour Namatjira qui se voit attribuer le statut de citoyen en 1957. Cela lui donne le droit d'acheter de l'alcool qu'en vertu d'obligations tribales, il se doit de partager. Or la loi interdit de fournir de l'alcool aux Aborigènes et, en octobre 1958, Namatjira est jugé coupable et condamné à deux mois d'emprisonnement. Il ne s'en remettra pas et mourra l'année suivante.

Ses œuvres sont visibles dans sa ville natale, **Hermannsburg**, à 125 km environ d'Alice Springs, ainsi qu'auprès de l'Albert Namatjira Gallery de l'**Araluen Arts Centre** à Alice Springs.

TOP 10

# TRAVERSÉES EN FERRY

Embarquement immédiat pour des traversées parmi les plus exaltantes au monde.

## ❶ Le détroit de Belle-Isle, Canada

Lors de cette traversée de 90 min de Blanc-Sablon, à l'extrême est du Québec, à Sainte-Barbe sur Terre-Neuve, vous verrez sans doute des eiders du Labrador. À l'automne, des oiseaux de rivage migrateurs arrivent en nombre, notamment bécasseaux sanderlings ou à croupion blanc. En été et au début de l'automne, ce sont des baleines que vous pourrez apercevoir.

À savoir Liaisons quotidiennes de mi-avril à mi-janvier. www.tourismlowernorthshore.com, www.tw.gov.nl.ca

## ❷ Homer-Unalaska, Alaska, États-Unis

Longeant les glaciers, le ferry dessert une demi-douzaine de ports de pêche des îles volcaniques de la chaîne aléoutienne, appartenant pour la plupart à la réserve naturelle nationale aléoutienne. N'oubliez pas votre appareil photo pour les aigles, nombreux, la rare starique pygmée et, en été, les environs d'Unalaska en fleurs.

À savoir La traversée dure 4 jours; en service de mi-avril à fin septembre. www.homeralaska.org, www.unalaska.info

## ❸ Tortola-Jost Van Dyke, î. Vierges britanniques

Un vol plané de 20 min sur les eaux turquoise des Antilles à bord de l'aéroglisseur *Paradise Express* et vous voilà à Jost Van Dyke, qui doit son nom à un pirate hollandais. Lézardez à la terrasse d'un café, prenez vos palmes, faites le tour de l'île en taxi ou pédalez jusqu'à la plage de White Bay.

À savoir Le dernier ferry pour Tortola part généralement entre 16h30 et 17 h. www.bvitourism.com

## ❹ Cruce de Lagos, Argentine/Chili

Partant de Bariloche, cet itinéraire de découverte en bus et ferry traverse les lacs Nahuel Huapi, Frio et Todos los Santos, avant de rejoindre Puerto Varas. La fatigue du voyage disparaît devant la beauté des Andes, des cascades cristallines, des lacs vert-bleu, des pics enneigés et des forêts immenses.

À savoir En service toute l'année; peut être fait dans la journée ou avec une halte de 1 nuit à Peulla. www.crucedelagos.com

## ❺ Kusu et île Saint John, Singapour

Un pont routier relie Singapour à Sentosa, où vous pouvez voir une réplique du Merlion, l'emblème à tête de lion et corps de poisson de Singapour. Le ferry part de Sentosa pour une traversée de 45 min vers l'île Saint John – plaisante pour un pique-nique ou la baignade – ou de 30 min pour Kusu, où vous attendent le temple de Da Bo Gong et le sanctuaire Kramat.

À savoir Préférez les jours de semaine ou les heures creuses lors du pèlerinage annuel de Kusu, de mi-octobre à mi-novembre, pour éviter la foule. www.visitsingapore.com, www.sentosa.com

## ❻ Le lac Saint-Clair, Tasmanie, Australie

Profitez d'une agréable traversée de 30 min de Cynthia Bay sur ce lac limpide, dans un décor de plages, anses et moraines, jusqu'à Narcissus Bay à l'extrémité sud de l'Overland Track. Vous pouvez regagner Cynthia Bay en marchant à travers des arbres à thé, de hautes fougères, de nobles eucalyptus morts et des graminées. L'occasion de voir des wallabies, des wombats ou des ornithorynques.

À savoir Campez ou séjournez dans les huttes de Cynthia Bay. www.discovertasmania.com, www.parks.tas.gov.au

## ❼ Le détroit de Cook, Nouvelle-Zélande

La traversée de 3 h de Wellington, sur l'île du Nord, à Picton, sur l'île du Sud, vous fait découvrir des versants rocailleux, de luxuriantes forêts, des plages dorées et l'historique phare du détroit de Cook. Phoques, dauphins et baleines batifolent dans les eaux parfois très agitées. Picton est un agréable petit port.

À savoir Navette de la gare ferroviaire de Wellington jusqu'au terminal maritime. www.newzealand.com, www.interislander.co.nz

## ❽ Strömstad et les îles Koster, Suède

Une pittoresque traversée de 40 min vous emmène sur les îles Koster, les plus occidentales du pays, où tout moteur est proscrit. Un paysage de roche, de fjords, de tourbières et de forêts. Randonnées guidées, excursions en bateau et safaris aux phoques sont proposés. L'île Koster nord, rocailleuse, renferme quelques vestiges de la période glaciaire.

À savoir Essayez de vous y rendre entre début mai et fin septembre. www.visitsweden.com, www.kosteroarna.com

## ❾ De Rostock, Allemagne, à Gedser, Danemark

Depuis plus d'un siècle, des ferries traversent les 45 km de mer Baltique qui séparent la ville hanséatique de Rostock du petit village de Gedser, à l'extrémité sud de l'île danoise de Falster. À l'automne, les ornithologues sont au rendez-vous pour observer les oiseaux migrateurs.

À savoir La traversée dure 1h45. www.germany.travel/fr, www.visitdenmark.com

## ❿ Des Cornouailles aux Sorlingues, G.-B.

Partez en voilier de Penzance pour Hugh Town sur Saint Mary's, une des 56 îles des Sorlingues. Les jonquilles y poussent par milliers et sont exportées en Grande-Bretagne. En août, ce sont les mûres qui vous attendent. Des épaves, habitées par une abondante vie marine, font également la joie des plongeurs.

À savoir Les horaires de ferries peuvent être modifiés en raison des grandes marées ou d'événements spéciaux sur les îles. www.visitcornwall.com, www.simplyscilly.co.uk

Ci-contre : la beauté des îles Aléoutiennes en Alaska s'offre aux passagers des ferries.

AUTRICHE

# La région des lacs

## Une agréable virée dans le massif du Salzkammergut, une région de lacs, de montagnes et de villages alpins fleuris.

En quittant la ville natale de Mozart par le sud, la première retenue d'eau rencontrée est le lac de Fuschl, un des plus petits mais des plus pittoresques de la région. La descente dans la vallée suivante réserve une jolie vue sur le lac de Saint-Wolfgang et ses voiliers. Profitez du panorama, mais ne vous arrêtez pas longtemps, et continuez plus au sud, jusqu'au cœur véritable de l'Autriche et des Alpes. En approchant du lac de Hallstatt, un site préhistorique qui a donné son nom au premier âge du fer, on comprend mieux pourquoi jusqu'au siècle dernier ce village n'était accessible que par ferry. La route devient de plus en plus étroite, les versants plus abrupts et, en hiver, Hallstatt est souvent totalement coupé du monde. Aujourd'hui, malgré la route creusée à travers la montagne, le lac, semblable à un fjord, peut encore être traversé par ferry. Essayez d'y arriver le matin, lorsque le brouillard s'élève au-dessus de l'eau et que le soleil apporte quelques heures de chaleur à ce village reculé. Les habitations originales sur pilotis ont disparu, mais les maisons actuelles ont un style unique. Prenez le funiculaire ou marchez jusqu'aux mines de sel vieilles de 7 000 ans. Ne manquez pas non plus l'ossuaire de l'église catholique, avec ses centaines de crânes humains peints.

**Quand ?** Mai à octobre sont les mois les plus propices. Hallstatt peut être difficile d'accès en hiver et de nombreux lieux sont fermés (notamment les mines de sel).

**Où ?** Vous pouvez louer une voiture à Salzbourg ou vous renseigner sur les excursions auprès de votre hôtel, sinon autocar de Salzburg Hauptbahnhof à Bad Ischl puis train jusqu'à la gare de Hallstatt et ferry.

**À savoir** Faites coïncider votre visite avec les nombreux festivals de la région : la fête de *Corpus Christi*, une mémorable procession sur le lac de Hallstatt à la fin du printemps ou l'*Almabtrieb* sur le lac de Saint-Wolfgang au début de l'automne, lorsque les bêtes redescendent des alpages.

**Internet** whc.unesco.org/fr/list/806, www.salzwelten.at, www.fuschlseeregion.com, www.wolfgangsee.at

### Les trois lacs

Le **Bartl-Hütte** est un restaurant apprécié des randonneurs venus admirer les eaux turquoise cristallines des lacs d'un point de vue élevé. Sa carte reprend des spécialités autrichiennes traditionnelles telles que quenelles et rôti de porc, ainsi que desserts, sirops et schnaps faits à partir de baies de sureau. On rejoint le chalet par la route depuis **Faistenau** (à 20 km de Salzbourg) – puis 5 min de marche du parking. Autre option, par téléphérique depuis **Saint-Gilgen** pour le **Zwölferhorn**, suivi d'une descente de 30 min.

Saint-Wolfgang, en bordure du lac du même nom, est l'une des stations balnéaires lacustres les plus populaires d'Autriche.

L'église gothique Sainte-Marie de Lübeck est un symbole de l'importance de la ville, la « reine de la Hanse ».

ALLEMAGNE

# Les villes de la Hanse

## Des ports aux longues flèches gothiques et des maisons médiévales à pignons où se lit encore toute la puissance de l'alliance commerciale.

La route quitte Brême par le nord pour le littoral de la Baltique et Lübeck. La Holstentor, une monumentale porte fortifiée, rappelle l'importance de la ville au sein de la Hanse germanique, une puissante ligue marchande de cités médiévales. L'atmosphère du vieux centre, avec ses demeures bourgeoises des XVe et XVIe siècles, est très plaisante. Profitez du calme d'une petite cour intérieure ou d'un jardin superbement entretenu ouverts aux visiteurs. Un peu plus vers l'est, le long de la côte, découvrez Wismar et ses maisons à pignons, son hôtel de ville néoclassique et son kiosque de style Renaissance hollandaise. Une agréable odeur de poisson fumé envahit parfois l'air. Quelques villes balnéaires de la Baltique plus loin, vous voilà à Rostock. Ses portes impressionnantes, ses fortifications et ses imposantes maisons à pignons témoignent de son importance en tant que ville hanséatique. Entièrement ceinte d'eau, Stralsund est aussi appelée la « ville rouge » pour la couleur des briques de ses édifices. Flânez parmi ses canaux, ses entrepôts, ses remparts, son abbaye médiévale et ses autres édifices historiques – dont le *rathaus* (hôtel de ville) du XIIIe siècle orné d'arcades.

**Quand ?** Chaque saison a son charme. Les marchés de Noël égayent les hivers tandis que le printemps voit éclore les fêtes et les feux de Pâques dans le nord du pays. Avec de longues journées chaudes et de courtes nuits fraîches, l'été est la saison la plus fréquentée ; prix parfois majorés.

**Où ?** Les villes sont aisément accessibles en train ou voiture. Rostock, par exemple, est à 3 h de Berlin et à 2 h de Hambourg.

**À savoir** Il faut compter 3 jours pour parcourir les 500 km de la route.

**Internet** whc.unesco.org/fr/list/272, whc.unesco.org/fr/list/1067, www.clio.fr/BIBLIOTHEQUE/la_hanse_dans_la_baltique.asp, www.clio.fr/BIBLIOTHEQUE/la_hanse_une_union_d_interets.asp

### Fermes-cafés

■ Un des plaisirs de l'Allemagne du Nord, ce sont ces fermes où il est possible, tout en profitant d'une charmante vue sur la Baltique, de déguster un excellent café, fraîchement moulu, accompagné de biscuits et gâteaux faits maison, dont les recettes se transmettent de génération en génération. Vous pouvez également y ramasser des fraises et des framboises dans les champs en été.

■ Autre spécialité, le *rote grütze*, ou gruau de fruits, un dessert traditionnel à base de fruits rouges, présents en nombre dans la région. Le *rote grütze* est cuit dans le jus naturel des fruits. Mûres, groseilles et framboises en sont la base, parfois accompagnées de cerises ou de fraises. Il est servi avec de la crème fraîche ou une crème à la vanille.

Le Louisiana Museum of Modern Art est le musée d'art le plus visité au Danemark.

DANEMARK

# La riviera danoise

Quelques kilomètres de littoral sur l'île de Seeland, charmants et pittoresques, tranquilles et plats – un paradis pour cyclistes.

Au nord de Copenhague se trouve un littoral moins fréquenté appelé riviera danoise. De plaisants sentiers de randonnée pédestre et cyclable suivent les courbes des plages de sable où il fait bon se balader. Partez à bicyclette à la découverte des petits ports et des forêts de cette portion de côte. Une mer bleu saphir apparaît au détour d'un virage et l'air salé vous revigore. Plus loin, vous apercevez des villas cossues, des auberges accueillantes et des petits villages tranquilles. Faites une halte à Rungsted pour visiter la maison de Karen Christentze Dinensen *alias* Karen Blixen, l'auteure de *La Ferme africaine*, qui accueille également un parc ornithologique. Faites un détour par l'intérieur des terres pour visiter les jardins du palais de Fredensborg, construit au XVIIIe siècle et qui est à ce jour encore une résidence de la famille royale danoise. À Klampenborg, visitez le parc de Dyrehaven, une ancienne chasse royale où plus de 2 000 daims vivent aujourd'hui en liberté. Terminez votre périple cycliste à Helsingør (Elseneur), connu pour le château de Kronborg, l'imposante forteresse dans laquelle William Shakespeare fait évoluer son célèbre personnage torturé, Hamlet.

**Quand ?** Les étés sont chauds mais non étouffants. Le Danemark est agréable au printemps et à l'automne mais froid et venteux en hiver. Les averses sont fréquentes.

**Où ?** Des pistes cyclables relient Copenhague à Helsingør, à 40 km de distance. Vous pouvez également faire ce trajet en train puis regagner la capitale à vélo ou rester 1 nuit à Elseneur avant de revenir.

**À savoir** Le passe touristique Copenhague vous permet d'accéder gratuitement à de nombreux musées, de voyager de manière illimitée en bus, métro et train (S-Tog). Dans Copenhague, louez gratuitement un vélo (contre dépôt de garantie) ; vous ne pouvez toutefois pas sortir de la ville.

**Internet** www.visitdenmark.dk, www.karen-blixen.dk, www.louisiana.dk

### Louisiana

Perché sur un promontoire dominant l'Øresund à Humlebæk, au sud d'Helsingør, le **Louisiana Museum of Modern Art** abrite des œuvres de grands maîtres de l'art moderne dont Picasso, Warhol, Ernst et Giacometti. Le complexe muséal, au cœur d'un vaste parc, est accueilli dans une maison de campagne construite en 1855 pour Alexander Brun, maître de la chasse royale, qui la baptisa « Louisiana » en l'honneur de ses trois épouses successives – toutes prénommées Louise. Promenez-vous dans le parc pour découvrir une magnifique *Silhouette au repos* d'Henry Moore. Profitez de la vue sur le détroit et la Suède qui se devine dans l'horizon bleuté.

ITALIE

# LA VALLÉE D'ITRIA

## Découvrez le paysage bucolique de cette vallée pittoresque des Pouilles et ses constructions héritées de la préhistoire.

Une brume matinale enveloppe les collines ondulantes, couvertes de champs d'oliviers centenaires et de vignes et émaillées de structures coniques blanches qui semblent tout droit sorties des pages d'un conte de fées. La vallée d'Itria est connue pour ses antiques édifices de pierre appelés *trulli*, conçus pour offrir à leurs occupants fraîcheur en été et chaleur en hiver. Au sud-est d'Alberobello, dont les *trulli* ont été portés sur la Liste du patrimoine mondial de l'Unesco, de tranquilles routes de campagne mènent à de vieux villages. À Locorotondo, localité qui doit son nom à sa disposition circulaire, des anneaux de maisons blanchies à la chaux encerclent la Chiesa Madre (l'église mère), de styles néoclassique et baroque. Un peu plus au sud, Martina Franca rappelle que la région a longtemps été sous domination espagnole, son élégant centre dominé par l'architecture baroque, tandis qu'à Cisternino, les racines arabes de la ville sont visibles dans le dédale de ses rues et dans les arcs en ogive de ses édifices. Les routes et les sentiers de la vallée laissent place à des paysages vallonnés parcourus par des chemins de terre qui mènent dans les prés et les champs, où sont disséminés les *trulli*. En été et à l'automne, divers festivals célèbrent les nombreuses délices culinaires de la région, notamment les pâtes au blé dur, les fromages ou encore l'excellent vin blanc de Locorotondo.

**Quand ?** Bien que juillet et août puissent être caniculaires, c'est à cette période que se tiennent de nombreux événements culturels, dont le festival d'opéra de la vallée d'Itria.

**Où ?** Les aéroports les plus proches sont ceux de Bari et Brindisi. Bari est également reliée par train à Rome et d'autres villes italiennes.

**À savoir** Les nombreuses maisons d'hôtes et *agriturismi* (fermes auberges) sont parfaites pour visiter les villes de la région telles que Castellana-Grotte, Bari, Trani, Castel del Monte, Ostuni et Matera. Les transports publics ne sont pas fiables ; mieux vaut louer une voiture.

**Internet** www.viaggiareinpuglia.it, www.voyagepouilles.com, www.pouilles.ch, www.grottedicastellana.it

### Les grottes de Castellana

Au nord de la vallée d'Itria se trouve un réseau souterrain de grottes long de 3 km, fruit de l'érosion et de dépôts millénaires. Exceptionnelles, les grottes attirent aussi bien scientifiques, spéléologues que visiteurs : d'immenses salles emplies de stalactites et stalagmites, dont la **grotte de la tour de Pise**, accueillant une grande stalagmite, la **grotte des Monuments**, et la plus spectaculaire, la **grotte Blanche**, étincelante avec ses concrétions de calcite. Des visites guidées, de 50 min ou 2 h, sont proposées tous les jours.

Les rues étroites d'Alberobello bordées de centaines de *trulli*. Un village inscrit sur la Liste du patrimoine mondial de l'Unesco.

TOP 10

# Promenades au fil de l'eau

Sur terre ou dans une péniche, le calme et la sérénité sont garantis sur ces voies navigables créées par la nature ou la main de l'homme.

## 1 Le canal Rideau, Canada

Un chapelet de lacs et de rivières de 200 km de long, relié par des canaux, permet de gagner Ottawa depuis Kingston, sur le lac Ontario. Un rat musqué observera peut-être vos manœuvres à l'une des 45 écluses à manivelle, à moins que ce ne soit une tortue américaine ou un plongeon, au bec fort et pointu.

À savoir Le canal ouvre fin mai et ferme mi-octobre. Comptez pour le moins 3 jours de navigation. www.rideau-info.com/canal

## 2 La Boundary Waters, États-Unis

À cheval sur la frontière canado-américaine, cette zone de canaux et de tourbières inclut la Boundary Waters Canoe Area au nord-est du Minnesota. On y compte 1000 lacs et 1600 voies praticables en canoë avec sentiers de portage. La plupart des 2000 sites de campement ne sont accessibles que par voies d'eau.

À savoir Demandez les autorisations de camper et séjourner dans la zone à l'avance en été, car un système de quotas régule le nombre de canoéistes présents. www.fs.fed.us/r9/forests/superior/bwcaw

## 3 L'archipel d'Anavilhanas, Brésil

Ce labyrinthe d'îles et de passes sur le río Negro est le plus grand archipel d'eau douce du monde. Lors de la saison des pluies, de nombreuses îles sont submergées. Les dauphins de rivière nagent alors au milieu des forêts inondées et les poissons se nourrissent de noix. L'Ariaú Amazon Towers Hotel (à 39 km) propose des chambres dans les arbres, au cœur de l'Amazonie.

À savoir L'archipel se trouve à 80 km de Manaus. www.ariautowers.com, www.anavilhanaslodge.com

## 4 Les lacs Myall, Australie

Les lacs de ce réseau d'eau douce longeant la côte sont séparés de l'océan par des plages et des dunes de sable. On y croise kangourous, wallabies et bandicoots, ainsi que des koalas dans la partie sud du parc. D'élégants cygnes noirs glissent sur les lacs, des pygargues blagres sont posés sur le rivage et des dauphins et baleines à bosse s'amusent en mer.

À savoir Accessible *via* la Pacific Highway, à 188 km au nord-est de Sydney. www.environment.nsw.gov.au

## 5 Le parc national de Kolovesi, Finlande

Le lac Saimaa ne se parcourt qu'en canoë ou en barque. Les bateaux à moteur sont en effet interdits afin de protéger le rare phoque annelé de Saimaa, un spécimen qui a évolué en eau douce après avoir été coupé de la mer lors de la dernière glaciation. Des cristaux de quartz et des peintures rupestres vieilles de 5000 ans sont visibles à Ukonvuori, dans l'est du parc.

À savoir Départ sur les sites de mise à l'eau de Käkövesi ou Kirkkoranta, près d'Enonkoski. www.visitfinland.com

## 6 La Baïse, France

La Baïse est un des cours d'eau qui convergent vers Buzet dans le sud-ouest de la France. Avant de se jeter dans la Garonne, elle traverse une jolie campagne vallonnée plantée de vignobles et vergers. Canard et foie gras sont sur toutes les tables. C'est dans cette région que l'on trouve également le floq de gascogne, un apéritif à base de vin (rouge ou blanc), et l'armagnac.

À savoir L'aller-retour Damazan/Valence-sur-Baïse prend 1 semaine sur le canal. www.europa47.org

## 7 La Great Glen Way, Grande-Bretagne

De Fort William à Inverness, une immense faille géologique divise l'Écosse en deux. Elle est marquée par une kyrielle de lochs reliés par le canal calédonien. Le trajet se découvre à pied, en vélo, en voiture ou en bateau. Pour la première section de ce sentier pédestre de 117 km partant du vieux fort de Fort William, le chemin de halage suit les rives des lochs, tandis que les dernières sections sont à flanc de collines. La navigation sur les canaux est tranquille sauf sur le loch Ness par grand vent.

À savoir Des autocars et des trains relient Glasgow et Édimbourg à Fort William et Inverness. www.greatglenway.com

## 8 Le South Oxford Canal, Grande-Bretagne

Partant d'Oxford, la ville « aux flèches fantastiques », le canal serpente à travers les Cotswolds et leurs cottages aux toits de chaume, pubs accueillants, forêts et pâturages gras. D'insolites écluses en losange, des ponts levants en bois et le moulin de Napton Hill se rencontrent le long du canal.

À savoir Il faut environ 1 semaine pour faire l'aller-retour Oxford/Napton. www.waterways.org.uk, www.waterscape.com

## 9 Le canal de Llangollen, Grande-Bretagne

Les ponts-canaux de Chirk et Pontcysyllte – ce dernier enjambe la rivière Dee en 307 m et 19 arches – sont des prouesses d'ingénierie du XIXe siècle. Le canal de Llangollen, long de 74 km, relie Nantwich, dans le Cheshire, aux contreforts de Snowdonia.

À savoir Il est possible de louer des péniches à Llangollen, Chirk, Ellesmere, Wrenbury, Whitchurch et Whittington. www.waterways.org.uk, www.waterscape.com

## 10 La Gambie, Guinée/Sénégal/Gambie

Une bande de terre qui longe un cours d'eau, un fleuve et un pays intimement mêlés. Hippopotames, babouins de Guinée, colobes bais et crocodiles du Nil fréquentent les berges en amont. L'estuaire attirent de nombreux oiseaux d'eau.

À savoir Départ de Banjul pour la partie inférieure du fleuve ; de Janjanbureh (Georgetown) et Kuntaur pour les îles Baboon et les parties médiane et supérieure. www.visitthegambia.gm

Ci-contre : canal le plus bucolique de Grande-Bretagne pour certains, le South Oxford Canal relie la Tamise au cœur de l'Angleterre.

FRANCE

# Les lavandins de Provence

**Des champs de lavande ondulent doucement dans la brise estivale et invitent à découvrir l'essence même de la Provence.**

Loin des plages fréquentées du littoral, en été, l'arrière-pays provençal n'est qu'un immense champ de lavande dont le violet caractéristique s'étend à perte de vue. Ce sont les Romains qui ont introduit la lavande dans cette région aride et ensoleillée, entre Provence et Alpes, où la plante aromatique croît depuis en abondance. Autour de Manosque et du plateau de Valensole, ce sont des rangées sans fin de lavandin que l'on cultive, un hybride naturel plus résistant et plus odorant. La vue depuis le lieu-dit du Poteau de Telle sur les champs de lavande est magique. Une troisième variété, plus rare, appelée aspic, se rencontre plutôt dans les environs de Grasse, sur le plateau de Caussols. Ses tiges sont plus longues et ses fleurs ont une odeur camphrée. Pour découvrir ce monde bleu odorant, commencez votre périple dans le Lubéron, à Apt, puis dirigez-vous vers Sault, à l'est du mont Ventoux. Cette petite ville perchée sur un plateau calcaire s'anime le mercredi, jour de marché. Il est dit que les maraîchers viennent y vendre leurs productions depuis 1515. Un peu plus au nord, Aurel, petit village provençal typique accroché à sa colline, où l'on produit un très bon miel de lavande, mérite un détour avant de rallier Buis-les-Baronnies dans la Drôme. Vers la mi-août, l'air de la région s'emplit d'une odeur caractéristique un peu entêtante. Des alambics s'écoule bientôt cette précieuse essence aux vertus lénifiantes et antiseptiques utilisée depuis l'Antiquité.

**Quand ?** Juste avant que les bourgeons n'éclosent, les champs prennent un étonnant aspect moiré. La floraison varie toutefois, de fin juin à août.

**Où ?** Avignon, à 2 h 40 de Paris en TGV, est un excellent point de chute. Des autocars régionaux assurent des liaisons entre Avignon et Apt (à 53 km) et Sault.

**À savoir** Il peut faire très chaud en été – adoptez un mode de vie méditerranéen et faites la sieste !

**Internet** www.provenceguide.com, www.chateau-la-gabelle.com, www.simiane-la-rotonde.fr

### Un concentré de Provence

- Passez une nuit ou une semaine au **château de la Gabelle**, près de **Ferrassières**, entre Provence et mont Ventoux. Le village organise chaque premier dimanche de juillet la fête de la lavande.
- Ne manquez pas le château médiéval de **Simiane-la-Rotonde** et ses salles consacrées à la lavande. Des initiations à l'aromathérapie sont proposées par la coopérative des plantes à parfum (sur réservation).
- De nombreux festivals célèbrent la récolte de la lavande, avec danses folkloriques, défilés et dégustations, notamment de miel de lavande.

Un amandier au milieu d'un champ de lavande en fleurs, un paysage typique des Alpes-de-Haute-Provence au cœur de l'été.

« L'hippocampe » est l'une des nombreuses formations rocheuses étranges qui rappellent les origines volcaniques de l'île.

MADÈRE

# La pointe de São Lourenço

## Un bout de terre escarpé qui se jette dans l'océan à l'est de l'île portugaise et des panoramas saisissants.

Une fine bande de terre hérissée de cônes volcaniques et bordée de falaises vertigineuses. Une brise chargée de sel balaie le paysage rocailleux de cette pointe qui s'étire dans l'Atlantique. Aucun arbre n'y pousse ; le lichen s'accroche aux roches et seuls quelques chardons et minuscules fleurs poussent dans les anfractuosités. Vous avancez sur d'étroites crêtes, aux côtés de spectaculaires formations rocheuses et falaises abruptes de couleurs ocre, jaune, rouge et verte. Le sentier donne parfois le vertige – les passages les plus difficiles sont sécurisés. Au pied des falaises, l'écume de l'océan vient lécher le sable blanc – ou noir – des criques. Le chemin conduit jusqu'au bout de la pointe dominée par un raide pic volcanique d'où il est possible de voir, au sud, les îles Désertes et, par temps clair, Porto Santo au nord, l'autre île majeure de l'archipel. Caniçal, village de pêcheurs, brille dans la baie. Un phare solitaire se dresse sur un îlot désert. Il arrive que de rares phoques-moines se reposent sur la plage tandis que des lézards courent d'une fissure à l'autre. La petite palmeraie qui cache la maison des gardes est fréquentée par des hirondelles à gorge fauve et des chardonnerets élégants. Les oiseaux de rivage sont nombreux, ainsi que les buses et faucons crécerelles, pipits et serins des Canaries.

**Quand ?** À tout moment de l'année mais la péninsule, verte en hiver, est sèche en été. L'île est un champ de fleurs au printemps. Grâce à la brise marine, la température reste supportable, au plus chaud de l'été.

**Où ?** Le parking de la pittoresque baie d'Abra est le point de départ du chemin. Un service de bus assure des liaisons entre Funchal, chef-lieu de l'île, et Caniçal (1 h 30 environ).

**À savoir** Comptez de 3 à 4 h pour parcourir les 8 km du sentier, en prenant le temps de faire des photos et peut-être un pique-nique. De bonnes chaussures, une protection solaire et des vêtements imperméables sont indispensables, car le temps change vite. Seule l'ascension finale présente une réelle difficulté.

**Internet** www.visitmadeira.pt, www.madeira-live.com

### D'autres sentiers

■ Un sentier de randonnée dans le massif central de l'île relie le **Pico do Arieiro** au **Pico Ruivo**, point culminant de Madère, à 1861 m d'altitude. Une traversée de 7 km avec des passages exposés (à éviter en cas de vertige) et des pentes raides mais un panorama superbe.

■ Le **sentier royal** est une autre marche longue mais relativement facile. Il serpente dans la **vallée des Nonnes**, où des religieuses se seraient réfugiées, et traverse la **forêt laurifère** de Madère, la plus grande forêt de lauriers primaire survivante inscrite sur la Liste du patrimoine mondial.

TOP 10

# VOYAGES EN TRAIN

Traversant des paysages d'une beauté stupéfiante, ces voies de chemin de fer sont une fenêtre unique sur le monde.

### 1 Cass Scenic Railroad, États-Unis

C'est un train à vapeur qui gravit les 18 km d'un panorama splendide séparant Cass du sommet du Bald Knob (1 476 m) en Virginie-Occidentale. La voie a été construite en 1901 pour le transport du bois. Grâce au système à crémaillère, le train aborde déclivités et lacets sans problème.

À savoir Il est conseillé de réserver. Prévoyez des vêtements chauds. www.cassrailroad.com

### 2 White Pass & Yukon Railroad, É.-U./Canada

Construite en 1898 lors de la ruée vers l'or du Klondike, cette ligne étroite relie le port de Skagway, en Alaska, au territoire du Yukon, au Canada. Elle franchit la frontière à 878 m d'altitude au niveau du White Pass. Des locomotives Diesel et vapeur vont jusqu'à Carcross ou Fraser Meadows.

À savoir Passeports nécessaires. Il est possible de séjourner à Skagway, sur la South Klondike Highway. Réservations recommandées. www.wpyr.com

### 3 Le vieil express de Patagonie, Argentine

Partant deux fois par semaine d'Esquel, dans la province patagonienne de Chubut, cet antique train – surnommé La Trochita (« la voie étroite ») – propose un circuit touristique au pied des contreforts de la cordillère des Andes.

À savoir La boucle est parcourue en 2 h 30. On trouve des hôtels à Esquel, que l'on rejoint en avion ou en bus de Buenos Aires. www.elmaiten.com.ar, www.patagonia-argentina.com

### 4 The Overlander, Île du Nord, Nouvelle-Zélande

Cette mémorable ligne ferroviaire de 681 km qui traverse le cœur de l'île du Nord relie Auckland dans le nord à Wellington dans le sud, en 12 h environ. Elle passe non loin du parc national et de sa station de ski ainsi que du mont Ruapehu, un volcan en activité. Elle emprunte la « spirale » de Raurimu et le viaduc de Hapuawhenua. Voiture panoramique et plate-forme d'observation à bord du train. Certains dimanches, une locomotive à vapeur reprend du service.

À savoir Liaisons quotidiennes en été (excepté le jour de Noël). www.tranzscenic.co.nz

### 5 The Sunlander, Australie

Serpentant le long des côtes du Queensland entre Brisbane et Cairns, le Sunlander offre un service de luxe avec wagon-restaurant et wagons-lits. Tandis que le Queensland défile derrière les fenêtres, les passagers dégustent un plateau de fruits de mer ou un buffet. Le climat devient de plus en plus tropical tandis que le train s'approche de Cairns.

À savoir Le voyage dure 32 h. www.railaustralia.com.au/sunlander.php

### 6 De Kandy à Haputale, Sri Lanka

Le train qui relie Kandy, dans le centre du Sri Lanka, à Haputale traverse des plantations de thé et des forêts et passe près de villages authentiques et de jolies cascades. Un trajet de 5 h, très agréable en première classe.

À savoir Il convient de réserver. Il peut faire chaud et humide. www.slrfc.org/railway-seat-reservation

### 7 Malnad, Ghâts occidentaux, Inde

Une ligne de chemin de fer relie Shimoga, dans l'État indien du Karnataka, au village de Talaguppa dans le massif des Ghâts occidentaux. Trois heures pour 75 km à bord d'un pittoresque autorail qui traverse une luxuriante forêt. Les chutes de Jog – les plus hautes d'Inde – sont accessibles par route depuis Talaguppa.

À savoir Un train de nuit de Bangalore assure la liaison avec Shimoga. Les services à bord de l'autorail sont limités. La ligne est en cours de rénovation. Renseignez-vous avant de partir. www.indiaprofile.com

### 8 De Sarajevo à Mostar, Bosnie-Herzégovine

Traversant un superbe paysage des Balkans, le train quitte Sarajevo pour grimper jusqu'à son point le plus élevé près de Konjic, où il rejoint la vallée de la Neretva. Il franchit ensuite de magnifiques gorges avant d'arriver à Mostar, dont le pont de pierre du XVIe siècle, détruit lors de la guerre dans les années 1990, a été reconstruit.

À savoir Le voyage dure environ 2 h 30. Il y a deux trains par jour. www.mostar-travel.ba/transportation

### 9 The Romney, Hythe & Dymchurch Railway, Grande-Bretagne

Ouverte en 1927, cette ligne miniature à vapeur (rails écartés de 38 cm) part de la pittoresque ville de Hythe et termine 22 km plus loin, sur le promontoire de Dungeness, connu pour son phare et ses paysages sauvages. Elle dessert aussi la station balnéaire de Dymchurch et ses kilomètres de plage de sable.

À savoir Maquettes à la gare de New Romney. www.rhdr.org.uk

### 10 Welsh Highland Railway, Grande-Bretagne

Reliant la gare de Porthmadog Harbour à la ville de Caernarfon, dans le nord-ouest du pays de Galles, cette ligne traverse certains des plus beaux paysages du pays et offre, depuis ses voitures panoramiques, des vues superbes du parc national de Snowdonia, du mont Snowdon (1 085 m) et des gorges d'Aberglaslyn Pass.

À savoir Possibilités d'hébergement à Porthmadog et Caernarfon.

Ci-contre : le charme d'un voyage en train à vapeur à bord du Cass Scenic Railroad en Virginie-Occidentale.

CASS SCENIC RAILROAD
15

Getaria porte également le surnom bien justifié de la *cocina de Guipúzcoa* (la cuisine du Guipúzcoa).

ESPAGNE

# LE LITTORAL BASQUE

## Vous ne vous coucherez jamais avec une sensation de faim sur ce sentier qui traverse les hauts lieux de la gastronomie basque.

Parcourez à pied cette partie du littoral basque jusqu'à Hendaye, en France. Partez de Zumaia, après avoir visité la maison-musée du peintre Ignacio Zuloaga, qui abrite entre autres des œuvres de Goya, El Greco et Rivera. Un sentier de randonnée – *Gran Recorrido* – bien balisé conduit à travers les collines jusqu'au charmant village de Getaria et ses restaurants où *besugo* (dorade) et *txuleta de buey* (côte de bœuf) sont déjà sur le gril. Quelques vignobles plus loin, vous rejoignez le village côtier de Zarautz et sa plage, la plus longue du pays basque. De là, un train vous emmène à Saint-Sébastien (Donostia) réputé pour ses bonnes tables, dont le trois-étoiles de Juan Mari Arzak, ou encore ses tapas de la Parte Vieja. Poisson et fruits de mer sont au rendez-vous dans la baie de Pasajes et l'adorable village de pêcheurs de Pasajes de San Juan, où Victor Hugo vécut quelque temps. Passez la nuit à Caserio Artzu, une ferme-auberge basque traditionnelle au-dessus de Fontarrabie (Hondarribia), village de pêcheurs haut en couleur de l'estuaire de la Bidasoa – frontalière entre l'Espagne et la France. La navette fluviale pour la plage d'Hendaye vous dépose sur le GR-10. Suivez-le jusqu'à la petite ville de Biriatou qui domine la Bidasoa. Après une nuit à l'auberge Hiribarren, regagnez Hendaye pour rentrer ensuite à Saint-Sébastien en train.

**Quand ?** De mai à juin ou de septembre à novembre pour éviter la pluie et la chaleur estivale.

**Où ?** Prenez un train EuskoTren pour Zumaia de Bilbao ou pour Saint-Sébastien. Ou prenez le train de nuit pour Zumarraga de Barcelone ou Madrid, puis un bus jusqu'à Zumaia.

**À savoir** Sentier avec étapes de 1 journée, entre deux relais. Prenez de bonnes chaussures de marche, des vêtements chauds, un sac à dos léger et un bon parapluie.

**Internet** tourisme.euskadi.net/fr, www.sansebastianturismo.com

### Le vin basque

Les vignobles au-dessus de **Getaria** produisent le txakolí, un vin blanc légèrement pétillant obtenu à partir de raisins *Hondarribi Zuria* (blanc Hondarribi). Les vignes sont cultivées en espaliers et des côtes de baleine auraient jadis servi de tuteurs. Poussant le long du golfe de Gascogne, plutôt pluvieux, les raisins du txakolí sont relativement peu exposés au soleil et sont généralement cueillis avant maturité, ce qui confère au vin son acidité et sa faible teneur en sucre. Le txakolí se sert frais à l'apéritif (il fait merveille avec des anchois salés, par exemple) et est bu dans l'année. Il convient de le verser de haut pour en libérer la saveur. Les caves Txomin Etxaniz, situées au cœur de Getaria, proposent d'excellentes bouteilles de txakolí.

GRANDE-BRETAGNE

# Le glen Affric

**La beauté de cette vallée écossaise a servi de toile de fond à un célèbre tableau d'Edwin Landseer, peintre animalier de la reine Victoria.**

Si les touristes viennent en masse sur les bords du loch Ness dans l'espoir d'y rencontrer son fameux « monstre », peu s'aventurent jusqu'au cœur du glen Affric. Un voyage dans le temps, au cœur des Highlands avant l'arrivée des hommes. Une vallée où la forêt calédonienne qui couvrait autrefois l'Écosse a été préservée, foisonnante de vie, et parcourue de rivières de la couleur de ce whisky pur malt qui fait la renommée de cette région. Terres du clan Chisholm dès le début du XVe siècle, le glen a été habité par une population assez nombreuse jusqu'à l'exode forcé des Highlanders, à la fin du XVIIIe siècle. L'extrême isolement de la vallée a empêché son exploitation et sa dévastation totale sous le règne de Victoria. Aujourd'hui, seule la basse vallée est accessible en voiture. Le reste de la région se découvre à pied, le long de 15 grands sentiers, de difficulté variable : d'une petite balade d'une heure depuis le grand parking le long de la rivière Affric à un circuit de 29 km jusqu'au sommet du Carn Eige et du Mam Sodhail, tous deux enneigés en hiver et toujours venteux et changeants. Les rencontres animales sont fréquentes, notamment à l'aube lorsque cerfs, martres, loutres et autres créatures commencent à se montrer. Le tour du loch Affric, à pied ou en VTT, est une balade plaisante.

**Quand ?** L'été est la meilleure saison pour les longues randonnées même si, comme partout ailleurs dans les Highlands, le temps est extrêmement changeant – un rayon de soleil, une averse !

**Où ?** On rejoint le glen Affric par Inverness *via* les A862 et A831 (par Beauly) ou par Drumnadrochit sur la rive ouest du loch Ness en prenant l'A831 vers l'ouest. Le village de Cannich se trouve à l'entrée du glen.

**À savoir** Les points de chute dans la région sont, entre autres, le Cannich Caravan & Camping Park, le Glen Affric Backpackers Hostel et l'historique Tomich Hotel, un pavillon de chasse victorien. La société Natural High Guiding propose de nombreuses randonnées guidées et diverses activités de plein air.

**Internet** www.glenaffric.org, www.walkhighlands.co.uk/lochness, www.naturalhighguiding.co.uk

### La péninsule d'Applecross

À l'ouest du glen Affric, entre les massifs écossais et l'île de Skye, la **péninsule d'Applecross** avance dans l'océan. Région d'Écosse parmi les plus reculées, elle n'est devenue accessible par route que dans les années 1970. Une étroite chaussée longe le littoral et relie une dizaine de petits villages de pêcheurs. L'approche la plus spectaculaire reste incontestablement celle qui vous fait passer par le **Bealach na Ba**, littéralement le « col du bétail », jadis utilisé par les bergers. Une déclivité de 20 % en certains endroits, des virages en épingle et un panorama de toute beauté en haut du col (625 m d'altitude).

Des bosquets préservés de la forêt calédonienne qui couvrait autrefois une grande partie de l'Écosse.

GRANDE-BRETAGNE

# De Hay-on-Wye à Abergavenny

**Le paysage vallonné du massif des Black Mountains du pays de Galles est connu pour sa force d'évocation spirituelle et artistique.**

La pittoresque bourgade de Hay-on-Wye, située à la frontière galloise, dans le parc national des Brecon Beacons, est la capitale mondiale du livre d'occasion. Le village compte en effet plus de 40 bouquinistes qui proposent des milliers d'ouvrages. Quittez Hay par le sud pour rejoindre Abergavenny et amusez-vous à compter les châteaux aperçus en route, avec pour toile de fond les superbes Black Mountains. Ces monts sont les sommets les plus orientaux des Brecon Beacons, immortalisés par Bruce Chatwin, écrivain britannique, dans son roman *Les Jumeaux de Black Hill*. Il y raconte l'histoire de ces frères qui vivent dans une ferme isolée. Faites une halte à Tretower Castle et Tretower Court pour admirer les imposantes ruines d'un château du XIIe siècle et un manoir médiéval fortifié du XIVe siècle, superbement restauré. La petite ville de Crickhowell, fréquentée par les randonneurs et adeptes d'activités de plein air, peut être une agréable pause déjeuner. Les ruines de son château sont très pittoresques et offrent un joli point de vue sur la vallée de l'Usk, cours d'eau dont les saumons et les truites apprécient la pureté. L'itinéraire se termine à Abergavenny, entourée des monts Blorenge, Skirrid Fawr et Sugar Loaf, couverts de landes de bruyères où vient se reproduire le lagopède d'Écosse.

**Quand?** L'Abergavenny Food Festival a lieu en septembre. Vers la dernière semaine de mai/première semaine de juin se tient le Hay Festival qui attire les foules.

**Où?** Hay se trouve sur l'A438, à 32 km d'Hereford et de sa cathédrale. Les trains qui relient Londres à Hereford partent de la gare de Paddington. Des liaisons en bus sont assurées entre Hereford et Hay-on-Wye.

**À savoir** Chaque jeudi se tient le marché d'Hay-on-Wye où vous pouvez acheter du pain biologique, des fromages gallois et d'autres produits locaux.

**Internet** www.travelwales.org, www.hay-on-wye.co.uk, www.abergavenny.co.uk

### Les vignes du Sugar Loaf

Les amateurs de bon vin ne manqueront pas de s'arrêter dans le vignoble du Sugar Loaf (Sugar Loaf Vineyards), au pied du versant sud du mont du même nom, pour y déguster un des meilleurs crus du pays de Galles. Les vignes produisent quatre savoureuses variétés de vin blanc, un vin rouge et un vin pétillant.

Après avoir parcouru une partie des 2 ha du vignoble, posez-vous dans l'un des cottages du domaine et savourez un verre ou deux de cette bouteille offerte en dégustation, tout en regardant la belle vallée de l'Usk.

Ci-contre : un chemin de terre redescend du Sugar Loaf à Crickhowell. Ci-dessus : les ruines du château de Tretower.

# La Causeway Coastal Route

## Une route côtière empreinte de magie dans le nord de l'île d'Émeraude et qui mérite d'être parcourue d'un pas tranquille.

Chaque panneau sur cette route tranquille et étroite, qui relie Belfast à Londonderry en passant par la Chaussée des Géants et Portrush, invite à l'exploration. La première étape peut être Carrickfergus Castle, construit en 1177, un des châteaux forts romans les mieux préservés du pays. La route traverse ensuite les Nine Glens of Antrim, de profondes vallées formées par de gigantesques glaciers à la fin de la dernière période glaciaire. Parmi ces glens, le parc forestier de Glenariff et ses cascades font une agréable balade. Prochain arrêt, le pont suspendu de Carrick-a-Rede, une impressionnante passerelle de corde qui permettait jadis aux pêcheurs d'aller chercher leurs filets sur une petite île. Ce pont de 18 m de long se balance à 24 m au-dessus de l'Atlantique. La vue, depuis le sentier en haut des falaises, est à couper le souffle. La Chaussée des Géants n'est plus très loin. La légende dit que ces colonnes ou orgues basaltiques ont été posées par le géant Finn McCool qui entendait rejoindre un rival écossais. Bushmills possède la plus vieille distillerie de whisky officielle d'Irlande. Vous y dégusterez d'excellents assemblages dont le Bushmills 1608. Semblant défier l'océan, les ruines du château de Dunluce (XVII^e^ siècle), posées au bord du précipice, sont parmi les plus impressionnantes d'Irlande. La route rejoint enfin Londonderry (ou Derry) qu'une promenade sur ses remparts permet de découvrir.

**Quand?** Le temps est généralement plaisant d'avril à octobre. Mais attendez-vous à du froid, du vent et de la pluie, même en été. Pont suspendu de Carrick-a-Rede ouvert toute l'année, si le temps le permet.

**Où?** Les principaux aéroports sont ceux de Belfast et Derry. Des bus express relient l'aéroport de Dublin à Belfast. Des ferries pour Belfast et Larne partent de Stranraer en Écosse et Fleetwood en Angleterre. Une autoroute depuis Portrush ou Derry permet de regagner Belfast plus rapidement.

**À savoir** De nombreux hôtels, auberges et B&B en route. Divers types de visites guidées proposés – bus, cheval, à pied... Un train touristique à vapeur circule entre la Chaussée des Géants et Bushmills.

**Internet** www.causewaycoastandglens.com, whc.unesco.org/fr/list/369, www.discovernorthernireland.com

### La renaissance de Belfast

- Les **pubs de Belfast** ont la même ambiance, la même musique et la même convivialité – le fameux *craic* des Irlandais – que ceux de Dublin, les touristes en moins. Le John Hewitt puis le Crown, Kelly's Cellars, Whites Tavern, McHugh's, Bittles Bar, Muriels, le Spaniard et enfin le Cocktail Bar méritent une visite.

- La **Titanic's Dock and Pump House** retrace l'histoire des chantiers de construction navale de la ville, où le *Titanic* a été construit entre 1909 et 1912.

- Les visites guidées de la ville traversent les quartiers qui ont connu des heures agitées et montrent notamment les fresques murales de **Falls Road** et **Shankill Road** ou encore la prison de **Crumlin Road**.

La route serpente à travers une des plus belles régions d'Europe, entre merveilles de la nature et sites d'importance historique.

De beaux spécimens de bois jaune de l'Outeniqua, l'arbre national sud-africain, poussent le long du sentier.

AFRIQUE DU SUD

# LE TSITSIKAMMA TRAIL

## Un trek nature de six jours entre montagne et océan, au cœur de la chaîne du Tsitsikamma.

En khoisan, Tsitsikamma signifie « lieu où l'eau abonde ». Ce dont vous allez vite vous rendre compte sur ce sentier de 64 km. Le silence laisse peu à peu place à la rumeur des nombreux cours d'eau descendant les versants vert foncé qui bordent le littoral sud de l'Afrique du Sud. Le Tsitsikamma Trail méandre dans ces montagnes, plonge dans des gorges de granit, franchit des cols herbeux et traverse plus d'une dizaine de rivières sur son parcours d'ouest en est entre Nature's Valley et Storms River Mouth. Un itinéraire exigeant, qui monte, descend et oblige à traverser des rivières rapides, de l'eau jusqu'à hauteur de poitrine, tandis que vous posez le pied sur un rocher glissant. Le paysage alterne entre forêt indigène et fynbos, que le printemps transforme en un parterre de fleurs multicolore. C'est également le royaume du discret léopard et du bruyant babouin, du nocturne potamochère et du petit céphalophe. Si vous n'avez pas la chance de les apercevoir, vous verrez certainement leurs traces et les entendrez le soir, arrivé dans l'un des cinq camps de huttes qui ponctuent le sentier. La douche chaude – l'eau est chauffée au feu de bois – qui vous y attend est fort appréciable à la fin de chaque journée.

**Quand ?** Juin et juillet sont les mois les plus secs et les plus frais.

**Où ?** La région du Tsitsikamma est à une journée de route environ à l'est du Cap, sur la route côtière de la Garden Route.

**À savoir** Si les hôtels les plus proches du départ sont à Plettenberg Bay, les marcheurs passent souvent la nuit qui précède le début du trek à Kalander Hut, à Nature's Valley. Le sentier et les huttes sont gérés par MTO, une société d'écotourisme qui propose aussi un service de portage.

**Internet** www.mtoecotourism.co.za, www.sanparks.co.za, www.stormsriver.com, www.monkeyland.co.za

### En chemin

■ On trouve à Nature's Valley une magnifique plage de sable doré et le **Monkeyland Primate Sanctuary**, où espèces de singes et primates du Nouveau et de l'Ancien Monde (bien souvent rares et menacées) sont élevées au sein d'enclos immenses. Des parcours guidés à travers le sanctuaire sont proposés.

■ Un petit bateau, le *Spirit of Tsitsikamma*, assure des excursions guidées quotidiennes vers **Storms River Gorge** ; départ de la jetée à l'embouchure de la rivière dans l'océan Indien.

■ **Stormsriver Adventures** propose des aventures écologiques : les plus intrépides choisissent le parcours de découverte de la canopée, en haut des grands *Afrocarpus falcatus*, ou bois jaune de l'Outeniqua, passant d'une plate-forme à l'autre accrochés à un câble d'acier suspendu à une trentaine de mètres au-dessus du sol.

KENYA

# La vallée du Grand Rift

## Un lac bordé de rose, Nakuru et ses flamants – une des merveilles de cette vallée d'une valeur universelle exceptionnelle.

Flanquée de volcans et pailletée de lacs qui nourrissent des millions d'animaux, la vallée du Grand Rift barre le Kenya d'une immense cicatrice, de près de 65 km de large et 1830 m de profondeur en certains endroits. Perchée sur le rebord est de l'escarpement, Nairobi est le point de départ d'un beau périple routier qui traverse le Kenya au cœur du rift. Plongeant là où les hautes terres des Kikuyu s'effondrent, l'A104 se dirige tout droit vers le lac Nakuru. Outre 2 millions de flamants, le lac est fréquenté par des aigles pêcheurs, des ibis sacrés et des centaines d'autres espèces. La route se divise ensuite à Londiani, partant à gauche pour Mau Escarpment et le lac Victoria et à droite pour l'équateur, qu'elle franchit avant de monter vers Eldoret, ville natale du légendaire coureur de fond kenyan Kip Keino. Le haut plateau entre Eldoret et Kitale est une fertile mosaïque de forêts et de champs, que le mont Elgon, à la frontière ougandaise, surveille de loin. Puis la route replonge dans la vallée du rift et s'enfonce dans les terres sauvages du nord-ouest de la province. Le paysage se transforme en un désert où poussent de rares acacias et que seules autrefois des caravanes de chameaux parcouraient. Un embranchement à Lodwar permet de rejoindre le lac Turkana, le plus grand du rift, dont la beauté saisissante reste à jamais gravée dans les mémoires.

**Quand ?** Le climat dans les hautes terres kenyanes est modéré ou tempéré la majeure partie de l'année. En général, il fait un agréable 27 °C à Nairobi. Les environs du lac Turkana sont toujours secs et chauds, dépassant les 35 °C la journée lors des mois les plus chauds, notamment février et mars.

**Où ?** Le tronçon sud de la route (de Nairobi à Kitale) est bien desservi par les transports publics, ainsi que par le train jusqu'à Naivasha, Nakuru et Eldoret. Entre Kitale et Lodwar, les bus et les *matatus*, ces minibus de couleurs vives, se font plus rares. Un véhicule personnel est alors préférable.

**À savoir** Il faut pour le moins deux jours pour parcourir la route. En raison d'actes de banditisme, des escortes de police sont parfois assurées entre Kapenguria et Lodwar. À Nairobi, le Fairmont Norfolk Hotel, restauré avec goût, ramène à l'époque coloniale. Deux possibilités d'hébergement autour du lac de Turkana, le Lobolo Tented Camp, à l'ouest et l'Oasis Lodge, à l'extrémité sud.

**Internet** www.tourism.go.ke, www.fairmont.com/norfolkhotel, www.oasis-lodge.com

Ci-contre : mosaïque de prés et fermes du plateau des Kikuyu. Ci-dessus : les flamants du lac Nakuru.

### Mon voyage insolite

*J'ai ouvert les yeux. Une vieille femme se tenait juste devant moi, me regardant. Sa lèvre inférieure était percée d'une tige de métal, ses oreilles d'une petite dizaine d'anneaux ; à l'exception d'une crête tressée au centre, son crâne était rasé. Elle ne portait pour vêtement qu'un bout de tissu pourpre et une peau de gazelle. De la tribu nomade des Turkana, elle en était le premier représentant qu'il m'était donné de voir. Et à l'expression qui animait son visage, j'étais sans doute le premier Occidental qu'elle croisait. J'étais arrivé la nuit précédente à Eliye Springs, sur la rive ouest du lac Turkana.*

*Nous avions, avec mes compagnons de voyage, décidé de poser nos sacs de couchage sur le sable – après avoir vérifié qu'aucun crocodile ne risquait de nous surprendre au réveil.*

*Lorsque le soleil est apparu au-dessus des crêtes, j'ai alors vu le lac pour la première fois – une immense mare couleur de jade au cœur du désert. Un instant, j'ai cru être sur une autre planète. Puis la femme Turkana est réapparue. Aucun doute, je ne pouvais être qu'au Kenya.*

**Joe Yogerst**
**Voyageur et auteur**

# 5 Secrets d'histoire

Pour assouvir sa passion, un voyageur féru d'histoire doit s'aventurer au-delà des sites touristiques les plus fréquentés. Nombre d'itinéraires mènent à des mondes que l'on croyait à jamais disparus. À quelques heures seulement de la bourdonnante capitale sud-africaine, voici 2 500 peintures rupestres réalisées il y a de 800 à 8 000 ans. C'est aussi en Afrique – en Libye – que se cachent les vestiges de Leptis Magna, l'une des plus belles villes de l'Empire romain. D'incroyables merveilles sont nichées aux quatre coins de la planète, à l'image de ces ponts couverts du Zhejiang, aux confins orientaux de la Chine : tortueux mais abondamment sculptés, ils ressemblent à des mille-pattes géants partis à l'assaut d'un versant montagneux. Et que dire des catacombes de Savoca, en Sicile, dernière demeure des hauts dignitaires de la communauté aux XVIIIe et XIXe siècles ? Ils gisent là, momifiés dans leurs beaux habits du dimanche, identifiés par la courte biographie gravée au-dessus de leurs têtes.

Le bleu profond de la Méditerranée sublime les ruines magnifiques de Leptis Magna, ville et port florissants sous l'Empire romain.

ÉTATS-UNIS

# LE HIGH BRIDGE TRAIL

## Un sentier parcourt les collines, aujourd'hui paisibles, du sud de la Virginie, où la guerre de Sécession se dénoua dans le sang.

Le High Bridge traverse la rivière Appomattox à l'est de la ville de Farmville. À l'époque de sa construction, en 1852, ce pont, sur lequel passe la voie ferrée de Southside, est le plus grand du monde : 762 m de long, 38 m de haut, il est soutenu par vingt et un piliers de brique et de pierre de carrière. Treize ans plus tard, en avril 1865, les troupes confédérées du général Robert E. Lee, exsangues, se retirent à l'arrière de cette gigantesque structure après la défaite catastrophique de Sayler's Creek, plus à l'est. L'étape de Farmville doit leur permettre de se ravitailler. Lee ordonne à son arrière-garde de brûler toute trace de leur passage. Dès que ses hommes, épuisés, mettent le feu au pont, les armées de l'Union éteignent l'incendie naissant. Le pont ainsi préservé donne aux nordistes la possibilité de chasser les sudistes de Farmville sans offrir le moindre répit à Lee, dont l'armée se rend deux jours plus tard au palais de justice d'Appomattox. Aujourd'hui, le High Bridge Trail State Park s'étend sur 35 km, à travers les collines, le long de la ligne de chemin de fer abandonnée, de Pamplin (à l'ouest) au High Bridge (à l'est). Le sentier est ouvert aux randonneurs, aux cyclistes et aux cavaliers. Quel que soit votre moyen de locomotion, n'oubliez pas de vous arrêter à l'extrémité ouest du pont et imaginez la scène qui s'y déroula le 7 avril 1865.

**Quand ?** Au printemps et à l'automne. Les hivers sont parfois très froids et neigeux, la chaleur d'été est étouffante. En avril, assistez aux commémorations des épisodes de la dernière campagne du général Lee.

**Où ?** Farmville se situe à 105 km à l'ouest de Richmond, Virginie (1h30 de route). Le High Bridge s'élève à 10 km à l'est de Farmville.

**À savoir** Le High Bridge Trail devrait être étendu jusqu'à Burkeville, non loin du champ de bataille de Sayler's Creek. Farmville dispose d'hôtels modernes et confortables.

**Internet** www.dcr.virginia.gov/state_parks/hig.shtml, www.nps.gov/apco, www.civilwartraveler.com

### Campagne militaire

■ Un circuit de 160 km retrace le parcours de la retraite vers l'ouest du général Lee, de **Petersburg** jusqu'au palais de justice d'Appomattox. Tout au long de l'itinéraire, branchez votre radio sur la fréquence 1610 AM pour écouter le récit des différentes batailles.

■ La McLean House fait partie des bâtiments superbement restaurés de l'**Appomattox Court House National Historic Park**, à 48 km à l'ouest de Farmville. Là, le 9 avril 1865 (dimanche des Rameaux), Lee rencontre son homologue nordiste, le général Ulysses S. Grant, pour discuter des modalités de la reddition de l'armée de Virginie du Nord.

Le superbe High Bridge, l'un des principaux sites de la guerre de Sécession, est le joyau de ce sentier de randonnée qui traverse la région du Piedmont de Virginie.

La plupart des bâtiments de Silver City, plus ou moins bien conservés, datent des années 1860.

ÉTATS-UNIS

# Silver City

## Cette ville fantôme du sud-ouest de l'Idaho rappelle avec nostalgie le passé glorieux du Far West.

Ni totalement moribonde ni piège à touristes, Silver City se distingue de la multitude des villes fantômes de l'Ouest américain en incarnant la mémoire de l'apogée de la ruée vers l'or de l'Idaho. La plupart de ses édifices et mines sont dans un état de délabrement avancé, mais 70 bâtiments environ ont été préservés et accueillent aujourd'hui expositions, boutiques… et les quelques résidents qui passent ici la belle saison. Silver City est fondée en 1864, après la découverte de gisements d'argent au mont War Eagle, dans la chaîne de Owyhee. Mineurs, colporteurs, prostituées, bandits et hommes de loi itinérants affluent. À son zénith, la ville compte 2 500 habitants, tous impliqués dans l'extraction du précieux métal – ou prompts à délester les mineurs d'un salaire durement gagné. En flânant au gré des ruelles, admirez le Masonic Hall (où se tenait tous les ans un bal masqué) et ce qui fut la pharmacie, l'épicerie, le salon de coiffure, les bains publics. Les coteaux environnants sont piqués de cimetières, dernières demeures de mineurs ayant brûlé la vie par les deux bouts. Plus de 200 mines d'or et d'argent étaient exploitées dans la région. Résistez à la tentation d'y pénétrer : elles ne sont pas sécurisées et vous y courriez un danger mortel.

**Quand ?** De juin à mi-octobre, quand la température oscille entre… 3 et 27 °C. Les routes sont impraticables en hiver, à cause de la neige.

**Où ?** De Boise, prenez l'Interstate 84 en direction de Nampa, puis bifurquez sur l'Idaho 78 vers Murphy. À environ 8 km au sud de Murphy, continuez sur la Silver City Road pendant 24 km.

**À savoir** Les services municipaux n'alimentent pas la ville en électricité. Vous ne trouverez à Silver City ni restaurant, ni station-service. L'Idaho Hotel, rudimentaire, est ouvert en haute saison. Nombreuses possibilités d'hébergement et de restauration à Greater Boise.

**Internet** www.historicsilvercityidaho.com, www.ghosttowns.com

### Visite guidée

- L'église catholique **Our Lady of Tears** est l'un des édifices les mieux conservés. Le bâtiment néogothique à charpente de bois surplombe la ville du haut d'une colline. On y célèbre encore quelques messes et des mariages, sous l'autorité du diocèse de Boise.
- Inauguré en 1863, l'**Idaho Hotel**, le seul hôtel de Silver City, était à l'époque le plus important relais de diligence de la ville.
- Aujourd'hui l'**école**, construite en 1892, abrite un musée à l'étage.

TOP 10

# Villes fantômes

Rues silencieuses, bâtiments en ruine, vestiges de maisons et d'ateliers : ces villes à l'abandon sont le reflet envoûtant de communautés grouillantes d'activité aujourd'hui disparues.

## 1 Saint Elmo, États-Unis

En bordure des rails qui traversent le Colorado, Saint Elmo, importante ville minière et relais postal, est abandonnée en 1922 à l'arrêt de l'exploitation de la voie ferrée. Intacts, nombre de ses bâtiments regorgent d'une multitude d'objets de la vie quotidienne de l'époque.

À savoir Saint Elmo est située dans la Gunnison National Forest. La forêt, striée de chemins de randonnées et de pistes réservées aux véhicules, est très accessible depuis la ville. www.st-elmo-colorado.com

## 2 Chaco Canyon, États-Unis

La civilisation Chaco s'épanouit de l'an 800 à 1100 de notre ère dans le Nouveau-Mexique actuel. Le canyon fait alors office de centre cérémoniel, administratif et commercial. Les *kivas* sont des structures cultuelles circulaires en terre séchée, calcaire et bois, qui ont magnifiquement traversé les siècles.

À savoir Une route de 14 km fait le tour du canyon. www.nps.gov/chcu/home.htm

## 3 Bodie, États-Unis

En 1879, Bodie, une mine d'or très active de Californie, compte 8 500 résidents dont la plupart ont la gâchette facile... En dix ans, les mines ferment une à une et la population finit par déserter la ville, en abandonnant derrière elle quantité de biens personnels que l'on voit encore dans les bâtiments du site.

À savoir Bodie, à 11 km de la ville de Bridgeport, est classée Historic State Park de Californie. www.bodie.com, www.parks.ca.gov

## 4 Humberstone et Santa Laura, désert d'Atacama, Chili

Émaillées de mines de salpêtre, ces deux villes du nord du Chili sont désertées en 1958. Leurs bâtiments sont merveilleusement préservés, notamment le théâtre (avec les fauteuils d'origine), les maisons, la piscine en fonte taillée dans la coque d'un navire, un hôtel et une épicerie (les prix sont toujours affichés !).

À savoir Humberstone et Laura sont accessibles depuis Pozo Almonte, à 48 km à l'est d'Iquique, la ville la plus proche disposant d'hébergements et d'un aéroport. www.chilecontact.com

## 5 Bhangarh, Inde

Les habitants de Bhangarh au Rajasthan quittent la capitale régionale du nord-ouest de l'Inde dans les années 1720, après la conquête du rajah de Jaipur. Les ruines comprennent des temples et des pavillons effondrés, une citadelle et un bazar médiéval : on les dit hantées et les légendes les plus folles entourent cette cité au rayonnement si bref.

À savoir Bhangarh, ville « hantée », est située à 29 km au nord-est de Jaipur. Possibilité de visites guidées. www.rajasthantourism.gov.in

## 6 Kayaköy, Turquie

À l'issue de la guerre gréco-turque, en 1923, un million de Grecs, fuyant la Turquie, regagnent la mère-patrie et Kayaköy, village grec d'Anatolie, d'environ 2 000 habitants, est abandonné. Les vestiges du village – des centaines de maisons en ruine et deux églises grecques orthodoxes – ont désormais le statut de site historique.

À savoir Fethiye (à 4 km au nord) est la ville la plus proche de Kayaköy. www.kayakoy.net, www.gofethiye.com

## 7 Pyramiden, Norvège

Sur ce site d'extraction de charbon de l'archipel du Svalbard, en Arctique, propriété de l'URSS depuis 1927, les Soviétiques installent des baraquements, un centre sportif et... le buste de Lénine. Aujourd'hui, la mine est épuisée, mais les bâtiments – une bibliothèque remplie de livres, un théâtre et une salle de concert renfermant le piano le plus septentrional de la planète – sont restés là à l'abandon du site en 1998.

À savoir Dormez à Longyearbyen, la plus grande ville du Svalbard, et faites la traversée (une journée) jusqu'à Pyramiden. Possibilité de visites guidées. www.svalbard.net

## 8 Herculanum, Italie

Au cœur de l'été de cette année 79, le Vésuve entre en éruption. Sa lave recouvre la cité prospère d'Herculanum. Les fouilles archéologiques ont mis au jour des villas, des boutiques, des thermes et une fascinante kyrielle d'objets du quotidien.

À savoir Herculanum s'étend à 8 km au sud de Naples et est aisément accessible en bus ou en train (arrêt : Ercolano). www.naples-napoli.org

## 9 Belchite, Espagne

Pendant la guerre civile espagnole (1936-1939), Belchite, en Aragon, est le théâtre d'une bataille particulièrement sanglante. Occupée par les forces franquistes en 1937, la ville est assiégée puis détruite par l'armée républicaine. Les bâtiments en ruine témoignent de cette issue dramatique.

À savoir Les vestiges de la vieille ville se dressent à 1 km à peine de la Belchite moderne, au sud-ouest de Saragosse. www.caiaragon.com/fr

## 10 Kolmanskop, Namibie

Au cœur des dunes du désert, Kolmanskop a longtemps accueilli les employés de la mine de diamant voisine. La ville est abandonnée au milieu des années 1950 et depuis, le désert a repris ses droits, s'engouffrant dans les nobles demeures. L'intérieur de quelques bâtiments est remarquablement préservé.

À savoir Établissez votre base à Lüderitz, la ville la plus proche, pour visiter Kolmanskop et les autres cités minières fantômes des environs. www.namibie-voyage.info

Ci-contre : en Californie, la mine de Bodie a longtemps attiré les chercheurs d'or. Ses bâtiments ont été préservés en l'état.

ÉTATS-UNIS

# LES RUINES PUEBLOS DE BANDELIER

Parc proche de Santa Fe, au Nouveau-Mexique, le Bandelier National Monument cache les ruines de l'ancienne civilisation pueblo.

La mystérieuse civilisation pueblo s'est épanouie au sud-ouest des États-Unis, dans un paysage semi-aride, avant de disparaître voilà 600 ans. À leur apogée, les Pueblos creusent des habitats troglodytiques sur plusieurs niveaux, et passent maîtres dans l'art de la chasse et de l'agriculture dans un environnement particulièrement hostile. Aujourd'hui, des vestiges impressionnants sont disséminés à travers le nord de l'Arizona et le Nouveau-Mexique. Le site le plus remarquable est le Bandelier National Monument, qui couvre 13 355 ha de canyons sauvages à 48 km à l'ouest de Santa Fe. Parcourez à pied le Main Loop Trail (2,4 km) en traversant le Frijoles Canyon qui longe les ruines d'une immense *kiva* (structure cérémonielle circulaire en pierre), des pétroglyphes ainsi que des *cavates*, des grottes creusées de la main de l'Homme au sommet des falaises pour servir de refuge hivernal. C'est ici également que s'étend Tyuonyi, un village pueblo de plus de 400 grottes. Au rythme du cours du Rio Grande, les randonneurs suivent le magnifique Falls Trail (4 km, dénivelé de 213 m), qui conduit à deux cascades. Un autre itinéraire de randonnée s'effectue sur le sentier d'Alcove House, un habitat perché au sommet d'une falaise, accessible seulement après 43 m de grimpée par des échelles et des marches creusées dans la muraille du canyon. Ici, le silence du désert laisse imaginer dans quelles conditions vivaient ces Indiens voilà des siècles, et fait s'interroger sur la disparition brutale de leur civilisation.

**Quand ?** L'automne est idéal. Le printemps est également agréable : chaleur sans canicule, soirées fraîches.

**Où ?** Rejoignez Bandelier par la New Mexico 4, entre White Rock et Jemez Springs. Une route mène au centre d'information touristique de Frijoles Canyon, au début du sentier de randonnée.

**À savoir** Dans le désert, un chapeau, des lunettes de soleil et une crème solaire sont indispensables. Solutions d'hébergement à proximité à Los Alamos – mais les visiteurs préfèrent souvent dormir à Santa Fe (à 1 h de route) pour profiter des spécialités gastronomiques et culturelles de la ville.

**Internet** www.nps.gov/band, www.lanl.gov/museum

## Los Alamos

À 16 km de Bandelier s'étend Los Alamos, la ville du Projet Manhattan ultrasecret mené pendant la Seconde Guerre mondiale. C'est ici que J. Robert Oppenheimer et son équipe de scientifiques mettent au point la première bombe atomique.

Aujourd'hui, le Laboratoire National est toujours en activité. Il a considérablement élargi ses champs d'études pour s'intéresser au réchauffement climatique, aux piles à combustible, à l'astronomie, aux superordinateurs et à la recherche sanitaire (y compris les remèdes contre le sida).

Le **Bradbury Science Museum** retrace l'histoire du laboratoire à travers des expositions conçues pour les visiteurs de tous âges.

Ci-contre : les parois des Frijoles Canyon sont criblées de grottes. Ci-dessus : à Bandelier, des danseurs pueblos zuñis.

La forteresse possède des murs de 2 m d'épaisseur, en pierre volcanique locale.

SAINT-KITTS-ET-NEVIS

# La forteresse de Brimstone Hill

## Cette magnifique citadelle des Antilles, témoignage de l'histoire coloniale, s'ouvre sur un panorama étonnant.

Brimstone Hill, au nord de Saint-Kitts, est choisi en 1690 par les troupes britanniques à la recherche d'un repaire d'altitude depuis lequel attaquer les Français établis en contrebas, sur la côte. Conscients du potentiel stratégique du site, les Anglais y élèvent une citadelle imprenable, bientôt surnommée le Gibraltar des Caraïbes. Brimstone n'a failli qu'à une seule reprise, au cours de la révolution américaine : assiégée pendant un mois par 8 000 Français, ses 1 000 soldats britanniques sont forcés à la reddition. Plus tard, l'île est rendue aux Britanniques et la forteresse abandonnée au milieu du XIXe siècle. La citadelle et ses bastions ont été récemment restaurés. Les tours des réserves de munition et de l'hôpital restent malheureusement très endommagées, de même que les quartiers des officiers, splendeur passée se déclinant au rythme d'arches gracieuses et de colonnades. Le Fort George Museum, aménagé dans la forteresse, présente des objets d'époque ainsi que l'histoire du bâtiment et de l'île. Ne quittez pas Brimstone sans admirer la vue panoramique qui s'étire, au nord, jusqu'à l'île Saint-Eustache.

**Quand ?** Il fait chaud et humide toute l'année à Saint-Kitts - peut-être un peu plus frais en hiver. Évitez toutefois la saison des ouragans, de fin août à début novembre.

**Où ?** L'aéroport international Bradshaw, sur l'île de Saint-Kitts, exploite des vols quotidiens au départ et à destination d'Antigua, Saint-Martin, Nevis et San Juan. Comptez 30 min de taxi jusqu'à Brimstone Hill.

**À savoir** Il n'y a aucun hôtel à proximité de Brimstone. Tous les hébergements sont regroupés le long de l'étroite péninsule de Frigate, au sud de l'île, ou dans la capitale, Basseterre. L'Ottley's Plantation Inn, une ancienne plantation de sucre du XVIIe siècle, est l'un des rares hôtels de la côte nord.

**Internet** www.brimstonehillfortress.org, www.stkittstourism.kn, www.ottleys.com

### À découvrir

■ Le **mont Liamuiga** (1158 m), volcan aujourd'hui endormi, se dresse à proximité de la forteresse. Des guides accompagnent les randonneurs dans le cratère de 1,6 km de diamètre, surnommé familièrement « le saladier ».

■ Plus au sud, l'**étang du Dos d'âne**, un lac de cratère perché au sommet de Verchild's Mountain, est un autre témoin de l'ancienne activité volcanique.

■ La **réserve forestière** englobant les deux reliefs mentionnés plus haut est riche d'une flore et d'une faune exceptionnelles (héliconia géant, singes et colibris).

HONDURAS

# Les ruines mayas de Copán

## À son apogée, la cité-État rassemble 18 000 habitants. Elle est de nos jours un site majeur de l'art maya.

À l'ouest du Honduras, le sentier qui mène au parc archéologique de Copán Ruinas est ombragé par de gigantesques *ceibas,* résidence permanente d'aras aussi bavards que colorés. La Grande Place déroule une douzaine d'autels sculptés en forme d'animaux et des stèles du VIIIe siècle et du règne du roi maya Uaxaclajuun Ub'aah K'awiil, étonnamment surnommé « 18 Lapin ». Ces piliers commémoratifs monumentaux (de 3 à 5 m), richement sculptés, célèbrent la vie et l'œuvre des souverains mayas. Le site, appelé Xukpi par les Mayas, s'étend sur 11 km. Du Ve au IXe siècle, il est le principal foyer de la civilisation maya méso-américaine. Jouxtant la Grande Place, voici le terrain de jeu de balle aux murs ornés d'arceaux de pierre en forme de tête d'ara, l'oiseau national du Honduras. La perle du complexe est sans doute l'escalier aux Pétroglyphes (VIIIe siècle), menant autrefois à un temple coiffé d'un toit de chaume : ses 63 marches présentent près de 2 000 glyphes qui détaillent la dynastie Copán. Non loin de là, de magnifiques temples se dressent sur les vestiges de bâtiments encore plus anciens : si le cœur vous en dit, empruntez le tunnel creusé par des archéologues sous les temples les plus récents pour admirer le temple Rosalila (VIe siècle), splendeur souterraine de stuc ouvragé rose et rouge.

**Quand ?** Le site est ouvert tous les jours, toute l'année. Préférez la saison sèche, de décembre à avril. Évitez la mi-journée, la chaleur est étouffante.

**Où ?** À 1 km à peine à l'est de la ville de Copán Ruinas, elle-même à 160 km de San Pedro Sula, l'aéroport international le plus proche (accès en voiture ou en bus).

**À savoir** La visite mérite plusieurs heures. Le billet d'entrée inclut l'accès aux ruines de Las Sepulturas, où vivait l'aristocratie de Copán, à 1,5 km du site principal.

**Internet** www.es.copanhonduras.org

### Pause-café

■ L'arôme du café torréfié se mêle aux parfums des fleurs tropicales : bienvenue à Copán Ruinas, ville coloniale aux toits de tuiles rouges et aux ruelles pavées située à l'est du site archéologique. Des petites plantations de café, les *fincas,* sont disséminées à l'ombre de la forêt équatoriale alentour. Visitez-en une pour percer tous les secrets de la fabrication du café.

■ De retour à Copán Ruinas, sirotez une tasse de café en terrasse, en prenant le temps de regarder le ballet incessant des tuk-tuks (mototaxis à trois roues) et des habitants vaquant à leurs occupations.

Dans la cour ouest, une statue représente Chac, dieu maya de la Pluie, tenant une torche enflammée, qui symbolise son pouvoir de déclencher et d'arrêter la pluie.

PÉROU

# Choquequirao

## Une marche énergique conduit à « l'autre Machu Picchu », vestiges d'une cité inca demeurée inconnue des conquistadors.

À 4572 m au-dessus du cours du río Apurímac, alimenté par la fonte des glaciers, les parois vertigineuses de la cordillère Vilcabamba soutiennent un éperon rocheux. Là, s'étendent les vestiges de la cité inca de Choquequirao. L'air est clair et froid. Les condors planent au-dessus des neiges de la chaîne de Salkantay. En contrebas, sur une bande de terre, voici la place principale, avec ses temples austères et ses bâtiments administratifs, surplombant de petits habitats, quartiers des ouvriers et des artisans. Accroché à flanc de montagne, un dédale de murailles en zigzag délimite des terrasses, typiques de la civilisation inca. La moitié du site est engloutie sous une épaisse végétation ; on distingue pourtant çà et là, sous la verdure, le gris de la pierre. L'accès à Choquequirao s'effectue depuis Cachora, le village le plus proche, après une randonnée éprouvante de deux jours (32 km) qui débute par la traversée, à faible altitude, de collines et de hameaux, et se poursuit, au-delà du río Apurímac, par une folle grimpée à travers la forêt équatoriale et les reliefs. La récompense ? Un lieu déserté par les touristes. Vous êtes seul au monde, tandis que le soleil se lève sur les Andes.

**Quand ?** Le site est ouvert toute l'année, mais profitez plutôt de la saison sèche, de mai à octobre.

**Où ?** À Cuzco, il est possible d'organiser des randonnées vers Choquequirao. Le forfait comprend le trajet jusqu'à Cachora, l'hébergement, le guide, une mule pour le transport des sacs. Vous pouvez également faire Cuzco-Cachora en taxi (comptez 4 à 5 h) et louer les services d'un guide et d'une mule à votre arrivée.

**À savoir** Comptez 6 jours (aller-retour au départ de Cuzco), avec 1 nuit à Cachora et une journée complète sur le site. Des campings peu coûteux et des buvettes où faire le plein de boissons et de chocolat rythment le trajet. Le temps est extrêmement variable – chaud et humide à basse altitude, froid intense en zone montagneuse, surtout la nuit –, veillez à emporter de quoi vous couvrir.

**Internet** www.peru.travel/fr, www.perou.org, www.rico-perou.com

### Secrets bien gardés

- Les niches de l'un des bâtiments de la place principale hébergeaient autrefois les momies des hauts dignitaires, le visage tourné vers le centre de la place.
- Traquez les lamas ! Des silhouettes de lamas en pierre blanche sont incrustées dans la pierre grise.
- Une randonnée, courte mais rude, jusqu'au sommet tronqué situé derrière la place, offre un panorama sublime à 360° sur le site, les gorges du río Apurímac et la chaîne de Salkantay.

Les terrasses en escalier, aménagées pour gagner des terres cultivables, couvrent les versants autour de Choquequirao.

Édifié sous la dynastie Ming, le pont Wenxing, près de Xiao Cun, enjambe 30 m d'une rive à l'autre.

CHINE

# Les ponts couverts du Zhejiang

## Dans une région paisible de l'est de la Chine, le paysage est piqueté d'extraordinaires ponts couverts, certains datant de plusieurs siècles.

À cinq heures à l'ouest de la ville industrielle côtière de Wenzhou, une route de montagne débouche dans le comté de Taishun, un terroir méconnu strié de sentiers pédestres escarpés reliés par d'anciens ponts couverts. Certains de ces ponts font penser à une maisonnette qui, au sortir d'un profond sommeil, s'étirerait comme un chat. D'autres, surnommés « les mille-pattes » par les locaux, à deux niveaux, sont peints en rouge : leur partie centrale, cabrée, est coiffée de dragons fantastiques et de poissons de céramique. Dans le village de Sixi, deux dragons verts s'affrontent sur le faîte du Bei Jian Qiao (le pont de Bei Jian) aux rambardes rouges et aux avant-toits relevés. Le Liuzhai Qiao, à San Kui, se compose de deux pavillons à pignon aux avant-toits gracieusement relevés reliés par une travée à double niveau surmontée de dragons à la tête bleue et au corps jaune, dents acérées et queue fendant l'air. Le spectaculaire Wenxing Qiao de Xia Cun évoque immanquablement le mille-pattes : une haute volée de marches de pierre précède une élévation progressive, une section horizontale puis un dénivelé vertigineux sur l'escalier de pierre à l'autre extrémité – et la partie médiane sur deux niveaux, avec ses avant-toits relevés, est inclinée sur le côté.

**Quand ?** Au printemps et à l'automne, afin d'éviter la chaleur et l'humidité estivales.

**Où ?** Tous les ponts sont situés aux environs de la ville de Taishun. Un service de bus particulièrement luxueux (énormes véhicules avec air conditionné) relie Wenzhou à Taishun. Les véhicules municipaux sont quant à eux bien fatigués, et il faut souvent partager l'habitacle avec des fermiers et leurs produits (poulets compris).

**À savoir** Il y a des hôtels dans tous les villages mentionnés ci-dessus – rudimentaires, mais bon marché. Inutile de réserver.

**Internet** www.otchine.com/Destinations_Zhejiang.htm

### Mon voyage insolite

*Érigé sous la dynastie Tang (618-906), le San Tia Qiao, ou « pont des Trois Routes », est sûrement le plus ancien de la région. Près du village de Zhouling, à 2 h environ en minibus de Taishun, un chemin de terre tortueux grimpe le long de versants escarpés et rejoint un long escalier de pierre qui dégringole de terrasses rizicoles en terrasses rizicoles. Trois escaliers convergent vers ce pont qui ressemble à une longue demeure étroite enjambant la rivière; à l'intérieur, des bancs où se reposent les paysans en route vers le marché – surpris de voir ici un étranger, mais surtout fatigués de porter leurs lourdes charges en balancier, à l'aide d'un long bambou.*

**Peter Neville-Hadley**
**Voyageur et auteur**

INDE

# Mandu

**Capitale jadis prospère, Mandu est aujourd'hui riche des ruines de ses monuments, mosquées et palais, sertis dans un paysage vert émeraude.**

Cette brillante cité, qui domine stratégiquement les plaines arides de Namar, au cœur de l'Inde, est abandonnée à la fin de la période moghole. C'est aujourd'hui une ville fantôme aux 45 km de murs défensifs. Depuis deux siècles, rien n'a changé – hormis les 5000 fermiers locaux et l'apparition de quelques hébergements. Les visiteurs accèdent à l'ancienne Shadiabad (la Cité de la Joie) par la Delhi Darwaza, l'entrée principale – série de portes fortifiées. La plupart des bâtiments, temples, palais et pavillons – succession d'arches brisées, de coupoles, de sculptures et de gravures ouvragées – datent du xv^e^ au début du xvi^e^ siècle. À cette époque, la ville est la capitale du Royaume islamique du Malwa. Dans l'enclave royale, le Jahaz Mahal (le « Palais bateau »), conçu comme un navire de plaisance, se dresse entre deux lacs artificiels, le Munj Talao et le Kapur Talao. Les audiences royales se déroulaient au Hindola Mahal (le « Palais oscillant ») tout proche, avec ses murs inclinés et ses fenêtres à treillis. Au cœur de la cité, le Jama Masjid, aux multiples dômes, s'inspire de la Grande Mosquée de Damas. Près du bazar, voici le premier monument de marbre d'Inde : le tombeau à couple de Hoshang Shah avec ses treillis de marbre, ses tours et ses cours intérieures. Shah Jahan envoya des architectes du Taj Mahal étudier ce tombeau. Rendez-vous à Sunset Point, non loin des grottes Lohani (et du Jahaz Mahal), pour admirer le coucher du soleil.

**Quand ?** De décembre à début février, quand la température oscille entre 20° et 30 °C en journée. On manque souvent d'eau pendant les mois les plus chauds (avril et mai) qui précèdent la mousson (juin-septembre).

**Où ?** Indore, à 98 km, est l'aéroport le plus proche de Mandu. Possibilité d'y prendre un bus pour se rendre sur le site (3 h de route). Comptez 2 h 30 de trajet seulement en taxi.

**À savoir** Le site mérite 1 journée complète de visite, plus si vous êtes un passionné d'histoire architecturale. Location de vélos et de pousse-pousse sur place. Plusieurs hébergements aux alentours du site ; en revanche, peu de distributeurs de billets : soyez prévoyant, les hôtels demandent souvent un règlement en liquide.

**Internet** http://ganapati.free.fr/travels/madhya/mandudhareng.html

Ci-contre : la galerie de la cour centrale du Jama Masjid. Ci-dessus : le réservoir, en contrebas du pavillon de Rupmati.

### Amours maudites

Les amoureux sont séduits par l'histoire de Baz Bahadur, le dernier sultan indépendant du Malwa, et de la bergère Rupmati. Selon la légende, le sultan tombe sous le charme du chant et de la beauté de la bergère. Il veut faire d'elle sa reine. Rupmati accepte à condition qu'il lui fasse construire un palais surplombant la rivière Narmada et l'autorise à continuer à pratiquer sa religion, l'hindouisme. Le **pavillon de Rupmati**, juché sur la crête d'une colline, offre un panorama inoubliable sur la vallée et le **palais de Baz Bahadur**. En contrebas, un réservoir, le Rewa Kund, se remplit des eaux de la Narmada et alimente le palais par un aqueduc : ainsi, Rupmati pouvait-elle procéder à ses ablutions rituelles. L'histoire, pourtant, connaît une fin tragique : en 1561, lorsque l'armée moghole s'empare de Mandu, Rupmati se suicide et Baz Bahadur s'enfuit.

INDE

# LES *HAVELIS* DU SHEKHAWATI

**Empruntez les petites routes du nord-est du Rajasthan qui conduisent aux *havelis*, exquis petits palais peints de la région.**

Dans la petite ville, votre pousse-pousse avance au gré du dédale de ruelles. Vous remarquez bientôt la porte de bois fastueusement sculptée et la façade peinte de l'une de ces opulentes demeures qui font la réputation de la région. À Nawalgarh, Dundlod, Mandawa, Fatehpur ou Lakshmangarh, les commerçants du Mewar, au centre du Rajasthan, ont construit entre 1830 et 1930 ces *havelis*, symboles de la réussite et de la fortune de leurs familles – les Poddar ou les Goenka – qui ont assis leur richesse sur le commerce des épices. L'entrée donne traditionnellement sur une cour avant réservée aux hommes et sur une cour intérieure destinée à l'usage exclusif des femmes. Le décor abonde en parois et balcons sculptés en treillis, mais les fresques sont les véritables joyaux de ces demeures : une palette de bleu, rouge, indigo, brun et jaune illumine les murs, au rythme des portraits des divinités hindoues, légendes locales, animaux, processions de mariage, scènes de la vie quotidienne – on y voit des trains, des voitures et même des vieux avions. Ces œuvres sont réalisées principalement avec des pigments végétaux, mais certaines *havelis* ont été entièrement décorées à la feuille d'or, dans une surenchère à qui aurait la demeure la plus somptueuse. Aujourd'hui, les propriétaires vivent bien loin de leurs petits palais : si certains tombent en ruine, beaucoup ont été magnifiquement restaurés.

**Quand ?** De septembre à mars, même si les nuits peuvent être fraîches (et le chauffage est peu répandu !).

**Où ?** Jhunjhunu, la capitale régionale, est à 177 km au nord de Jaipur. Les principales villes sont bien desservies par la route et le train.

**À savoir** Vous vous déplacerez sans problème en taxi, en pousse-pousse ou en bus. Le palais fortifié de Mandawa, avec sa porte de bois peint finement sculptée et ses merveilleuses fresques intérieures, a été restauré et aménagé en hôtel.

**Internet** www.rajasthantourism.gov.in, www.rajasthanvoyage.com, www.mandawahotels.com

### Visite guidée

- À **Mandawa**, les *havelis* les plus remarquables sont la propriété des Goenka. Dans la *haveli* Murmuria, des fresques montrent Krishna menant un troupeau de vaches, Nehru sur un cheval, ainsi qu'une vue de Venise.
- **Nawalgarh** rassemble une forteresse entièrement décorée, plusieurs temples magnifiques, ainsi que les *havelis* des familles Poddar, Bhagat et Dangaich.
- Située dans le grand bazar de **Jhunjhunu**, la *haveli* Modi recèle de magnifiques fresques.
- À **Ramgarh**, les Poddar possèdent plusieurs *havelis* ainsi qu'un cénotaphe décoré de scènes tirées du *Ramayana*.

À Dundlod, dans la *haveli* des Goenka, on peut voir un train… révolutionnaire à l'époque (XIXe siècle) !

L'Arche monumentale s'ouvre sur la grande colonnade de l'axe principal de la cité. Une citadelle arabe surplombe les ruines.

SYRIE

# Palmyre

## Oasis des caravanes du désert de Syrie, la cité prospère tombée aux mains des Romains dévoile d'émouvants vestiges.

À proximité d'une oasis ombragée de palmiers, les ruines de Palmyre s'étirent sur plus de 1,5 km, dans une plaine sablonneuse. Des chameaux progressent d'un pas lourd parmi les restes de marbre, de pierre et de granit de cette cité antique qui fut l'une des plus riches du Proche-Orient. Le bâtiment le plus impressionnant, le temple de Bel, est consacré à la divinité babylonienne démiurge, maître de l'Univers. À l'arrière d'épais murs de pierre, une cour à colonnade circonscrit une aire sacrificielle. L'ensemble est aujourd'hui très abîmé, mais l'aire sacrificielle et quelques colonnes subsistent. Non loin de là, l'Arche monumentale s'ouvre sur l'axe principal de la cité, bordé d'une immense colonnade de 1,2 km de long. De part et d'autre gisent les restes de boutiques, marché, bâtiments administratifs, temples et fontaines. L'édifice le mieux préservé est le théâtre du IIe siècle, avec sa scène intacte et ses 30 rangées de gradins en arc de cercle qui s'élèvent depuis l'orchestre. Derrière la cité, la Vallée des Tombeaux garde les dépouilles des riches familles enterrées dans des tours à plusieurs niveaux. Restez sur le site jusqu'en début de soirée et grimpez sur le relief qui domine la vallée pour voir Palmyre se nimber de doré et de bronze à mesure que le soleil se couche sur le désert silencieux.

**Quand ?** Évitez Palmyre et la chaleur cruelle du désert pendant l'été. La cité et sa nécropole sont ouvertes toute l'année. Le temple de Bel est ouvert tous les jours de 8 h jusqu'à 1 h avant le coucher du soleil.

**Où ?** Palmyre est à 240 km au nord-est de Damas. Des visites guidées à la journée sont organisées au départ de la capitale, mais pour tirer le meilleur parti du site, envisagez de dormir sur place. Des bus relient Palmyre à Damas (2 h 30 de trajet).

**À savoir** Il y a plusieurs hôtels et restaurants autour du site. Fast-foods et vente à emporter dans la ville de Palmyre toute proche. Avant de vous rendre en Syrie, vérifiez les conseils de sécurité aux voyageurs.

**Internet** www.syriatourism.org, www.lasyrie.net, www.visit-syria.com, www.syrievoyage.fr

### Mon voyage insolite

*Arrivée depuis quelques jours en Syrie, je maîtrise maintenant l'usage de la patience et du bakchich. L'une et l'autre peuvent vous conduire dans des lieux fermés au public. C'est le cas de la Vallée des Tombeaux. Tandis que j'erre sur le site, un garde s'approche et consent, en échange d'une petite somme, à m'ouvrir la porte de plusieurs tours-nécropoles. Les parois intérieures sont couvertes de fresques. Dans chaque pièce, les murs sont percés de niches, assez grandes pour loger un corps. Chaque niche est scellée par une pierre sculptée du buste du défunt.*

**Katie Parla**
**Voyageuse et auteure**

TURQUIE

# Termessos

## Cette cité antique, fondée en altitude sur un versant des monts Taurus, a su résister aux assauts d'Alexandre le Grand.

Au sommet des reliefs, au-dessus de la côte méridionale de la Turquie, au nord-ouest d'Antalya, un plateau rocheux porte les ruines d'une glorieuse cité antique. Celle-ci sait se faire désirer ; une route sinueuse grimpe au rythme de versants escarpés, et déjà vous apercevez des murailles et des tours aux reflets argentés – vestiges d'un péage fortifié grâce auquel les habitants de Termessos, voilà 2 300 ans, contrôlaient le commerce sur cette portion du littoral méditerranéen. Pour parvenir à la cité, sise aujourd'hui au cœur d'un parc national, il faut encore emprunter, par-delà les nuages, une route abrupte, bordée de profonds ravins. Enfin, vous débouchez à proximité d'un temple orné d'une porte consacrée à l'empereur romain Hadrien. Place maintenant à une randonnée de 40 minutes, le long d'un sentier accidenté bordé de chênes rabougris. De cette végétation épaisse émergent des structures silencieuses – des thermes, un bâtiment administratif, un gymnase. Le théâtre est perché en bordure d'une falaise ; ses gradins, à la suite d'un tremblement de terre, évoquent une mer déchaînée. Les habitants, imputrescibles guerriers, repoussèrent en 333 av. J.-C. l'assaut d'un certain Alexandre le Grand. Leurs tombes sont éparpillées par centaines tout autour de la ville.

**Quand ?** Au printemps (mi-avril/début juin) et à l'automne (septembre/octobre).

**Où ?** Termessos se situe à 39 km au nord-ouest d'Antalya. On y accède en voiture (à louer), en taxi ou avec un groupe accompagné. Pas de transports en commun.

**À savoir** Le site est dépourvu de tout aménagement touristique. Prévoyez de l'eau et des en-cas. Portez de bonnes chaussures de marche, la montée (et la descente) s'effectue en terrain accidenté (très glissant quand il a plu). L'itinéraire n'étant pas balisé, et en l'absence de panneaux d'information, préférez la compagnie d'un guide qui connaît la géographie et l'histoire du site sur le bout des doigts.

**Internet** www.turcotour.org/turquie/termessos.php, www.voyageturquie.org, www.la-turquie.com

### L'histoire d'Alcétas

L'un des chemins mène au **tombeau d'Alcétas**. Cette tombe taillée dans le calcaire rassemble des trésors : des statuettes, un lit funéraire et un aigle portant un serpent entre ses serres. En 319 av. J.-C., Alcétas, soldat de l'armée d'Alexandre, se réfugie ici, fuyant Antigone le Borgne, l'un des principaux généraux du roi de Macédoine. Il choisit le suicide plutôt que la capture. Sa dépouille, mutilée par Antigone, est récupérée par des jeunes habitants de Termessos, qui édifient un somptueux tombeau à la mémoire du soldat. L'effigie d'Alcétas est sculptée sur la paroi rocheuse : en armure, il chevauche sa monture.

Au sommet du relief, l'amphithéâtre de Termessos s'ouvre largement sur les plaines en contrebas.

Les vestiges des édifices de Messène jonchent les versants du mont Ithomé.

GRÈCE

# MESSÈNE

## Les ruines de cette capitale fortifiée dominent le golfe de Messénie, dans le Péloponnèse.

La route qui conduit à la cité grecque antique de Messène depuis le village de Meligalàs est une parfaite introduction à la découverte du site. Elle passe par la seule porte demeurée intacte, puis par une cour circulaire, avant d'atteindre l'entrée de la cité proprement dite. Cet itinéraire peut se parcourir à pied (attention, il est toutefois assez long) ou en voiture. La route se poursuit vers le sud et longe un petit musée où sont exposées les plus belles statues récupérées sur le site. Elle dégringole ensuite vers l'enceinte de la principale zone archéologique. Isolé, entretenu avec soin et restauré avec une infinie patience, l'un des plus beaux témoignages de la Grèce classique est totalement épargné par des constructions postérieures. Le joyau de cet ensemble architectural est le sanctuaire d'Asclépios, le dieu de la Médecine, qui regroupe des thermes, un bâtiment pour les réunions, une esplanade, des temples, un théâtre et un stade. Celle qui fut autrefois une cité prospère mérite qu'on s'y attarde, pour profiter de ses trésors – des édifices qui ont choisi pour écrin un panorama de montagnes et de vallées absolument magique.

**Quand ?** Le printemps est la saison idéale, quand les versants se couvrent de fleurs et que les jours rallongent.

**Où ?** La Messène antique s'étend à proximité du village de Mavrommati, sur le mont Ithomé, à 21 km environ au nord de la ville moderne (Messini). Un bus dessert chaque jour le site au départ de la ville principale la plus proche (Kalamata), mais les horaires des liaisons ne permettent pas de profiter au maximum de la visite. Louez plutôt une voiture.

**À savoir** Le site est gigantesque. La principale zone archéologique mérite 2 h de visite à elle seule. Et les environs regorgent de trésors historiques (le site antique d'Olympie n'est qu'à 1 h de voiture).

**Internet** www.ancientmessene.gr, www.info-grece.com

### Un temple unique

Ne manquez pas le temple d'Apollon à **Bassae**, au nord de Messène. Il s'agit du temple grec le mieux préservé du pourtour méditerranéen, et l'un des plus isolés. Dans l'Antiquité, il est décrit comme un lieu de culte particulièrement magnifique. C'est aussi l'un des plus insolites par l'originalité de son plan, avec l'aménagement de deux portes d'entrée (au lieu d'une seule traditionnellement) et le recours simultané aux trois ordres (dorique, ionique et corinthien).

TOP 10

# SITES ROMAINS

Tous les chemins ne mènent pas nécessairement à Rome, mais conduisent à de fabuleux vestiges de l'Empire romain, disséminés aux confins de l'Europe et de l'Afrique du Nord.

## 1 Sarmizegetusa, Roumanie

La citadelle de Sarmizegetusa est l'une des six forteresses daces qui dominent les reliefs des monts Orastie et Retezat. Conquis par l'armée romaine au IIe siècle de notre ère, le site conserve son forum et l'amphithéâtre où se déroulaient les combats de gladiateurs.

À savoir Partez plutôt en été, les températures sont agréables (16-20 °C). N'oubliez pas vos chaussures de randonnée. www.guideroumanie.com

## 2 Amphithéâtre de Pula, Croatie

Il est loin le temps où 20 000 spectateurs prenaient place dans cet énorme amphithéâtre du Ier siècle – le sixième plus grand du monde – pour de sanglants combats de gladiateurs. On y organise aujourd'hui des concerts, des ballets, et le Festival international du film de Croatie.

À savoir Profitez-en pour visiter le Musée archéologique d'Istrie et le parc national de Nrijuni (et ses villas romaines), tout proches. www.pulainfo.hr/fr

## 3 Pergé, Turquie

Sur les plaines côtières d'Antalya, les vestiges de l'importante cité gréco-romaine de Pergé sont superbement préservés : thermes, stade, théâtre et nymphée (une fontaine surmontée d'une nymphe, divinité associée aux sources) sont autant de témoignages de sa splendeur passée.

À savoir Pergé s'étend à 16 km à l'est d'Antalya, et il y a beaucoup d'autres sites alentour. www.planet-turquie-guide.com/perge.htm

## 4 Bibliothèque de Celsus, Éphèse, Turquie

Bâtie au IIe siècle de notre ère en mémoire de Celsus Polemaenus, gouverneur romain de la province d'Asie, cette bibliothèque conserve environ 12 000 rouleaux dans une trentaine de placards. Sa façade monumentale fut pensée pour dramatiser la hauteur du bâtiment et sa salle de lecture fait face à l'est pour tirer le meilleur parti de la lumière du jour.

À savoir Éphèse est proche du village de Selcuk, à 1 h en voiture au sud d'Izmir. Cité prospère aux temps grecs et romains, elle rassemble de superbes vestiges (temples, bâtiments administratifs, théâtre). www.antikforever.com/Asie_Mineure/ionie_carie/ephese.htm

## 5 Amphithéâtre de Trèves, Allemagne

La ville de Trèves regorge de témoignages romains, parmi lesquels un inoubliable amphithéâtre, où plane l'ombre des gladiateurs : le sous-sol – où séjournaient les animaux sauvages, les gladiateurs et les criminels avant de pénétrer dans l'arène – se visite.

À savoir Trèves est à 3 h de train de Cologne et de Francfort. redaktion.trier.de/praefectus/trier?tourist_fr

## 6 Villa romaine du Casale, Italie

Le luxe de la villa du Casale s'affiche dans ses péristyles, cours intérieures et thermes, sublimés par d'exceptionnelles mosaïques qui nous renseignent sur la vie quotidienne des Anciens – belles gymnastes, chasseurs à cheval, bêtes traquées, gracieuses antilopes et hippopotames exotiques.

À savoir La villa se dresse à 5 km de Piazza Armerina, en Sicile. www.sicile-sicilia.net/villa-romaine-de-casale.html

## 7 Mur d'Hadrien, Grande-Bretagne

Cette muraille défensive de pierre et de tourbe s'étire sur toute la largeur de l'Angleterre, de la mer du Nord à la mer d'Irlande. Précédée d'un fossé et ponctuée de 80 postes fortifiés, elle protégeait la frontière septentrionale de l'Empire romain et permettait un meilleur contrôle des flux commerciaux. Le secteur central et ses postes fortifiés sont bien conservés.

À savoir Vous suivez le mur de Newcastle-on-Tyne (à l'est) à Bowness-on-Solway (à l'ouest) par les routes A69 et B6318. Vous pouvez aussi parcourir à pied les 135 km du Hadrian's Wall Path National Trail, ou emprunter la piste cyclable (NCN 72). www.hadrians-wall.org

## 8 Aqueduc de Ségovie, Espagne

Cet aqueduc de 166 arches enjambe la cité. Le centre-ville est traversé par les deux tiers des arches, culminant à 28 m de haut. Les énormes blocs de granit ne sont assemblés que par le seul équilibre des forces, sans ciment ni mortier : une solidité qui fait ses preuves depuis le Ier siècle de notre ère.

À savoir Au départ de Madrid (à 89 km au sud), la découverte de Ségovie peut se planifier sur 1 journée. www.spain.info

## 9 Mines Las Matildes, Carthagène, Espagne

Selon les archives, ces mines d'argent, du temps de leur exploitation, rapportaient au trésor romain la somme colossale de 25 000 drachmes par jour. Quelque 40 000 esclaves y travaillaient alors, dans des conditions effroyables. Les mines, restaurées, se visitent.

À savoir Ces mines se situent à El Beal, à la sortie de l'autoroute reliant Carthagène à La Manga. www.cartagena.es

## 10 Villas de Bulla Regia, Tunisie

Les villas de Bulla Regia possèdent des pièces souterraines où les habitants trouvaient un peu de fraîcheur lors des étés torrides. Ces pièces sont encore riches de mosaïques (même si la plupart sont conservées au musée du Bardo de Tunis) représentant des scènes cynégétiques (maison de la Chasse) ou Vénus et Cupidon chevauchant des dauphins (maison d'Amphitrite).

À savoir Bulla Regia se trouve à 169 km à l'ouest de Tunis, non loin de la ville de Jendouba. www.bonjour-tunisie.com

Ci-contre : près de Housesteads, non loin de la ville de Hexham, dans le Northumberland, le mur d'Hadrien se déroule au gré d'un relief ondoyant.

Dans le couvent des capucins, les restes momifiés d'un homme, autrefois un riche habitant de Savoca.

ITALIE

# Les catacombes de Savoca

## Un magnifique village de Sicile cache un secret plutôt macabre : une crypte où des momies sagement alignées goûtent un repos éternel.

À l'extrémité nord-est de la Sicile, les palais et les églises baroques de Savoca, plus ou moins bien préservés, s'accrochent à un éperon de roche volcanique. D'ici, la vue sur l'Etna est superbe. Savoca, une ville importante, a vu sa prospérité s'envoler depuis longtemps, mais le souvenir de ses riches dignitaires perdure dans l'obscurité d'une crypte lugubre. Sous les murs de la ville s'étend le couvent des capucins, un monastère franciscain. Une échelle branlante conduit à une chambre funéraire souterraine. Ici reposent les 32 momies de ceux qui constituent, aux XVIII^e et XIX^e siècles, l'élite de la cité : prêtres, médecins, abbés et politiciens sont installés dans des niches surmontées par l'indication de leur nom et une courte biographie. Tous ont revêtu leurs habits du dimanche, mais leur peau est si desséchée qu'elle se détache, par endroits, du squelette. Pour les franciscains, la momification rappelle la futilité de l'existence : « J'étais ce que vous êtes, vous serez ce que je suis » semblent clamer les dépouilles des moines. Paradoxalement, les aristocrates de Savoca adoptent ce rituel pour afficher leur grande richesse.

**Quand ?** Savoca se visite toute l'année, mais il fait effroyablement chaud en été. L'automne est la saison idéale : pendant les vendanges et la cueillette des olives, la région est alors en fête. Le 13 décembre, jour de la sainte Lucia, la patronne de Savoca, des défilés ont lieu dans toute la ville.

**Où ?** À 20 min en voiture au nord de Taormine, ou à 40 min au sud de Messine. Le monastère est sur la SP 19, la route qui vient de Santa Teresa di Riva.

**À savoir** Les catacombes de Savoca et le centre-ville se visitent en 1 demi-journée au départ de Taormine ou de Catane. Attention, les heures d'ouverture varient et vous devrez faire un don. Il y a des chambres à louer dans le centre-ville, au Padrino, un palais du XVII^e siècle restauré.

**Internet** turismo.comune.savoca.me.it

### Sur les traces du *Parrain*

En 1971, Francis Ford Coppola filme à Savoca quelques scènes du *Parrain*. Au **Bar Vitelli**, au rez-de-chaussée de l'élégant Palazzo Trimarchi (XVIII^e siècle), Michael Corleone, interprété par Al Pacino, demande la main d'Apollonia au père de celle-ci. L'église San Nicolò sert d'arrière-plan à la procession menant les mariés au lieu de la réception.

Au Bar Vitelli, il est possible de s'asseoir à la table d'Al Pacino et de goûter à la spécialité locale, le *granita di limone* (granité au citron) accompagné d'un *zuccherata* (biscuit).

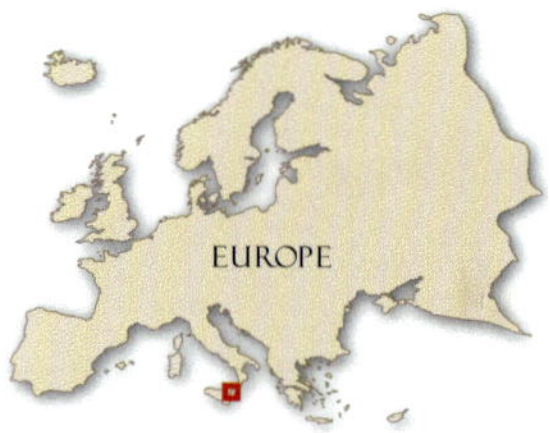

FRANCE

# La crypte archéologique

**Sous le macadam parisien, des pans entiers de l'histoire de France, de l'époque romaine au XVIIIe siècle, attendent d'être mis au jour.**

Pour explorer le cœur du Paris antique, il suffit d'arpenter les ruelles souterraines de l'ancienne Lutèce. Les vestiges de la Ville Lumière, fondée par l'empereur romain Auguste en 27 av. J.-C. pour circonscrire le territoire des tribus parisii, s'étendent dans la plus grande crypte archéologique du monde, sous le parvis de la cathédrale Notre-Dame. Admirez le talent des urbanistes romains : un réseau de rues et d'égouts, les fondations de bâtiments et de bains publics, sans oublier un système de chauffage par le sol (hypocauste) vieux de 1700 ans – chaudières et canalisation – ont été mis au jour. Une multitude d'objets témoignent également de la vie quotidienne des habitants à l'époque romaine : des amphores de vin rapportées d'Italie, des pots de terre cuite où mijotaient les céréales… Les archéologues ont aussi retrouvé des fresques de villas romaines et le nécessaire à maquillage d'une aristocrate, étudiés au scanner. On peut encore voir les pierres du premier port de Paris, remontant à l'époque romaine et attestant l'importance du rôle commercial de la Seine. Des vestiges médiévaux primitifs révèlent comment les rues furent élargies pour y faire transiter les matériaux de construction de la cathédrale Notre-Dame. Enfin, au niveau archéologique le plus récent, la crypte garde les restes d'un hospice pour enfants trouvés datant du XVIIIe siècle.

**Quand ?** La crypte est ouverte toute l'année, sauf les lundis et les jours fériés.

**Où ?** Dans le square face à la cathédrale, à côté de la préfecture, un panneau de marbre signale l'accès à la crypte souterraine.

**À savoir** Prévoyez au moins 1 h de visite.

**Internet** http://crypte.paris.fr

## Place Lépine

■ Après votre visite, marchez jusqu'au **marché aux fleurs** de la place Louis Lépine. En décembre, le spectacle est magnifique : longues rangées de poinsettias rouges et roses, parfum enivrant des sapins de Noël… et pépiements d'oiseaux en fond sonore. Vous trouverez à acheter des décorations de Noël pour le moins insolites.

■ Dans le square, ne ratez pas la **fontaine Wallace** et ses gracieuses cariatides. Il s'agit de l'une des 77 fontaines de ce type disséminées dans Paris et financées au XIXe siècle par le philanthrope britannique Richard Wallace.

Parmi les vestiges romains de la crypte archéologique, les restes des chaudières et des canalisations d'un système de chauffage.

L'église et les maisons en ruine d'Oradour-sur-Glane sont restées en l'état après le massacre des habitants, en juin 1944.

FRANCE

# Oradour-sur-Glane

## Ce qui fut jadis un charmant village du centre de la France symbolise les épisodes les plus tragiques de la Seconde Guerre mondiale.

Les vestiges rouillés de la vie quotidienne aux derniers temps de l'Occupation de la France par les Allemands jonchent encore les ruelles d'Oradour : ici un vélo, là une machine à coudre, plus loin un landau cabossé, abandonnés par un beau samedi après-midi, en cet été 1944. Les granges où plus de 200 villageois ont été fusillés sans préavis (avant d'être exposés à la vue de tous) sont toujours là. Dans l'église, le souvenir des 400 femmes et enfants, également fusillés, prend à la gorge. La Résistance n'a pas particulièrement pris pied dans ce village ; la plupart des habitants n'ont jamais vu un seul uniforme allemand avant ce 10 juin fatidique, lorsque les officiers SS des divisions panzers débarquent et ordonnent le rassemblement de tous les villageois (et de plus de 100 habitants de Belgique et de l'est de la France réfugiés ici depuis quelques années) sur la place principale. Les maisons sont pillées, le village incendié. 642 personnes sont massacrées. Après la Libération, le gouvernement français décide de ne pas restaurer Oradour. Le village est resté en l'état où les troupes SS l'ont laissé, en un hommage vibrant à toutes les victimes de l'Occupation.

**Quand ?** Au printemps et à l'automne, en semaine (il y a moins de monde).

**Où ?** Les ruines d'Oradour-sur-Glane s'étendent sur le versant d'une colline à 22 km au nord-ouest de Limoges, entre Saint-Junien et Belloc. Déplacez-vous plutôt en voiture.

**À savoir** Le village se visite gratuitement. L'accès s'effectue par le remarquable Centre de la Mémoire, situé entre la ville nouvelle et le village historique. Dans le cimetière se dresse un gigantesque mémorial dédié aux 642 victimes, dont les noms sont gravés sur dix stèles de marbre noir.

**Internet** www.oradour.org, www.oradour-souviens-toi.fr, www.oradour-sur-glane.fr

### Un massacre inexpliqué

Le 10 juin 1944 débute comme une journée ordinaire. Les villageois se retrouvent aux terrasses des cafés ; à l'école, les enfants attendent sagement leur tour pour la visite médicale ; des postes de radio diffusent en crachotant l'annonce du débarquement des forces alliées en Normandie.

Ce jour-là, la division **SS « Das Reich »** se hâte vers la Normandie, où le débarquement a eu lieu quatre jours plus tôt, le 6 juin. Les membres de la Résistance française tirent sur les chars et les camions, ralentissant leur progression vers le nord.

La raison pour laquelle 200 soldats SS ont décidé de « nettoyer » méthodiquement Oradour-sur-Glane reste un mystère. On pense que la véritable cible des nazis était **Oradour-sur-Vayres**, à 56 km au sud, où un officier SS était retenu prisonnier. Quand bien même, cette confusion ne peut expliquer la brutalité de cet odieux carnage.

ÉGYPTE

# La nécropole de Beni Hassan

**Creusées dans les falaises des bords du Nil, des tombes recèlent une foule d'informations sur la vie quotidienne au temps du Moyen Empire.**

À environ 250 km au sud du Caire, le village de Beni Hassan est délaissé par les touristes. Pourtant, ses 39 tombeaux de gouverneurs de province nichés au creux de la falaise et richement décorés de fresques peintes méritent une visite. La plupart datent des XI$^{e}$ et XII$^{e}$ dynasties (2125-1795 av. J.-C.). Quatre sont ouvertes au public. Leurs parois sont couvertes de scènes de la vie quotidienne : chasse, pêche, traque aux oiseaux, culture, cueillette de papyrus, tissage, filage, scènes de guerre, de jeux, d'activités sportives. Sans oublier les rites funéraires, les barques sacrées et les offrandes. L'ensemble est stupéfiant par la vivacité de ses couleurs, notamment les ocres et les ors, d'une incroyable fraîcheur. Dans la semi-obscurité, l'illusion est parfaite : l'odeur du blé fraîchement moissonné, la souplesse du lin tissé, la course des gazelles… Tout n'est que mouvement et énergie. Les lutteurs de la tombe de Baqet sont surprenants, de même que les scènes de musique et de danse de la tombe de son fils, Khéty. Et que dire du tombeau d'Améni-Aménemhâ ? Son plafond est inoubliable ; remarquez la fausse porte, sur la paroi ouest, qui s'ouvre vers l'au-delà. La sépulture de Khoum-hotep présente une jolie scène de famille, des plantes, des animaux et des oiseaux ; au bas des murs sont gravés des détails sur la vie du défunt.

**Quand ?** Préférez l'hiver : il y a du soleil et les températures sont agréables.

**Où ?** À 19 km au sud de Minîéh. Depuis cette ville, vous pouvez rejoindre le site en taxi, mais il vaut mieux passer par une visite organisée (circuit ou croisière).

**À savoir** En Égypte, les mesures de sécurité sont strictes. Vous serez vraisemblablement escorté (discrètement) par des gardes (en civil ou en uniforme). Une croisière (en paquebot ou en felouque) offre l'opportunité de longer des sites et des villages qui rappellent tout à fait les décors des chambres funéraires.

**Internet** www.cosmovisions.com/monuBeniHassan.htm, http://fr.egypt.travel

## La ville du dieu Soleil

À 40 km au sud de Beni Hassan, **Tell al-Amarna** fut pendant quatorze ans, au XIV$^{e}$ siècle av. J.-C., la capitale du pharaon Akhenaton (Aménophis IV) et de son épouse, Néfertiti. Des murs de temples et de palais ont résisté au temps, de même que 25 tombes rupestres dont les décors racontent la vie de la cité du dieu Soleil. Parmi les sépultures les plus remarquables, celles de l'intendant, du serviteur en chef, du porteur d'éventail, du chef de la police du pharaon et du grand prêtre d'Aton. Akhenaton est inhumé plus loin, dans un hypogée orienté selon l'axe du lever du soleil. Son tombeau est vide, sa momie reste introuvable, mais le site est envoûtant.

Dans la nécropole de Beni Hassan, des scènes de la vie quotidienne ornent les parois de la tombe de Khéty.

LIBYE

# Leptis Magna

## En arpentant cette cité antique située sur la côte méditerranéenne de la Libye, on touche du doigt la vie quotidienne sous l'Empire romain.

Plages de sable, thermes aux vertus thérapeutiques, artères commerçantes, lieux de spectacles, splendeur architecturale : Leptis Magna a tout pour elle, mais elle est pour beaucoup difficile à situer sur une carte. Située à 120 km à l'est de Tripoli, la ville romaine, labyrinthique, demeure à demi enfouie sous le sable du désert libyen. Les salles des thermes, frangées de colonnades, sont désormais à ciel ouvert, les blocs de pierre du dôme gisent au pied des murs, où s'épanouissent des fleurs sauvages. Des boutiques de marbre logeaient pléthore d'échoppes où les citoyens faisaient leurs achats ou venaient se désaltérer. Un peu plus loin, les hommes jouaient aux billes sur les damiers gravés au sol, en attente de nouvelles colportées par les marins débarquant au port – la situation stratégique de Leptis Magna la plaçant idéalement au carrefour du commerce méditerranéen et saharien. D'autres plaisirs, tarifés ceux-là, étaient également suggérés, comme l'indiquent ces organes génitaux masculins sculptés en relief sur un mur. Dans le théâtre où 5000 spectateurs prenaient place sur des gradins de pierre disposés en arc de cercle, l'élite de Leptis Magna profitait d'une acoustique exceptionnelle – le chant des oiseaux, brisant le silence de la cité à jamais endormie y est aujourd'hui encore d'une pureté infinie.

**Quand ?** Sa situation géographique, en bordure de la Méditerranée, protège Leptis Magna des chaleurs étouffantes du désert tout au long de l'année. De plus, le site est très peu fréquenté.

**Où ?** Pour le moment, la Libye n'est accessible qu'aux participants de voyages organisés. Des opérateurs locaux, de type Arkno Tours, peuvent effectuer les démarches nécessaires pour le visa, la réservation de véhicule, d'un guide et proposer des solutions d'hébergement (hôtels petits mais confortables).

**À savoir** En Libye, les visiteurs sont traités avec une extrême courtoisie. Le pays ne connaît pas les marchands de pacotilles insistants ni les prix exorbitants à la seule intention des touristes, deux pratiques regrettables dans les pays très fréquentés. Si votre passeport mentionne un séjour en Israël ou dans les territoires occupés, vous n'obtiendrez pas de visa. La traduction en arabe des renseignements portés sur le passeport est obligatoire.

**Internet** www.philalithia.net/lepcis_magna.html, www.arkno.com

Ci-contre : les vestiges du port de Leptis Magna. Ci-dessus : une statue du forum de Septime Sévère.

### Coutumes antiques

■ Dans les **thermes d'Hadrien**, les vestiges du bain de vapeur ont mis au jour des canalisations de brique. Dans cet ingénieux système de recyclage, qui rappelle les orgues d'une église, l'air chaud circulait puis se condensait. Ici, l'élite de Leptis Magna venait discuter des affaires courantes, barboter dans de luxueux bassins, ou se faire masser à l'huile d'olive. L'établissement possédait même une bibliothèque.

■ Si les bains sont un lieu d'échange, il en va de même pour les... toilettes. Dans les latrines publiques, très luxueuses, on prenait place le long d'une rangée de lunettes en marbre. Quand il faisait froid, on envoyait un esclave réchauffer la lunette (en s'y asseyant) pour épargner à son maître un inconfort du fessier... Des musiciens étaient également présents dans la pièce.

Des menottes accrochées au mur de la maison des Esclaves, sinistre réminiscence du commerce des êtres humains.

SÉNÉGAL

# L'île de Gorée

## Une courte traversée en ferry, loin de la chaleur et de la poussière de Dakar, conduit à une île riche d'une histoire bouleversante.

Le bateau contourne la pointe nord de l'île pour rallier une baie sablonneuse. Là, des jeunes gens s'ébattent joyeusement dans les vagues. Sur le front de mer s'alignent des maisons coloniales qui, malgré leurs peintures écaillées, composent une ravissante symphonie de pastel et d'ocre. En descendant du bateau, flânez au gré des ruelles, à l'ombre des allées qui disparaissent sous des cascades de bougainvillées. Ni voitures ni vélos ne viennent troubler la paix de cette île microscopique préservée des remous de l'Atlantique par l'avancée du Cap-Vert, le point le plus occidental de l'Afrique. Tout et tous exhalent ici une certaine indolence chère au cœur des *signares* – ces métisses, réputées pour leur beauté, leur grâce et leur sens des affaires – qui vivaient autrefois dans ces demeures élégantes. Mais ce paradis tropical cache un côté obscur, symbolisé par la maison des Esclaves, bâtisse du XVIII^e siècle. Ici, vous découvrez les cellules où s'entassaient les esclaves en attente d'être embarqués, par la porte du Voyage sans retour, sur les bateaux en partance pour l'Amérique. Vous marchez dans les pas de Nelson Mandela et de Jean-Paul II, qui visitèrent également le site. Lors de sa venue en 1992, le pape présenta ses excuses pour le rôle tenu par l'Église catholique dans la traite des Noirs.

**Quand ?** De novembre à mai. Évitez l'été, trop chaud et trop pluvieux.

**Où ?** Les ferries quittent le port de Dakar à intervalles réguliers de 6 h à 23 h (20 min de traversée).

**À savoir** Les petits restaurants proches de la jetée servent des plats de poisson simples et goûteux. Allez au Castel : sur ce plateau rocheux couvert d'anciennes fortifications françaises, un mémorial dédié à la diaspora africaine. Goa a trois musées, dont le musée de la Femme. Si vous souhaitez dormir sur place, l'Hostellerie du Chevalier de Boufflers est idéalement située sur la plage.

**Internet** www.mairiedegoree.org, webworld.unesco.org/goree, www.senegal-online.com

### L'âge d'or des *signares*

Selon certains récits, l'île aurait été la plaque tournante du commerce transatlantique des esclaves - ce dont nombre d'historiens doutent. Ceux-ci, s'ils ne renient en rien la réalité et l'horreur de la traite négrière, estiment que le rôle de l'administration fut relativement mineur. Ils insistent en revanche sur celui des *signares*, ces jeunes *senhoras* (« femmes » en portugais) issues du mariage, au XVII^e siècle, de marchands portugais avec des femmes du pays. Elles sont la pièce maîtresse d'un système matriarcal et communautaire qui contrôle le commerce de l'indigo et des épices. L'une d'elles, Anna Colas Pépin, possédait l'édifice aujourd'hui connu sous le nom de... maison des Esclaves.

# Art rupestre sur le Sevilla Trail

## Une randonnée courte et facile dans les monts Cederberg mène à des sites d'art rupestre, héritage des Bochimans.

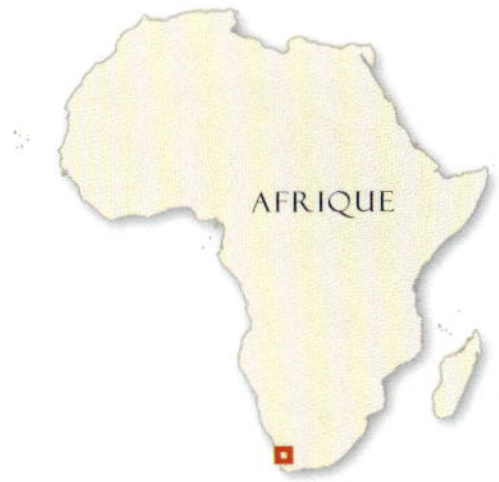


Cet ibis ressemble étrangement à un oiseau préhistorique : rencontre tout à fait appropriée sur ce chemin conduisant à des sites d'art rupestre aussi anciens que les pyramides d'Égypte. Le territoire des Bochimans (ou San) s'étend à moins de 3 h du Cap. Ce peuple nomade de chasseurs-cueilleurs, établi dans la région bien avant l'arrivée des Européens, a laissé dans les monts Cederberg un superbe héritage de quelque 2 500 peintures rupestres, dont la plupart sont visibles le long du Sevilla Trail. Ce sentier de près de 6,5 km, qui suit le cours de la Brandewyn, non loin de la petite ville de Clanwilliam, est jalonné de neuf sites vieux de 800 à 8 000 ans. La sensation de pénétrer dans un autre monde est saisissante à mesure que se rapprochent des formations rocheuses fantasmagoriques d'un rouge profond – l'arche Wolfberg par exemple – issues du travail séculaire du sable et du vent. Et tout d'un coup, voici de stupéfiantes peintures aux couleurs vives : un poulain nouveau-né qui cherche l'équilibre sur ses jambes fragiles, un archer prêt à tirer, des quaggas (sorte de zèbres) depuis longtemps disparus, des éléphants, des femmes qui dansent… Tous ont traversé les siècles pour raconter, en silence, leur histoire.

**Quand ?** Le sentier est ouvert toute l'année. Préférez le printemps pour profiter du concert éclatant des fleurs sauvages qui font la réputation de la région. L'hiver, humide et parfois très froid, reste toutefois une option, car les monts Cederberg sont magnifiques quand ils sont couverts de neige.

**Où ?** Le sentier débute à la Traveller's Rest Farm, à 35 km de Clanwilliam, sur la route qui mène à Wupperthal.

**À savoir** Un permis est indispensable pour camper ou randonner dans la région. Achetez permis, cartes et guides à la Traveller's Rest Farm, où vous trouverez aussi ravitaillement et solutions d'hébergement (réservez à l'avance). Dans Park Street (Clanwilliam), le Living Landscape Craft Center de l'université du Cap vend des livres, des objets artisanaux et un CD consacré à l'art rupestre.

**Internet** www.southafrica.net, www.afriquedusud.com, www.travellersrest.co.za, www.clanwilliam.info

### À découvrir

■ Le **barrage de Clanwilliam** attire les amateurs de ski nautique. Louez un chalet ou campez au bord de l'eau et skiez tout votre soûl, ou randonnez sur le chemin balisé de la réserve naturelle de Ramskop toute proche pour admirer l'abondante flore locale.

■ La tombe de **C. Louis Leipoldt**, médecin et poète majeur de l'Afrique du Sud, se trouve à proximité de Clanwilliam, au Pakhuis Pass. Elle repose près d'autres peintures rupestres. C'est l'endroit idéal pour venir admirer le coucher du soleil.

Les silhouettes captivantes d'hommes et d'animaux, peintes les unes par-dessus les autres par des générations de Bochimans.

# 6 Oasis spirituelles

Temples millénaires, cathédrales aériennes… les monuments religieux sont des étapes incontournables sur la carte des circuits touristiques. Pourtant, une incontestable sérénité émane encore de certains sites sacrés, cachés dans des endroits reculés… ou en plein centre-ville. Qui imaginerait que l'une des plus vastes cathédrales gothiques du monde – riche d'une rosace magistrale et d'un trio de paons – ne surplombe pas une vieille cité française, mais surgit au cœur de Manhattan? Et cette église étonnante, une parmi la multitude bâtie par les conquistadors, qui coiffe le relief de Cholula, au sud du Mexique? Elle couronne en vérité une pyramide précolombienne, plus volumineuse que les pyramides d'Égypte, dédiée au dieu aztèque Quetzalcóatl. Les lieux de pèlerinage réservent aussi d'inestimables surprises: au Japon, les randonneurs partis à l'assaut de la montagne et des sanctuaires enfouis sous une épaisse forêt de cèdres sont récompensés par une baignade dans une source chaude. Sans oublier la cinquantaine d'églises dans le centre financier de Londres.

Construit par un roi voilà plus de 800 ans, le temple Ta Prohm et ses extraordinaires pierres sculptées fait partie d'un vaste complexe ouvert à des milliers de prêtres bouddhistes, danseurs rituels et fidèles.

Après l'incendie de 2001, la cathédrale a été magnifiquement restaurée.

ÉTATS-UNIS

# SAINT-JEAN-LE-DIVIN

## Laissez-vous surprendre par le gigantisme de la cathédrale épiscopale de New York – havre de paix à l'écart de la frénésie de Manhattan.

La façade, le portail du Paradis, se profile tandis que vous approchez de Saint-Jean-le-Divin (St. John the Divine) par Amsterdam Avenue. Les deux énormes portes de bronze sont ornées des silhouettes de 32 personnages de l'Ancien et du Nouveau Testament. Entrez dans la nef colossale – 183 m de long et 38 m de haut – et imprégnez-vous de l'immensité du lieu. Depuis sa construction, en 1892, la cathédrale néogothique s'est imposée comme le symbole du quartier de Morningside Heights. Dans une ville célèbre pour ses gratte-ciel, l'édifice, qui se dresse sur l'un des points les plus élevés de New York, n'a rien à envier aux temples modernes du business. Il est, de plus, en perpétuelle évolution. Dans la chapelle du Saint-Sauveur, arrêtez-vous devant le superbe triptyque de bronze réalisé par Keith Haring quelques mois avant sa mort en 1990. Les statues du portail du Paradis ont, quant à elles, été ajoutées entre 1988 et 1997. Approchez-vous, et regardez tout en bas : vous y verrez une représentation du pont de Brooklyn et des défuntes tours du World Trade Center.

**Quand ?** La cathédrale est ouverte du lundi au samedi, de 7 h à 18 h, le dimanche de 7 h à 19 h. Ses jardins sont ouverts du lever au coucher du soleil.

**Où ?** À un bloc à l'est de Broadway (112th Street et Amsterdam Avenue). Les bus 4 et 104 s'arrêtent à Broadway/112th Street ; le 11 à Amsterdam Avenue/112th Street. En métro, prenez le train n° 1 jusqu'à la station 110th Street/Cathedral Parkway.

**À savoir** Les circuits en bus à deux étages laissent à peine le temps de photographier la façade. Descendez pour 1 h ou 2 h, le temps de jouir de la grandeur et de la sérénité du lieu.

**Internet** www.stjohndivine.org, www.sacred-destinations.com

### Fenêtre sur paradis

- L'énorme **rosace** – vitrail d'une exceptionnelle symphonie multicolore composée de 10 000 pièces – qui domine le portail du Paradis sur la façade ouest, est un pur joyau.
- La vaste pelouse qui jouxte la cathédrale se nomme **The Green**. Elle est le refuge d'un trio de paons, offerts par les zoos de Philadelphie et du Bronx. Chacune de leur apparition enchante les visiteurs.
- À l'écart d'Amsterdam Avenue, le **Jardin biblique** (Biblical Garden) est un véritable éden, ombragé, de plantes, de bosquets et d'arbres. Nombre de fleurs et de fruits qui poussent ici sont mentionnés dans la Bible.

MEXIQUE

# La Grande Pyramide de Cholula

**À Cholula, ville du sud du Mexique, les vestiges de la plus grande pyramide jamais construite rivalisent avec les églises baroques.**

En arrivant à Cholula par le nord, une silhouette se détache : celle d'un relief isolé au sommet duquel trône une gigantesque église. En abordant la ville par le sud, ce sont d'abord des marches de pierre s'élevant le long du versant qui se profilent – avec, au second plan, le cône volcanique du Popocatépetl, la deuxième plus haute montagne du pays. En approchant, on réalise que ces marches appartiennent aux restes d'une pyramide cultuelle précolombienne. Si toutes les pyramides d'Amérique centrale attirent les touristes, celle de Cholula (État de Puebla), fait exception. Dédiée au dieu Quetzalcóatl, elle est pourtant la plus grande jamais construite – elle dépasse en volume (mais pas en hauteur) la Grande Pyramide de Gizeh, en Égypte. Si vous ne craignez pas l'obscurité, partez à l'assaut des 8 km de tunnels creusés par les archéologues. Puis grimpez vers l'église Notre-Dame-du-Bon-Remède (Nuestra Señora de los Remedios). À l'époque de la conquête espagnole, au début du XVIe siècle, le conquistador Hernán Cortés, soucieux d'éradiquer les cultures mixtèque et puebla, fait élever une église sur chaque temple païen. Depuis, on dit que Cholula compte autant d'églises que de jours dans l'année : ce n'est pas tout à fait exact, mais il est vrai que ses *iglesias* sont innombrables et impressionnantes – dans le plus pur style baroque mexicain, tout en or et décors alambiqués.

**Quand ?** La pyramide se visite toute l'année, du mardi au samedi.

**Où ?** À 100 km au sud-est de Mexico, à 1 h 30 en bus depuis le Terminal del Oriente (plus rapide en louant une voiture).

**À savoir** Ne ratez pas les spécialités locales *(mole poblano, chiles en nogada, tamal de frijoles)*, ni les céramiques et les tissus talaveras. Les deux semaines avant Noël, les traditionnelles *posadas* - processions retraçant le périple de Marie et Joseph vers Bethléem - se déroulent dans toutes les églises de Cholula.

**Internet** www.mexique-voyage.com, www.planet-mexico.com/pyramides-cholula.php

### Opulence dorée

Prenez un taxi pour un court trajet à destination des villages de Tonantzintla et Acatepec et leurs superbes églises baroques.

- Des artistes locaux ont orné les murs de **Santa María de Tonantzintla**, surnommée la « chapelle Sixtine de l'art baroque mexicain », de fresques colorées mariant motifs précolombiens et catholiques.
- À **Acatepec**, l'extraordinaire **église San Francisco** se distingue par sa façade évoquant la porcelaine la plus fine, et son décor intérieur tout en dorures.

Les dômes et tours de Notre-Dame-du-Bon-Remède surmontent depuis les années 1570 la pyramide précolombienne de Cholula.

TOP 10

# Havres urbains

À l'écart du brouhaha incessant de la ville, des îlots de quiétude ouverts à tous sont venus se nicher dans des lieux pour le moins inattendus.

## ❶ Le Jardin tranquille, Montréal, Canada

Prolongeant l'église presbytérienne St. Andrew et St. Paul, le Jardin tranquille constitue, au cœur de la bouillonnante Montréal, un havre de paix, propice à la réflexion. Trois cents espaces verts de ce type ont été aménagés dans des hôpitaux, des écoles et des prisons dans les villes du monde entier.

À savoir Le Jardin tranquille de Montréal se trouve en face du musée des Beaux-Arts. www.standrewstpaul.com/accueil

## ❷ Chapelle Tillman, New York, États-Unis

Face au building de l'ONU, sur la Première Avenue, la chapelle Tillman – riche d'une décoration boisée infiniment chaleureuse mais moderne – loge dans le centre spirituel des Nations unies. Le bâtiment appartient à l'Église méthodiste unie, mais est ouvert à tous ceux qui souhaitent échapper quelques minutes au stress des relations internationales.

À savoir La chapelle (777 First Avenue, 44th Street) célèbre les mariages interculturels et organise des conférences dédiées aux problématiques internationales. www.gbgm-umc.org

## ❸ Temple Hua Zang Si, San Francisco, États-Unis

Cet étonnant édifice d'inspiration gothique à la façade rouge et argent se dresse dans le quartier Mission de San Francisco. Ancienne église luthérienne, il héberge aujourd'hui un temple bouddhiste et un centre d'études bouddhiques non confessionnel. Ses énormes portes chinoises sont ouvertes tous les jours à ceux qui souhaitent méditer.

À savoir Le temple (3134 22nd Street) est situé à cinq minutes de marche de la station de métro 24th Street Mission. Venez vers 17 h pour entendre les chants. www.huazangsi.org

## ❹ Mosquée de Jumeirah, Dubai, É. A. U.

Après le shopping, le soleil, les parcs d'attractions (et les pistes de ski !), où trouver un peu de spiritualité à Dubai ? Le matin, une visite guidée en petit groupe vous conduit dans la vieille ville au marché aux épices et sous les hauts plafonds de la mosquée de Jumeirah, la seule ouverte aux non-musulmans.

À savoir Dans ce lieu de culte, les femmes doivent porter des manches longues, un pantalon et avoir la tête couverte. Évitez le vendredi, très fréquenté pour la prière. www.cultures.ae/jumeirah.htm

## ❺ Vieille église d'Helsinki, Finlande

Un parc sert d'écrin à la sobriété néoclassique de la Vanha Kirkko d'Helsinki (XIXe siècle). Les teintes pastel des intérieurs de ce sanctuaire luthérien ravissent les sens, même quand il fait gris dehors.

À savoir L'église se situe sur la rue Lönnrotinkatu. Venez plutôt le mardi, jour des récitals d'orgue. www.visithelsinki.fi

## ❻ Église Santa Maria della Vittoria, Rome, Italie

La chapelle Cornaro, conçue en 1646 par le Bernin au cœur de cette petite basilique baroque, conserve l'un des chefs-d'œuvre du sculpteur, *L'Extase de sainte Thérèse.* Les membres de la famille Cornaro sont représentés sur les parois en marbre blanc sculpté de cette chapelle aménagée comme un théâtre.

À savoir La basilique (17 via XX Settembre) se trouve à proximité de la gare de Roma Termini. www.chiesasmariavittoria.191.it

## ❼ Église Saint-Julien-le-Pauvre, Paris, France

Datant du XIIIe siècle, l'église Saint-Julien-le-Pauvre est située rue Galande, à l'écart du brouhaha du boulevard Saint-Michel. Cet édifice en moellons, l'un des plus anciens de la capitale, est aujourd'hui la propriété de l'Église grecque-melkite catholique (de liturgie orthodoxe, mais rattachée à Rome). Une somptueuse iconostase sépare la nef de l'autel.

À savoir Régulièrement, des concerts de musique de chambre sont organisés à Saint-Julien. www.sjlpmelkites.org

## ❽ Église Saint-Alexandre-Nevsky, Biarritz, France

Surfer dans le golfe de Gascogne, savourer des chocolats artisanaux, jouer au casino et après ? Biarritz n'a pas dit son dernier mot : entrez dans l'église orthodoxe Saint-Alexandre-Nevsky construite par des Russes blancs après la révolution de 1917. L'extraordinaire dôme bleu incite à la prière et à la méditation, surtout quand, après l'office du dimanche, flotte un parfum d'encens.

À savoir L'église se trouve au 8 avenue de l'Impératrice. www.exarchat.eu/spip.php?article219

## ❾ Synagogue Bevis Marks, Londres, G.-B.

Consacrée en 1702, la Bevis Marks est la plus ancienne synagogue d'Angleterre. Elle est, depuis trois siècles, le refuge des juifs orthodoxes séfarades espagnols et portugais. Son décor baroque comprend une arche Renaissance et un balcon réservé aux femmes soutenu par 12 colonnes, ainsi que sept superbes candélabres (un pour chaque jour de la semaine).

À savoir Venez plutôt en décembre, pendant Hanoukka, quand la chorale chante à la lueur des bougies. www.bevismarks.org.uk

## ❿ Chapelle St. George, aéroport d'Heathrow, G.-B.

Au cœur de l'un des plus importants aéroports du monde, une salle de prière multi-cultuelle et, en sous-sol, la chapelle St. George, constituent des havres de paix pour les voyageurs harassés. Pourquoi ne pas tenter d'échapper à sa peur de l'avion dans cette chapelle non confessionnelle ?

À savoir Les voyageurs en transit trouveront également une chapelle à l'aéroport de Francfort. www.heathrowairport.com

Ci-contre : dans la synagogue Bevis Marks (Londres) vieille de trois siècles, l'électricité, qui vient suppléer la lueur des bougies, est l'une des rares concessions à la modernité.

לא תרצח
לא תנאף
לא תגנב
לא תענה
לא תחמד
אנכי ה'
לא יהיה
לא תשא
זכור את
כבד את

JAPON

# Pèlerinage de Kumano Kodo

## Marchez dans les traces des empereurs jusqu'aux montagnes mystiques et aux sanctuaires sacrés du berceau spirituel du Japon.

Autrefois, les empereurs japonais quittaient Kyoto pour la péninsule de Kii-hanto, vers le sud, afin de se purifier, de prier en pleine nature et d'obtenir certaines faveurs. Leur itinéraire, un réseau de sentiers – le Kumano Kodo –, sillonnait des reliefs sauvages, striés de cascades et jalonnés de temples, dont les Trois Grands Sanctuaires de Hongu Taisha, Hayatama Taisha et Nachi Taisha. Aujourd'hui, vous pouvez, au choix, randonner sur ces chemins, ou visiter les temples en voiture. La randonnée la plus populaire mène de Hosshinmon-oji à Hongu Taisha (6,4 km) au rythme de forêts de cèdres, de villages de montagne et de terrasses plantées de théiers et de mandariniers. À Fushiogami-ojii, les pèlerins tombent à genoux à la vue du Hongu Taisha, annoncé par les plus grands *torii* (portes de sanctuaire) du monde. Plusieurs sentiers de pèlerinage mènent à ce cadre particulièrement mystique, blotti au creux d'une vallée et considéré comme le berceau spirituel du Japon. Les pèlerins poursuivent leur périple le long de la rivière Kumano en direction du Hayatama Taisha (par bateau depuis le centre nautique de Kawabune ou par la route), puis du Nachi Taisha, déployé autour de la plus haute cascade du pays. Les édifices blanc et rouge du Hayatama Taisha sont très caractéristiques, tandis que ceux du Nachi Taisha – certains orange vif – marient des influences shintoïstes et bouddhistes.

**Quand ?** Préférez le printemps (avril-mai) pour profiter des cerisiers et des pruniers en fleurs, l'automne (septembre-octobre) pour les feuillages. Ne ratez pas le festival du Printemps du Kumano Hongu Taisha (13-15 avril) ou le festival du Feu de Nachi-no-Hi Matsuri à Kumano Nachi Taisha (14 juillet).

**Où ?** Takijiri-oji, début du sentier du Kumano Kodo, se situe dans les montagnes, à 23 km à l'est de la ville littorale de Tanabae ; comptez 35 km de plus pour rejoindre Hosshinmon-oji. Au départ de la gare de JR Kii-Tanabe, des bus relient quotidiennement Takijiri-oji (35 min), Kumano Hongu Taisha (1 h 50) et Hosshinmon-oji (2 h).

**À savoir** Établissez votre base à Tanabe (bons hôtels et restaurants). Vous trouverez des cartes au centre d'informations touristiques Nanki Tanabe, en face de la gare. La randonnée de Takijiri-oji à Hosshinmon-oji est assez rude, le parcours de Hosshinmon-oji à Kumano Hongu Taisja est plus facile.

**Internet** www.tb-kumano.jp/fr, www.spiritual-pilgrimages.net, www.tourisme-japon.fr

Ci-contre : un sentier pavé du Kumano Kodo traverse une épaisse forêt. Ci-dessus : une pagode à Nachi Taisha.

### Sources chaudes célestes

À l'issue d'une journée de marche, pourquoi ne pas barboter dans une source chaude ? La péninsule de Kii-hanto est réputée pour ses sources, lesquelles jouissent d'une indéniable dimension mystique. La source **Yunomine Onsen**, au sud-ouest de Hongu Taisha, serait fréquentée depuis 1 800 ans, et nombre de pèlerins s'y arrêtent pour pratiquer leurs ablutions rituelles. Tout proche du ruisseau bouillonnant, un hameau montagneux possède deux bains publics. Dans un petit habitacle appelé **Tsuboyu**, loge un bain taillé dans la roche : il s'agit du seul site répertorié au patrimoine mondial de l'Unesco où il est possible de prendre un bain ! Yunomine Onsen est accessible depuis Hongu Taisha par la route, ou à pied (1 h 10 de marche).

À Angkor, un moine bouddhiste s'isole dans une niche du temple Ta Prohm, bâti pour les fidèles voilà 800 ans.

CAMBODGE

# Ta Prohm

## Les vestiges d'un temple khmer prisonnier des racines tentaculaires des banians évoquent le souvenir d'une splendeur passée.

Des sept sites archéologiques de la région d'Angkor, au Cambodge, Ta Prohm est certainement le plus envoûtant. Cet ancien temple khmer, à l'origine un monastère bouddhiste, est bâti à la fin du XIIe siècle sous le règne de Jayavarman VII. Consacré à la famille royale, il gagne rapidement en richesses matérielles : parasols cérémoniels, lits de soie, diamants, perles et 500 kg de vaisselle d'or. À l'apogée de Ta Prohm, plusieurs milliers de prêtres-résidents et d'officiels, 600 danseurs rituels et 80 000 villageois travaillent pour le bien-être du roi. Il y a 500 ans, le temple est abandonné à l'appétit de la jungle. Les banians engloutissent les ruines, les perruches colonisent dans les feuillages, les racines et les plantes grimpantes ligotent peu à peu les blocs de pierre… Aujourd'hui, le calme règne, surtout en fin de journée, quand les groupes de touristes désertent enfin le site. Visitez les édifices de l'enceinte intérieure – la bibliothèque, la maison du Feu – et approchez-vous du mur de l'Écho pour entendre le battement de votre propre cœur et admirer discrètement la grâce des danseuses apsaras. Un lézard jaillit d'entre deux pierres, tandis que les sculptures des bas-reliefs prennent vie sous les derniers rayons du soleil.

**Quand ?** En décembre et janvier (températures agréables et ciel bleu).

**Où ?** Ta Prohm fait partie du parc archéologique d'Angkor, à 8 km au nord de la ville de Siem Reap. On y accède par taxi ou dans le cadre d'un circuit organisé. Siem Reap est desservie par un aéroport – liaisons au départ de Phnom Penh (50 min de vol). Liaisons par bateau depuis la capitale (de 5 à 6 h).

**À savoir** Prévoyez un chapeau et de bonnes chaussures de marche. L'essentiel du site n'est pas abrité et le terrain est accidenté. Pour une vue du ciel, pourquoi ne pas tenter la montgolfière ? Et assistez surtout à un spectacle de danse apsara. Des dollars en petites coupures vous seront bien utiles.

**Internet** www.voyager-au-cambodge.com, www.ambcambodgeparis.info

### Compassion de pierre

Le **Bayon**, temple bouddhiste érigé par le roi Jayavarman VII, se dresse à 4 km à l'ouest de Ta Prohm, au cœur de l'ancienne capitale Angkor Thom. Avec ses trois niveaux, ou terrasses, il symbolise une montagne sacrée. Les deux premiers niveaux, carrés, sont ornés de bas-reliefs : scènes de batailles, jongleurs, acrobates, défilés militaires conduits par des éléphants et des chars à bœufs, joueurs d'échecs… La terrasse supérieure, circulaire, est surmontée de gigantesques visages de pierre qui représentent, selon les uns, le dieu de la Compassion et, selon les autres, le roi Jayavarman VII.

INDONÉSIE

# Le plateau de Dieng

## Dans les hautes terres de Java, une caldeira émaillée de temples ruinés et de cheminées volcaniques attire les voyageurs curieux.

Il fait froid sur ce plateau volcanique, la zone habitée la plus élevée de l'île. Ce haut lieu de la spiritualité javanaise illustre parfaitement la dimension exceptionnelle de cette région dont le nom dérive opportunément du sanskrit *Di Hyang*, qui signifie « au-dessus des dieux ». Le silence absolu, les brumes et des morts énigmatiques (dues aux émanations de dioxyde de carbone accumulé dans les dépressions) exercent un fabuleux pouvoir d'attraction sur les chamans, les pèlerins et les curieux. Au VIIe siècle, des prêtres hindous – religieux itinérants venus d'Inde – s'établissent ici afin de surveiller l'édification de 400 temples, les plus anciens de Java. La plaine marécageuse se métamorphose en lieu de pèlerinage et d'éducation, favorisant la diffusion de la foi dans l'île. Seuls huit de ces temples, d'une sobriété remarquable, sont encore debout. Les autres n'ont pas résisté aux générations qui ont embrassé l'islam et se sont servies de leurs pierres pour d'autres projets de construction. Les visiteurs moins versés dans la religion se promènent avec bonheur sur ce plateau déserté, observant fumerolles et lacs acides dont la couleur évolue au fil de la journée. Ici, rien ne semble avoir changé depuis les temps anciens où des prêtres nomades sont venus s'installer « au-dessus des dieux ».

**Quand ?** D'avril à octobre, à la saison sèche. C'est à cette époque que les levers de soleil sont les plus beaux. Et vous éviterez les pluies torrentielles.

**Où ?** Le plateau est accessible depuis Wonosobo, jolie ville à 69 km au nord-ouest de Yogyakarta – et les routes sont en bon état (mais beaucoup de circulation). On y arrive également par Pekalongan, sur la côte nord de Java. À Yogyakarta, transports en commun et possibilité de louer une voiture. Évitez les circuits d'une journée (1 h seulement sur le plateau).

**À savoir** Si vous résidez dans une maison d'hôtes rudimentaire, prévoyez des vêtements chauds. Prenez de bonnes chaussures de marche si vous randonnez autour des temples et des lacs.

**Internet** www.voyage-indonesie.fr/java/plateau-de-dieng

### La grotte du salut

Nichée au milieu des collines, la grotte de Semar tient son nom d'un vieux serviteur dodu, marionnette et personnage central des *wayang*, théâtre d'ombre traditionnel indonésien. La grotte est un lieu de méditation apprécié des membres de l'élite javanaise qui, à l'image de Semar, font preuve de modestie et d'humilité plutôt que de revendiquer pouvoir et influence. La **grotte de Semar** n'est pas un lieu pour dilettantes : il faut faire preuve de suffisamment de force physique et mentale pour supporter le froid terrible pendant toute une nuit de méditation.

Au VIIe siècle, cette atmosphère extraordinaire n'échappe pas aux prêtres hindous qui font du plateau de Dieng le centre religieux de Java.

TOP 10

# ART RELIGIEUX

Un cochon d'Inde au menu de la Cène ? Un Don Juan de chair et d'os ? Les chefs-d'œuvre de l'art sacré réservent bien des surprises.

## ❶ Cathédrale de Cuzco, Pérou

La superbe cathédrale de Cuzco, du XVIe siècle, renferme 400 peintures. La plus surprenante est sans doute *La Cène* de Marcos Zapata, maître de la période coloniale, montrant Jésus s'apprêtant à déguster des poivrons et des papayes… et un cochon d'Inde. Elle témoigne combien les spécialités locales ont su trouver leur place dans l'art sacré colonial.

**À savoir** En achetant votre ticket d'entrée, demandez un audioguide. www.aboutcusco.com/cusco/french

## ❷ Kumari Ghar, Katmandou, Népal

À Katmandou, le temple de Kumari Ghar fait partie du palais de Hanuman Dhoka. Croulant sous les ornements de bois sculpté, il est la résidence d'une enfant hindoue qui incarne une ancienne divinité népalaise… que l'on dit apercevoir de temps en temps à l'une des fenêtres.

**À savoir** En septembre, des parades envahissent la place pour Bijaya Dasami, la fête des moissons. www.nepal-roads.fr/voyage/katmandou.htm

## ❸ Centre médical Hadassah, Jérusalem, Israël

Les douze vitraux créés en 1962 par Marc Chagall illuminent la synagogue du centre médical Hadassah, dans l'hôpital Ein-Kerem, à l'ouest de Jérusalem. Chacun d'une couleur différente, ils racontent les épisodes bibliques des douze tribus d'Israël (les fils de Jacob).

**À savoir** Il faut s'acquitter d'un droit d'entrée pour accéder jusqu'aux vitraux (visite guidée). www.jerusalemshots.com/Jerusalem_fr81-10034.html, www.hadassah.org.il

## ❹ Scuola di San Giorgio degli Schiavoni, Venise, Italie

La dimension dramatique du talent de Vittore Carpaccio se dévoile dans le hall de l'ancienne confrérie des Dalmates de Venise. Neuf chefs-d'œuvre retracent la vie de saint Georges et saint Jérôme, sur fond de scènes détaillées du quotidien du début du XVIe siècle.

**À savoir** Pour apprécier les œuvres dans leurs moindres détails, munissez-vous d'une lampe de poche. www.vivre-venise.com

## ❺ Église San Lorenzo, Borgo San Lorenzo, Italie

Au nord de Florence, dans la vallée du Mugello, l'église San Lorenzo est l'écrin d'une fresque exceptionnelle du XIIIe siècle signée Giotto et représentant une Vierge au visage coloré. Giotto prenait souvent des modèles dans son entourage. Ainsi, cette vierge célèbre-t-elle tout simplement des influences byzantines.

**À savoir** Borgo San Lorenzo s'étend à 31 km de Florence. En venant le mardi, jour de marché, vous croiserez des personnes qui auraient pu servir de modèles à Giotto. www.tuscanytravels.info

## ❻ Église Notre-Dame, Bruges, Belgique

Initialement, la Madone de l'église Notre-Dame de Bruges de Michel-Ange est destinée à la cathédrale de Sienne, mais deux marchands l'achètent à bon prix et la remontent dans le Nord en 1506. Très proche de la Pietà de Saint-Pierre de Rome, la Madone de Bruges, en marbre, contemple l'Enfant Jésus assis sur ses genoux.

**À savoir** À quelques minutes de marche, le musée Groeninge présente une remarquable collection d'art religieux flamand, dont certaines œuvres de Jan Van Eyck. www.convivialiteenflandre.org

## ❼ Églises du Berry, France

Angelots joufflus et madones égayent les fresques de style roman des murs des églises de Brinay, Avord, Chalivoy-Milon, Gargilesse et Vicq-Exemplet, villages de la région du Berry, au centre de la France. Mises au jour au XIXe siècle, ces fresques ont été préservées grâce à l'intervention efficace de George Sand.

**À savoir** Les villages s'étendent de 16 à 73 km au sud de Bourges. À Nohant, près de Vicq, visitez la maison de George Sand. www.berry-passion.com, maison-george-sand.monuments-nationaux.fr

## ❽ Église St. James, Nayland, Grande-Bretagne

L'église du village de Nayland, dans le Suffolk, s'enorgueillit d'un retable exceptionnel – l'une des trois œuvres religieuses du peintre paysagiste John Constable. Dans *Le Christ bénissant les Éléments*, le visage du Christ est inquiet. C'est Golding, le frère du peintre, qui a servi de modèle.

**À savoir** Randonnez au gré des chemins balisés de la vallée de la Stour chère à Constable. www.suffolkchurches.co.uk/nayland.htm

## ❾ Hôpital de la Sainte-Charité, Séville, Espagne

Plusieurs œuvres de Bartolomé Esteban Murillo ornent la chapelle baroque de l'hôpital de la Sainte-Charité de Séville. *Les Œuvres de Miséricorde* illustrent des scènes bibliques : elles sont commandées au XVIIe siècle par Miguel de Mañara, l'homme qui inspira, dit-on, le personnage de Don Juan.

**À savoir** La chapelle se situe au 3 de la Calle Temprado, dans le quartier historique d'Arenal. www.turismosevilla.org

## ❿ Église Hallgrim, Reykjavík, Islande

Bâtie en 1986, cette église est un véritable hommage à la nation. Sa façade, vertigineuse aiguille de ciment signée de l'architecte Guojón Samúelson, rappelle les formations basaltiques de la côte ; le décor intérieur s'inspire de la pureté de la glace ; enfin c'est tout l'esprit de l'Islande qui souffle dans les vitraux de Leifur Breidfjord et la statue du Christ de Einar Jonsson.

**À savoir** Par beau temps, prenez l'ascenseur (payant) jusqu'au sommet pour une vue panoramique. www.visitreykjavik.is

Ci-contre : dans *La Vocation de saint Matthieu* par Carpaccio (Scuola di San Giorgio degli Schiavoni), l'histoire est biblique, mais le décor incontestablement vénitien.

# LES CERCUEILS DE PANG MAPHA

## Les grottes et les abris rocheux des montagnes du nord de la Thaïlande cachent les sépultures d'un peuple ancien et mystérieux.

Des aiguilles de calcaire acérées s'élèvent depuis les champs et les rizières de la province de Mae Hong Son, au nord-ouest de la Thaïlande. Dans la région de Pang Mapha, au nord de la province, le long de la frontière birmane, un réseau de grottes, camouflées dans les reliefs, dissimule les sépultures d'un peuple ancien et inconnu. Disséminés sur ce territoire, plus de 60 sites funéraires recèlent des cercueils taillés dans d'immenses troncs de teck (jusqu'à 9 m de long!). La plupart des tombes – certaines sculptées à leur extrémité d'une tête de chat ou de cochon – sont vieilles de 1200 à 2100 ans. Pour tenter ce voyage insolite, il faut avoir le cœur solide, de bons poumons et ne pas être claustrophobe. Pour quelques dollars, louez les services d'un guide équipé d'une puissante lampe électrique et partez à la découverte (parfois à plat ventre) de ces grottes sombres et poussiéreuses jonchées de bois pourri, de dents et d'os humains. Le silence est absolu. Pour les habitants des villages alentour, les esprits des morts – on les appelle les Phi Maen – peuplent ces grottes. Les plus âgés prétendent qu'autrefois on entendait le murmure des Phi Maen dévaler le versant des montagnes…

**Quand?** Novembre à février, à la saison sèche. Noël est une bonne période. À partir de mars, les températures grimpent et l'air s'embrume (les fermiers brûlent leurs terres).

**Où?** Les touristes louent souvent une jeep ou une moto à Chang Mai pour parcourir les 206 km jusqu'à Pang Mapha (que l'on appelle aussi Soppong), traversant ainsi la province de Mae Hong Son. Possibilité de prendre le bus (comptez 5 h de trajet, attention les routes sont glissantes et dangereuses pendant la saison des pluies).

**À savoir** Restauration et hébergement à Cave Lodge, non loin de Tham Lod, le plus important réseau de grottes (les guides vous véhiculent dans des bateaux de bois). Le village de Ban Rai, à 6,4 km à l'ouest de Pang Mapha par l'autoroute 1095, est le point de départ de randonnées vers l'un des sites funéraires.

**Internet** www.tourismethaifr.com, www.cavelodge.com, www.littleeden-guesthouse.com

### Gourmandises locales

■ La cuisine des **Shans**, un groupe ethnique, et des fermiers des environs se distingue de la gastronomie thaïlandaise traditionnelle. À la **Little Eden Guesthouse** de Pang Mapha, ne ratez pas les boulettes de viande émincées aux épices shan. À **Cave Lodge**, près de Tham Lod, offrez-vous un repas shan à base de légumes frais et d'une sauce tomates piquantes/soja.

■ Sur les marchés, guettez les produits de saison; achetez nouilles et riz dans les épiceries.

■ À chaque tribu ses célébrations du **Nouvel An** (entre décembre et mars) où l'on danse et festoie toute la nuit.

Dans les hauteurs d'une montagne thaïlandaise, les restes d'un cercueil creusé dans le tronc d'un teck voilà plus de 1000 ans sont perchés à l'entrée d'une grotte.

Aux festivals du printemps et de l'automne, les moines-danseurs portent des masques d'animaux et frappent leurs tambours pour éloigner les mauvais esprits.

BHOUTAN

# Le monastère de Drametse

## Des drapeaux de prières, des moines-danseurs et un ancien monastère incarnent toute la spiritualité bouddhiste du Bhoutan et de l'Himalaya.

Au sommet d'un relief escarpé, ses toits dorés luisants au soleil, le monastère de Drametse – l'un des plus isolés de l'est du Bhoutan – est suspendu entre terre et ciel. Depuis la vallée, il faut plus d'une heure pour gravir en voiture les 19 km d'une route étroite et accidentée qui mène au gompa (bâtiments monastiques fortifiés). Chaque virage dévoile une parcelle du cours de la rivière Gamri – vallées et montagnes à perte de vue. À 2 100 m d'altitude, voici enfin le hameau de Drametse, enfoui sous les piments et la citronnelle, et le gompa festonné de drapeaux de prières et de gigantesques cyprès. Le monastère est érigé au XVIe siècle par le descendant d'un saint bouddhiste, Pema Lingpa. Ses édifices regorgent de bannières et de peintures, nimbées d'encens et de la lueur chancelante des lampes à huile. Un immense moulin à prières tintinnabule, tandis que les murs se renvoient l'écho du chant des moines. Drametse est célèbre pour sa danse des tambours, qui trouve son origine dans une vision du fils de Pema Lingpa. De nos jours, pour les festivals, les moines, vêtus d'une jupe jaune et portant un masque représentant un animal, exécutent une danse frénétique : ils bondissent et virevoltent en frappant leurs tambours à l'aide d'un bâton recourbé, pour éloigner les mauvais esprits.

**Quand?** Le climat se prête mieux à la randonnée de mars à mai, puis de septembre à novembre.

**Où?** Le monastère est proche de Tashigang, à l'est du Bhoutan. L'aéroport international se situe à Paro, dans l'ouest du pays, desservi par une seule compagnie, Druk Air. Comptez 2 h 40 de vol depuis Delhi (Inde).

**À savoir** Impossible de voyager de votre propre initiative au Bhoutan. Tout périple doit être visé par une agence gouvernementale. Le terrain montagneux ralentit considérablement les déplacements. Vous pouvez organiser un circuit de 3 jours au départ de Paro, mais préférez un voyage organisé de 2 semaines (vous explorerez une multitude de sites) avec un opérateur de type Blue Poppy.

**Internet** www.bluepoppybhutan.com, www.tourism.gov.bt

### Grotte sacrée

Toujours à l'est du Bhoutan, parmi les rizières, le temple de **Gom Kora** est proche d'une grotte où Guru Rinpoché (l'un des maîtres fondateurs du bouddhisme) aurait dompté un serpent maléfique. La grotte est dissimulée par un énorme rocher. Les gens de la région prétendent que quiconque est capable de grimper tout en haut ira au paradis. Les chèvres colonisent les marches du temple. De jeunes moines étudient, assis dans l'herbe, et des pèlerins tentent de se glisser dans un étroit passage – en cas d'échec, leurs péchés seront révélés à tous ! Une fois par an, pendant le « festival romantique » nocturne, les pèlerins content fleurette à leur petit(e ) ami(e).

Plus de 4 000 piliers de 3,70 m de haut charpentent les corridors du temple de Rameshwaram.

INDE

# Rameshwaram

## Sur la côte méridionale du Tamil Nadu, une île accueille un temple qui commémore les exploits héroïques narrés par les Écritures hindoues.

Dressé sur une île au large de la pointe sud de l'Inde, Rameshwaram – le temple de Ramanatha, ou Rama – est l'un des principaux sites de pèlerinage du pays, juste derrière la ville sainte de Bénarès (ou Varanasi), au nord. C'est dans cet édifice du XII^e siècle que se déroule le *Ramayana,* l'une des épopées majeures de l'hindouisme. Autrefois, les pèlerins parcouraient à pied les 1 000 km séparant Bénarès et Rameshwaram pour prier sur le site où Rama – un avatar (réincarnation) du dieu Vishnou – rend hommage au dieu et implore son pardon après avoir tué Ravana, le roi du Sri Lanka, qui avait enlevé Sita, sa femme. Après sa victoire sur Ravana, Rama s'arrête à Rameshwaram et remercie le dieu en concevant un symbole : le *linga,* un phallus stylisé. La légende dit que l'un des deux *lingas* du temple aurait été façonné par Sita à l'aide de sable d'or ; l'autre aurait été apporté par Hanuman, le dieu-singe. Un *gopura* (haute tour) de neuf étages, abondamment sculpté, signale l'entrée du temple et est relié au continent (et à la ville de Rameshwaram) par un pont coloré.

**Quand ?** De décembre à février, quand la température oscille entre 25° et 30 °C.

**Où ?** Vous pouvez atterrir à Madurai, à 171 km au nord-ouest, et louer une voiture. Liaisons en train au départ de Rameshwaram pour Madurai (comptez environ 6 h de trajet) et Madras, ou Chennai, (18 h).

**À savoir** Les pousse-pousse *(rickshaws)* et les autobus fonctionnent très bien à Rameshwaram et ses environs. Pourquoi ne pas monter à bord d'une *tonga* ? Tirée par un poney, cette charrette d'un autre temps est encore très utilisée. Beaucoup d'idiomes sont pratiqués dans la région, mais la plupart des commerçants et des conducteurs de bus et de pousse-pousse comprennent l'anglais.

**Internet** www.inde-en-ligne.com, www.tamilnadutourism.org

### Sites légendaires

■ **Devipattinam** se situe à 60 km au nord de Rameshwaram. Ici, à marée basse, les Navapashanam, neuf grosses pierres, se dévoilent : déposées ici par Rama, elles symbolisent les neuf planètes sacrées.

■ La superbe **plage de Dhanushkodi**, à 18 km au sud-est de Rameshwaram, est l'endroit rêvé pour lézarder au soleil. Une barrière de corail, des bancs de sable et un chapelet d'îles courent presque sans interruption… jusqu'au Sri Lanka, vestiges légendaires d'un pont bâti par le dieu-singe Hanuman et ses disciples pour permettre à Rama de rallier le Sri Lanka.

ISRAËL

# L'Église éthiopienne de Jérusalem

**Cet édifice aux piliers roses se distingue résolument des innombrables bâtiments cultuels de la ville sainte de Jérusalem.**

Jérusalem regorge de sites religieux plus célèbres les uns que les autres, mais l'église éthiopienne orthodoxe Tewahedo, située dans le complexe Debre Gannet (« Couvent du Paradis ») de la rue de l'Éthiopie, n'en fait pas partie. Déchaussez-vous et entrez. La surprise est délicieuse. Les voûtes et les piliers pastel participent à la sérénité du lieu, tandis que le plan circulaire, circonscrivant l'autel, est des plus inédits. Des tapis aux motifs élaborés jonchent le sol et les murs sont ornés des portraits des grands saints de l'Église éthiopienne. Cette dernière est liée à l'Église copte d'Égypte, mais elle n'a jamais cessé d'être représentée dans la ville sainte de Jérusalem depuis la conversion de l'Éthiopie au christianisme, au IV$^{e}$ siècle. Des siècles durant, les Éthiopiens se contentent d'un modeste monastère juché sur le toit de la basilique du Saint-Sépulcre, mais le Debre Gannet est enfin construit en 1888 dans un quartier en plein développement, à l'extérieur de l'enceinte de la Vieille Ville. Par tradition, les moines-résidents du Debre Gannet se tiennent à l'écart de la culture de leur pays hôte ; ils se promènent rarement dans les rues et ne parlent ni l'hébreu ni l'arabe, se contentant de communiquer entre eux en amharique, la langue pratiquée en Éthiopie.

**Quand ?** Un office de 2 h, deux fois par jour (à 6 h et 16 h).

**Où ?** La rue de l'Éthiopie part de HaNevi'im, au nord de la ville, et rejoint le centre-ville de Jérusalem.

**À savoir** Les heures de visite varient. Si vous ne pouvez assister à une célébration du matin ou du soir, retentez votre chance le lendemain. L'entrée est gratuite, mais les dons sont appréciés.

**Internet** www.ethiopianorthodox.org, http://jerusalem-info.com, www.jerusalem-religions.net/spip.php?article10

### Itinéraires

- La **rue de l'Éthiopie** est jalonnée de maisons dans lesquelles ont logé, dans les années 1880, de grands intellectuels, mais aussi Jacob Pins, célèbre graveur sur bois et Eliezer Ben-Yehuda, à qui l'on doit la résurrection de l'hébreu en tant que langue parlée.

- Non loin de là, la rue HaNevi'im part de la place Davidka et aboutit aux murs de la Vieille Ville, à la porte de Damas, en passant par l'enclave juive ultra-orthodoxe (le quartier Geoulah), le complexe médical de Bikur Cholim et le quartier de Musrara, foyer des arts alternatifs contemporains de la ville.

À l'inverse de la plupart des églises occidentales, l'église éthiopienne est dépourvue de nef, mais possède une sorte de grand couloir encerclant l'autel central.

JORDANIE

# Le haut lieu du Sacrifice de Pétra

Un chemin escarpé grimpe jusqu'à l'autel sacrificiel qui domine Pétra et semble toucher le ciel, comme le souhaitaient les Nabatéens.

Sur les sites touristiques les plus fréquentés du monde, des merveilles se tiennent souvent à l'écart de la foule. À Pétra, par exemple, la route principale de l'ancienne capitale des Nabatéens conduit au célèbre Trésor, passées les murailles colossales de ce qu'il est convenu d'appeler le palais de la Fille du pharaon. Au lieu de poursuivre votre chemin, bifurquez sur le sentier étroit qui précède l'amphithéâtre et gagne en altitude, surplombant l'axe principal à colonnades. La chaussée tortueuse longe des grottes (toujours occupées !) et s'engouffre dans l'étroite vallée des Papillons, aux parois sculptées et jalonnées de temples en ruine. Grimpez maintenant les 800 marches taillées en zigzag dans la roche : au fur et à mesure de votre ascension, vous découvrez les façades sculptées dans la falaise, puis les dépassez bientôt. Cette « vue du ciel » révèle combien ces édifices se fondent habilement dans la paroi – comme quantité d'autres dans les vallées alentour. Sur un plateau rocailleux, à ciel ouvert, le haut lieu du Sacrifice est aménagé d'une banquette, sculptée sur le pourtour de l'esplanade. L'autel est creusé d'une cuvette pour recueillir le sang des animaux sacrifiés qui s'écoulait vers une auge. Rares sont les gens qui montent jusqu'ici, et c'est presque seul que vous savourerez un panorama inouï sur l'ensemble du site de Pétra.

**Quand ?** L'été est une fournaise et en hiver, le froid est intense. Préférez le printemps et l'automne. Les circuits organisés ne consacrent que 1 journée à Pétra, pourtant, il faudrait plusieurs semaines pour visiter les vallées cachées aux alentours du site et à Al Beidha, à 10 min en voiture vers le nord.

**Où ?** Pétra (Wadi Musa) est à 3 h de voiture (ou taxi) au sud d'Amman *via* l'autoroute du Désert. Comptez au moins 2 jours de visite.

**À savoir** Si vous logez au très confortable Crowne Plaza, proche de l'accès principal du site, vous serez bien placé pour entrer avant la foule : les billets sont en vente dès 7 h, mais si vous réservez, vous pouvez entrer sur le site 1 h plus tôt. Ainsi vous emprunterez le Bab al-Siq, qui mène à la gorge étroite, sans les hordes de touristes. Plus tard, le « Siq » est pris d'assaut par des locaux proposant des circuits à cheval ou en carriole.

**Internet** www.visitjordan.com

Ci-contre : les vestiges d'un autel dominent le haut lieu du Sacrifice. Ci-dessus : Pétra, ville deux fois millénaire.

## Pétra aux chandelles

Trois soirs par semaine, découvrez Pétra à la lueur des bougies. À 20 h 30, la foule s'engouffre dans le Siq, l'étroit défilé de 1,2 km de long par lequel on accède au site, illuminé de chandelles dont la flamme est protégée du vent par une lanterne de papier orangé.

Restez à l'arrière du groupe pour avancer, seul, dans le Siq. Tout autour de vous, la lumière combinée aux éclats de rayons de lune sublime le rose de la muraille rocheuse. Les murmures et le bruit assourdis de la foule confèrent au lieu une atmosphère de cathédrale.

Devant le Trésor, des musiciens bédouins soufflent dans des roseaux et des flûtes et jouent de la harpe artisanale, tandis que la foule mitraille la façade. Profitez du moment présent et puis revenez sur vos pas, en précédant cette fois-ci la nuée des visiteurs.

TURQUIE

# Vallées secrètes de Cappadoce

Au cœur de la Turquie, un paysage volcanique tourmenté est jalonné d'églises creusées à même la roche et décorées de fresques exquises.

Quittez le triangle touristique d'Üçhisar, Göreme et Ürgüp et, vers le sud-est, rejoignez les vallées reculées de Soğanlı et le village du même nom. Sur le versant d'une montagne au sommet aplati, le village, dédaigné des touristes, ne possède qu'une pension et deux restaurants ouverts seulement à la belle saison. Pour parvenir à la (haute) vallée Yukarı, au nord, et à la (basse) vallée Asagı au sud, vous longez des vergers envahis de pommiers puis débouchez dans un paysage tourmenté. Ici, du IX^e^ au XIII^e^ siècle, l'homme a creusé des églises dans la paroi rocheuse, puis les a ornées de fresques. Dans la vallée Yukarı, la Kubbeli Kilise (l'église au Dôme) à deux niveaux est coiffée d'un dôme taillé dans une aiguille rocheuse – les formations minérales se prêtant tout à fait à la forme en coupole. La Meryem Ana Kilisesi (l'église de la Vierge) possède quatre chapelles illuminées de fresques, tandis que l'Yılanlı Kilise (l'église au Serpent) cache une représentation de saint Georges du XI^e^ siècle. Dans la vallée Asagı, le réfectoire de la Geyikli Kilise (l'église au Cerf) a conservé ses sièges et sa table d'époque. Plus loin encore, la Tahtali Kilise (l'église Sainte-Barbara) garde des fresques illustrant la vie des saints, les mieux conservées de Soğanlı.

**Quand ?** Préférez le printemps et l'automne, surtout le mois de septembre, quand les pommiers sont alourdis de fruits. En hiver, la neige peut bloquer l'accès aux vallées.

**Où ?** Soğanlı est à 40 km d'Ürgüp, mais reste inaccessible aux transports en commun. Vous trouverez taxi et loueur de voiture à Ürgüp, desservie quotidiennement par bus depuis Istanbul (11 h de trajet). Liaison par avion ou train d'Istanbul à Kayseri (puis 1h30 en voiture jusqu'à Ürgüp).

**À savoir** Comptez 2 h au moins pour visiter les vallées, prévoyez suffisamment d'eau, ainsi que des en-cas. Emek Pension, l'unique hébergement de Soğanlı, est proche de l'accès aux vallées. Tout proche, le restaurant Cappadocia (ouvert d'avril à octobre) sert une cuisine simple dans un verger planté de pommiers.

**Internet** www.la-turquie.com, www.voyage-en-cappadoce.com, www.turcotour.org, www.kirkit.com

### Métropole souterraine

Pendant des siècles, dans toute la région, les villageois de Cappadoce ont creusé des villes entières dans les flancs des montagnes au sommet aplati, parfois sur plusieurs niveaux. À **Mazı**, à 25 min en voiture de Soğanlı, une cité troglodytique remonte à la période romaine. Munissez-vous d'une torche électrique et demandez au gardien (dans le kiosque, à côté de l'entrée) de vous servir de guide, contre une modeste rétribution. Il vous montrera les habitations, les réserves, les pressoirs à vin et les rues de cette cité souterraine antique.

L'intérieur de l'Yılanlı Kilise (l'église au Serpent) est orné de motifs représentant des serpents et de fresques de saints.

Les murs et le plafond de l'église aux fresques richement colorées.

ROUMANIE

# L'Église de Stavropoleos

## Cette superbe église du XVIIIe siècle est le cœur battant d'une communauté monastique et artistique.

À Bucarest, l'église de Stavropoleos est l'un des derniers emblèmes des temps byzantins du quartier de Lipscani. Avant la Seconde Guerre mondiale, ce quartier était le centre commercial de la ville. Aujourd'hui, dévasté par les bombardements, des séismes récurrents et la « systématisation » à outrance du défunt dictateur Nicolas Ceauşescu, Lipscani n'est plus que l'ombre de lui-même; pourtant, l'ambiance y est toujours ensorcelante. En pénétrant dans l'église paroissiale, bâtie en 1724 et noyée dans les brumes d'encens, l'histoire tumultueuse de la Roumanie s'efface derrière la splendeur des icônes et le magnifique aigle sculpté à deux têtes, symbole de l'Empire byzantin. Ici et là, de beaux témoignages de l'orthodoxie roumaine, la période ottomane de Bucarest ou du style architectural brancovan. Ce style tient son nom de Constantin Brancovan, prince de Valachie (au sud de la Roumanie) de 1689 à 1714, et mélange influences byzantines et Renaissance, motifs traditionnels roumains et décors abondamment sculptés (motifs végétaux essentiellement). À l'origine, l'ensemble réunissait aussi un monastère et une auberge. Seuls l'église, le cloître et le jardin ont survécu. Un couvent s'y est installé en 2008.

**Quand?** Mai, juin et septembre. En hiver, les températures sont parfois glaciales. Les Roumains les plus dévots se rassemblent à la messe de minuit, le samedi de Pâques.

**Où?** L'église est située sur la Strada Stavropoleos, près de l'extrémité méridionale de la Calea Victorei, derrière le Musée national d'histoire roumaine, à un pâté de maisons au sud de la Strada Lipscani.

**À savoir** Il n'y a pas d'office de tourisme à Bucarest, mais les réceptionnistes et les chauffeurs de taxi sont une mine d'informations. La ville est envahie de chiens errants : achetez une alarme dans une animalerie.

**Internet** www.stavropoleos.ro, www.guideroumanie.com

### Divines surprises

- Fondée en 1994, après la chute du communisme, la **chorale byzantine de Stavropoleos** se produit dans son église et dans le monde entier – elle a déjà plusieurs albums à son actif. Visitez l'édifice pendant la messe pour entendre ces chants mystiques à base de musique psaltique, développée en Roumanie au XIXe siècle et inspirée par les chants byzantins.

- La restauration du quartier historique de **Lipscani** a été interrompue à la suite de la mise au jour de vestiges archéologiques. Dans cet ancien quartier de la ville se côtoient désormais des cafés « bobo-chics », des brocanteurs et des ateliers d'artisans. Vous n'aurez pas trop d'une demi-journée pour l'explorer.

TOP 10

# Paisibles cloîtres

Le cloître - cour ou jardin quadrangulaire bordé d'une galerie couverte, attenant à une église ou un monastère - est un cadre propice à la réflexion.

### 1 Saint-Pierre-Claver, Carthagène, Colombie

Le cloître insolite et intime de l'église Saint-Pierre-Claver niche dans un recoin calme et ombragé, à l'écart du tumulte du centre historique de Carthagène. L'église est dédiée au père Pierre Claver, prêtre jésuite qui baptisa des milliers d'esclaves venus d'Afrique au début du XVIIe siècle.

À savoir Le musée adjacent est consacré au commerce des esclaves. www.colombia.travel

### 2 Frères Mineurs, Dubrovnik, Croatie

Des colonnades doubles composent un écrin élégant à l'orangeraie du cloître de l'église et du monastère franciscain de Dubrovnik, bâtis au pied des remparts au XIVe siècle. Profitez de la beauté sereine de l'endroit tout en admirant, sous les arcades, les vestiges de fresques romanes. La pharmacie, ouverte au public, est la plus ancienne d'Europe.

À savoir La bibliothèque et le musée adjacents présentent des instruments d'apothicaire, des manuscrits littéraires et musicaux très rares, ainsi que des œuvres d'art. http://croatia.hr, www.amb-croatie.fr

### 3 Tous-les-Saints, Schaffhausen, Suisse

Dans la ville de Schaffhausen, à 52 km au nord de Zurich, le cloître de l'abbaye de Tous-les-Saints (Allerheiligen), du XIIe siècle, déborde d'herbes aromatiques et médicinales. Au Moyen Âge, c'était aussi le cimetière des religieux et des notables.

À savoir Le cloître est intégré au musée de Tous-les-Saints. Le 1er mai, les caves à vin de Schaffhausen sont ouvertes au public. On y déguste du pinot noir. www.allerheiligen.ch

### 4 San Marco, Florence, Italie

Un musée a été aménagé au niveau supérieur du cloître de ce monastère du XVe siècle. Là, chaque cellule de moine renferme une fresque de Fra Angelico ou d'un de ses élèves. Le travail lumineux de ce religieux orne également, à travers tout l'édifice, des murs, des lunettes et des médaillons. En haut de l'escalier menant aux cellules, admirez *L'Annonciation*.

À savoir Pour éviter les files d'attente, réservez en ligne vos billets d'entrée. www.florence-museum.com

### 5 Santa Maria la Nuova, Monreale, Italie

Sur la côte nord de la Sicile, Monreale, le cloître le mieux préservé d'Italie, domine Palerme. Il jouxte la cathédrale Santa Maria la Nuova, uniques vestiges d'un monastère du XIIe siècle. Chacune des 228 colonnes jumelées (certaines ornées d'incrustations de mosaïques) supporte un chapiteau ouvragé.

À savoir À 8 km au sud-ouest de Palerme. Les terrasses du jardin de la cathédrale offrent une vue imprenable sur Palerme et la mer Tyrrhénienne. www.duomomonreale.it

### 6 Saint-Pierre, Moissac, France

Pendant des siècles, cette abbaye du sud-ouest de la France fut une halte appréciée des pèlerins sur la route de Saint-Jacques-de-Compostelle. Le cloître date de 1100 et rassemble les chapiteaux historiés les plus anciens du monde, véritables trésors de l'art roman ornés de scènes bibliques et de motifs animaux et végétaux.

À savoir À 69 km au nord de Toulouse. Après la sérénité du cloître, vous serez surpris par la symphonie de couleurs de la cathédrale. www. tourisme.moissac.fr

### 7 Abbaye de l'île d'Iona, Grande-Bretagne

L'essentiel de l'abbaye de cette île battue par les vents, au large de la côte ouest de l'Écosse, date du Moyen Âge, mais les gravures du cloître sont contemporaines. Réalisées en 1997, elles s'inspirent de motifs floraux bibliques et écossais, des oiseaux des Highlands et des paraboles christiques.

À savoir Prenez le ferry à Fionnphort (île de Mull). Le cloître est 15 min à pied du port. www.isle-of-iona.com/abbey.htm

### 8 Cathédrale de Gloucester, Grande-Bretagne

Le cloître de la cathédrale présente une succession de voûtes en éventail – sublimées par la lumière – parmi les plus anciennes et les plus belles d'Europe. Une rangée d'alcôves, où travaillaient les moines, circonscrit un jardin paisible. Quelques scènes de la série de films *Harry Potter* ont été tournées dans ce cloître du XIVe siècle.

À savoir Le roi Édouard II repose dans la cathédrale. www.gloucestercathedral.org.uk

### 9 Couvent de l'Ordre du Christ, Tomar, Portugal

Quatre des huit cloîtres du couvent de l'Ordre du Christ sont ouverts au public. Celui du cimetière est décoré d'azulejos (carreaux de faïence bleue) du XVIe siècle et le cloître de João (Jean) III est festonné de motifs floraux.

À savoir Tomar, à 137 km au nord de Lisbonne, conserve également les vestiges de la seule synagogue médiévale du Portugal. www.conventocristo.pt

### 10 Santo Domingo de Silos, Espagne

L'abbaye royale de Santo Domingo de Silos, dans le nord de l'Espagne, possède un cloître roman à double niveau, dont les colonnes jumelées sont couronnées de chapiteaux ornés de gravures délicates. La communauté bénédictine est toujours en activité et ses moines sont célèbres pour leurs chants grégoriens.

À savoir L'abbaye se situe à 69 km au sud de Burgos. Venez en fin de journée, aux vêpres, pour la beauté de la lumière et des chants grégoriens. www.abadiadesilos.es

Ci-contre : des historiens affirment que les voûtes en éventail ont été inventées par les architectes et les maçons de la cathédrale de Gloucester dans les années 1350.

Sur l'île de Reichenau, des tours du XVe siècle gardent l'église romane de Saint-Pierre-et-Saint-Paul.

ALLEMAGNE

# Les églises de Reichenau

## Des peintures murales du Xe siècle témoignent du rayonnement intellectuel et artistique de l'île de Reichenau.

Aux temps de Charlemagne et de ses successeurs à la tête de l'Empire carolingien, l'abbaye bénédictine de Reichenau – fondée en 724 sur une île du lac de Constance, au sud de l'Allemagne – est l'une des plus influentes d'Europe. Ses abbés sont les conseillers personnels des empereurs et des rois; la réputation de son centre d'enseignement, de son école d'enluminure et de ses ateliers artistiques dépasse largement les rives du lac. À l'époque, cette île d'à peine 5 km$^2$ compte une vingtaine d'églises et d'oratoires. Aujourd'hui, seules trois églises demeurent, mais leurs richesses sont considérables. Dans le village d'Oberzell, l'église Saint-Georges abrite des peintures murales presque intactes et antérieures à 1100 – les plus anciennes du nord des Alpes. À Nierderzell, dans l'église Saint-Pierre-et-Saint-Paul, du XIIe siècle, d'autres fresques ont été mises au jour dans l'abside à l'occasion de la restauration de l'édifice dans un style rococo à la fin du XVIIIe siècle. L'ancienne abbatiale Sainte-Marie-et-Saint-Marc à Mittelzell remonte au IXe siècle : dans son trésor se trouve une cruche dont on dit qu'elle servit lors des noces de Cana, quand Jésus transforma l'eau en vin.

**Quand ?** Les églises sont ouvertes au public toute l'année, mais les horaires varient. Venez à l'occasion d'une des trois fêtes religieuses locales, célébrées à grands renforts de processions et de cérémonies : la Saint-Marc (avril), le Sang Sacré (aux environs de la Pentecôte) et l'Assomption (août).

**Où ?** À 11 km au nord de la ville de Constance, sur la B33. L'île est reliée au continent par une chaussée et un pont. Depuis Constance, prenez le ferry ou le bus n° 7372.

**À savoir** Sur l'île, déplacez-vous à pied ou à vélo. Savourez la vue depuis le Hochwart («le sentier du vin») et dégustez du Roter-Gutedel, une variété locale de raisin rare.

**Internet** www.reichenau.de, http://whc.unesco.org/fr/list/974

### Autour du lac de Constance

Le lac de Constance, creuset d'alliances culturelles, est situé à la frontière de l'Allemagne, de la Suisse et de l'Autriche.

- Le centre historique de la ville suisse de **Stein am Rhein**, sur la rive occidentale du lac, est superbe : ravissantes allées, façades étonnamment peintes, petites échoppes insolites…

- Sur la rive orientale (et allemande) du lac se dresse l'église de **Birnau**, lieu de pèlerinage de style italien baroque. L'édifice est l'écrin rococo d'orgues magnifiques.

FRANCE

# La Chapelle expiatoire

## Laissez-vous séduire par la beauté austère et envoûtante de la chapelle parisienne dédiée à Louis XVI et à Marie-Antoinette.

Joyau architectural du style néoclassique tardif, la Chapelle expiatoire (terme signifiant « qui sert à réparer une faute »), au cœur du square Louis-XVI à Paris, est tenue à l'écart du brouhaha du boulevard Haussmann par une rangée d'arbres. L'architecte Pierre Fontaine a conçu en 1816 ce bâtiment à la mémoire de Louis XVI et de son épouse, Marie-Antoinette. Les dépouilles du roi et de la reine guillotinés en 1793 reposent ici jusqu'en 1816, aux côtés de quelque 3 000 victimes de la Révolution française – à l'époque, le site est un cimetière. La chapelle, adoptant le plan d'une croix grecque, est érigée après le transfert du couple à la nécropole royale de la basilique Saint-Denis, au nord de Paris. L'entrée conduit à une cour intérieure bordée de rosiers et de pierres tombales. La chapelle s'ouvre au sommet d'une volée de douze marches. Sous son dôme aérien, les statues de marbre blanc du roi et de la reine ont pris place. Louis XVI est à genoux, appuyé contre un ange qui le guide vers les cieux ; Marie-Antoinette, dont la couronne a roulé à terre, est agenouillée aux pieds d'une femme représentant la Religion. La crypte souterraine est aménagée d'un simple autel, à l'endroit où les restes du couple royal ont été exhumés. Sa sobriété classique et son emplacement au-dessus d'une ancienne fosse commune valent au square Louis-XVI le surnom de « place la plus triste de Paris ».

**Quand ?** Toute l'année, mais l'endroit est moins austère au printemps, quand les arbres reverdissent.

**Où ?** La chapelle se situe dans le VIII<sup>e</sup> arrondissement. Saint-Augustin est la station de métro le plus proche.

**À savoir** Toute l'année, des concerts de musique de chambre ont lieu dans la chapelle. Tous les 21 janvier, date anniversaire de l'exécution de Louis XVI, une messe est organisée par d'ardents royalistes.

**Internet** www.chapelle-expiatoire.monuments-nationaux.fr

### Roses et gardes suisses

■ Deux rangées de tombes surmontées d'un toit triangulaire précèdent la chapelle. Elles commémorent les centaines de **Gardes suisses** morts sous la Révolution en défendant le **palais des Tuileries** en 1792. Autrefois, les tombes portaient des inscriptions, effacées pendant la Commune de 1871 et jamais restaurées.

■ Au printemps, flânez dans la cour intérieure, lorsque les rosiers sont en fleurs, comme ils l'étaient dans les jardins de Marie-Antoinette au **Petit Trianon**, à Versailles.

Le sculpteur Jean-Pierre Cortot immortalise Marie-Antoinette soutenue par la Religion.

GRANDE-BRETAGNE

# Les églises de la City de Londres

## Une cinquantaine d'églises - perles de l'architecture et havres de paix - sont disséminées au pied des immeubles de la City.

Le cœur financier de Londres a toujours été riche et industrieux. Pour trouver un peu de chaleur humaine et renouer avec le passé – quand les rues étaient pavées et que les contrats se négociaient au pub – visitez ses églises aux noms chantants : All-Hallows-by-the-Tower, proche de la Tour de Londres ; St-Andrew-by-the-Wardrobe, bâtie sur les ruines d'une église jouxtant l'édifice où était conservée la garde-robe d'Édouard III ; St-Botolph-without-Bishopgate, à l'extérieur des murs de la ville. Cinquante églises se regroupent dans les 2,5 $km^2$ de la City, pour la plupart construites, ou reconstruites, par Christopher Wren après le Grand Incendie de 1666. Le style de Wren, aérien, se caractérise par la sobriété du fenêtrage et la disposition de bancs, comme dans un salon. Pour la pompe, ne ratez pas son chef-d'œuvre, la cathédrale St-Paul. Pour plus d'intimité, direction St-Stephen-Walbrook – sous son dôme, un autel de travertin romain sculpté par Henry Moore en 1972. Les églises de la City sont souvent attachées à une guilde : St-Stephen-without-Newgate veille sur les musiciens ; St-Bride's, dans Fleet Street, possède un musée et est la paroisse des imprimeurs et des journalistes (à voir : le dallage romain dans la crypte). Quelques églises antérieures à la période Wren ont survécu. La plus ancienne est St-Bartholomew-the-Great à West Smithfield. Fondé en 1123, ce superbe exemple d'architecture normande est la vedette de plusieurs films, dont *Quatre mariages et un enterrement*.

**Quand ?** Les églises de la City sont généralement ouvertes toute la journée. Beaucoup organisent des concerts, gratuits, à l'heure du déjeuner. La Dr Johnson's House est ouverte du lundi au samedi, de 11 h à 17 h (17 h 30 en été) - entrée payante.

**Où ?** En métro, descendez à la station St Paul, ou en bus 4, 11, 15, 23 ou 26, ou en taxi. Informations disponibles au centre touristique de la cathédrale St Paul (idéalement, démarrez ici votre circuit). La City est petite, on s'y déplace facilement à pied.

**À savoir** Certaines églises (St-Mary-le-Bow à Cheapside, par exemple) ont aménagé un café dans leur crypte. Après avoir visité la maison du Dr Johnson, faites une pause au pub Ye Olde Cheshire Cheese, sur Fleet Street, où se retrouvaient autrefois les grands écrivains de la ville.

**Internet** www.london-city-churches.org.uk, www.drjohnsonshouse.org

### Un homme de mots

Sur Gough Square, tout près de Fleet Street, se dresse la **Dr Johnson's House**. Une fois entré, retournez-vous et regardez l'énorme chaîne qui barre la porte - très efficace pour décourager les créanciers. La fenêtre est barbelée, pour que les voleurs n'y fassent pas passer des enfants pour ouvrir les verrous !

À l'étage, le superbe boudoir est éclairé d'un vitrail représentant le propriétaire, le docteur Samuel Johnson. Auteur du premier dictionnaire de la langue anglaise (publié en 1775), c'est à lui que l'on attribue cette phrase : « Quand un homme est fatigué de Londres, il est fatigué de la vie. »

La porte de la maison de Gough Square était toujours ouverte aux amis - et parfois aux étrangers - malgré le mauvais caractère du bon docteur. On regrette que les murs ne puissent raconter les conversations qui se sont déroulées dans la plus sympathique des vieilles demeures de Londres.

Ci-contre : l'autel contemporain de St-Stephen-Walbrook, signé Henry Moore. Ci-dessus : Saint-Bartholomew-the-Great.

ESPAGNE

# La Peña de Francia

## Le joyau de la sierra de Francia, dans la province de Salamanque, est un monastère fondé par un religieux français.

À 1723 m d'altitude, sur la frange occidentale du centre de l'Espagne, le monastère dominicain de Nuestra Señora de la Peña de Francia est le sanctuaire consacré à la Vierge Marie le plus élevé du monde. Le sommet – point culminant de la sierra de Francia, dans la province de Salamanque – est un site spirituel d'importance depuis le néolithique. La sierra de Francia et le río de Francia, qui l'arrose, tiennent leur nom des colons français qui se sont installés ici au Moyen Âge. L'actuel monastère fut fondé en 1437 après la découverte par Simon Roland *alias* Simon Vela – un Parisien qui avait eu un songe prémonitoire – d'une sculpture sur bois représentant la Vierge, cachée dans les rochers d'argile et de quartzite qui couronnent, telle une forteresse, le sommet du relief. Parcourez du regard la vue panoramique à 360 degrés sur les environs et la province voisine de Cáceres – ici se célèbre l'alliance de la religion, de l'histoire et d'une sublime beauté paysagère. En pénétrant dans l'église du XV$^{e}$ siècle, allumez une bougie votive. Pour vous immerger complètement dans cette atmosphère éthérée, passez la nuit à l'Hospedería, édifice du XV$^{e}$ siècle restauré en 1956.

**Quand ?** De mi-septembre à mi-novembre, puis d'avril à juin pour éviter les grosses chaleurs de l'été. Le monastère est ouvert tous les jours de 9 h à 21 h (18 h en hiver).

**Où ?** La ville la plus proche est La Alberca, à 90 km au sud-ouest de Salamanque. En bus, il y a 2 liaisons quotidiennes Salamanque-La Alberca en semaine, 1 le week-end (1 h 30 de trajet). En voiture, sachez que la route qui monte au monastère (17 km) est désormais goudronnée.

**À savoir** Vous pouvez dormir à l'Hospedería del Santuario Peña de la Francia, ou à l'hôtel Antiguas Eras de La Alberca, rustique, mais charmant. Si vous randonnez depuis La Alberca, procurez-vous une carte du GR10 à Salamanque et prévoyez de bonnes chaussures de marche, des lunettes de soleil, de l'eau et des jumelles.

**Internet** www.spain.info, www.dipsanet.es/turismo, www.salamancatourisme.com

### En chemin

Pour profiter au mieux des paysages superbes des environs, rejoignez le sommet de la Peña de Francia en marchant depuis **La Alberca**. Le parcours suit le GR10, l'un des réseaux espagnols de **sentiers de grandes randonnées**.

En partant de La Alberca (1048 m d'altitude), vous traversez une forêt plantée de pins et de chênes (8 km). L'ascension est rude – comptez au moins 3 h. La descente, elle, n'en réclame que 2. Offrez-vous une pause-déjeuner à l'Hospedería.

Nuestra Señora de la Peña de Francia domine un sommet isolé d'une sierra de la province de Salamanque.

Sur une place ombragée, l'un des nombreux concerts du festival de Fès des musiques sacrées du monde.

MAROC

# FESTIVAL DES MUSIQUES SACRÉES

## Tous les ans, les musiques sacrées des quatre coins du monde envahissent les ruelles étroites et les placettes du vieux Fès.

Carrefour spirituel et culturel du Maroc, berceau de l'une des plus vieilles universités du monde : qui mieux que Fès, l'une des plus anciennes cités de la planète, pouvait rendre hommage aux musiques sacrées ? Chaque année (fin mai-début juin), son festival s'ouvre aux artistes et aux amoureux de la musique, mêlant islam, judaïsme, hindouisme, taoïsme, christianisme, animisme d'Afrique de l'Ouest, syncrétisme des Antilles et toutes les spiritualités des cultures du monde. Dans Fès el Bali – la Vieille Ville, ou médina –, des concerts sont organisés dans les jardins andalous du musée Dar Batha, l'auditorium en plein air de la Bab Boujloud et le palais Bab Makina. La ville résonne de musiques traditionnelles, de chants grégoriens, de musiques classiques européennes, sans oublier les mélodies sacrées de pays lointains – Finlande, Vietnam… Ici, l'ensemble londonien The Sixteen, là les Catalans du Hespérion XXI de Jordi Savall et les derviches tourneurs soufistes de Turquie… toutes les tendances musicales et spirituelles se retrouvent à Fès dans le respect, la fraternité et l'œcuménisme.

**Quand ?** Le festival a lieu fin mai-début juin.

**Où ?** Fès est à 30 min de vol de Casablanca (comptez 4 h 30 en train et 5 h 30 en bus). Pour visiter Meknès, à 1 h de voiture à l'ouest de Fès, prenez le train, le bus, ou un « grand taxi » (négociez le tarif au départ). Vous pouvez louer une voiture à Fès, mais elle sera interdite de circulation dans la Vieille Ville.

**À savoir** Réservation indispensable en période de festival. Le Sofitel du Palais Jamai (5 étoiles), qui domine la médina, est très bien situé. Pour une ambiance plus intime, louez un riad, une maison d'hôtes avec cour intérieure. Certains ont une terrasse sur le toit et se dissimulent à l'arrière des hauts murs des ruelles de la médina. Réservez vos places de concert sur Internet. Pour arpenter Fès el Bali, prenez de bonnes chaussures de marche et des vêtements légers.

**Internet** www.visitmorocco.com, www.fesfestival.com, http://riadafes.com

### Une ville impériale

**Meknès**, à 60 km à l'ouest de Fès, occupe un lieu stratégique, à la frontière du Rif et du Moyen Atlas, du Sahara et de l'Atlantique. Elle est érigée au rang de capitale du Maroc sous le règne de **Moulay Ismaïl**, qui la fortifie en 1673 en bâtissant 40 km de murailles autour de la médina. C'est ici qu'il loge ses 500 concubines, 60 000 esclaves et quelque 12 000 chevaux. Aujourd'hui, **Bab Mansour** demeure l'une des plus belles portes d'Afrique du Nord. Les **souks** et la **madrasa** (école coranique) **Bou Inania** sont un régal pour les yeux et les **greniers royaux** rappellent la grandeur passée de la cité impériale de Moulay Ismaïl.

# Trésors cachés

De nos jours, le monde semble avoir livré tous ses secrets aux voyageurs. Peut-on encore espérer y faire des découvertes? Les pages suivantes confirment qu'il y a toujours des surprises réservées à ceux qui savent les chercher. Dans les ruelles désertes d'une ancienne cité, dans les contrées les plus reculées, on devine des vies et des lieux que l'on croyait disparus. L'atelier de la peintre Georgia O'Keeffe lève le voile sur une inspiration puisée sous le ciel aveuglant du désert du Nouveau-Mexique. Dans l'épaisse forêt du massif des Adirondacks, dans l'État de New York, le luxueux refuge d'un millionnaire du XIX$^{e}$ siècle donne corps à l'existence dorée des plus privilégiés. De magnifiques demeures et châteaux d'Europe ouvrent leurs portes et proposent leurs lits au visiteur qui ne se contente pas d'assister en spectateur à la vie des autres. Toujours plus à l'est, d'autres portes, toujours fermées par le passé, s'entrebâillent pour convier les curieux dans les retraites secrètes de riches marchands indiens ou dans la forteresse du XVII$^{e}$ siècle d'un samouraï japonais.

De superbes bâtiments aux couleurs éclatantes de l'époque coloniale portugaise – à l'image du palais des Gouverneurs du XVII$^{e}$ siècle (à gauche) – vous attendent dans la vieille ville d'Olinda, au nord-est du Brésil.

ÉTATS-UNIS

# Le Gillette Castle

## De la fantaisie de l'acteur William Gillette est née une merveille : un château pseudo-médiéval surplombant le cours du Connecticut.

Demeure de l'acteur et dramaturge qui incarna Sherlock Holmes, Gillette Castle est un édifice absolument extravagant. Cette forteresse de pierres grossièrement taillées, entourée de 74 ha de forêt, fut érigée en 1919 près d'East Haddam, dans le Connecticut. C'est ici que William Gillette s'installa après ses adieux à la scène. Il s'occupa personnellement de la décoration intérieure, avec l'aide d'artisans locaux. Sans surprise, le parti pris est résolument théâtral : panneaux ouvragés de chêne blanc, énormes cheminées en pierres des champs, vitraux, sans oublier les 47 portes, toutes différentes. La demeure renferme d'autres curiosités : modèles de serrures et d'interrupteurs uniques, passages secrets… Des miroirs disposés stratégiquement permettaient à Gillette d'observer ses invités qui tentaient de percer le mystère de l'ouverture du bar. Il se déplaçait aussi en toute discrétion grâce à un escalier dérobé. La vue sur le cours du Connecticut est réellement stupéfiante. Des sentiers balisés quadrillent le domaine et longent la corniche de granit qui surplombe la rive. Quelques chemins suivent la voie ferrée de 5 km sur laquelle un train miniature promenait jusqu'à 28 passagers. La gare est encore intacte et le moteur électrique en cours de restauration.

**Quand ?** Gillette Castle est ouvert au public du week-end précédant Memorial Day (dernier lundi de mai) jusqu'au deuxième lundi du mois d'octobre. Pendant cette période, Goodspeed Musicals se produit à la Goodspeed Opera House - réservation indispensable.

**Où ?** East Haddam se situe à 55 km au sud-est de Hartford (Connecticut).

**À savoir** Pour une arrivée des plus romantiques, faites appel à Essex Steam Train & Riverboat. Un train à vapeur d'époque vous conduit à la Deep River Station où vous embarquez à bord d'un bateau. Vous naviguez sur le Connecticut jusqu'à East Haddam puis grimpez 1 km pour atteindre le château.

**Internet** www.friendsofgillettecastle.org, www.goodspeed.org, www.essexsteamtrain.com

### Au fil de l'eau

■ La **Goodspeed Opera House** d'East Haddam est un véritable joyau de l'architecture victorienne datant de 1877. Dans ce bâtiment figé au bord du fleuve, Gillette installe son théâtre et quelques activités commerciales. Depuis 1963, Goodspeed Musicals gère l'édifice et y monte trois comédies musicales par an.

■ Ne vous privez pas d'une traversée du Connecticut à bord du **ferry** (passagers et voitures), **entre Chester et Hadlyme**. Le panorama sur Gillette Castle perché sur son éperon rocheux et la Goodspeed Opera House au bord du fleuve est superbe.

À la mort de William Gillette en 1937, le château et ses terres revinrent à l'État du Connecticut ; ils forment désormais le Gillette Castle State Park.

Réalisés au Moyen Âge, les bustes de ces deux jeunes femmes sont saisissants de réalisme.

ÉTATS-UNIS

# THE CLOISTERS

## Un cadre enchanteur sublime les chefs-d'œuvre de ce formidable musée consacré aux merveilles de l'art médiéval.

Surplombant Fort Tryon Park et le cours de l'Hudson, The Cloisters Museum (musée des Cloîtres) s'étend à 15 km au nord de Manhattan. Pourtant, des milliers de kilomètres semblent séparer le bouillonnant quartier de New York de ce musée (annexe du Metropolitan) unique en son genre aux États-Unis – le seul à être consacré à l'art médiéval européen. Dans une atmosphère résolument contemplative et empreinte de sérénité, cet ensemble de cloîtres provenant de monastères français inclut des chapelles restaurées et des galeries riches d'œuvres d'art (IVe-XVIe siècle) : peintures, sculptures, orfèvrerie, ivoires… Les joyaux de la collection ? La série de tapisseries flamandes du XVIe siècle *La Chasse à la licorne,* des vitraux autrichiens du XIVe siècle, le cloître de l'abbaye de Bonnefont et son jardin où s'épanouissent des plantes cultivées au Moyen Âge. Cadre idéal pour les religieux enclins à la méditation, les cloîtres offrent aujourd'hui à leurs visiteurs un lieu magique qui célèbre l'alliance inédite de l'art et du bien-être. Ici, loin de la foule, flânez sous les arcades ou relaxez-vous, avec un bon livre, dans l'un des jardins.

**Quand ?** Le musée est fermé le lundi, ainsi que le 1er janvier, le 4e jeudi de novembre (Thanksgiving) et le 25 décembre.

**Où ?** À 10 min de la station de métro 190th Street. En voiture, direction nord sur la Henry Hudson Parkway, 1re sortie après le George Washington Bridge.

**À savoir** Aménagé par Frederick Law Olmsted Jr., fils de l'un des concepteurs de Central Park, Fort Tryon Park regorge d'une végétation luxuriante et de formations rocheuses impressionnantes. Des sentiers tortueux débouchent sur de superbes vues sur le cours de l'Hudson.

**Internet** www.metmuseum.org/cloisters

### Le secret de la Licorne

La série des **sept tapisseries** connues sous le nom de *La Chasse à la licorne* illustre avec force détails la poursuite puis la capture d'une licorne, à travers une forêt épaisse, par un groupe de nobles. Les chasseurs semblent prêts à tuer l'animal mythique, mais le dernier panneau montre la licorne bien vivante, dans un champ de fleurs.

Quelle est la symbolique de cette œuvre ? Personne n'en est vraiment sûr. Selon les théories les plus répandues, la capture de la licorne illustre soit la crucifixion et la résurrection du Christ, soit le mariage forcé d'une jeune fille. L'artiste auquel on doit cette œuvre est inconnu ; on ignore également à qui elle était destinée. Et que penser des lettres A et E qui apparaissent à plusieurs endroits ?

TOP 10

# Musées étranges

Sorcellerie médiévale en Islande ou médecine légale à Bangkok : jetez un coup d'œil à ces musées pour le moins surprenants.

## ❶ MOBA, États-Unis

Les créateurs du MOBA (Museum of Bad Art ou musée de l'Art laid) ont fouillé les magasins d'occasion et… les poubelles pour garnir ce musée idéalement situé en face des toilettes messieurs, au sous-sol d'un cinéma de Dedham, près de Boston. Leur objectif ? « Apporter le pire de l'art au plus grand nombre. »

À savoir Entrée gratuite, ce qui n'empêche pas les étudiants, les seniors et beaucoup d'autres de bénéficier… d'une réduction. www.museumofbadart.org

## ❷ Salt and Pepper Shaker Museum, États-Unis

Le « kitsch » dans tous ses états, avec ces quelque 20 000 salières et poivrières disposées au fil d'immenses étagères : statues de l'île de Pâques, panda… il faut le voir pour le croire. Rendez-vous dans la station de ski de Gatlinburg.

À savoir Ticket d'entrée à 3 $ offrant une réduction équivalente à la boutique du musée, histoire de commencer votre propre collection. www.ludden.com/SandP

## ❸ Musée des Vents d'Erimo, Hokkaido, Japon

Au nord de l'île japonaise d'Hokkaido, sur la côte est, Erimo est célèbre pour ses vents, qui y soufflent perpétuellement. Dans cet astucieux petit musée, des dispositifs de musique et de lumière sont actionnés par des moulins à vent. Une soufflerie reproduit une tempête avec des rafales à 90 km/h. En bonus : vue imprenable sur les phoques qui se prélassent sur la plage.

À savoir Depuis l'ouest d'Hokkaido, il faut emprunter un train et deux bus pour rejoindre Erimo, très isolée. www.tourisme-japon.fr

## ❹ Musée des Impôts, Pékin, Chine

Le magnifique temple de Pudu, vieux de 350 ans, recèle de très anciens documents fiscaux d'une étonnante beauté, à la calligraphie délicate, alourdis d'un sceau de cire rouge. Ici et là, un commentaire impérial porté à l'encre vermillon.

À savoir Ralliez le musée en vous promenant dans les *hutongs*, allées traditionnelles récemment restaurées. www.otchine.com

## ❺ Musée du Dr Songkran Niyomsane, Bangkok, Thaïlande

Parmi les six musées médicaux de l'hôpital Siriraj de Bangkok, celui du Dr Songkran Niyomsane, consacré à la médecine légale est, de loin, le plus macabre. On peut y voir la dépouille d'un cannibale, les restes de victimes d'accidents, des pièces à conviction… Âmes sensibles s'abstenir.

À savoir L'hôpital Siriraj est situé sur la rive gauche du Chao Praya. www.si.mahidol.ac.th

## ❻ Birdsville Working Museum, Australie

Le propriétaire des lieux, John Menzies, ajoute une dimension vaudevillesque au fatras rassemblé dans ce musée du sud du Queensland, quand il présente avec force enthousiasme un appât à dingos explosif, ou un électrophone en carton qu'utilisaient les missionnaires pour diffuser des textes bibliques.

À savoir Birdsville, ville minuscule, possède un vieil hôtel doté d'un excellent restaurant. www.australia.com, www.outbacknow.com.au

## ❼ Musée National, Nuuk, Groenland

Des collections d'objets inuits et nordiques vieux de 4 500 ans racontent la rudesse de l'existence dans un environnement inhospitalier et reculé : kayaks, traîneaux à chiens, vêtements et nourriture illustrent la vie des Groenlandais avant et après la colonisation européenne.

À savoir Nuuk, capitale du Groenland, est aisément accessible par bateau de croisière ou circuit organisé depuis Copenhague, au Danemark. www.natmus.gl

## ❽ Musée de la Sorcellerie, Islande

À Hólmavík Hólmavík, à 250 km environ au nord de Reykjavík, percez tous les secrets de la sorcellerie aux temps de l'Islande médiévale, quand les potions à base de sang humain et de cervelle de corbeau procuraient le don d'invisibilité… Pour devenir riche, il suffisait d'attraper une sirène à l'aide d'un filet tissé avec les cheveux de vierges. Ou de porter un pantalon taillé dans la peau d'un mort. Ensorcelant.

À savoir Les vols transatlantiques à destination de l'Islande sont chers et incluent en général une escale à Reykjavík, avec une nuit d'hôtel gratuite. www.galdrasyning.is

## ❾ Lumina Domestica, Bruges, Belgique

Ce musée occupe une ravissante demeure du XV^e siècle de la pittoresque ville de Bruges. Ses collections comprennent plus de 6 000 objets qui racontent l'éclairage à travers 400 000 ans d'histoire, depuis les torches néandertaliennes jusqu'à l'ampoule électrique.

À savoir Prévoyez du temps pour visiter les musées consacrés au chocolat, à la dentelle et aux arbalètes. www.luminadomestica.be

## ❿ Museu de Carrosses Fúnebres, Espagne

Le Museu de Carrosses Fúnebres de Barcelone est difficile à trouver, mais ses corbillards richement décorés, tirés par des chevaux ou motorisés, méritent vraiment une visite. Ils sont traditionnellement noirs, parfois blancs – pour les enfants et les vierges – et mis en scène avec des mannequins en costumes.

À savoir Accès gratuit. L'entrée s'effectue Carrer Sancho de Avila 2, à côté de la station de métro Marina. www.barcelonaturisme.com

Ci-contre : après la visite du musée de Gatlinburg, dans le Tennessee, vous ne regarderez plus jamais votre salière et votre poivrière du même œil !

SALT
PEPPER

ÉTATS-UNIS

# Musée du Lower East Side Tenement

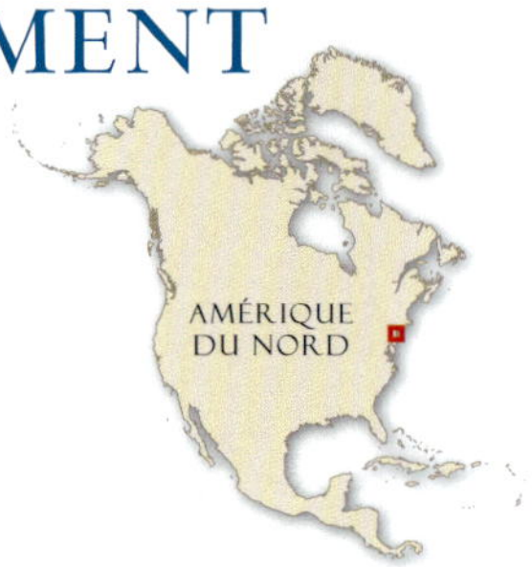


Embarquez pour un voyage dans le temps dans cet immeuble où s'installaient les immigrés à leur arrivée sur le sol américain.

De 1863 à 1935, quelque 7000 personnes venues de vingt pays ont vécu dans cet immeuble d'Orchard Street, dans le quartier new-yorkais du Lower East Side. Plus de 74 groupes d'immigrants ont fait de ces appartements un véritable melting-pot – comme la ville de New York, à petite échelle. La visite guidée d'une heure *(Getting By Tour)* suit la destinée d'une famille de juifs allemands au cœur de la tourmente de la crise financière de 1873 et d'une famille d'Italiens catholiques qui se débat dans la Grande Dépression des années 1920 et 1930. Un deuxième circuit s'intéresse à la famille irlandaise Moore. « Les murs nous racontent leur histoire » comme le dit le guide en montrant les couches successives de papier peint et de peinture. Tout comme ses habitants, le bâtiment a subi les affres du temps. Le quartier connaît quant à lui depuis quelques années une véritable renaissance. Il y a un siècle, un appartement de 30 $m^2$ sur Orchard Street se louait 7 $ par mois. Il en coûte aujourd'hui plus ou moins 1800 $ à ses locataires. La faute n'en incombe pas à la seule inflation : le Lower East Side, longtemps aux mains des gangs et des revendeurs de drogue, est devenu depuis la fin des années 1980 l'épicentre de toutes les tendances (art, mode, gastronomie, vie nocturne) vers lequel les New-Yorkais convergent avec plaisir.

**Quand ?** Préférez le printemps et l'automne (il n'y a ni chauffage ni climatisation dans le bâtiment). Le musée est ouvert tous les jours, sauf le 4e jeudi de novembre (Thanksgiving), le 25 décembre et le 1er janvier.

**Où ?** Accès par la boutique du musée, au 108 Orchard Street.

**À savoir** Chaque jour, différentes visites guidées sont programmées, du milieu de la matinée jusqu'à 17 h. Vous pouvez également participer à la promenade de 1h30 qui sillonne le quartier, autour du thème de l'immigration.

**Internet** www.tenement.org

### Hier et aujourd'hui

■ Prenez le temps de parcourir le quartier dans son ensemble. Vous verrez combien le passé a contribué à enrichir le présent.

■ De jour, explorez les **boutiques de vêtements** et les **galeries d'art minimaliste** qui ont investi les murs des vieilles échoppes artisanales.

■ De nuit, faites la tournée des hôtels « tendance », comme le **Blue Moon**, par exemple, et des restaurants dont les façades illuminent les rues. Pour retrouver les saveurs du vieux Lower East Side, filez chez **Katz's Delicatessen** sur East Houston Street.

Aujourd'hui, les appartements sont propres et clairs; il en était tout autrement voilà plus d'un siècle quand des centaines de personnes habitaient l'immeuble.

Des visiteurs se détendent devant le chalet où les Vanderbilt recevaient leurs invités.

ÉTATS-UNIS

# Great Camp Sagamore

La salle à manger de la résidence d'été de cette famille de millionnaires peut recevoir 80 convives.

Depuis plus d'un siècle, Great Camp Sagamore s'étend fièrement sous l'épaisse couverture végétale de la forêt du massif des Adirondacks (État de New York), près du hameau de Raquette Lake. Dans les années 1890, le promoteur William West Durant réalise la perle du site, un chalet alpin de trois étages dominant les rives du lac Sagamore. Il revend son domaine en 1901 à Alfred Gwynne Vanderbilt, héritier d'un magnat des chemins de fer. Les terres comptent maintenant 27 bâtiments dont l'architecture, à l'image du chalet alpin rustique, et les matériaux (bois, écorce, pierre) s'harmonisent parfaitement avec le cadre sylvestre. La salle à manger voulue par Margaret Emerson Vanderbilt, l'épouse d'Alfred, pour recevoir 80 convives au repas de Noël (!), est une pure merveille. Ne ratez pas la maison de Jeux, où les invités s'adonnaient au billard et à la roulette et se défiaient sur les deux pistes de bowling en bois. Au cœur de la forêt, les messieurs se retrouvaient dans le lodge Wigwam, couvert d'écorce, pour fumer ou boire un verre. Repartez vers le chalet pour visiter le garage à bateaux, louer un canoë et partir à l'assaut du lac.

**Quand ?** Solutions d'hébergement, restauration et visites guidées disponibles de la fin mai à la mi-octobre.

**Où ?** Pour se rendre à Sagamore, une voiture est indispensable (aucun transport en commun). Les aéroports les plus proches (où il est possible de louer un véhicule) sont Syracuse et Albany.

**À savoir** Des visites guidées de 2 h sont proposées deux fois par jour en été (le week-end seulement au printemps et en automne). Réservation obligatoire. Produit anti-moustique, moustiquaire et vêtements couvrants sont hautement recommandés de la mi-mai à la fin juin...

**Internet** www.greatcampsagamore.org, www.adirondackexperience.com

### Refuges lacustres

- Embarquez à bord du ***W. W. Durant***, un bateau de 18 m de long, sur le **Raquette Lake**. Écoutez le capitaine narrer l'histoire du site et celle des pontes de la finance et de l'industrie – J.-P. Morgan, Collis Huntington, la famille Carnegie – qui possédaient les vastes domaines que l'on aperçoit entre les pins, tout autour du lac.

- À **Blue Mountain Lake**, visitez le **musée des Adirondacks**. Il regorge de pièces étonnantes : mobilier en écorce, wagons privés, photos et embarcations évoquent l'âge d'or des Adirondacks, à l'époque où plus d'une centaine de domaines jalonnaient ce massif de moyennes montagnes. Vingt bâtiments racontent deux siècles d'histoire – industrie, loisirs de plein air, transport, communautés...

ÉTATS-UNIS

# PLEASANT HILL

## Faites l'expérience de l'extrême sobriété de la communauté shaker, dans la région du Bluegrass, au cœur du Kentucky.

La guide brise soudain le silence et se met à bouger – ou plutôt à virevolter, tout en tapant des pieds et des mains, en chantant – dans la Meeting House, bâtie en 1830. C'est ainsi que chantent et dansent les shakers lorsqu'ils pratiquent leur culte, en secouant les bras (*to shake* signifie « secouer ») pour évacuer leurs péchés par le bout de leurs doigts ! Le mot « shaker » ne désigne pas seulement un style de mobilier : visitez le village de Pleasant Hill, à Harrodsburg (Kentucky), pour comprendre cette secte industrieuse dont les membres font vœu de célibat, sa foi, sa vie communautaire, son histoire… À son apogée, la communauté de Pleasant Hill (1808-1910) regroupait près de 500 « frères et sœurs » vivant et travaillant dans quelque 260 bâtiments. Aujourd'hui, 34 édifices sont encore disséminés sur un domaine au relief rythmé de 1 214 ha, quadrillé par des murets de pierre. L'élégance épurée des chaises et des coffres shakers se retrouve dans l'architecture : des maisons au bardage de bois en clins (planches de bois blond clouées) où des artisans fabriquent des balais selon les techniques du XIXe siècle, à l'imposante demeure en brique des administrateurs de la communauté (Trustees' Office). Cette dernière, à trois étages et ornée d'un sublime escalier en porte-à-faux à double révolution, est ouverte aux « citoyens du monde ».

**Quand ?** Toute l'année. Préférez toutefois la basse saison, quand le silence alentour s'accorde parfaitement avec ce qu'était la vie du temps des shakers. Visites guidées, conférences et événements sont programmés tous les jours en été, mais les teintes automnales sont spectaculaires. À ne pas rater : la « bénédiction des meutes » *(Blessing of the hounds)* en novembre.

**Où ?** À moins de 50 km de Lexington.

**À savoir** Forfait à la journée possible. Essayez toutefois de passer la nuit sur place. Possibilité d'hébergement dans les maisons « familiales » où les hommes et les femmes dormaient au même étage… de chaque côté du couloir, en utilisant une porte d'entrée et un escalier séparés. Dans la salle à manger du Trustees' Office, on vous servira des légumes cultivés sur l'ancienne ferme de la communauté. Et pour digérer la tarte au citron, promenez-vous au gré des quelque 64 km de sentiers balisés.

**Internet** www.shakervillageky.org, www.kentuckytourism.com

Ci-contre : des lanternes éclairent cette maison transformée en chambre d'hôtes. Ci-dessus : coiffes de femmes.

### Les shakers

Les shakers, initialement connus sous l'appellation *United society of believers in Christ's second appearing*, pensent que Dieu est à la fois homme et femme. Ann Lee ou **Mère Ann** serait l'incarnation féminine du Christ. Cette Anglaise originaire de Manchester émigre aux États-Unis dans les années 1770 et fonde une communauté, ou « rassemblement », à Niskayuna, près d'Albany (État de New York).

Les shakers croient profondément en l'égalité entre les hommes, sans en exclure – après l'établissement de communautés dans le Sud dans les années 1810 – les Afro-Américains : ces derniers, considérés comme des esclaves dans toute cette région des États-Unis, sont en effet les bienvenus dans les rassemblements shakers dès 1811.

La communauté de Pleasant Hill atteint son pic démographique dans les années 1820 (491 membres), mais la guerre de Sécession marque le début d'un déclin inexorable. Les activités religieuses cessent en 1910. Le dernier membre des shakers de Pleasant Hill, sœur **Mary Settles**, meurt en 1923.

Richard Morris Hunt, l'architecte de Biltmore, s'est inspiré des châteaux de la Loire du XVIe siècle.

ÉTATS-UNIS

# Biltmore House

## Le château de la famille Vanderbilt est bien connu, mais des visites guidées dévoilent certains de ses trésors cachés.

Bâtie pour George Washington Vanderbilt II à l'apogée du *Gilded Age* (« âge d'or »), Biltmore House est la plus vaste demeure privée d'Amérique du Nord. Elle est également l'une des attractions les plus populaires du sud-est des États-Unis. Toutefois, ses visiteurs ne connaissent que 10 % à peine de ce gigantesque château de quelque 250 pièces. Pour avoir accès à ses recoins les plus insolites, suivez deux visites guidées assez méconnues. La première, *The behind-the-scene Tour,* dévoile la face cachée de Biltmore House et vous entraîne dans les corridors étroits menant aux logements des serviteurs, sur lesquels reposait la formidable mécanique domestique de la demeure. Vous aurez accès aux salles à manger et aux dressings privés des Vanderbilt, aux chambres d'amis à la splendeur passée, inoccupées depuis des décennies. Le *Rooftop Tour* conduit à des pièces abandonnées de longue date et concerne essentiellement le dernier étage. C'est là qu'un escalier mène à des balcons secrets, richement sculptés, ouverts sur des dizaines de gargouilles et de statues, toutes différentes. Depuis le bureau privé de George Vanderbilt, le panorama sur l'ensemble du domaine et les magnifiques jardins est tout simplement fabuleux.

**Quand ?** Dans le massif des Blue Ridge, les étés sont doux : venez d'avril à fin octobre, mais privilégiez la symphonie florale du printemps (de mai à la mi-juin) ou les feuillages de l'automne (mi-octobre).

**Où ?** À environ 4 km au sud du centre d'Asheville (Caroline du Nord).

**À savoir** Asheville est réputée pour sa scène artistique et ses restaurants qui servent des produits du terroir issus de l'agriculture biologique. Les chambres de la Biltmore Inn, située sur le domaine et dont la réputation n'est plus à faire, sont très confortables.

**Internet** www.biltmore.com, www.exploreasheville.com, www.asheville-mountain-magic.com

### Un domaine modèle

La magnifique demeure de **George Vanderbilt** – édifiée en sept ans à partir de 1889 – est la pièce maîtresse d'un véritable modèle d'efficacité.

À la vie sociale frénétique de la côte Est, Vanderbilt préfère les voyages, les arts et les projets éducatifs. **Biltmore** est sa plus gigantesque entreprise.

Le domaine couvre 50 000 ha de terres cultivées. Son bétail et ses laiteries occupent des centaines d'ouvriers des environs. Vanderbilt soutient le développement de techniques agricoles qui profitent aux paysans de toute la région. Il finance aussi la première école d'exploitation forestière, précurseur de l'Office national des Forêts.

Son épouse **Edith** fonde quant à elle des écoles où les femmes se forment à tel ou tel savoir-faire, dont elles tirent ensuite un revenu. Aujourd'hui, le domaine appartient toujours aux descendants de George et Edith Vanderbilt.

# La maison de Georgia O'Keeffe

**Visitez la demeure de l'artiste à Abiquiu et explorez les paysages du nord-ouest de Santa Fe qui ont inspiré son œuvre.**

Dans le nord du Nouveau-Mexique, le ciel, les étoiles, même le vent sont comme nulle part ailleurs. Georgia O'Keeffe (1887-1986) le savait bien quand elle déclarait : « Les falaises là-bas… semblent avoir été peintes pour vous. Mais essayez donc de les reproduire. » Aujourd'hui, ses admirateurs se retrouvent dans sa maison du XVIIIe siècle et son atelier en adobe d'Abiquiu, demeurés intacts depuis le départ de la peintre en 1984 pour cause de maladie. Le mobilier est rare, mais la vue sur les paysages – qui ont tant inspiré l'artiste et lui insufflaient la sensation d'espace et de liberté – est à couper le souffle. O'Keeffe débarqua au Nouveau-Mexique en 1917 : « Aussitôt arrivée ici, j'étais chez moi. » Disparues les fleurs qu'elle reproduisait dans l'Est, place aux os et aux crânes d'animaux qui jonchent la rocaille du désert de l'Ouest. L'artiste quittait son domicile au petit matin et passait ses journées à vagabonder ou à peindre d'immenses toiles sur la banquette arrière de sa Ford A. Elle vécut pendant des années à Ghost Ranch, non loin d'Abiquiu puis, en 1945, acheta en ville cette maison de $450\ m^2$. En explorant les environs, laissez-vous happer par ces paysages brûlés, ces falaises rouges et ocre et la vallée du rio Chama frangée de peupliers d'Amérique. C'est ici que O'Keeffe a, sur la toile, métamorphosé des panoramas austères en chefs-d'œuvre d'un magnétisme ensorcelant.

**Quand ?** Les visites guidées de la maison et de l'atelier de Georgia O'Keeffe sont proposées les mardis, jeudis et vendredis de mars à novembre, ainsi que les samedis de juin à octobre.

**Où ?** À 100 km environ au nord-ouest de Santa Fe.

**À savoir** Réservation indispensable pour la visite guidée. Installez-vous à l'Abiquiu Inn, point de départ de la visite, ou à Ghost Ranch (où vous pouvez aussi camper). Si vous randonnez sur les sentiers qui quadrillent les paysages chers à O'Keeffe, prévoyez de bonnes chaussures, de l'eau, de la crème solaire et un chapeau.

**Internet** www.okeeffemuseum.org, www.abiquiuinn.com, www.ghostranch.org

### Les musées de Santa Fe

- Avant de partir à l'assaut d'Abiquiu et de ses environs, passez au **musée Georgia O'Keeffe de Santa Fe**, inauguré en 1997. Il est riche de 2 989 œuvres d'art, parmi lesquelles 1149 toiles, dessins, croquis, sculptures et photographies signés de l'artiste.
- Ne ratez pas le **Centre de recherche du musée**, à un pâté de maisons de là. Ses splendides jardins sont plantés de fleurs que l'on retrouve dans les œuvres de Georgia O'Keeffe.
- Pour une initiation à la culture amérindienne, faites un détour par le fascinant **musée des Cultures et des Arts indiens**.

La lumière du désert inonde les pièces de la maison d'Abiquiu de Georgia O'Keeffe, caressant ses sculptures.

TOP 10

# Demeures d'antan

Un bond dans le passé et la vie des fermiers du Nouveau-Mexique et d'Angleterre, des seigneurs du Colorado et de l'Écosse n'aura plus de secrets pour vous.

### 1 Maison Joseph-Schneider, Canada

Cette ferme des années 1850, sise à Kitchener, a appartenu à Joseph Schneider, allemand et pionnier du mennonite. Des postes interactifs proposent des informations (pour les parents) et des activités parascolaires (pour les enfants).

À savoir Kitchener compte une importante communauté allemande : allez-y plutôt pour l'Oktoberfest (en octobre, donc). www.museevirtuel-virtualmuseum.ca

### 2 Les Norlands, Livermore, États-Unis

Le Washburn-Norlands Living History Center rassemble cinq demeures, propriétés de la famille Washburn, dynastie de politiciens et d'industriels du XIXe siècle. On y découvre les méthodes de travail à la ferme de l'époque, de même qu'une bibliothèque (avec des acteurs incarnant les membres de la famille). Assistez, dans la classe, à une leçon, comme en 1853.

À savoir Pour les plus férus des voyages dans le temps, possibilité de passer la nuit sur place. www.norlands.org

### 3 Ferme historique, Bozeman, États-Unis

La ferme rayonne autour de la Tinsley House, maison de famille figée dans l'année 1889. Des guides en costumes d'époque y racontent l'épopée des colons de la vallée de la Gallatin. La ferme fait partie du musée des Rocheuses de l'université du Montana ; consacré au monde rural pré-industriel, on y voit des outils agricoles, légués par les héritiers Tinsley.

À savoir Le site est ouvert du dernier lundi de mai au premier lundi de septembre ; des événements s'y déroulent au cours de la saison. www.museumoftherockies.org

### 4 Molly Brown House Museum, Denver, É.-U.

Molly Brown, survivante du naufrage du *Titanic*, était millionnaire, son époux, un ingénieur des mines, ayant mis au jour un gros gisement d'or. La demeure, bâtie en 1889, est restée plus ou moins en l'état. Elle rend un hommage vibrant à Molly Brown, philanthrope, activiste anti-pauvreté... et mondaine.

À savoir Le musée est fermé le lundi. www.mollybrown.org

### 5 El Rancho de las Golondrinas, États-Unis

Fondé en 1710, le « ranch des Hirondelles » est alors l'ultime relais postal sur le Camino Real (« route royale ») reliant Mexico à Santa Fe. C'est aujourd'hui un musée consacré à la vie rurale sous la colonisation espagnole. Le site de 80 ha conserve plusieurs bâtiments d'époque, dans lesquels des acteurs en costume d'époque moulent le blé, cuisent le pain et ferrent des chevaux.

À savoir Le ranch est ouvert de juin à septembre, du mercredi au samedi. www.golondrinas.org

### 6 Dennis Severs' House, Londres, G.-B.

Chaque pièce de cette demeure de l'East End londonien est un tableau vivant des temps anciens : le tic-tac de l'horloge, les parfums d'orange et de clou de girofle... L'artiste américain Dennis Severs a rempli sa maison de la cave au grenier d'objets appartenant aux Jevis, une famille imaginaire de tisseurs de soie.

À savoir La visite, qui s'effectue en silence, n'est pas très adaptée aux enfants. www.dennisseversshouse.co.uk

### 7 Mr. Straw's House, Worksop, G.-B.

Retour dans les années 1930 : ce modeste pavillon de banlieue des Midlands est l'une des demeures les plus insolites du patrimoine national britannique. William et Walter Straw ont hérité cette maison, bâtie en 1905, de leur père, un épicier. Ils l'ont laissée en l'état, sans jamais investir dans un téléphone, une télé ou une radio. L'une des ampoules date de 1932 et fonctionne encore, ces frères ascétiques ne l'utilisant jamais.

À savoir Visite sur réservation uniquement. www.nationaltrust.org.uk

### 8 Ferme historique d'Acton Scott, G.-B.

Ce musée vivant, en pleine campagne à l'ouest de l'Angleterre, ressuscite la vie d'une ferme sous l'ère victorienne, avec ses chevaux de trait, ses laitières et ses forgerons. Les terres sont la propriété de la famille Acton depuis le XIIe siècle. Des événements y sont organisés autour de l'artisanat et des produits du terroir.

À savoir Sur place, hébergement en chambres d'hôtes ou chambres à louer. www.actonscottmuseum.com

### 9 Traquair House, Innerleithen, G.-B.

Les parties les plus anciennes de ce qui serait le plus vieux château d'Écosse – dans la même famille depuis cinq siècles – datent de 1107. À voir : la brasserie ; un lit ayant appartenu à Marie, reine d'Écosse ; un escalier dérobé qu'empruntaient les prêtres catholiques persécutés par les protestants.

À savoir Traquair House est ouverte tous les jours de Pâques à octobre, et les week-ends de novembre. www.traquair.co.uk

### 10 Llancaiach Fawr Manor, G.-B.

Transportez-vous en 1645, au cœur de la Première Révolution anglaise, en visitant ce manoir à demi fortifié du sud du pays de Galles. À l'époque, il est la propriété du colonel Edward Pritchard, qui trahit le roi pour rallier la cause des partisans du Parlement. Des « serviteurs » en tenue vous racontent leur vie quotidienne. Vous croyez entendre le froissement d'un jupon ? Il s'agit de Mattie, le fantôme d'une domestique du XIXe siècle.

À savoir Le manoir est fermé les lundis de novembre à février. www.caerphilly.gov.uk/llancaiachfawr

Ci-contre : suivez la destinée de la famille Jervis de 1724 à 1914, au fil de la visite de leur demeure.

Quatre garçons à l'assaut de l'escalier d'une demeure aux couleurs flamboyantes, typique de Granada.

NICARAGUA

# La Vieille Ville de Granada

## La vie s'écoule à son propre rythme dans la troisième plus ancienne ville du Nouveau Monde fondée par les Européens.

Le soir, les habitants de Granada installent sur le trottoir un rocking-chair et discutent entre voisins. Les carillons retentissent du haut de vieux clochers. L'air est lourd des effluves de tabac s'échappant de la fabrique de cigares, et des enfants rapportent chez eux le poisson pêché dans le lac qui s'étire à l'est de la ville. Fondée en 1524, Granada est la troisième plus ancienne ville « européenne » du Nouveau Monde. Artisans et architectes venus des quatre coins de l'Empire espagnol y édifient églises et palais tandis que les marchands prospèrent dans la région. Cet âge d'or s'achève lorsque Managua devient la capitale du Nicaragua en 1852. Granada entame alors une longue hibernation, laquelle préserve heureusement édifices et traditions. La Casa de los Leones, une demeure du XVIIIe siècle, fait maintenant office de centre culturel. Non loin de là, voici l'église et le couvent de San Francisco. La vie ici se concentre « à l'espagnole » autour des espaces verts et sur les places – le Parque Central offre allées ombragées et vendeurs ambulants. Le tourisme a apporté cafés et hôtels branchés, mais la ville n'a rien perdu de son authenticité.

**Quand ?** Pour éviter les grosses chaleurs et l'humidité, venez de décembre à mai - Noël et la Semaine Sainte sont les meilleurs moments de l'année.

**Où ?** À une heure de route au sud de Managua, sur la Panaméricaine. Liaisons régulières en bus depuis l'aéroport international de la capitale ; ou prenez un taxi depuis Managua.

**À savoir** Granada compte une douzaine de bons hôtels. L'Old Alhambra mériterait des travaux d'embellissement mais son atmosphère coloniale est merveilleuse - l'établissement est par ailleurs bien placé sur le Parque Central et sa piscine insolite ne s'oublie pas. Pour plus de modernité, essayez La Bocona, un hôtel-boutique assez chic.

**Internet** www.nicatour.net, www.thehotelalhambra.com, www.hotellabocona.com

### Base-ball nicaraguayen

Le **stade Roberto Clemente** de **Masaya** (à 20 min à l'ouest de Granada) est probablement l'endroit le plus extraordinaire du monde où jouer au base-ball. Berceau des **Fieras del San Fernando**, il est perché au bord d'une falaise vertigineuse surplombant le **lac Masaya**, avec vue sur le volcan actif qui pointe sur l'autre rive.

Depuis son introduction par les marines américains en 1912, le **base-ball** est le sport national du Nicaragua. Toutes les grandes villes ont leur propre équipe. À chaque match, le spectacle est sur le terrain... mais surtout dans les gradins.

À Masaya, les joueurs de San Fernando répandent sur leurs battes, leurs balles et leurs gants une poudre magique censée transcender leur jeu. L'orchestre de samba s'enflamme dès qu'un joueur atteint une base. Des vendeurs, plateaux de métal en main et seau sur la tête, scandent les noms des en-cas qu'ils proposent – bâtonnets de fromage frit, chaussons à la viande, tranches d'oranges salées, sans oublier les petits verres de rhum. Les supporters apprécient autant le jeu que les gourmandises et la musique !

# OLINDA

**Ancienne capitale provinciale, Olinda, ville tranquille au décor enchanteur, est le témoin du riche passé colonial du Brésil.**

Olinda ressemble à Macondo, la ville du grand roman de Gabriel García Márquez, *Cent ans de solitude*. Depuis les hauteurs d'Alto da Sé, la vue sur Olinda est stupéfiante : un océan de tuiles en terre cuite d'où émergent les flèches des églises baroques, envahi par une végétation tropicale luxuriante, les eaux turquoise de l'Atlantique pour toile de fond. Autrefois capitale de la province de Pernambouc, au nord-est du Brésil, Olinda est sans conteste le joyau de la couronne coloniale du pays. Elle est fondée par les Portugais en 1537. L'esprit des premiers colons est encore palpable dans les ruelles sinueuses bordées de maisons aux balcons en fer forgé et aux façades de stuc peintes de couleurs vives. Grâce à une énergique communauté d'artistes, Olinda regorge aujourd'hui de galeries et d'ateliers qui magnifient l'artisanat régional (notamment avec de superbes statuettes de terre cuite). Un projet de restauration à grande échelle est en cours, mais la plupart des bâtiments historiques sont encore bien délabrés. Parmi l'une des innombrables églises qui se dressent à chaque coin de rue et sur toutes les places, São Francisco est probablement la plus intéressante. Ne vous laissez pas rebuter par sa façade abîmée : l'intérieur est le domaine du stuc doré et des plus beaux azulejos du Brésil – ces fameux carreaux bleu et blanc de faïence portugais.

**Quand ?** À Olinda, il fait chaud et humide toute l'année. Attention : le carnaval est une fête mobile qui dépend des dates du Carême et de Pâques. Les fêtes qui précèdent le carnaval d'Olinda ont lieu avant celles de Rio et de Salvador.

**Où ?** À 8 km au nord de Recife, l'actuelle capitale du Pernambouc. Les vols au départ de Rio atterrissent à Recife. De là, vous rejoignez Olinda facilement en bus ou en taxi.

**À savoir** Prévoyez de rester 2 jours afin d'avoir le temps de flâner dans Olinda et de lézarder sur les plages du nord (Janga, par exemple) – celles qui sont proches de la ville sont polluées.

**Internet** www.olinda.pe.gov.br, www.turismo.gov.br, www.alter-nativbresil.com

### Le carnaval en folie

À Olinda, le carnaval qui précède le Carême est une pure folie. À l'inverse des carnavals de Rio de Janeiro ou de Salvador, il n'y a ici ni sambodrome (lieu dédié au défilé des écoles de samba), ni billets d'entrée, ni aucun système de régulation. Ici, ce sont les fêtards, de 7 à 77 ans, qui mènent la danse.

De gigantesques marionnettes en papier mâché à l'effigie des politiciens et des célébrités défilent à travers les rues tortueuses de la ville, accompagnées de musiciens et d'infatigables bambocheurs. Inutile de songer à dormir : le carnaval n'attend pas.

Au couvent de São Francisco, à Olinda, l'exubérance tropicale se mêle à la splendeur baroque.

# Les petits musées de Tokyo

## Au Japon, « tout ce qui est petit est joli » : ce qui est vrai pour les bonsaïs et les origamis l'est aussi pour les musées de la capitale.

Blotti au fond d'une ruelle étroite du quartier « branché » de Harajuku, à l'est de Tokyo, le musée d'Art Ukiyo-e Ota est consacré aux blocs d'impression en bois qu'utilisent dès le début du XVIIe siècle (à l'accession au pouvoir des shoguns Tokugawa) les plus grands graphistes japonais pour signer des estampes aux couleurs lumineuses. Le musée Mingeikan (toujours à l'est de la ville), fondé en 1936 par Yanagi Soetsu, grand amoureux des arts traditionnels, présente lui aussi une collection restreinte mais fascinante. Quelque 17 000 objets de l'art japonais, mais également chinois, coréen… sont présentés dans trois bâtiments d'architecture traditionnelle. Le quartier Ryogoku est le point de rendez-vous des passionnés de sumo : au sous-sol du stade Kokugikan, le musée du Sumo retrace l'histoire de ce sport de lutte et expose d'anciens *banzuke* (tableaux de classement), des tenues de cérémonie, des photos des vieilles gloires du sumo. Le musée du séisme de Kanto est probablement le seul musée au monde dédié à une catastrophe naturelle : il commémore le tremblement de terre de 1923 et l'incendie qui s'ensuivit, faisant 58 000 victimes et détruisant 70 % de Tokyo. On prend conscience de l'intensité de la fournaise en observant les objets de verre et de métal tordus retrouvés sous les décombres.

**Quand ?** Au printemps et à l'automne. Les étés tokyoïtes sont chauds et humides et les hivers peuvent être glaciaux.

**Où ?** Tokyo est gigantesque. Planifiez vos visites des musées par quartier et procurez-vous un plan détaillé des transports en commun.

**À savoir** Profitez de votre visite du musée du Sumo pour assister à une compétition. Si vous comptez visiter plusieurs musées le même jour, procurez-vous un Tokyo Metro Open Ticket qui donne droit à un nombre illimité de trajets.

**Internet** www.tourisme-japon.fr, www.ukiyoe-ota-muse.jp, www.sumo.or.jp, www.mingeikan.or.jp

### Pop art *made in Japan*

**Les estampes ont donné naissance à un véritable pop art local en permettant la production en série d'images que les Japonais accrochent aux murs en papier de leurs maisons. Les *Trente-six vues du mont Fuji* de Katsushika Hokusai est le thème actuel le plus célèbre aujourd'hui, mais on lui a préféré par le passé les acteurs de kabuki, les lutteurs de sumo, les musiciens de rue et les scènes de fêtes. On appelle ces images des *ukiyo-e*, car nombre d'entre elles dépeignent la vie dans le Ukiyo (« monde flottant ») – le quartier des plaisirs – où se rencontrent acteurs, lutteurs, geishas…**

Dans un bâtiment traditionnel en bois, les collections du musée Mingeikan présentent de superbes kimonos.

La nuit, tous les regards se tournent vers le château illuminé, attraction spectaculaire de la ville de Kumamoto.

JAPON

# Le château de Kumamoto

## La forteresse inexpugnable de l'île méridionale japonaise de Kyushu est une véritable prouesse architecturale.

Même une souris serait incapable de gravir les murs de Kumamoto, dit la légende. Commandité par le seigneur de guerre Kato Kiyomasa, le château est achevé en 1607 après un chantier de sept ans. Il est considéré comme le plus remarquable exemple d'architecture pré-moderniste japonaise. À l'origine, ses remparts – jalonnés de 49 tourelles et 47 portes – courent sur 13 km, épousant un relief ondulé. À l'intérieur de l'enceinte, le donjon, surplombé par une avancée de bois, est virtuellement impossible à escalader, même par le plus habile des *ninjas*. Toutefois, Kumamoto ne put rien contre la traîtrise. Durant la dernière guerre civile, au cours de la rébellion de Satsuma de 1877, il fut incendié par un traître, le samouraï Saigo Takamori. Seule la tour Uto Yagura resta intacte, le reste de l'édifice demeura en ruine jusque dans les années 1960, où une complète restauration fut entreprise. Historiens et architectes collaboraient pour reconstruire, pierre par pierre, ce bastion de légende. Le palais Honmaru Goten a ouvert ses portes en 2008 après des années de rénovation, le reste suivra bientôt. Un musée expose des armes et des armures de samouraïs, ainsi qu'une maquette du château selon les plans d'origine.

**Quand ?** Située aux confins méridionaux du Japon, Kumamoto jouit d'un climat subtropical, les étés et les hivers sont relativement doux. En octobre, le festival du château propose des démonstrations de *yabusame* (technique de tir à l'arc pratiqué à cheval par des samouraïs), du théâtre nô et des concerts.

**Où ?** Comptez 2 h pour la liaison Tokyo-Kumamoto en avion, ou 6 h en train à grande vitesse. Le château domine la colline en plein centre-ville.

**À savoir** Tout proche, l'hôtel Kumamoto Castle offre des vues époustouflantes sur le château. Il propose des chambres à l'occidentale ou à la japonaise (futons et meubles bas en bois). En février et en mars, ne ratez pas les marchés aux plantes : les bonsaïs y tiennent la vedette.

**Internet** www.tourisme-japon.fr, www.clickjapan.org, www.hotel-castle.co.jp, www.visitkumamoto.com

### Mon voyage insolite

*Dans son atelier tokyoïte,* ***Tetsuro Shimaguchi*** *– chorégraphe de la plupart des scènes de combat de Kill Bill – dirige un cours consacré au* ***maniement du sabre des samouraïs****. Pendant 2 h, il enseigne à ses élèves les quatre mouvements de base, ainsi que des enchaînements chorégraphiés. « La vitesse et le rythme sont plus essentiels que la force », explique Shimaguchi. « L'énergie est indispensable parce que le sabre et l'armure sont très lourds. Il faut aussi de l'équilibre, ainsi qu'une parfaite coordination entre la main et l'œil ». Je me sens prêt désormais à partir à l'assaut du château de Kumamoto, dans le sud du pays.*

**Joe Yogerst**
**Voyageur et auteur**

TOP 10

# LA VIE DE CHÂTEAU

Même si l'on est le roi de son petit « chez-soi », rien de tel que le luxe d'un véritable palais, un *castle*, un *schloss*, un *castello*...

## ❶ Shiv Nivas Palace Hotel, Udaipur, Inde

Sept gigantesques suites offrent une vue panoramique sur Udaipur, la ville des lacs. Les chambres sont décorées de mobilier ancien et de portraits des membres de la famille royale d'Udaipur. Les sculptures dorées du restaurant, le Paantya, brillent à la lueur des candélabres sur chaque table.

À savoir Udaipur est à mi-chemin de New Delhi et de Bombay (à 700 km de chacune de ces villes). www.hrhhotels.com

## ❷ Schlosshotel Hirschhorn, Allemagne

En terrasse, pour un petit-déjeuner inédit ou un dîner aux chandelles, profitez d'une vue imprenable sur le massif de l'Odenwald et la vallée du Neckar. L'architecture gothique du château est un hommage à ses bâtisseurs, les seigneurs de Hirschhorn, qui vécurent ici quatre siècles, jusqu'en 1632. Faites une croisière sur le Neckar jusqu'à Heidelberg, ou flânez dans les rues du village de Hirschhorn.

À savoir L'hôtel est fermé de la mi-décembre à la mi-février. www.schlosshotel-hirschhorn.de

## ❸ Schlosshotel Rosenau, Autriche

Bâti à la fin du XVI^e siècle et restauré dans une exubérance résolument baroque au XVIII^e siècle, le relais-château de Rosenau se prête à la romance. Une calèche conduit les jeunes mariés à la chapelle du château, où un joyeux carillon salue les noces. Dans la chambre – mobilier ancien et tapis d'orient –, des pétales de roses sont jetés sur le lit à baldaquin.

À savoir Le château possède un musée, unique en son genre en Autriche, consacré à la franc-maçonnerie. www.schlosshotels.co.at

## ❹ Castello di Ripa d'Orcia, Italie

Le donjon du château culmine sur fond de hautes collines tapissées des forêts et des vignes de la vallée de l'Orcia. La famille Pentini vit ici depuis quatre siècles. Il se dégage des vastes chambres aux plafonds à poutres apparentes une atmosphère toute médiévale. La bibliothèque, avec son feu de cheminée, est très confortable.

À savoir Florence est à 2 h 30 en voiture, Rome à 3 h. www.ripadorcia.it

## ❺ Château d'Hassonville, Belgique

Ancien pavillon de chasse de Louis XIV, le Roi-Soleil, le château règne sur un parc de 55 ha. Sillonnez ses sentiers de randonnée et admirez, sur les immenses pelouses, la parade des paons. Un restaurant gastronomique est à votre disposition, on y sert du vin issu de sa cave, le Cellier de Bacchus.

À savoir Le château se situe dans la belle région des Ardennes belges. www.hassonville.be

## ❻ Château des Briottières, France

Du mobilier du XVIII^e siècle, des fleurs fraîches et des chandelles décorent les chambres tendues de rouge, d'or et de bleu. L'apéritif est servi dans un petit salon aux murs vert pâle. Le château, sis dans un jardin à l'anglaise, reçoit volontiers les enfants (ping-pong, badminton, tennis, équitation).

À savoir Le château est proche d'Angers, à 2 h en TGV de Paris (gare Montparnasse). www.briottieres.com

## ❼ Swinton Park, Grande-Bretagne

Les feuilles rouges des vignes engloutissent la demeure familiale des Cunliffe-Lister. Ce domaine de 80 ha, respectueux de l'environnement, a remporté plusieurs distinctions touristiques. Visitez son gigantesque jardin clos : c'est ici que sont cultivés les légumes servis au restaurant. Les enfants s'ébattent dans une pièce remplie de joujoux – les plus âgés prennent des cours de cuisine ou assistent à un spectacle de fauconnerie.

À savoir Le domaine est situé à 50 km de la ville de York et de sa cathédrale. www.swintonpark.com

## ❽ Dromoland Castle, comté de Clare, Irlande

Un luxe cinq-étoiles et plus de mille ans d'histoire pour la demeure néogothique de la famille O'Brien, descendant des Hauts Rois d'Irlande. Elle offre aujourd'hui un cocon de musique douce, de lumières tamisées et de fleurs fraîches. La piscine est chauffée et le parcours de golf vous attend.

À savoir Le château est à 8 km de l'aéroport de Shannon, et proche de Limerick et de Galway. www.dromoland.ie

## ❾ Parador de Jarandilla de la Vera, Espagne

Châtaigniers et chênes, terrasses taillées aux flancs des collines, chaumières aux murs de pierre nichés au pied des versants de la sierra de Gredos, au cœur de l'Espagne... Le *parador* (hôtel aménagé dans un édifice historique) est un véritable havre de paix où il fait bon randonner, jouer au tennis, faire du canoë ou du VTT. Le restaurant propose une cuisine du terroir.

À savoir Après son abdication en 1556, l'empereur Charles-Quint vécut au monastère de Yuste tout proche. www.paradores-spain.com

## ❿ Pousada Castelo de Óbidos, Portugal

Des remparts encerclent le village d'Óbidos, dominé par la haute silhouette d'un donjon médiéval. La *pousada* occupe la partie septentrionale du château, du XVI^e siècle. Détendez-vous dans une chambre aux murs de pierre et aux épaisses poutres apparentes, flânez dans les ruelles du village bordées de blanches maisonnettes ou partez en calèche dans la campagne alentour.

À savoir À 80 km au nord de Lisbonne. www.pousadas.pt

Ci-contre : le luxe des chambres du Shiv Nivas Palace d'Udaipur dépasse l'imagination.

Le style des demeures des Chettiar se caractérise par un mélange d'architecture indienne traditionnelle et européenne.

INDE

# Les demeures des Chettiar

**Explorez les *havelis* richement décorées des Chettiar, membres d'une communauté de marchands du Tamil Nadu, un État du sud de l'Inde.**

Le Tamil Nadu est célèbre pour ses temples dravidiens, mais les passionnés d'architecture en quête d'insolite s'intéressent aussi aux *havelis* de la riche communauté des Nattukottai Chettiar. Disséminées dans les 74 villages des environs de la ville de Karaikudi, au sud du Tamil Nadu, ces maisons datent pour la plupart de la fin du XIXe au début du XXe siècle. Elles appartiennent aux membres d'une communauté de marchands, les Nattukottai Chettiar, ou Nagarathar, qui ont fait fortune dans le commerce et la banque en Asie du Sud et du Sud-Est. Les demeures, précédées de lourdes portes de bois, font office de foyer familial et de bureau ; c'est pourquoi l'effigie de la déesse hindoue de la Fortune, Lakshmi, figure traditionnellement sur les portes. L'intérieur révèle un dédale de cours et de refuges ombragés aménagés sous des toits soutenus par des colonnes de bois de teck et de palissandre. Nombre de Chettiar ont aujourd'hui dilapidé leur fortune et beaucoup de *havelis* tombent en ruine, mais le palais Raja de Kanadukathan, à 8 km de Karaikudi, n'a rien perdu de sa splendeur. L'édifice, bâti en 1912, renferme 126 pièces sur une superficie de 3 700 m$^2$.

**Quand ?** Après la mousson, en janvier et février, les températures sont agréables (de 21° à 31 °C).

**Où ?** L'aéroport intérieur le plus proche de Karaikudi est celui de Madura. Les trains s'arrêtent à Karaikudi (entre Madras et Rameshwaram).

**À savoir** Il est recommandé de réserver si vous souhaitez séjourner dans l'un des hôtels-boutiques de la région – le Bangala ou le Chettinadu par exemple – qui servent également des plats de la gastronomie du Chettinad. Louez les services d'un taxi pour toute la durée de votre séjour pour éviter les problèmes de transport dans la région.

**Internet** www.tamilnadutourism.org, www.thebangala.com, www.deshadan.com

## Plaisirs épicés

La cuisine de la région Chettinad est l'une des plus épicées d'Inde. Le **poivre** et le **piment** relèvent les plats riches en huile, tandis que la **cannelle**, la **cardamome** et l'**anis étoilé** leur confèrent une saveur plus profonde. Le poulet et le biryani sont très appréciés. La cuisine chettinad fait également la part belle à l'agneau et aux fruits de mer.

Les membres de la communauté des marchands Nattukottai Chettiar emportaient toujours avec eux des ustensiles lorsqu'ils voyageaient, afin de pouvoir cuisiner loin de chez eux. Certains de ces ustensiles sont exposés dans le **musée Chettinad** de Kanadukathan.

LITUANIE

# Le château de Trakai

**Véritable château de conte de fées, cet ancien palais ducal repose sur une île, au centre d'un lac de Lituanie.**

Peu connu en dehors des États baltes, le château de Takai, du XIVe siècle, est pourtant l'une des forteresses les plus photogéniques d'Europe : ses tours rouges se reflètent dans les eaux du lac, tandis que l'on s'attend à voir la belle Raiponce, l'héroïne de Disney, dérouler sa longue chevelure à la fenêtre. Takai se situe à 27 km à l'ouest de Vilnius, qu'elle précéda au titre de capitale lituanienne au Moyen Âge : à l'époque, le château – siège de l'autorité royale du grand-duché de Lituanie – est lourdement fortifié. Coiffée de tours au toit pentu en tuiles rouges, la structure de brique, d'une élégance extrême – en dépit d'un soubassement de pierre grise assez rébarbatif – a été restaurée dans un style XVe siècle au terme d'un vaste chantier achevé dans les années 1960. La plupart des fenêtres sont équipées d'un système défensif, pourtant, l'intérieur du château est digne d'une grande demeure seigneuriale. Une fois votre visite terminée, rebroussez chemin par le pont qui conduit à la rive du lac : depuis la table d'orientation de l'Apvalaus Stalo Kulas (club de la Table Ronde), la vue sur le château est exceptionnelle. Profitez-en pour déguster une terrine de lapin rôti aux pruneaux confits à l'armagnac, du magret d'oie et une glace au miel.

**Quand ?** Le temps est plus clément de Pâques à septembre - attention, il arrive qu'il gèle en avril.

**Où ?** Liaisons régulières Vilnius-Trakai en bus et en train.

**À savoir** À Vilnius beaucoup d'hôtels sont aménagés dans des bâtiments historiques : le Shakespeare Hotel dans un ancien palais, le Stikliai Hotel dans la demeure d'un riche marchand, l'un et l'autre datant du XVIIe siècle. Si vous avez du temps, prenez l'avion jusqu'à la capitale de l'Estonie, Tallinn, puis parcourez en voiture les 595 km vers le sud qui vous séparent de Vilnius à travers les paysages ruraux méconnus d'Estonie et de Lettonie.

**Internet** www.pays-baltes.com, www.tourism.lt, www.muziejai.lt, www.stikliaihotel.lt

## Les églises de la capitale

Les églises de **Vilnius** forment un magnifique ensemble architectural. En voici deux :

- **L'église Sainte-Anne** du XVIe siècle est un chef-d'œuvre d'architecture gothique tardif flamboyant. Sa façade à pinacles ne rassemble pas moins de 33 différentes sortes de briques dessinant des nervures, des crêtes et trois styles d'arches.
- Les jésuites ont voulu que dans l'**église Saint-Pierre-et-Saint-Paul**, coiffée d'un dôme, même les illettrés puissent déchiffrer la vie des saints. La décoration intérieure baroque, absolument inouïe, foisonne de quelque 2 000 statues, taille réelle, en stuc ivoire.

Autrefois le siège de l'un des plus puissants États d'Europe du Nord, le château est aujourd'hui d'une tranquillité absolue.

HONGRIE

# La maison de Béla Bartók

## Venez honorer la mémoire de l'un des plus grands compositeurs du XXe siècle dans une coquette banlieue du nord-ouest de Budapest.

La dernière maison de Béla Bartók à Budapest s'accroche au flanc d'une colline de Buda. À l'écart du tohu-bohu et de l'impossible anonymat de la capitale, le sentiment d'isolement et de calme est prégnant. Bartók, l'un des compositeurs hongrois les plus populaires, fut aussi, avec son ami Zoltán Kodály, le pionnier de l'ethnomusicologie : ensemble, ils sillonnèrent les Carpates, en quête des origines de la musique folklorique de l'Europe de l'Est – laquelle influença son œuvre personnelle. Sa maison reflète ses deux passions : on peut y voir son phonographe Edison et son piano Bösendorfer, ainsi que sa remarquable collection d'arts traditionnels, assemblée au fil de ses périples. Autrefois cernée de magnifiques forêts et jardins, la villa – sur trois niveaux – date de 1924. Bartók y vécut et y travailla de 1932 à 1940. Il composait dans un atelier insonorisé par des portes rembourrées. Ennemi du fascisme, il quitta la Hongrie avec son épouse, à regret, pour les États-Unis, où il mourut de leucémie en 1945. Sa demeure, transformée en musée, a été ouverte au public en 1981, l'année du centenaire de sa naissance. Au prix d'une longue restauration, elle ressemble désormais à ce qu'elle fut du vivant du compositeur et recèle aussi des œuvres d'art inspirées par Bartók. Des récitals, destinés à une petite audience, se déroulent dans la salle de concert et le jardin.

**Quand ?** La période la plus agréable à Budapest court de mi-avril à début juin, ainsi qu'en septembre. Le musée est fermé le lundi. Les concerts ont généralement lieu à 18 h en semaine, certains samedis et dimanches à 11 h.

**Où ?** La maison de Bartók est située au Csalán út 29. Prenez le bus n° 21 depuis Moskva tér, le n° 5 depuis Pasaréti tér ou le n° 29 depuis Szépvögyi út.

**À savoir** Si vous passez plus d'une journée dans la capitale, investissez dans la Budapest Card : métro et bus gratuits, entrée gratuite ou à tarif préférentiel dans de nombreux musées (y compris la maison de Bartók), réductions dans les restaurants, sur des visites guidées, des événements. Elle est valable de 48 à 72 h. Le Festival de Printemps de Budapest est dédié à la musique hongroise et internationale. La ville de Szombathely, à 230 km à l'ouest de Budapest, organise un festival Bartók (2 semaines en juillet).

**Internet** www.bartokmuseum.hu, www.hongrietourisme.com, www.hilton.com

Ci-contre : dans le jardin de sa maison, une statue de bronze de Bartók. Ci-dessus : la pièce où il travaillait.

### Le quartier du Château

■ À l'écart de la frénésie du centre-ville, le quartier du Château s'étend sur la rive droite du **Danube**, dans un cadre merveilleusement tranquille et hors du temps. Peu peuplé, comparativement au reste de la ville, le quartier allie maisonnettes et allées étroites à la grandeur du **Palais royal**.

■ Bâti sur les ruines d'un monastère dominicain du XIIe siècle, l'**hôtel Hilton** du quartier du Château est une véritable attraction touristique. Il déroule une vue imprenable sur le pseudo-gothique **bastion des Pêcheurs** et le Danube.

■ Le quartier du Château regorge de cafés historiques, parmi lesquels le pittoresque **Ruszwurm** qui loge depuis 1827 dans un microscopique réduit datant du Moyen Âge. L'établissement est réputé pour ses pâtisseries et desserts.

# LE CHÂTEAU DE MIRAMARE

**Au nord-est de l'Italie, luxe et souvenirs tragiques cohabitent sous les ors d'une demeure royale surplombant les flots azur de l'Adriatique.**

De blanches façades et des tourelles crénelées ainsi qu'un jardin botanique de 22 ha occupent un promontoire rocheux du littoral adriatique, au nord-ouest de Trieste. L'alliance insolente des styles du château de Miramare – gothique et Renaissance mâtinés d'éléments orientaux – fait écho à sa situation géographique, à la frontière italo-slovaque, et autrefois sur les terres de l'empire austro-hongrois. En visitant cette gigantesque demeure, impossible d'oublier la destinée tragique de ses premiers propriétaires : l'archiduc Ferdinand-Maximilien de Habsbourg et son épouse, la princesse Charlotte de Belgique. Au rez-de-chaussée, les pièces réservées à l'usage privé du couple répètent un thème marin qui rappelle que l'archiduc développa la flotte autrichienne. Flânez au gré des jardins et des serres : les plantes exotiques, les oiseaux et les papillons témoignent du souhait de Maximilien et Charlotte de vivre ici leurs derniers jours, en étudiant la faune et la flore. Ils n'en eurent pas le temps. Le couple s'installa au château de Miramare à la veille de Noël 1860. Quatre ans plus tard, Maximilien fut couronné empereur du Mexique, une aventure qui se termina tragiquement devant un peloton d'exécution en 1867. Sa veuve s'enferma à Miramare où elle mourut en 1927, à demi folle.

**Quand ?** La villa et son domaine sont ouverts tous les jours. Évitez de venir en hiver, il y fait froid et humide, et la bora descendue des montagnes souffle en rafales.

**Où ?** À 6 km au nord-ouest de Trieste. De la Piazza Oberdan (à Trieste), prenez le bus 36 qui vous dépose aux portes du château.

**À savoir** Donnez-vous le temps d'arpenter Trieste, une ville fascinante, véritable creuset de cultures aux influences italienne, autrichienne et slave. La cité est réputée pour ses cafés, notamment le Caffè Pasticceria Pirona, où James Joyce écrivit en partie son chef-d'œuvre *Ulysse*.

**Internet** www.castello-miramare.it, www.turismofvg.it

### L'empereur Maximilien

Plus jeune frère de l'empereur François-Joseph, et considéré comme un libéral, Ferdinand-Maximilien (1832-1867) est commandant en chef de la flotte impériale (qu'il contribue à développer) et vice-roi de Lombardie-Vénétie. Sous la pression de l'empereur français Napoléon III, il accepte le trône impérial du Mexique, où il débarque en 1864. Une résistance à la présence étrangère se mobilise derrière Benito Juárez, et Maximilien Ier est fait prisonnier. Restée en Europe, Charlotte tente en vain de rassembler des soutiens. La salle du Trône de Miramare, aménagée après l'exécution de son époux, commémore ce règne bref et tragique.

Le château évoque les somptueuses villas balnéaires bâties par la noblesse viennoise sur les rives des lacs du sud des Alpes.

Une représentation d'Apis, le taureau sacré d'Égypte, est l'un des milliers de chefs-d'œuvre que rassemble ce musée.

ITALIE

# Le musée Égyptien

## Au nord de l'Italie, Turin réserve une belle surprise : la deuxième plus grande collection au monde d'antiquités égyptiennes.

En pénétrant dans le bâtiment néoclassique du Museo Egizio (musée Égyptien) de Turin, on reste saisi devant le gigantisme de certaines œuvres – le temple d'Ellesiya, par exemple. Les objets du quotidien sont particulièrement émouvants, ici un nécessaire à maquillage, là l'esquisse d'une danseuse. Sculpture, tissage, culture, écriture : tous les aspects de la vie dans l'Égypte ancienne sont représentés et ingénieusement classés par thème. L'utilisation habile de la lumière recrée l'obscurité dans laquelle ces trésors ont vécu des milliers d'années. Sous les plafonds voûtés, une femme appelée Merit repose sous un drap de lin, et nous voilà transportés 6000 ans en arrière. La collection, la deuxième plus importante après celle du musée du Caire, comprend plus de 30000 pièces, dont 6500 sont exposées. Dans une ville industrielle de pointe comme Turin, ce témoignage du lointain passé de la civilisation humaine résonne pour son importance. Quittez à regret les statues de basalte et les barques cultuelles d'albâtre et changez d'époque en ralliant les célèbres arcades turinoises.

**Quand ?** Le musée est fermé le lundi. Venez plutôt à l'automne pour visiter les superbes vignes alentour – et ne ratez pas les Langhe, domaine des vignobles de Barolo et de Barbaresco.

**Où ?** Le musée se trouve sur la Via Accademia delle Scienze, à mi-chemin du Palais royal et de l'élégante Piazza San Carlo.

**À savoir** Turin mérite au moins 2 jours de visite. La ville possède de fabuleux restaurants et bars à vins. Au mois de mars, le festival CioccolaTÓ est dédié au chocolat. Le Salone del Gusto (Salon du Goût), création du mouvement international Slow Food, se tient toutes les années paires à la fin octobre.

**Internet** www.museoegizio.it, www.visitatorino.com, www.turismotorino.org, www.langhevini.it

### Turin la mystique

Des gargouilles grimaçantes, des symboles maçonniques et des anges noirs peuplent le centre de Turin, royaume de récits ésotériques et occultes. Même les plus sceptiques en restent fascinés.

- Selon une légende, la **Piazza Castello** concentre toutes les énergies positives de Turin, grâce à la proximité de la cathédrale, où est conservé le Saint Suaire.

- En revanche, des ondes négatives se dégageraient de la **Piazza Statuto**, aménagée sur les ruines d'une ancienne nécropole romaine et au-dessus du dédale des égouts de la ville, surnommés « la Porte de l'Enfer ».

- À l'époque de la Renaissance, la famille royale de Savoie – qui est à l'origine de la collection présentée dans le musée Égyptien – loue les services d'alchimistes venus de toute l'Europe qu'elle charge de mettre au point un élixir de jeunesse et de savoir. D'après la légende, la **Grotte Alchemiche** (la grotte des Alchimistes) qui relie le Palazzo Madama à la Piazza Castello renfermerait la pierre philosophale.

MALTE

# La citadelle de Rabat

**Une puissante forteresse du XVI^e siècle dessine une cité secrète au cœur de la ville de Rabat, sur la petite île de Gozo, à Malte.**

À l'arrière d'épaisses murailles de calcaire local aux reflets de miel, la Cittadella («citadelle») est perchée sur une colline, au centre de Gozo. Elle veille sur la capitale de l'île, Victoria – ainsi baptisée en 1887 pour le jubilé de la reine d'Angleterre, mais communément appelée Rabat, son nom d'origine. Les chevaliers de l'Ordre de Saint-Jean bâtissent la gigantesque forteresse au XVI^e siècle, refuge des habitants lors des assauts des corsaires et des pirates. Pour rejoindre la Cittadella, remontez les allées et les ruelles tortueuses qui quadrillent la ville. Parvenu aux portes de l'édifice, passez sous l'entrée massive de pierre : la place est dominée par la cathédrale – baroque – de l'Assomption. En 1697, les fonds manquent pour la coiffer d'un dôme, mais plus tard, l'artiste italien Antonio Manuele est mandaté pour réaliser un plafond en trompe l'œil, figurant l'intérieur d'une magnifique coupole. La citadelle est émaillée de maisonnettes de pierre désormais aménagées en petits musées consacrés à l'archéologie, au patrimoine, au folklore et à l'histoire naturelle de Gozo. Explorant les passages étroits, polissant à votre tour les dalles lustrées par les pas qui vous ont précédé, vous voyez ici la cour de justice, là une prison. Du haut des remparts, admirez l'île et sa mosaïque de villages d'où émergent des dômes d'églises et des champs verdoyants, tandis que votre regard porte jusqu'au littoral tourmenté, succession de hautes falaises et de baies aigues-marines.

**Quand ?** Toute l'année, mais le climat est délicieux au printemps (avril-juin).

**Où ?** Atterrissez à Malte puis prenez le ferry qui effectue la liaison Cirkewwa (nord de Malte)/Mgarr (Gozo). Le bus 25 relie le port de Mgarr à Victoria ; ses passages sont synchronisés avec le ferry.

**À savoir** Passez 2 h au moins dans la citadelle (entrée gratuite), plus si vous souhaitez visiter les musées (entrées payantes). Achetez le billet tout compris qui donne accès à la Vieille Prison, aux musées Archéologique, des Sciences naturelles et du Folklore.

**Internet** www.visitmalta.com, www.malte-tourisme.com

Ci-contre : la tour de la cathédrale pointe au détour d'une allée étroite de la citadelle. Ci-dessus : la citadelle, coiffant la colline.

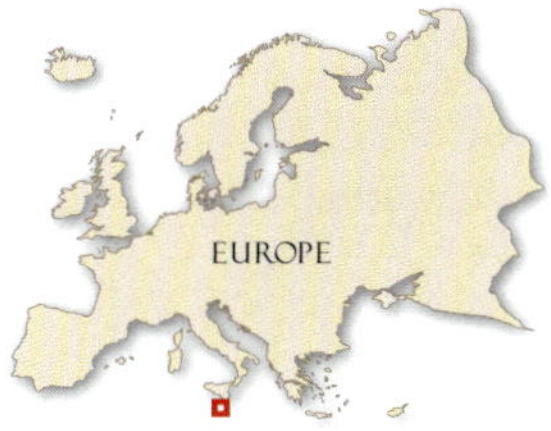


### Au marché des délices

■ Située hors des murs de la citadelle, la **Pjazza Indipendenza** est le cœur battant de Victoria. Là, **It-Tokk**, le marché en plein air, propose un kaléidoscope coloré de cotons et de soies, rivalisant d'éclat avec d'épais tapis de laine et de gros pulls en tricot.

■ Partout dans le marché, des tables croulent sous des pyramides de tomates cramoisies, d'aubergines d'un violet profond et de poivrons vert émeraude. Les femmes de Gozo marchandent avec les poissonniers le prix du *lampuki* (le nom que l'on donne ici à la dorade) pêché il y a quelques heures à peine dans la Méditerranée. Des colporteurs proposent du miel doux de Gozo ainsi que du *gbejniet*, du fromage au lait de chèvre vendu frais, sec ou mariné.

■ Non loin du tohu-bohu du marché, des échoppes plus tranquilles offrent des produits de l'artisanat traditionnel, à l'image de ces dentelles typiques aux motifs élaborés, tissées à la main.

Le soleil caresse les maisonnettes de brique aux toits en escalier du béguinage de Courtrai.

BELGIQUE

# Le béguinage de Courtrai

## Calme et tranquillité vous attendent derrière les murs de pierre de ce refuge médiéval réservé aux femmes.

Non loin du centre-ville de Courtrai (Kortrijk), dans la province de Flandre-Occidentale, une arche de pierre s'ouvre sur une placette ombragée bordée de petites maisons du XVIIe siècle au toit en escalier, ainsi qu'une chapelle blanchie à la chaux. Au-delà d'un dédale de ruelles pavées, un jardin précède un autre alignement de maisons. Bienvenue au béguinage *(begijnhof)*. Le premier est fondé à la fin du XIIe siècle pour héberger des femmes, pour la plupart des veuves de croisés ou des célibataires (du fait de la raréfaction des hommes) qui ne souhaitent pas s'installer dans leur famille, ni entrer au couvent. Ces béguines *(begijnen)* font vœux de piété et d'obéissance à leur mère supérieure. Ce ne sont pas des nonnes, bien qu'à Courtrai elles portent robe noire et coiffe blanche. Libres de partir (pour se marier le cas échéant), elles mènent une existence communautaire tranquille. Le béguinage de Courtrai est magnifique. Il rassemble une quarantaine de maisonnettes où vivaient jusqu'à 130 béguines. Un petit musée qui raconte comment ces femmes vivaient et travaillaient est aménagé dans l'ancienne maison de la mère supérieure.

**Quand ?** Comme la plupart des béguinages flamands, celui de Courtrai est ouvert au public tous les jours du lever au coucher du soleil. Les visiteurs sont priés de respecter la tranquillité du lieu et l'intimité des résidents. Le musée est ouvert de 14 h à 17 h, mais est fermé le lundi.

**Où ?** Au nord-ouest de la Belgique, à 80 km environ de Bruxelles.

**À savoir** À Courtrai, ne ratez pas l'hôtel de ville gothique, les splendides églises, le musée d'Art du Broel, ainsi que le nouveau musée Kortrijk 1302, commémorant la bataille des Éperons d'Or, épisode crucial de l'histoire flamande. Courtrai regorge d'excellents restaurants et de bons hôtels.

**Internet** www.kortrijk.be/fr, whc.unesco.org/fr/list/855, www.tourismebelgique.com

### Le Top 4

Presque toutes les villes de Belgique ont leur béguinage. Beaucoup sont encore intacts et font office de logements, publics ou privés.

- Dans la banlieue bruxelloise d'**Anderlecht**, un petit béguinage de 1252 logeait huit résidentes. Les deux maisonnettes de brique sont aujourd'hui transformées en musée qui évoque leur existence à travers du mobilier, des images et des objets.
- Fondé en 1244, le béguinage de **Bruges** dévoile une succession de maisons des XVIIe et XVIIIe siècles, encerclant une vaste pelouse ombragée. L'ensemble, aujourd'hui habité par des sœurs bénédictines, compte également une chapelle baroque et un musée.
- Le petit béguinage de **Gand** *(Klein begijnhof)*, fondé en 1235, est désormais une résidence privée, mais ses ruelles paisibles, son jardin et son église baroque sont ouverts au public. La plupart des maisons datent du XVIIe siècle.
- La porte d'entrée du béguinage de **Diest** s'ouvre sur des maisonnettes du XVIe siècle bordant des ruelles pavées. Fondé en 1253, il rassemblait, à son apogée au XVIIe siècle, quelque 400 béguines.

# Le château de Fontainebleau

## Au sud-ouest de Paris, goûtez aux charmes inédits de cette résidence de chasse isolée dans un écrin de verdure giboyeux.

À l'origine, le château de Fontainebleau était une résidence de chasse utilisée dès le XII^e siècle par les rois de France soucieux de prendre quelque repos. Au fil du temps, les souverains la transformèrent : il en résulte aujourd'hui une physionomie complexe où cohabitent plusieurs styles architecturaux. La cour Ovale, au centre du château, présente un donjon du XII^e siècle flanqué de deux ailes Renaissance italianisantes. Dans les pièces Renaissance et baroque, tout n'est que dorure. Pour plus de sobriété, rendez-vous dans les appartements privés de Napoléon, où vivait le cercle familial de l'Empereur, à l'abri des regards. Au sud du domaine, Lenôtre redessina au XVII^e siècle le Grand Jardin, percé d'étangs. Au nord, les appartements royaux donnent sur le romantique Jardin de Diane (déesse romaine de la Chasse) où criaillent de majestueux paons blancs. Le château et ses jardins sont alimentés par 19 sources, *via* un réseau conçu par un ingénieur italien sous le règne de François I^er au XVI^e siècle. Plus tard, Henri IV fit creuser le Grand Canal de 1 km de long utilisé à l'origine pour les joutes aquatiques. Ce ruban d'eau se déroule au fil de l'épaisse forêt environnante aujourd'hui striée de chemins de randonnée, mais toujours d'une insondable beauté.

**Quand ?** Le château est fermé le mardi, le 1^er janvier, le 1^er mai et le 25 décembre. Les jardins sont ouverts tous les jours de l'année.

**Où ?** À 45 min en train de Paris (gare de Lyon, départ toutes les 30 min). Achetez un ticket qui inclut le trajet en bus (15 min) de la gare de Fontainebleau-Avon au château. Vous pouvez également descendre à Melun et louer une voiture, ce qui vous permettra de visiter Barbizon et Milly-la-Forêt.

**À savoir** Ne ratez surtout pas la visite commentée du fascinant musée Napoléon et des Petits Appartements, qui passe par la bibliothèque de l'Empereur et le boudoir de son épouse Joséphine, réservés aux seuls petits groupes accompagnés. La visite (en français) est formidable, même pour ceux qui ne parlent pas notre langue.

**Internet** www.musee-chateau-fontainebleau.fr, www.barbizon-tourisme.fr, www.courances.net

### Peintres et jardins

- Le village de **Barbizon**, à 13 km au nord-ouest de Fontainebleau, est rendu célèbre par un groupe de peintres – l'école de Barbizon – composé de Camille Corot, Théodore Rousseau, Jean-François Millet... Barbizon est le point de départ idéal pour partir à la découverte de la forêt de Fontainebleau. Un petit creux ? Arrêtez-vous au **Troubadour**, juste à côté du château.

- À 19 km à l'ouest de Fontainebleau, la charmante bourgade de Milly-la-Forêt est le siège du **Conservatoire national des plantes à parfum, médicinales**, aromatiques et industrielles. Non loin de là se trouvent le **château de Courances** et ses jardins paisibles.

Le salon Louis XIII, à l'image de toutes les pièces du château, abonde en boiseries, marbres, toiles et fresques – sans oublier le magnifique mobilier.

TOP 10

# Secrets de musées

Un musée cache toujours un secret. Il peut s'agir de souris à Bangkok, d'un astrologue à Jodhpur ou même de chefs-d'œuvre volés à Boston.

### 1 Isabella Stewart Gardner Museum, États-Unis

Au début du XXe siècle, Isabelle Steward Gardner transforma sa maison de Boston en musée. En 1990, des voleurs y dérobaient pour 300 millions de dollars d'œuvres d'art. Perte irremplaçable d'après la riche veuve bostonienne : 13 cadres vides ornent désormais les murs.

À savoir Malgré l'absence de certaines œuvres, le musée expose une superbe collection de peintures européennes. www.gardnermuseum.org

### 2 The Metropolitan Museum of Art, New York

Symbole de l'identité culturelle des Américains, la toile *Washington traversant le Delaware* exposée au « Met » est… une copie. L'original est signé du peintre germano-américain Emanuel Leutze, qui travailla à Düsseldorf. Son atelier ayant pris feu, il envoya une copie de l'autre côté de l'Atlantique. L'originale, endommagée mais sauvée des flammes, fut détruite par un bombardement allié en 1942.

À savoir Le Met est fermé le lundi. www.metmuseum.org

### 3 Jim Thompson House, Thaïlande

Arrivé à Bangkok dans les années 1940, l'agent secret américain Jim Thompson se reconvertit dans le commerce de la soie. Sa vie sociale fut bien remplie, et les enfants de ses invités adoraient venir chez lui, car ils y trouvaient une « maison de souris » du XIXe siècle. Cette maisonnette à la façade de verre est peuplée d'une douzaine de souris cavalant à travers des pièces taillées à leurs mesures.

À savoir La Jim Thompson House présente également une remarquable collection de soies anciennes d'Asie du Sud-Est. www.jimthompsonhouse.com

### 4 City Palace, Inde

Longtemps, les maharajas de Jaipur ont soutenu les artistes et artisans locaux. Cet appui financier s'illustre dans ce vaste domaine, à la fois palace et musée. Un gigantesque hangar est à la disposition des artistes qui y créent et vendent leurs créations.

À savoir Le City Palace, à l'architecture exceptionnelle, possède également une superbe collection d'art. www.rajasthantourism.gov.in

### 5 Fort de Mehrangarh, Inde

C'est peut-être dans une citadelle inexpugnable perchée au sommet d'un relief que votre avenir vous sera révélé. Dans le hall d'entrée du fort Moti Mahal Chowk se tient monsieur Sharma. Réminiscence du temps des rois du Rajasthan, férus d'astrologie, cet astrologue lit dans la main et « consulte » tous les jours.

À savoir Pour réserver une entrevue avec M. Sharma, contactez le fort. www.mehrangarh.org

### 6 Palais Catherine, Russie

La pièce la plus magnifique du palais de l'impératrice Catherine II, à Pouchkine, est incontestablement la chambre d'Ambre, aux murs tapissés de panneaux d'ambre sculpté. La pièce est une reproduction à l'identique, achevée en 2003, car pendant la Seconde Guerre mondiale, les Allemands ont dérobé les panneaux – cadeau du roi de Prusse en 1716.

À savoir Le palais, symphonie d'or, de miroirs et de marbre, se situe dans les proches environs de Saint-Pétersbourg. www.tzar.ru

### 7 Château de Prague, République tchèque

La célèbre fenêtre de la « Défenestration de Prague » ne dispose pas d'une belle vue, mais elle a fait l'histoire de l'Europe. En 1618, les temples protestants sont fermés sur ordre des catholiques ; deux représentants des Habsbourg sont jetés par la fenêtre du château : ils s'en tirent sans une égratignure, mais leur chute signe le début de la guerre de Trente Ans.

À savoir Le château dispose de nombreuses attractions. Passez-y au moins une demi-journée. www.hrad.cz

### 8 Corridor Vasari, Italie

Creusé en 1564, ce passage relie la galerie des Offices (à l'époque, un bâtiment administratif) au palais Pitti, résidence florentine des Médicis. Il traverse les églises et les échoppes du Ponte Vecchio : un système astucieux pour se déplacer dans la ville en toute discrétion. Ce passage est l'œuvre de Gigio Vasari, artiste, architecte et historien de l'art.

À savoir Sur rendez-vous uniquement, dans le cadre d'une visite guidée. www.polomuseale.firenze.it

### 9 Chambre de la Signature, Vatican

Le pape a confié à plusieurs peintres de la Renaissance l'exécution de fresques pour le Vatican. Le peintre Raphaël s'est immortalisé à l'extrême droite de son *École d'Athènes*, dans la chambre de la Signature, tandis que Michel-Ange au premier plan, est pensif.

À savoir Chaque jour, des milliers de touristes visitent le Vatican. Venez dès l'ouverture, à 9 h. mv.vatican.va

### 10 Victoria & Albert Museum, Grande-Bretagne

Les salles d'études *(study rooms)* du célèbre musée londonien sont réservées aux spécialistes, mais la Prints & Drawings Study Room est ouverte à tous, sans réservation. On peut y voir, et même manipuler, une extraordinaire collection de centaines de milliers de photos, gravures et dessins.

À savoir Cette salle est située au 4e étage de l'aile Henry Cole. www.vam.ac.uk

Ci-contre : à Bangkok, la Jim Thompson House est envahie par une collection de curiosités en provenance de l'Asie du Sud-Est.

FRANCE

# LE MUSÉE TOULOUSE-LAUTREC

**Le palais des évêques d'Albi héberge l'œuvre du chroniqueur des cabarets parisiens. Un cadre surprenant pour une collection exceptionnelle.**

Les salles, spacieuses et claires, s'ouvrent sur d'immenses baies vitrées soigneusement ombragées pour que le soleil n'abîme pas les dessins et les toiles de l'une des plus remarquables collections d'art de France. Bienvenue au palais de la Derbie, cité épiscopale fortifiée en bordure du Tarn, dans la vieille ville d'Albi. Dans les vastes jardins qui frangent la rive, on imagine aisément les évêques débattant de sujets ésotériques. Aujourd'hui, les imposants bâtiments gardent l'œuvre du peintre de la bohême parisienne, l'un des artistes français les plus populaires du XIXe siècle. Henri de Toulouse-Lautrec est né tout près d'ici, dans un ancien quartier de la ville. À sa mort en 1901, à l'âge de 36 ans, sa mère, la comtesse Adèle de Toulouse-Lautrec, fit don de l'intégralité de son œuvre – tout ce qui a été retrouvé dans son atelier. Il y a ici plus de 1 000 dessins et toiles – des croquis de jeunesse, des portraits académiques et surtout ses célèbres affiches aux couleurs éblouissantes immortalisant des danseuses du Moulin-Rouge, Jane Avril et Louise Weber (surnommée « La Goulue »). Toulouse-Lautrec raconta la vie des cabarets et des théâtres de Montmartre et de Pigalle, le monde des maisons closes et du spectacle qui le fascinait tant. Une quarantaine de toiles sont également consacrées au cirque.

**Quand ?** Évitez les mois d'été, il y a beaucoup de monde.

**Où ?** Albi se situe à 67 km au nord-est de Toulouse.

**À savoir** Albi compte de succulents restaurants. On y déguste des vins de Gaillac (AOC) à la réputation grandissante : rouge léger, rosé et perlé (un vin doux légèrement pétillant). Le Vieil Alby, petit hôtel sis au 25, rue Henri de Toulouse-Lautrec, possède également un bon restaurant (réservation indispensable).

**Internet** www.albi-tourisme.fr, www.aveyron.com, www.museetoulouselautrec.net

### Le château du Bosc

Enfant, Henri de Toulouse-Lautrec passe ses étés au château du Bosc, à **Naucelle**, entre Albi et Rodez. La demeure est aujourd'hui la propriété des descendants du cousin de l'artiste, Raoul, et est ouverte au public toute l'année (mais sur rendez-vous en hiver). Des souvenirs de famille incluent un bateau construit par Henri, alors en convalescence suite à une chute à l'âge de 14 ans qui le laisse lourdement handicapé – sur un mur, la taille des cousins était notée chaque année : à 18 ans, Henri ne fait guère plus de 1,50 m. Son handicap a certainement contribué à développer son talent artistique, très présent chez tous les membres de la famille.

Les visiteurs admirent les célèbres affiches de Toulouse-Lautrec mettant en scène La Goulue, danseuse de french-cancan du Moulin-Rouge.

Jeu d'ombre et de lumière sur cette œuvre réalisée en l'an 2000 par Anthony Gormley, originaire du Yorkshire.

GRANDE-BRETAGNE

# YORKSHIRE SCULPTURE PARK

Au nord de l'Angleterre, l'art et la nature cohabitent au gré d'un musée en plein air de 200 ha absolument splendide.

Sous un ciel maussade, dans la clarté d'un jour d'été, sous les feuillages dorés de l'automne ou quand la neige fait scintiller le moindre relief : à chaque saison, le parc change de physionomie. La nature n'évolue pas seule, les sculptures se métamorphosent également – le métal, la pierre et le bois se transforment selon la lumière. À Bretton Hall, demeure du XVIIIe siècle, les pelouses, les bois et le lac forment un écrin naturel pour les sculptures signées Henry Moore et Barbara Hepworth, tous les deux nés dans le Yorkshire, et d'artistes contemporains tels Andy Goldsworthy et Antony Gormley. L'ensemble compte quatre galeries couvertes, dont une souterraine. Certaines œuvres sont pittoresques, d'autres épiques ou dramatiques, mais aucune ne laisse indifférent. À l'aube, le spectacle est inouï. Bien que le parc, à cette heure matinale, soit fermé au public, quatre fois par an, vingt visiteurs ont le privilège de rejoindre le Skylab, installé dans un ancien refuge de chasse par l'artiste américain James Turrell, pour assister au lever du soleil par une ouverture ménagée dans le toit. Instant magique.

**Quand ?** Les galeries sont ouvertes de 10 h à 17 h, toute l'année. Le parc ouvre ses portes un peu plus tôt. Visites guidées gratuites à 14 h les samedis et dimanches.

**Où ?** À 1,6 km de Junction 38 sur la M1, entre Barnsley et Wakefield. La gare la plus proche est Wakefield Westgate.

**À savoir** Le restaurant sur le toit du centre d'information touristique dispose d'une vue fabuleuse et d'un excellent menu. Pour le Skylab (petit-déjeuner compris), réservez longtemps à l'avance (voir le site Internet). Une navette relie les 2 km séparant l'une extrémité du parc à la Longside Gallery (à l'autre bout).

**Internet** www.ysp.co.uk

## Art et nature

■ La richesse de la faune du parc est fantastique : les hérons reviennent chaque année nicher sur les îles du lac où des cigognes ont été observées. Campagnols, grimpereaux, sittelles, roitelets huppés et pics colonisent le bois. Vous croiserez peut-être un hérisson ou une famille de belettes gambadant sur l'herbe… ou un renard, ou bien encore un blaireau.

■ Les mousses ornent les troncs d'improbables motifs et, à l'automne, une cinquantaine d'espèces de champignons s'épanouit au pied des arbres. Au printemps, dans **Camelia House**, émerveillez-vous devant les collections de fleurs initiées par les anciens propriétaires du domaine.

■ Non loin de là, à Wakefield, une nouvelle galerie – **Hepworth Wakefield** – est dédiée à Barbara Hepworth, née ici en 1903. Elle rencontre Henry Moore (née à Castleford) à l'école d'art de Leeds où, de nos jours, le **Henry Moore Institute** propose des expositions temporaires.

TOP 10

# Sculptures en liberté

Au cœur d'une forêt ou dans la jungle, sur le littoral ou au sommet d'une montagne, des sentiers et des parcs conjuguent art et nature.

### 1 DeCordova Sculpture Park, États-Unis

Une quarantaine de sculptures contemporaines d'un beau volume et très colorées émaillent cette forêt striée de sentiers balisés. Ici et là, des tables de pique-nique. Les œuvres, signées en majorité par des artistes de Nouvelle-Angleterre, sont des commandes ou des prêts. Elles changent chaque année.

À savoir Le parc, ouvert toute l'année, s'étend à 24 km à l'ouest de Boston et possède un musée d'art (fermé le lundi). www.decordova.org

### 2 Stone Quarry Hill Art Park, États-Unis

Près de 6,5 km de chemins de randonnées serpentent parmi 40 ha de reliefs rythmés parsemés d'œuvres conçues spécifiquement pour le site par des artistes émergents ou de renom. Installées dans le bois, les prairies et autour des étangs, ces œuvres célèbrent l'alliance de l'art et de l'environnement.

À savoir À 40 km au sud-est de Syracuse. Ouvert toute l'année. www.stonequarryhillartpark.org

### 3 Poustinia Land Art Park, Belize

Ce parc se cache au cœur de la forêt équatoriale, à côté de ruines mayas. Une journée de randonnée dans la jungle, au gré d'un sentier herbeux, permet d'admirer une trentaine d'œuvres d'art, spécialement réalisées pour le site, dont une conçue avec un morceau de parquet centenaire taillé dans de l'acajou du Belize. En béton, *Downtown* est le modèle réduit d'une ville.

À savoir Le parc est à 130 km de la ville de Belize. Réservation indispensable. www.poustiniaonline.org

### 4 Île de Naoshima, Japon

Cette petite île de pêcheurs lovée dans la baie de Seto est un écrin conçu pour l'art moderne. Une *Citrouille rouge* géante salue les passagers débarquant au port et les maisons du village, deux fois centenaires, abritent désormais des installations. Une volée de marches de verre aménagée dans un sanctuaire shintoïste conduit à une piscine souterraine.

À savoir Comptez 1 journée de train et de ferry pour rallier Naoshima depuis Tokyo. Ne ratez pas les deux galeries d'art moderne (l'une d'entre elles dispose de chambres d'hôtes). www.benesse-artsite.jp

### 5 Connells Bay Sculpture Park, Nouvelle-Zélande

Sur la splendide île Waiheke, près d'Auckland, 25 sculptures de grands artistes néo-zélandais sont installées sur les terres cultivées ou au plus profond des forêts. On peut y voir *Guardian of the planting*, deux visages qui rappellent les statues de l'île de Pâques ; ainsi que trois vaches immortalisées par Jeff Thomson.

À savoir L'île est à 30 min en bateau au large d'Auckland. Le parc est ouvert d'octobre à avril. Les visites, guidées, s'effectuent sur réservation. www.connellsbay.co.nz

### 6 Skulpturlandskap Nordland, Norvège

Phares, refuges, huttes, silhouettes humaines, pyramides : des sculptures monumentales signées des artistes les plus renommés du monde (Anish Kapoor, Antony Gormley…) surgissent sur les rochers, les plages, les falaises et les champs de la côte atlantique de la Norvège – littoral magnifique et désert.

À savoir Trente-trois municipalités du Nordland exposent ces sculptures. www.skulpturlandskap.no

### 7 Parco Sculture du Chianti, Italie

Des souches d'arbre sculptées dans le marbre, un cyprès façonné dans le verre qui brille sous le soleil, un labyrinthe transparent, la charpente d'un navire… Ces sculptures jalonnent les sentiers de la campagne toscane. Elles ont été pensées pour s'harmoniser avec les couleurs, la lumière et les arbres du paysage.

À savoir Le parc est proche du village de Pievasciata, à 10 km au nord-est de Sienne. www.chiantisculpturepark.it

### 8 Refuges d'Art, France

Au sommet des montagnes de Haute-Provence, les randonneurs férus d'art peuvent s'émerveiller de panoramas spectaculaires et d'une série d'œuvres d'art réalisées par l'artiste britannique Andy Goldsworthy. Sur 150 km de chemins, Goldsworthy a créé trois « Sentinelles », ou tumulus de pierre, et rénové plusieurs refuges, installant une création artistique dans chacun d'eux.

À savoir Le circuit débute à Digne-les-Bains, au nord-ouest de Nice. Comptez au moins 5 jours. Contactez Étoile Rando pour arranger un circuit accompagné. www.resgeol04.org, www.etoile-rando.com

### 9 Sculpture Trail de la forêt de Dean, G.-B.

Un sentier de 7 km est jalonné par une série de sculptures rendant hommage à cette forêt pré-romaine du Gloucestershire. Des balançoires, des tours d'observation, des glands géants ont été installés au milieu des arbres, tout comme des faux puits de mines, rails de chemin de fer et tas de charbon qui rappellent le passé industriel du lieu.

À savoir Le sentier trace une boucle au départ du centre d'information touristique de Beechenhurst Lodge, à l'ouest de Cinderford. www.forestofdean-sculpture.org.uk, www.visitengland.com

### 10 Sculpture Trail du comté de Mayo, Irlande

La mise au jour du plus grand site néolithique du monde à Ceéde Fields, sur le littoral septentrional du comté de Mayo, a inspiré l'aménagement de ce sentier, qui longe la côte à l'ouest de Ballina. Quinze sculptures célèbrent la beauté paysagère d'un lieu adopté par l'homme depuis la nuit des temps.

À savoir Le circuit peut s'effectuer en voiture, au départ de Ballina. www.mayo-ireland.ie

Ci-contre : l'énorme *Citrouille jaune* en fibre de verre, trônant au bout d'une digue, l'une des deux créations de la Japonaise Yayoi Kusama, est le symbole de Naoshima.

Une fontaine au centre d'un bassin creusé dans l'Arab Hall de Leighton House, symphonie de mosaïques et de colonnades.

GRANDE-BRETAGNE

# LEIGHTON HOUSE

## Derrière les sobres murs de sa demeure londonienne, un peintre, collectionneur et orientaliste a créé son propre « palais des arts ».

Les murs couverts d'un millier de carreaux syriens bleus et bleu-vert du XVII^e siècle, le soleil dardant ses rayons au travers du treillis égyptien qui orne les fenêtres, le murmure d'une fontaine... : l'Arab Hall est un pur bijou d'exotisme à l'orientale. Une frise de céramique vénitienne dorée à la feuille court en haut des murs, au rythme de sirènes, de navires et de paons. Le plafond en coupole est également rehaussé de feuille d'or. Cette demeure merveilleuse est située en lisière de Holland Park, à Londres. Elle est l'œuvre du peintre Frederic Leighton. C'est ici qu'il travaillait, exposait sa collection de toiles et de mosaïques et recevait ses amis, parmi lesquels les artistes Dante Gabriel Rossetti, John Everett Millais, William Morris et le poète Robert Browning. Le spectacle se poursuit au fil des pièces, symphonie de carreaux d'un bleu profond, de dorures, de marbre, de sol tout en mosaïques et céramiques orientales. Le cœur battant de la maison se trouve à l'étage : passée la Silk Room (où sont accrochées les œuvres de Leighton), vous pénétrez dans le gigantesque atelier inondé par la lumière qui se déverse par la grande fenêtre surplombant l'estrade où les modèles prenaient place. C'est ici que Leighton travaillait la journée et, le soir venu, organisait ses soirées musicales à l'attention de ses amis.

**Quand ?** Fermé le mardi, les 25 et 26 décembre, le 1^er janvier.
**Où ?** Sur Holland Park Road, à la lisière occidentale du parc, près de Kensington High Street.
**À savoir** Des cours et des ateliers ont lieu tout au long de l'année dans l'atelier du peintre.
**Internet** www.leightonhouse.co.uk, www.rbkc.gov.uk/museums

### Une demeure victorienne

Située au **18 Stafford Terrace**, la Linley Sambourne House (à la lisière orientale de Holland Park) fut, à la fin du XIX^e siècle, la demeure familiale d'Edward Linley Sambourne, dessinateur à la gazette satirique *Punch*. Cette résidence charmante et méconnue de l'époque victorienne a conservé sa décoration d'origine et s'enorgueillit d'un superbe mobilier, d'étoffes, de bibelots et de gravures rassemblés au fil des ans par Linley Sambourne et son épouse, Marion. Les dessins de Linley Sambourne, ses photos et ses négatifs sur plaques de verre (il était féru de photographie) recouvrent les murs.

Des visites en costumes (avec des acteurs incarnant Marion Sambourne et ses domestiques) ou non (conduites par des spécialistes... non déguisés) sont programmées.

GRANDE-BRETAGNE

# HEVER CASTLE

Grâce à un riche Américain, l'histoire reprend vie dans ce château qui résonne du souvenir des Tudors.

Anne Boleyn, deuxième des six femmes du roi Henri VIII et mère d'Élisabeth Ire, a passé son enfance à Hever. Cet exceptionnel palais au magnifique jardin, cerclé de deux rangées de douves, doit sa renaissance à William Waldorf Astor qui, quatre siècles après les Boleyn, l'a transformé en paradis. Astor, l'homme le plus riche des États-Unis, s'installa au Royaume-Uni en 1891, car « l'Amérique n'est pas faite pour les gentlemen ». C'est peut-être en visitant Hampton Court, le plus beau des palais Tudors, qu'il se fit une idée de la demeure d'un gentleman. En 1903, Astor acheta Hever, alors en piteux état : il restaura le château et fit ajouter une aile, dans laquelle il habita. Sur le domaine, il aménagea le jardin Tudor, deux labyrinthes végétaux et une loggia au bord du lac (point de départ d'une balade d'une heure). Des canots, un terrain de jeux, une boutique et un restaurant sont à la disposition des familles. En été, on ressuscite les tournois de chevaliers, étincelants dans leurs armures. Les jardins sont les vraies vedettes du lieu : en mars, s'épanouissent les perce-neige, les crocus et les jonquilles, suivis, dès avril, par les camélias, les tulipes, les rhododendrons et les azalées. À l'apogée de leur beauté en juillet et août, les 3000 roses laissent la place, en octobre, aux dahlias.

**Quand ?** Tous les jours, du 1er avril au 31 octobre, de 10 h (château : 12 h) à 17 h. Le reste de l'année, ouvert quelques jours de la semaine.

**Où ?** À 50 km au sud-est de Londres. Au départ de London Victoria et de London Bridge, des trains rejoignent Edenbridge où vous prenez un taxi jusqu'au château. Vous pouvez également poursuivre jusqu'à la station automatisée de Hever, et marcher à travers la campagne un bon 1,5 km.

**À savoir** Medley Court, qui fait partie de l'aile ajoutée en 1903 par Astor, se loue à la semaine (7 personnes) : vous aurez tout le loisir de vous promener dans le domaine une fois les visiteurs rentrés chez eux ! Il y a aussi des chambres au pub King Henry VIII, qui date de 1597, face à l'entrée du château.

**Internet** www.hevercastle.co.uk, www.kinghenryviiiinn.co.uk

### Voisins célèbres

■ Séduit par les paysages du Kent, **Winston Churchill** a acheté sa maison de campagne, **Chartwell**, à 8 km au nord de Hever. L'atelier qui donne sur le jardin est décoré de remarquables peintures à l'huile réalisées par le Premier ministre.

■ **Penshurst Place**, tout proche, est un pur joyau de l'époque Tudor. La demeure est dans la famille Sidney depuis 1552. Le poète et soldat sir Philip Sidney, favori d'Élisabeth Ire, est né ici.

■ À **Groombridge Place**, cerné de douves, les jardins sont conçus au XVIIe siècle en « pièces indépendantes » séparées les unes des autres par des haies.

Les cerisiers en fleurs et les douves ourlées de jonquilles offrent un décor printanier à Hever Castle.

ESPAGNE

# SANTA MARÍA LA REAL

## Au nord de l'Espagne, dans la ville de Burgos, un monastère recèle d'extraordinaires trésors historiques et artistiques.

Un incroyable mélange de styles architecturaux – roman, gothique et Renaissance – caractérise le monastère Santa María la Real de la Huelgas de Burgos. Ce mariage saute aux yeux dans le cloître San Fernando. Bâti à la fin du XIII$^{e}$ siècle par le roi Ferdinand III de Castille, le cloître aux voûtes en berceau est un superbe témoignage de style mudéjar – techniques décoratives mauresques intégrées à l'architecture chrétienne – utilisant des motifs d'inscriptions arabes, de châteaux, de paons et de griffons. Le roi Alphonse VIII et son épouse, Aliénor d'Aquitaine, fondèrent le monastère en 1187 à l'intention des femmes de la famille royale et de la noblesse, et pour y enterrer les souverains de Castille. Les abbesses bénéficiaient d'un haut rang et d'un grand pouvoir liturgique et judiciaire : ces privilèges leur furent octroyés jusqu'à leur révocation, en 1873, par le pape Pie IX. Aujourd'hui, plus de 800 ans après sa fondation, le monastère est la résidence de nonnes cisterciennes, ce qui confère une dimension certaine au lieu. Le Museo de Telas Medievales (musée médiéval du Costume) expose les tenues de membres de la famille royale de Castille du XII$^{e}$ au XIV$^{e}$ siècle. Tous les vêtements sont précisément datés puisqu'ils ont été prélevés dans des tombes royales.

**Quand ?** D'avril à juin et de septembre à décembre. Les étés sont torrides et les hivers effroyablement froids. Le monastère est fermé le lundi.

**Où ?** Du centre de Burgos, suivez la N-120 vers l'ouest. Le monastère est juste à la sortie de la ville.

**À savoir** Ne ratez pas la chaire pivotante, qui permettait au prêcheur de s'adresser à l'ensemble de ses ouailles. Il y a beaucoup de choses à voir à Burgos, l'une des plus riches cités médiévales de Castille. Prévoyez un lainage, les soirées sont souvent fraîches.

**Internet** www.turismoburgos.org, www.spain.info

### À voir à Burgos

- La **cathédrale**, l'une des plus grandes d'Espagne, est un remarquable témoignage de l'architecture gothique. La dépouille du héros espagnol Rodrigo Díaz de Vivar – le célèbre **Cid** – repose ici.

- Dans la cathédrale, la **chapelle du Connétable** (XV$^{e}$ siècle), de plan octogonal, est un superbe exemple du flamboyant gothique tardif espagnol – le style « plateresque ».

- Face à la cathédrale, sur la Plaza del Rey San Fernando, l'**Arco de Santa María** est l'une des 12 anciennes portes de la cité. À l'intérieur, le plafond délicatement gravé de la Sala de Poridad est de style mudéjar.

La tour principale surplombe le dédale de bâtiments formant le monastère de Santa María la Real.

Chaque salle du musée révèle un aspect de l'extraordinaire patrimoine historique tunisien.

TUNISIE

# Le musée national du Bardo

## Promenez-vous au fil de salles splendides emplies des trésors de la Tunisie carthaginoise et romaine.

Un labyrinthe de salles magnifiquement rénovées sert d'écrin, dans l'ancien palais des beys de Tunis, à des trésors récoltés aux quatre coins du pays. Ici, sous l'or des plafonds, des coupoles et des colonnades festonnées de stuc délicat, vous lisez à livre ouvert dans 40 000 ans d'histoire – bien que l'accent soit mis sur les périodes carthaginoise (punique) et romaine. Carthage, ennemie de Rome, se situait à la limite de l'actuelle Tunis. Les salles consacrées à l'ère punique regorgent d'amulettes, de bijoux, de masques funéraires et de stèles aux inscriptions mystérieuses. L'ombre d'Hannibal et de ses éléphants pris dans les neiges des Alpes plane, de même que le souvenir de Carthage, finalement vaincue en 146 av. J.-C. par les Romains qui répandent du sel sur ses terres afin que plus rien n'y croisse. Les objets romains incluent des amphores, des urnes et des statues, auxquelles les mosaïques volent la vedette. Remontant aux IIIe et IVe siècles de notre ère, elles illustrent la vie quotidienne, les fêtes et le culte dans la Tunisie romaine. Parmi les plus célèbres, voici Virgile rédigeant *L'Énéide*, les neuf Muses et Vénus au bain. Les couleurs éclatantes et le relief des silhouettes témoignent du talent d'une myriade d'artistes inconnus qui vécurent voilà plus de deux millénaires.

**Quand ?** Préférez le printemps pour les températures douces et le temps sec. Le musée est fermé le lundi.

**Où ?** Dans la banlieue du Bardo, à 4 km à l'ouest du centre de Tunis. Le musée est desservi par le tramway.

**À savoir** Comptez passer au moins une demi-journée dans le musée. Les ruines de Carthage sont disséminées dans le nord de Tunis, et il est possible de rallier les différents sites en taxi. Si vous souhaitez vous aventurer plus loin, partagez un taxi, c'est un moyen de transport peu onéreux, rapide et très apprécié des locaux.

**Internet** www.informatique-tunisie.com/museebardo, www.patrimoinedetunisie.com.tn

### Les ruines de Carthage

- Le train TGM (Tunis-Goulette-Marsa) traverse le lac de Tunis – où des milliers de flamants roses se retrouvent en hiver – et vous conduit aux vestiges de **Carthage**.

- Les ruines s'étendent du musée national de Carthage, sur la colline de Byrsa, jusqu'aux vestiges romains du littoral. Ne ratez pas le **théâtre d'Hadrien**, restauré, les **thermes de Gargilius** et ceux d'**Antonin** émergeant des lauriers-roses.

- Le **Parc archéologique** des villas romaines rassemble une nuée de colonnes, statues et mosaïques, et offre une vue grandiose sur le golfe de Tunis.

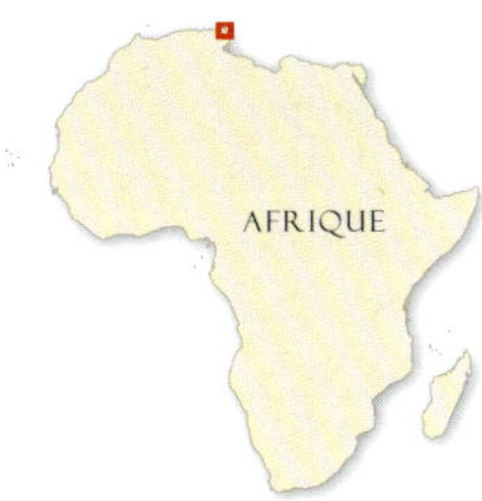

# 8 Villages oubliés

Les uns ne sont qu'un point microscopique sur une carte, aux confins d'un sentier perdu qui ne semble mener nulle part. Les autres se dissimulent dans la forêt ou s'accrochent à la falaise. Qu'importe. Ces villages et petites villes portent une part de rêve. Ils sont les survivants insolites d'un monde disparu, réminiscences de ce que fut la vie rurale avant la mondialisation, l'expansion titanesque des banlieues et la folie Internet. Une virée dans la campagne anglaise entraîne les voyageurs romantiques à Lavenham, où les échoppes et les maisons à colombages contemplent la marche du monde depuis le siècle de Shakespeare. Les amoureux de la nature arpentent le désert chilien pour rallier le haut plateau de San Pedro de Atacama et ses lacs volcaniques. Mais pour aller au-delà de ce que l'imagination peut concevoir, rendez-vous au sud-est de la Chine, où des centaines de membres de la communauté Hakka vivent rassemblés dans les gigantesques constructions circulaires de Hukeng.

Un enchevêtrement de maisons en pierre fait corps autour de l'église illuminée de Maratea. Le village a conquis le dernier éperon rocheux surplombant le golfe de Policastro, sur le littoral sud-ouest de l'Italie.

# CANTONS DU QUÉBEC

## De délicieuses spécialités et des villages de carte postale attendent le voyageur en promenade dans les Cantons de l'Est du Québec.

En parcourant les Cantons de l'Est au gré de reliefs ondulés couverts de champs et de vignes alourdies de grappes violettes, vous traversez de minuscules villages. Cette région québécoise est blottie au pied des Appalaches, à la frontière du Vermont, du New Hampshire et du Maine. Elle a hérité son caractère de ses voisins de Nouvelle-Angleterre (au sud) et des Canadiens francophones établis ici depuis le début du XIXe siècle. Son centre culturel est Sherbrooke, séduisant creuset de musées, de galeries d'art et de monuments historiques. Les pionniers français y ont légué traditions et patrimoine gastronomique. À Savon des Cantons, près de Magog – à 27 km au sud-ouest – des artisans fabriquent… du savon, tandis que non loin de là, à Bleu Lavande, des hectares entiers de lavande sont transformés en produits parfumés. En poursuivant vers le sud-ouest, vous parvenez à Sutton. Déambulez dans la rue principale pour ne rien rater des échoppes artisanales, parmi lesquelles La Rumeur Affamée et sa sélection de pains, de fromages et de viandes fumées (dont du canard du lac Brome). À l'est, sur les rives du lac Memphrémagog, les moines bénédictins de l'abbaye de Saint-Benoît-du-Lac, près d'Austin, célèbrent la messe en chants grégoriens. À la boutique de l'abbaye, achetez de l'Ermite, un bleu gouleyant.

**Quand?** Les Cantons se visitent toute l'année, mais l'automne et ses feuillages sont particulièrement sublimes (attention, il y a du monde!). Vous aurez de la neige en hiver.

**Où?** Atterrissez à Montréal, à 1 h de route au nord de Sherbrooke, et louez une voiture pour plus de flexibilité (même si certaines bourgades sont desservies en bus).

**À savoir** Prévoyez au moins 1 semaine. Dormez dans un lodge, une chambre d'hôtes ou même une yourte.

**Internet** www.cantonsdelest.com, www.laroutedesvins.ca, www.bonjourquebec.com

### La route des Vins

La route des Vins relie sur 130 km une succession de vignobles et de petites entreprises agricoles familiales de l'ouest des Cantons de l'Est.

■ Le vignoble de l'Orpailleur, à Dunham, produit un succulent vin de glace doux à partir de raisins vendangés gelés.

■ À côté de Frelighsburg, arrêtez-vous au Domaine Pinnacle (verger et cidrerie), pour goûter leur divin cidre de glace, ou à La Girondine, où vous achetez viandes, foies gras et pâtés de canard.

Les teintes automnales et les reliefs montagneux forment un écrin sur mesure pour l'abbaye de Saint-Benoît-du-Lac, dans les Cantons de l'Est.

À Bristol, les lignes de couleur vive tracées sur la chaussée aident les membres du défilé du 4 juillet à marcher droit.

ÉTATS-UNIS

# BRISTOL

## Une petite ville de la côte Est célèbre avec passion l'histoire des États-Unis sur fond bleu, blanc, rouge.

La petite communauté de Bristol (Rhode Island) est surnommée la ville « la plus patriotique des États-Unis », car c'est ici que l'on célèbre depuis le plus longtemps (1777) l'Independence Day. Tracée le long de Hope Street, artère ombragée du cœur de la ville, une triple ligne bleue, blanche et rouge marque l'itinéraire de la parade annuelle du 4 juillet. Partout, l'histoire est au rendez-vous. Le nom des premiers propriétaires figure sur la plupart des demeures coloniales. En flânant dans Hope Street, vous admirez Linden Place, une superbe maison de style Fédéral datant de 1810, transformée en musée, où séjournèrent pas moins de quatre présidents et que l'on peut voir dans le film *Gatsby le Magnifique*. En poursuivant vers le sud, la vocation maritime de Bristol s'affirme sur le port, où le Herreshoff Marine Museum abrite le *Hall of Fame* de la Coupe de l'America. Dînez en terrasse un peu plus loin, au Lobster Pot, ainsi baptisé en hommage aux deux promontoires rocheux – rappelant une pince de homard – entre lesquels Bristol est venue se loger. À 5 minutes de route vers l'est, voici la Mount Hope Farm, 80 ha de champs, de prairies, de bois et de sentiers balisés offrant des vues magiques sur le Mount Hope et la baie de Narragansett.

**Quand ?** Préférez l'été, le temps se prête idéalement aux longues promenades.

**Où ?** À 25 min de route au sud-est de Providence, capitale de l'État de Rhode Island, et à 1 h 15 au sud de Boston. Vous pouvez également emprunter la piste cyclable qui relie l'est de Providence au port de Bristol (23 km) : le panorama sur la baie de Narragansett est époustouflant.

**À savoir** Comptez 1 à 2 jours pour visiter la ville. Si vous passez la nuit sur place, Bristol possède parmi les plus anciennes chambres d'hôtes de l'État : Rockwell House (1809) ou Bradford-Dimond-Norris House (1792).

**Internet** www.discoverbristol.com, www.onlinebristol.com, www.lobsterpotri.com

### Jardins de Bristol

■ Au cœur de Bristol s'étend une véritable oasis de respect et de dignité. Dans un jardin, des bancs de granit sont à la disposition des visiteurs, installés le long d'une stèle de marbre noir de 15 m de long et 1,80 m de haut, gravée du nom des **habitants** de la ville et des environs **qui se sont battus pour leur pays**.

■ Le séquoia n'est pas un arbre typique de la côte Est. Toutefois, dans les **jardins et l'arboretum de Blithewold Mansion** pousse un séquoia de 27 m, le plus grand à l'est du Mississippi. La résidence d'été de 45 pièces (et du XIXe siècle) d'Augustus Van Wickle, qui fit fortune dans le charbon, est enchâssée dans un terrain de 13 ha planté de 3 000 arbres et bosquets.

ÉTATS-UNIS

# Saint Michaels

**Dans la baie de Chesapeake, savourez le charme désuet d'un village de pêcheurs devenu un paradis pour plaisanciers.**

Des crabes, de l'histoire et l'attrait de la haute mer servent de décor à la petite ville maritime de Saint Michaels, sur la rive de la baie de Chesapeake. Pendant la guerre de 1812, elle gagna le surnom de «ville qui dupa les Anglais» quand ses habitants accrochèrent des lanternes au sommet des arbres : les canons britanniques visaient alors en hauteur, provoquant aussi peu de dégâts que possible. Aujourd'hui, à l'est de la baie, Saint Michaels est un havre de paix. Son artère principale, South Talbot Street, est frangée de bâtiments historiques hébergeant boutiques, brocantes, galeries d'art et restaurants. Le fascinant Chesapeake Bay Maritime Museum raconte les coutumes maritimes d'une région réputée pour ses huîtres, ses crabes et la construction navale : on y voit des *skipjacks* (bateaux de pêche traditionnels utilisés pour draguer les huîtres) et d'autres types d'embarcations. Les enfants y apprennent à pêcher les crabes, et leurs parents participent à un atelier de construction navale en travaillant sur une embarcation de bois. Explorez le littoral en embarquant à bord du *Mr. Jim*, l'un de ces *buyboats* qui faisaient la navette entre la côte et les dragueurs d'huîtres. Et n'oubliez pas de visiter le phare octogonal (Hooper Strait Lighthouse), merveilleusement restauré, où ressuscite le passé des gardiens de phare.

**Quand ?** La meilleure période court de mai à septembre. La brise de la baie rend les températures toujours supportables en été. Il y a moins de monde en mai et en septembre, sauf pendant le week-end du festival de Labor Day (début septembre).

**Où ?** À 130 km à l'est de Washington D.C. Suivez l'U.S. 50-E après le Chesapeake Bay Bridge. À Easton, prenez la Maryland 322 puis la Maryland 33 pour les 15 km restants jusqu'à Saint Michaels.

**À savoir** Sur le front de mer, le Crab Claw Restaurant est réputé pour ses crabes cuits à l'étuvée ; la St. Michaels Crab & Steak House offre un vaste choix de fruits de mer, de crabes très frais et de viandes.

**Internet** www.stmichaelsmd.org, www.cbmm.org, www.thecrabclaw.com, www.stmichaelscrabhouse.com

## Régals de crabes

C'est une vieille tradition : les habitants, les plaisanciers et les touristes se retrouvent le soir dans les **restaurants du front de mer** pour un festin de crabes bleus. Cuits à la perfection avec un mélange d'épices tenu secret, ils sont servis recouverts d'une feuille de papier kraft. Les convives les dégustent à l'aide d'un couteau, d'un maillet de bois et de leurs doigts.
Le crabe bleu ou *Callinectes* («merveilleux nageur») *Sapidus* («savoureux») est la référence gastronomique de la baie de Chesapeake. Cuit à l'étuvée, et non bouilli pour préserver son goût, le crabe du Maryland est aussi servi en galettes *(crab cake)*, en soupe et en sauce.

Le Hooper Strait Lighthouse fait désormais partie du Chesapeake Bay Maritime Museum ; il repose sur des pilotis «vissés» sur le fond marin.

Les embarcations des marins et les maisons d'artistes se côtoient dans la baie d'Apalachicola, dans le golfe du Mexique.

ÉTATS-UNIS

# Apalachicola

## Pour goûter aux charmes de la Floride d'antan, rendez-vous dans cette bourgade ostréicole, riche d'une kyrielle de trésors marins.

Nombreux sont ceux qui prétendent que la « vieille » Floride a disparu – la Floride de l'insouciance, des villages de pêcheurs pittoresques aux fronts de mer charmants. Cela fait sourire les habitants de la « queue de poêle » de l'État (sa partie la plus occidentale), face au golfe du Mexique, qui répliquent alors que la « vieille » Floride est plus vivante que jamais dans la station balnéaire d'Apalachicola. Port cotonnier au XIX^e siècle, la ville se tourna ensuite vers la pêche aux éponges. Aujourd'hui, son passé prospère se reflète sur les façades du petit millier de bâtiments historiques qui bordent ses ruelles. Apalachicola se visite à pied. Water Street, frangée de maisons d'artistes et d'ateliers d'artisans, héberge le Musée maritime. Dans le centre, d'anciens entrepôts de coton et des bâtiments remarquablement préservés ont été réaménagés en boutiques, restaurants et hôtels. Apalachicola est célèbre pour ses huîtres charnues qui prolifèrent dans les eaux transparentes de la baie. En remontant Market Street vers le nord, vous arrivez sur le port où sont amarrés des douzaines de bateaux chargés de la pêche aux huîtres. Un petit creux ? Dégustez ces merveilles là où dînent les habitants – chez Papa Joe's Oyster Bar & Grill, une table avec vue sur la mer et sur le coucher de soleil sublimera la saveur des mets.

**Quand ?** Les températures les plus agréables coïncident avec le début et la fin de saison des huîtres : à la fin de l'automne et au début du printemps. Il fait très chaud et très humide de juin à septembre.

**Où ?** À 130 km au sud-ouest de Tallahassee sur l'U.S. 98. Un pont relie l'île Saint George au continent, à 5 km à l'est d'Apalachicola. L'île Saint Vincent est accessible en navette privée depuis Indian Pass sur la route 30-B, à 35 km à l'ouest de la ville.

**À savoir** Il y a de bons restaurants et d'excellents hôtels à Apalachicola. N'oubliez ni la crème solaire ni la crème anti-moustiques (ils sont particulièrement agressifs au coucher du soleil).

**Internet** www.apalachicolabay.org, www.visitflorida.com/francais, www.office-tourisme-usa.com

### Joyaux de la baie

■ La baie d'Apalachicola, riche en huîtres, et son chapelet d'îles sablonneuses forment l'un des estuaires les mieux préservés des États-Unis. Sur l'**île Saint George**, le statut de parc protège la plage la plus sauvage de la côte où l'on flâne des heures durant sur un sable blanc grignoté par les eaux émeraude du golfe.

■ À l'extrémité occidentale de ce chapelet, **Saint Vincent** est un refuge faunique – pygargues à tête blanche, tortues de mer, oiseaux migrateurs. Des sentiers balisés quadrillent cette île de sable et de pins et conduisent à de longues plages où abondent les coquillages.

TOP 10

# Festivals de musique

La planète résonne des notes joyeuses des festivals de musique : rock au Danemark, mélodies créoles des Antilles, murmure ensorcelant du *lusheng* aux confins de la Chine...

## ❶ Sedalia, Missouri, États-Unis

Laissez-vous porter par les rythmes entraînants du ragtime ! L'irrésistible Scott Joplin Ragtime Festival se déroule à Sedalia, au cœur du Missouri, tous les ans depuis 1980. Scott Joplin vécut ici de 1894 à 1901 : le maître des accords syncopés y composa son chef-d'œuvre, *The Maple leaf rag*.

À savoir Toutes les informations sur le festival et l'hébergement sont disponibles sur le site Internet. www.scottjoplin.org

## ❷ Hilo, Hawaii, États-Unis

Tous les mois de juillet, pendant une semaine, la mélopée des ukulélés qu'accompagnent les guitares envahit le Big Island Hawaiian Music Festival de la verdoyante Hilo, sur l'île d'Hawaii. Des chanteurs se joignent à la sérénade en voix de tête.

À savoir Poussez jusqu'au parc national des Volcans, où la déesse Pele s'entraînait à la magie. www.bigisland.org

## ❸ La Dominique, îles du Vent

Circonscrite par des récifs coralliens, la Dominique est un joyau de montagnes verdoyantes, de cascades cristallines et de forêts luxuriantes taillé à la mesure du World Creole Music Festival. La plus méconnue des îles des Antilles s'étire entre la Martinique et la Guadeloupe. Chaque année, la dernière semaine d'octobre, le festival célèbre une kyrielle de musiciens créoles antillais (francophones) : Zouk Machine, Taxi Créole, Tania St. Valle...

À savoir Randonnez dans la forêt tropicale et offrez-vous une séance de plongée. www.wcmfdominica.com

## ❹ Morelia, Mexique

Pendant une semaine, le Festival international de guitare organise des ateliers dirigés par les plus grands guitaristes venus d'une cinquantaine de pays (Italie, Espagne, Paraguay...). Il se tient à Morelia, capitale du Michoacán, État du centre du Mexique, connue pour ses monuments historiques et ses églises de pierre rose de style baroque.

À savoir Morelia est une ville superbe, qui compte de nombreux hôtels. Le festival a lieu généralement en mars. www.michoacan-travel.com

## ❺ Guizhou, Chine

En octobre ou en novembre, les membres de la minorité ethnique miao se retrouvent pour une folle semaine de musique au Miao Lusheng Festival de la province du Guizhou, au sud-ouest de la Chine. De jeunes femmes aux costumes brodés, la tête ornée d'une coiffe argentée, dansent et chantent sur les rythmes hypnotiques du *lusheng* – une flûte en bambou.

À savoir Faites attention à ce que vous mangez, il n'est pas rare qu'un morceau d'âne ou de chien rôti atterrisse dans votre assiette. http://villagechina-travel.com

## ❻ Cracovie, Pologne

Tous les étés, Kazimierz, le quartier médiéval juif de Cracovie, résonne des mélodies entraînantes de la musique klezmer, des chants de synagogue et d'airs traditionnels : place au Festival de la culture juive, avec plus de 100 événements, dont un grand concert en plein air, organisés dans cette ancienne capitale de la Pologne, classée au Patrimoine mondial de l'Unesco.

À savoir À Cracovie, visitez la colline de Wawel, « l'Acropole polonaise » et sa sublime cathédrale où furent sacrés les rois de Pologne. www.jewishfestival.pl, http://fr.poland.gov.pl

## ❼ Roskilde, Danemark

Roskilde, l'ancienne capitale médiévale du Danemark, s'étend à proximité d'un fjord argenté, à 30 km à l'ouest de Copenhague. Le festival annuel, qui dure une semaine, est consacré au rock et à d'autres musiques contemporaines. Bob Dylan, Bob Marley, Santana, Nirvana et Bjork ainsi que d'autres artistes plus confidentiels y ont déjà été applaudis.

À savoir À Roskilde, visitez le musée des bateaux vikings ainsi que la cathédrale gothique en brique. www.roskilde-festival.dk

## ❽ Ljubljana, Slovénie

Le Festival international de musique Druga Godba (qui signifie « l'autre musique ») se tient tous les étés à Ljubljana. Des artistes venus des quatre coins du globe s'y produisent : Mali, Trinité-et-Tobago, Brésil... De l'afrobeat au funk en passant par les percussions, Druga Godba s'ouvre à tous les genres musicaux.

À savoir Ne faites pas l'impasse sur la Vieille-Ville et le château perché au sommet d'une colline. www.drugagodba.si

## ❾ Parme, Italie

Au mois d'octobre, les harmonies de *Rigoletto, La Traviata* et de bien d'autres opéras inondent les salles de spectacles de Parme où se déroule le festival consacré à Verdi. La cité du nord de l'Italie et sa campagne environnante – la demeure du compositeur se trouve à Busseto – sont un décor de choix pour ces célébrations qui durent un mois complet.

À savoir Visitez la maison natale de Verdi à Busseto, à 40 km au nord-ouest de Parme. www.festivalverdiparma.it

## ❿ Feakle, Irlande

En août, chaque année, les 800 habitants de la bourgade de Feakle, dans le comté de Clare, reçoivent les amoureux de la musique désireux de s'initier aux mélodies traditionnelles. Concerts, ateliers, récitals de violon et danses au programme du Festival international de musiques traditionnelles irlandaises.

À savoir Au Pepper's Bar & Restaurant, savourez une délicieuse cuisine du terroir à des prix abordables. www.feaklefestival.ie

Ci-contre : le *lusheng*, joué en Chine par des musiciens miao, est une flûte de bambou dotée d'une anche qui peut mesurer jusqu'à 3 m de long.

La tour de l'Horloge et le kiosque à musique complètent depuis le XXe siècle le décor du *zócalo* (la place) de Cuetzalán.

MEXIQUE

# CUETZALÁN

## Un arôme entêtant de café flotte dans le village de montagne de Cuetzalán, où les ruelles sont escarpées et les grottes profondes.

Perché dans la sierra Norte de l'État de Puebla, Cuetzalán s'éveille dans les brumes matinales. Ici vivent des représentants des peuples amérindiens náhua et totonaque, tisserands et garants de traditions culinaires et chamaniques. Après quatre heures de route depuis Mexico, à travers les montagnes à l'est de la capitale, parvenir à Cuetzalán équivaut à pénétrer dans un autre monde : presque pas de circulation, et des ruelles escarpées qui grimpent jusqu'à la place centrale. C'est ici que se tient le marché, où convergent les habitants, vêtus pour la plupart de l'habit traditionnel blanc rehaussé de fleurs et d'oiseaux multicolores brodés. Les paniers débordent d'arums, de fruits, d'herbes et de crevettes d'eau douce, tandis que des femmes cuisent au feu de bois des *quesadillas* aux champignons sauvages. Le village – au cœur d'une région caféière – embaume le café torréfié. À 1 219 m d'altitude, Cuetzalán et sa forêt tropicale offrent des vues superbes sur la côte du golfe. Le village possède aussi un gigantesque réseau de grottes souterraines hérissées de stalactites et stalagmites. Toutes proches, des chutes d'eau s'écrasent dans des piscines naturelles. Les enfants du cru sont des guides formidables.

**Quand ?** Le festival du Café (1re semaine d'octobre), la fête patronale (15-18 juillet) et la Vierge de Guadalupe (12 décembre) sont l'occasion d'admirer les *voladores*, des danseurs qui « s'envolent », accrochés à un mât.

**Où ?** Des bus partent chaque jour de la gare routière TAPO de Mexico (4 h de trajet). Ou louez une voiture. À la saison des pluies (juin-septembre), vérifiez les conditions de circulation.

**À savoir** Il y a plusieurs restaurants à Cuetzalán. Pour admirer les pyramides totonaques, rendez-vous au site archéologique de Yohualichan, ouvert du mercredi au dimanche de 10 h à 17 h.

**Internet** www.revemexicain.com/puebla_cuetzalan.php, www.visitmexico.com

### Sur la route de Yohualichan

■ À Yohualichan, à 8 km au nord-est de Cuetzalán, un bel ensemble de **pyramides totonaques**, bâties en l'an 400, émerge de la végétation. Les habitants du village voisin y viennent encore exécuter leurs danses rituelles.

■ **Maseal Siuat Xochitajkitinij** (« Femmes indigènes, tisserandes de fleurs »), la coopérative des femmes de Yohualichan, promeut la préservation de l'artisanat local, notamment le métier à tisser traditionnel. Les visiteurs peuvent observer ces femmes au travail et acheter leurs créations. Restaurez-vous à **Ticoteno**, qui sert des plats locaux à base de légumes et d'épices.

CHILI

# San Pedro de Atacama

## L'aventure, le sport et de surprenantes formations naturelles attendent ceux qui sont prêts à défier le désert.

Il semble absolument impossible que les hommes aient pu s'établir – et prospérer – au nord du Chili, dans le désert d'Atacama, le plus aride au monde. C'est pourtant ce qu'ils ont fait voilà mille ans à San Pedro de Atacama, village indigène précolombien puis établissement missionnaire espagnol. Au cœur d'un paysage absolument désertique, San Pedro attire les passionnés d'archéologie, d'astronomie, d'aventure… ou de solitude. À 2 408 m d'altitude, sur une vaste plaine – Puna de Atacama –, le village est enchâssé dans un décor spectaculaire : des volcans couronnés de neige, des lacs salins – refuge de milliers de flamants roses –, et la Valle de la Luna, une étendue aride aux paysages lunaires, aux dunes de sable et aux lits de rivières asséchés. Ses deux monuments emblématiques sont l'église, l'une des plus anciennes du pays, et le Musée archéologique du père Gustavo Le Paige qui présente des témoignages du passé, parmi lesquels une momie atacama surnommée Miss Chile. À la sortie du village, voici Pukará de Quitor, site archéologique dont les ruines témoignent d'une forteresse du XII<sup>e</sup> siècle érigée bien avant l'arrivée des colons espagnols. Si vous êtes à la recherche d'activités, vous pourrez pratiquer ici la randonnée, le VTT, l'observation de la faune et le surf sur dunes de sable géantes.

**Quand ?** La haute altitude altère le climat désertique ; en été (de décembre à février), les températures atteignent 32 °C ; l'hiver (de juin à août) est plutôt doux, mais une fois le soleil couché, il peut geler. La fête de San Pedro, le saint patron du village, tombe le 28 juin.

**Où ?** LAN Chile exploite quotidiennement la liaison entre Santiago et Calama, où vous louez une voiture et parcourez les 100 km de route bitumée vers le sud-ouest et San Pedro. Liaisons quotidiennes également par bus au départ de la ville littorale d'Antofogasta, à 210 km au sud-ouest, vers Calama.

**À savoir** Deux éco-lodges à disposition : Explora Atacama Hotel de Larache, assez chic, et Altiplánico, où les bungalows en adobe s'inspirent des anciennes maisons atacamas.

**Internet** www.sanpedroatacama.com, www.voyage-au-chili.com, www.altiplanico.com

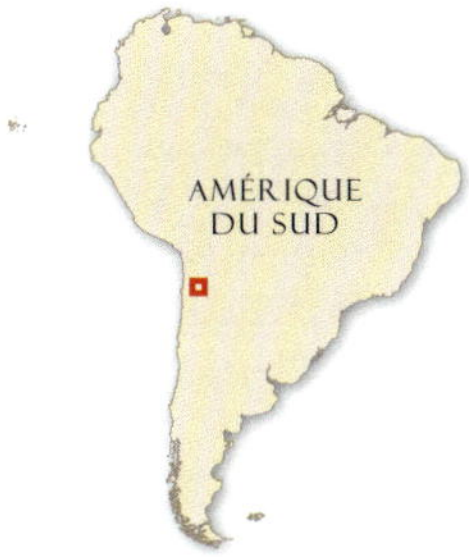


### Mon voyage insolite

*Mon chauffeur me réveille. La nuit est tombée. Il fait un froid glacial. Passé San Pedro, nous pénétrons dans le désert. Quittant la route principale, nous suivons une piste à travers la montagne. Deux heures plus tard, nous voici parvenus à destination :* **El Tatio**, *le troisième plus grand ensemble de geysers du monde. Dans le noir complet, impossible de distinguer quoi que ce soit. Mais je sais qu'il y a ici plus de 80 geysers. Je sens l'odeur de soufre et entends le bouillonnement qui précède chaque éruption. À l'aube, la féerie commence : le soleil se lève sur les Andes, au rythme de jaillissements spectaculaires.*

**Joe Yogerst**
**Voyageur et auteur**

Un café-restaurant ombragé de San Pedro de Atacama, pour se protéger du soleil brûlant.

CHINE

# HUKENG

## Des bâtiments semblables à des forteresses arrondies – bouillonnantes d'activité – ponctuent le paysage à la frontière du Fujian et du Jiangxi.

Sur la frontière séparant le Fujian du Jiangxi, provinces chinoises du sud-est, près de 50 comtés sont colonisés par de gigantesques structures circulaires en terre de plusieurs étages, les *tulou*. Certaines sont assez vastes pour loger des centaines de Hakka, membres de la communauté qui a bâti ces citadelles insolites. Un *tulou* est un village à lui seul ; certains habitants y louent même des chambres aux voyageurs. Les plus accessibles se situent dans les terres, à Hukeng, à 200 km environ de Xiamen, un port très actif. Là, des *tulou* de formes variées se dressent le long de la rivière, au fond d'une étroite vallée verdoyante. Zhencheng Lou, bâti en 1912, est un édifice circulaire kaki de quatre étages, percé de petites fenêtres aux niveaux supérieurs. Ses lourdes portes mènent à un tunnel puis à une cour centrale cerclée de balcons s'ouvrant sur 222 pièces orientées vers l'intérieur – en comptant les pièces de la petite structure circulaire à deux étages placée au centre de la cour, qui réunit basse-cour, salle des fêtes et du culte. Huanxiang Lou, la plus ancienne forteresse (1550), héberge 200 personnes, tous nommés Li. Kuiju Lou, *tulou* carré, date de 1834. Fuyu Lou (1880), dont les résidents sont tous des Lin, est construit sur plusieurs axes (une forme baptisée « Phoenix de feu » par les Chinois) aux magnifiques colonnades et poutres ouvragées et est flanqué d'une tour à cinq étages. Si vous dormez dans un *tulou*, attendez-vous à être installé à trois étages des toilettes, avec criquets et hiboux en fond sonore.

**Quand ?** Au printemps et à l'automne. Les étés sont chauds et humides, même si les nuits sont fraîches dans les montagnes de Hukeng. Évitez le Nouvel An chinois (fin janvier-mi-février) et la 1re semaine d'octobre (fête nationale).

**Où ?** Ralliez Hukeng par bus depuis Xiamen (4 h) ou en train depuis Yongding (6 h 30). Taxi ou minibus pour parcourir les 37 km restants jusqu'au village.

**À savoir** Dans le village moderne de Hukeng, à 5 km, vous trouverez des solutions d'hébergement, mais les habitants des *tulou* vous convaincront de louer une de leurs chambres. Le dîner préparé au feu de bois est d'un excellent rapport qualité/prix. Vous pouvez visiter d'autres ensembles de *tulou* aux alentours, en transports en commun.

**Internet** http://whc.unesco.org/fr/list/1113, www.chine-informations.com, www.voyages-chine.com

Ci-contre : véritables forteresses, les *tulou* ont des formes variées. Ci-dessus : la vie se concentre autour de la cour centrale.

### L'île aux étrangers

Ne se contentant pas d'être le point de départ vers l'intérieur des terres et Hukeng, le bouillonnant port de **Xiamen** est l'une des plus séduisantes villes de Chine. En 1843, Xiamen est désigné port de traité et s'ouvre donc au commerce international.

Les étrangers qui s'y installent alors choisissent de s'établir sur l'île de **Gulangyu**, au large du port principal. Ils font bâtir de superbes demeures d'inspiration européenne, ainsi que des églises aux flèches vertigineuses, symphonie de dômes et de colonnades néo-classiques noyées sous les bougainvillées – vision exotique à ces latitudes.

Les étrangers sont chassés de Chine par les communistes en 1949. Mais les ruelles de l'île sont demeurées intactes, et les résidences sont toujours debout. Flânez sur le littoral : d'ici, vous apercevez **Taïwan**.

# Province de Cao Bang

## Un trek entre rizières et sommets pyramidaux, sur les hautes terres du Vietnam, mène jusqu'aux villages les plus isolés du pays.

Nichée dans les hautes terres du nord du Vietnam, la région de Cao Bang se nourrit de paysages spectaculaires et des anciennes traditions des tribus des montagnes. Le décor inouï – le vert émeraude des rizières et l'ocre des champs de maïs contrastant avec la pierre sombre et tourmentée des sommets – laisse sans voix. Bienvenue chez les ethnies tay, yao et d'autres encore. Ici, beaucoup d'hommes ont adopté des tenues modernes, mais leurs mères, leurs épouses et leurs filles portent encore l'habit traditionnel multicolore que les générations précédentes ont tissé et porté depuis des siècles. Les marchés des villages abondent de produits locaux et de biens fabriqués importés (souvent de façon illégale) de Chine, de l'autre côté de la frontière. Certains villages ne sont accessibles qu'à pied. La zone de trek – rizières en terrasses et escarpements rocheux entre Tù Làng et That Khé – se situe à environ 32 km au sud-est de Cao Bang. Les voyageurs se rendant dans des villages isolés – Na Nieng (chez les Tay) ou Pac Khoang (chez les Yao) – séjournent dans des maisons typiques en bois et en chaumes, perchées sur pilotis au-dessus de l'enclos à bestiaux. Les repas sont préparés sur un feu de bois, au centre de la pièce, et tout le monde (invités compris) dort sur un futon posé à même le sol.

**Quand ?** Le Vietnam a beau jouir d'un climat tropical, il peut faire très froid dans les hautes terres du Nord. Il pleut beaucoup de mai à août. Au Têt (Nouvel An lunaire) succède le Long Tong, fête de la moisson.

**Où ?** La ville de Cao Bang se situe à 270 km au nord de Hanoi. Liaison en bus chaque jour au départ de la capitale - comptez 7 h de trajet. À Hanoi, vous pouvez aussi louer un véhicule avec chauffeur en toute confiance en passant par une agence.

**À savoir** Le Bang Giang Hotel de Cao Bang offre des chambres rudimentaires. Hanoi Peace Tour propose un circuit de 9 jours dans les montagnes du Nord, et Paradissa est le spécialiste des treks accompagnés de 1 semaine.

**Internet** www.vietnamtourism.com, www.hanoipeacetour.vn/french, www.paradissa.com, fr.vietnamplus.vn

### Une cachette dans les montagnes

Dans les années 1940, en guerre contre la France, **Ho Chi Minh** et ses cadres vietminh se réfugient au cœur de ces reliefs tourmentés. Ils établissent leur camp dans la grotte **Pac Bo**, à 53 km au nord-ouest de la ville de Cao Bang. D'ici, ils lancent l'offensive militaire et politique qui conduit en 1954 le Nord-Vietnam à la victoire sur la France et à l'indépendance. La grotte contient encore la planche de bois sur laquelle dormait Ho Chi Minh. Non loin du petit musée, on peut voir la rivière « **Lénine** » et la montagne « **Karl Marx** ».

Au premier plan, une roue à aubes sur fond de pics calcaires : deux éléments caractéristiques des paysages du Cao Bang.

Femmes au travail dans la cuisine communautaire de Boti.

INDONÉSIE

# Le royaume de Boti

**Sur l'île de Timor, les habitants d'un microscopique royaume ont renoncé à la modernité afin de préserver leurs traditions.**

En plus du sceptre, le roi de Boti maniait aussi la binette. Il faisait pousser ses aliments et exigeait que ses 400 sujets fissent de même. « J'ai dix doigts, déclarait le monarque de 96 ans. Si je les utilise pour avoir quelque chose à manger, je me sens mieux. » De 1939 à sa mort, en 2005, Ama Nune Benu lutta pour préserver le dernier royaume semi-autonome d'Indonésie de la modernité. Son fils règne maintenant sur un petit territoire couvert d'arbres, à l'ouest du Timor. La luxuriance de Boti témoigne de générations de croyances animistes et de défense des ressources naturelles. « Si vous coupez les arbres, a dit Ama Nune Benu, c'est vous que vous tuez. » Mais les temps changent. Une route – le chemin vers la technologie – traverse désormais Boti. Pourtant, ceux qui restent s'accrochent à leurs traditions. Ils font pousser le coton qu'ils tissent pour confectionner le sarong qu'ils portent autour des hanches. Ils façonnent leurs récipients dans l'écorce des noix de coco, font du feu en frottant des silex et se nourrissent des patates douces, du maïs et des arachides qu'ils cultivent. Parfois, à la nuit tombée, les hommes s'emparent de sabres sacrés et dansent, frappant du pied et invoquant le ciel, comme les anciens guerriers boti après la bataille.

**Quand ?** L'ouest du Timor alterne une saison sèche et une saison des pluies. Préférez la saison sèche (mai-septembre), car à la saison des pluies, des précipitations torrentielles peuvent interdire l'accès à Boti.

**Où ?** Partez de la petite ville de Soe, à 48 km au nord-ouest de Boti. Il est déconseillé de voyager seul. Certains opérateurs indonésiens proposent des excursions d'une journée. Vous pouvez aussi louer un guide pour une randonnée de 3 h jusqu'au village.

**À savoir** Passez la nuit à Boti, faites connaissance avec les villageois et savourez leur cuisine locale.

**Internet** www.tourisme-indonesie.fr, www.photovoicesinternational.org/indonesia/boti.html

### Royales tisserandes

Depuis 1970, les femmes de la famille royale de Boti gèrent leur entreprise de tissage. Elles égrènent et filent d'abord le coton cultivé sur place. Les *ikat*, leurs étoffes teintes artisanalement, sont les plus épaisses et les plus colorées de la région. « Nous sommes heureuses. C'est notre profession, notre métier », déclare la princesse Molo Benu. Chaque jour, les femmes se rassemblent, avec leur rouet et leur couverture, pour travailler et bavarder. Elles tissent des motifs traditionnels qu'elles connaissent par cœur. Seule, une femme a besoin de six à neuf mois pour réaliser une couverture ; ensemble, elles la réalisent en trois mois. « Nous sommes bonnes amies, dit Molo Benu. C'est mieux ainsi. »

LE MONDE À VOS PIEDS | DERNIERS PARADIS SAUVAGES | ÎLES DU BOUT DU MONDE | ROUTES ET CHEMINS DE TRAVERSE | SECRETS D'HISTOIRE | OASIS SPIRITUELLES | TRÉSORS CACHÉS | VILLAGES OUBLIÉS | ESCAPADES URBAINES

Bâtie en 1891, la grandiose Banque australienne du Commerce est aujourd'hui transformée en théâtre.

AUSTRALIE

# CHARTERS TOWERS

## Revivez l'épopée de la ruée vers l'or qui vit la fondation, à la fin du XIXe siècle, de Charters Towers, ville-champignon surgie du passé.

Immobile sur les dalles de la Royal Arcade – autrefois la Bourse de cette ville du nord du Queensland –, un frisson d'excitation vous parcourt en écoutant le *Calling of the Card*. Cette bande-son fait revivre la folie des transactions financières du XIXe siècle, à l'apogée de la ruée vers l'or. Dans les années 1870, Charters Towers était une ville fabuleusement riche : elle fut connectée au monde entier par le télégraphe, croula sous les éclairages électriques et sa Bourse ne dormait jamais. En soirée, la foule se pressait pour connaître la tendance du marché. Ses nouveaux habitants, fiers et nantis, la surnommèrent « le Monde » – en effet, pourquoi s'installer ailleurs ? La ville attirait comme un aimant ceux qui cherchaient fortune. Le sport et les spectacles s'y développèrent. Elle compta jusqu'à 25 000 habitants. Ses époustouflants bâtiments, rassemblés dans l'One Square Mile où l'on flânait à pied, témoignent de ce passé glorieux : la Bourse, le théâtre (anciennement la Banque australienne du Commerce) et la bibliothèque Excelsior (ex-hôtel Excelsior)… Dans les années 1880 et 1890, les mines d'or des environs produisirent des quantités astronomiques, tirées des plus gros gisements de la planète. Le rêve ne dura pas : en 1916, c'en était terminé de la ruée vers l'or.

**Quand ?** Préférez le climat des mois d'hiver (avril-septembre), il fait beaucoup trop chaud en été. La Bourse (Royal Arcade) est ouverte du lundi au vendredi, de 8 h 30 à 16 h 30 et le week-end de 9 h à 15 h.

**Où ?** À 135 km de Townsville, à l'intérieur des terres, par la Flinders Highway.

**À savoir** Visionnez d'abord le court-métrage *Ghosts of Gold* diffusé à l'office de tourisme de Mosman Street (où vous trouverez une carte de l'itinéraire historique). Dormez dans un pub, un motel ou une chambre d'hôtes (Advent House B&B, par exemple) – si vous êtes aventurier, préférez une ferme à bétail.

**Internet** www.charterstowers.qld.gov.au

### Or et kangourous

■ Charters Towers tient son nom de W. S. Charters (commissaire en charge de l'exploitation de l'or à l'époque de la découverte de la première pépite en 1872) et de la forme de « tour » de la colline située à proximité.

■ Allez à **Venus Battery** (à 4 km) : c'est ici que l'on broyait le minerai, pour en extraire l'or. Le site a fermé en 1973, mais des « fantômes » en hologramme vous racontent son histoire.

■ En randonnant de bon matin au pied des **Towers Hill**, vous verrez kangourous, wallabies et aigles d'Australie.

SRI LANKA

# GALLE

**Bastion fortifié de l'océan Indien, la vieille ville de Galle est riche du mariage d'influences portugaises, néerlandaises et britanniques.**

Galle enivre les sens. Tous les bruits de cette vieille ville fortifiée entraînent le visiteur dans le passé. Le muezzin qui appelle les fidèles à la prière, le son de la balle qui s'écrase contre une batte de cricket, le tintement d'une tasse de thé contre sa soucoupe de porcelaine, le ronron du ventilateur… Rien n'a changé ou presque depuis un siècle. Galle a connu plusieurs vies depuis l'arrivée des premiers Européens au XVIe siècle. Les Portugais érigèrent les premières fortifications du front de mer, puis les Néerlandais entourèrent la ville de solides bastions. Les Britanniques, maîtres de l'île en 1796, laissèrent ici une empreinte durable. La plupart des réalisations architecturales néerlandaises et britanniques ont survécu : la Groote Kerke (l'église réformée hollandaise), la tour de l'Horloge typiquement anglaise, le fameux phare orné d'une guirlande de feuilles de palmier… Entourée d'eau sur trois côtés, Galle ne possède que deux entrées. On la sillonne à pied en flânant dans les ruelles dont le nom évoque des réminiscences coloniales (Queen Street). Nombre d'anciens édifices cachent des reliques du passé – le musée consacré à la période hollandaise, par exemple. Vous faites le tour de la ville en deux heures environ, de préférence tôt le matin ou juste avant le coucher du soleil, pour éviter les grosses chaleurs.

**Quand ?** Il fait chaud et humide toute l'année. La mousson d'hiver (décembre-mars) est moins abondante et les températures sont un peu plus élevées. D'avril à novembre, prévoyez un parapluie et un imperméable.

**Où ?** À 114 km au sud de Colombo. Depuis la capitale, vous irez plus vite en louant une voiture avec chauffeur (comptez 2 h de trajet). Pour Colombo-Galle en train, comptez 2 h 30, 3 h pour le même trajet en bus (climatisé).

**À savoir** L'ancien bâtiment de l'administration hollandaise (construit en 1684) a été converti en un luxueux établissement, l'Amangalla Hotel (mobilier ancien, spa, élégant restaurant).

**Internet** www.france-srilanka.com, www.sri-lanka-roads.fr, www.srilanka.travel, www.amanresorts.com

### Geoffrey Bawa

Du romancier Michael Ondaatje *(Le Patient anglais)* au joueur de cricket Aravinda de Silva, le Sri Lanka compte de nombreuses célébrités ; toutefois, aucune n'est autant adulée que Geoffrey Bawa (1919-2003), illustre architecte et pionnier du « modernisme tropical » – alliance séduisante de lignes asiatiques traditionnelles et de fonctionnalisme occidental. Sa réussite la plus spectaculaire est le bâtiment du Parlement, à Colombo, toutefois, nombre de ses réalisations jalonnent la côte aux environs de Galle, notamment les très chics hôtels Ahungalla et Lighthouse (« le phare »).

À l'angle d'une rue de Galle, une boîte aux lettres toute britannique. Deux femmes déambulent, se protégeant du soleil avec un parapluie.

# Fêtes de la Bière et du Vin

Joyeuses occasions de manger, danser et célébrer les fruits de la vigne, les fêtes de la bière et du vin font partie intégrante de la vie de villages de montagnes isolés ou de petites villes des plaines.

## ❶ McMinnville, États-Unis

Le pinot noir a été introduit dans l'Oregon en 1965. La Fête internationale du pinot noir qui se tient à la fin juillet est une belle occasion pour les producteurs et les consommateurs de rendre hommage à ce cépage fantasque : plats concoctés par les plus grands chefs du Nord-Ouest, visites des vignobles, belle sélection de vins du monde entier…

À savoir Les festivités se tiennent sur le campus de Linfield College de McMinnville, à 84 km au sud-ouest de Portland. www.ipnc.org

## ❷ Curicó, Chili

Sur la place ombragée de Curicó, la *Fiesta de la Vendimia* (fête des Vendanges) débute par un défilé de cow-boys. La troisième semaine de mars, la ville vibre et bouge au rythme de la musique, des danseurs folkloriques et des vendeurs d'*empanadas*. Des vignobles produisant un vin blanc frais et clair sont présents.

À savoir À 200 km au sud de Santiago. Allez-y en voiture pour faire le tour des vignobles. www.winesofchile.org/francaise, www.rutadelvinocurico.cl

## ❸ Chişinău, Moldavie

Défilés, danses traditionnelles et dégustations dans les caves à vin de la région vinicole de Chişinău figurent au programme de la Journée nationale du vin, le deuxième dimanche d'octobre. Profitez-en pour visiter les immenses caves souterraines de Cricova et Mileştii Mici, toutes proches – là, dans les années 1950, des mines furent converties en caves.

À savoir Chişinău dispose d'un aéroport international et est accessible en train depuis Bucarest. www.moldovanet.net, www.moldavie.fr, www.milestii-mici.md

## ❹ Eger, Hongrie

Au mois de septembre, Eger, au nord de la Hongrie, célèbre les vendanges et le vin. Tous les viticulteurs de cette région infiniment baroque ouvrent leurs portes aux amateurs. L'egri bikavér (« sang de bœuf ») est le héros de la fête, mais le tokay lui tient la dragée haute.

À savoir Liaisons en train depuis Budapest vers Eger et Tokay. www.hongrietourisme.com

## ❺ Panzano, Italie

Le troisième week-end de septembre, les producteurs de chianti se rassemblent dans les collines de Toscane pour le festival Vino al Vino organisé à Panzano, à mi-chemin de Sienne et de Florence. Plus de 20 vignobles proposent des dégustations, et les étals font le plein de gourmandises, au son de la musique.

À savoir Achetez un verre et vous aurez accès à tous les vins (achat ou dégustation) des viticulteurs. www.panzano.com

## ❻ Dixmude, Belgique

Au mois d'octobre, la petite ville de Dixmude, dans la province de Flandre-Occidentale, organise depuis plus de cinquante ans une fête de la Bière. Les amateurs envahissent la vieille place du marché et trinquent en hommage à la superbe sélection de bières flamandes, au son des fanfares.

À savoir La fête se déroule sur quatre samedis en octobre. Dixmude (à 25 km au sud d'Ostende) rayonne autour de la tour de l'Yser, qui commémore les victimes de la guerre. www.bierebel.com

## ❼ Riquewihr, France

En juillet, danseurs folkloriques et amateurs de vins se retrouvent à Riquewihr, petite bourgade du XVI^e^ siècle, pour la pétillante fête du Vin. Par ailleurs, une cinquantaine de villages jalonnant les contreforts orientaux des Vosges, en Alsace, organisent des fêtes, de moindre ampleur, d'avril à novembre.

À savoir Le week-end, prévoyez d'arriver dès le vendredi pour le marché, très coloré, puis prenez le petit train qui fait le tour de la vieille ville. www.ribeauville-riquewihr.com, www.vinsalsace.com

## ❽ Duras, France

Les foires aux vins abondent dans le Sud-Ouest, mais peu profitent d'un cadre aussi fabuleux que la fête du Vin du château de Duras, dédié au vin local, le côtes-de-duras. En août, dégustez des produits du terroir – pruneaux d'Agen, noix, foie gras… sans oublier de somptueux vins rouges et blancs.

À savoir Prenez le temps d'explorer les environs de Duras, couverts de vignes et de jardins. www.cotesdeduras.com

## ❾ Skipton, Grande-Bretagne

Un cadre superbe, un vieux bourg (et son château médiéval) et une sélection magnifique de bières anglaises : qui dit mieux ? Fin avril, à Skipton, dans le nord de l'Angleterre, se tient un festival de trois jours dédié à quelque 70 bières fabriquées dans les brasseries des environs. Ne ratez pas les offres de la Copper Dragon Brewery, la brasserie de Skipton.

À savoir Skipton est la porte d'entrée des Yorkshire Dales, région de montagnes et de landes. www.keighleyandcravencamra.org.uk

## ❿ Getaria, Espagne

Dans la province basque de Gipuzkoa, le Jour du txakoli est aussi attendu que celui du beaujolais nouveau. Célébré à Getaria le 17 janvier (jour de la Saint-Antoine), ce vin blanc légèrement pétillant se déguste cent jours après les vendanges, dans un concert de fifres et de tambours, tandis que des poètes déclament des vers de Bacchus en picorant des *pintxos* (tapas).

À savoir À 25 km à l'ouest de Saint-Sébastien, sur le littoral. www.spain.info, www.costagipuzkoa.com

Ci-contre : ces grappes mûres de riesling indiquent que les vendanges ont bien commencé sur le vignoble alsacien de Pfersigberg, en ce début novembre.

GRÈCE

# MAKRINITSA

Suivez les traces des dieux grecs dans leur légendaire retraite estivale des versants du mont Pélion, en Thessalie.

Le noble village de Makrinitsa, à l'est de la Grèce, s'accroche – comme suspendu – au versant boisé du mont Pélion. Fondé au XIIIe siècle par des réfugiés arrivés de Constantinople, Makrinitsa devient une enclave de riches artisans et marchands. Le long de la route, leurs demeures du XVIIIe siècle, aux fenêtres et aux murs abondamment ouvragés, sont si basses qu'un chat peut aisément grimper sur le toit, mais de l'autre côté, face à la vallée, les maisons possèdent trois niveaux. De son point le plus bas au plus élevé, le village enregistre un dénivelé de 500 m. Les habitations coiffées d'ardoises restent toujours fraîches, attirant les citadins en juillet et août. Selon la légende, les dieux grecs passaient l'été sur le mont Pélion, écoutant le babillement du ruisseau à l'ombre des châtaigniers, tout comme les estivants aujourd'hui. Des sentiers pavés sillonnent l'épaisse forêt alentour et conduisent à de microscopiques églises dissimulant fresques et icônes à l'arrière de leurs portes sculptées. Grimpez jusqu'au point culminant de Makrinitsa – le couvent d'Agios Gerasimos – ou asseyez-vous sous les platanes, sur la place du village, en sirotant un café et en croquant un bonbon à la châtaigne. Regardez au loin le soleil se coucher sur Volos et sa baie. Vous comprendrez pourquoi Makrinitsa est surnommée « le balcon du mont Pélion » !

**Quand ?** De préférence d'avril à mai, quand les pommiers sont en fleurs. Il y a beaucoup d'amateurs de ski en hiver, et les Athéniens affluent en été, le printemps et l'automne sont donc plus calmes. Évitez de venir le dimanche, en même temps que tous les habitants de Volos !

**Où ?** Prenez le bus depuis Volos (à 5 h de route au nord d'Athènes) puis louez une voiture pour explorer les villages cachés de Thessalie. À Makrinitsa, il est quasi impossible de se garer, et les rues sont vertigineuses : garez-vous en dehors, à Portaria, et marchez un bon 1,5 km.

**À savoir** Portez de bonnes chaussures de marche pour emprunter les chemins escarpés.

**Internet** www.amb-grece.fr, www.info-grece.com

### Autour du mont Pélion

■ La péninsule montagneuse de **Pélion** s'étire comme un long doigt de terre dans le golfe Pagasétique (mer Égée). Jalonnée de charmants villages et striées de sentiers anciens, c'est un vrai paradis pour les randonneurs.

■ Flânez dans la marina et dans les boutiques du vieux centre de **Volos**, ville universitaire située à 16 km au sud de Makrinitsa. Les tavernes du port servent de délicieux poissons, traditionnellement accompagnés de ***tsipouro***, un alcool distillé à partir des résidus du pressoir à vin. À Volos, prenez le ferry pour **Skopelos** et **Skiathos**, deux des îles Sporades.

Une place ombragée dans la partie la moins escarpée du village de Makrinitsa, sur le mont Pélion.

Dans la vieille ville de Gjirokastër, vous serez plus certainement réveillé par le chant du coq que par le klaxon des autos.

ALBANIE

# Gjirokastër

## Un joyau architectural de la période ottomane est sorti intact des invasions, des sièges et du régime dictatorial.

Attention ! Après la pluie, les pavés polis blancs et roses qui quadrillent les rues escarpées sont traîtres, mais c'est là que cette ville ottomane, coiffée de tuiles grises (son nom d'origine grecque, Argyrokastro, signifie « ville d'argent »), se dévoile le plus joliment. Gjirokastër est la ville natale du dictateur stalinien de l'Albanie, Enver Hoxha (1908-1985) et le foyer de la résistance à l'occupation ottomane. En devenant « ville-musée » en 1961, elle est l'une des rares villes albanaises à tirer profit, d'un point de vue esthétique, de l'ère communiste. On s'initie aussi à l'hospitalité albanaise, basée sur le code d'honneur traditionnel du *kanoun*. Autrefois, le *kanoun* entretenait de sanglantes querelles : les habitants de Gjirokastër dotèrent alors leurs demeures de *kulle* – tours fortifiées – afin de protéger leurs familles. Au sommet de ces tours, un balcon très ouvragé s'ouvre sur les pièces d'habitation – comme à la maison Zekate (visites sur rendez-vous). D'autres témoignages de la période ottomane incluent un superbe château, le vieux bazar et la mosquée, le musée ethnographique aménagé dans la maison de Hoxha (rénovée) et le pont Ali Pasha, seule section encore debout d'un aqueduc du XIXe siècle.

**Quand ?** Le climat est plus favorable d'avril à juin. Il peut faire très chaud en juillet et août. L'hiver est rude et la neige bloque parfois l'accès à Gjirokastër. Les festivals s'enchaînent en septembre - ils sont consacrés à la cuisine, à l'artisanat... – sans oublier le jour de la Libération de Gjirokastër (18 septembre). Tous les quatre ou cinq ans, la ville organise également le festival national de Folk.

**Où ?** À 230 km au sud de la capitale, Tirana, à 5 h de route en voiture (6 h en bus). La route littorale, plus longue, passe par Saranda. Gjirokastër est aussi accessible par le nord depuis Ioannina.

**À savoir** En hiver, prenez des chaussures de marche. Gjirokastër possède un office de tourisme (dans le bazar de la vieille ville). Dans le quartier historique de Palorto, le Kalemi est un très bon hôtel familial.

**Internet** www.amb-albanie.fr, www.gjirokastra.org, hotelkalemi.tripod.com

### Ismail Kadaré

Enfant chéri de Gjirokastër, nul ne connaît mieux qu'Ismail Kadaré l'histoire de l'Albanie et son code d'honneur, le *kanoun*. Lauréat du premier prix international Man Booker en 2005, il surprend le Landerneau de la littérature, où il est inconnu. Chroniqueur de la vie sous le totalitarisme, plusieurs fois cité comme favori du Nobel de littérature et de la Légion d'honneur, il se pose en rival de Soljenitsyne et Orwell. *Avril brisé* (1978), un roman à clés d'une sanglante vengeance, est une œuvre laconique, mais sa prose est si exceptionnelle que l'on se surprend à la relire. Kadaré raconte Gjirokastër dans *Chronique de la ville de pierre* (1971), *Un climat de folie* (2005) et *Le Dîner de trop* (2009).

Surgi des bois, le vieux donjon château de St. Jakob am Thurn se reflète dans les eaux du lac.

AUTRICHE

# Sankt Jakob am Thurn

En quête de calme et de solitude ? Vous les trouverez à Sankt Jakob am Thurn – hors période de festival –, dans la campagne salzbourgeoise.

Un petit village on ne peut plus romantique et retiré est venu se nicher à 15 minutes à peine en voiture du sud de Salzbourg. Dépendant d'un point de vue administratif de la commune de Puch bei Salzburg, Sankt Jakob am Thurn ne compte que sept maisons, pelotonnées autour d'un donjon (dont l'existence est attestée en 1238) et d'une église (lieu de pèlerinage au Moyen Âge). Cette dernière – riche en reliques et objets baroques – est une étape sur le chemin de pèlerinage qui traverse l'Europe et mène à Saint-Jacques-de-Compostelle, en Espagne. Explorez les bois environnants et les grottes, cascades et éperons rocheux se prêtant à l'escalade et au VTT ; promenez-vous sur les rives du lac et jetez un coup d'œil aux jardins (privés) du château. Dans la campagne, la plupart des fermes appartiennent aux mêmes familles depuis plus de deux siècles et ont été patiemment restaurées dans le plus grand respect des traditions locales. Pendant le festival d'été, joignez-vous aux habitants pour acclamer les Jakobischützen ; en hiver, profitez du marché de Noël, de loin le plus « authentique » de la région – c'est l'un des rares à organiser un défilé en l'honneur de la déesse païenne Perchta, avec masques folkloriques et costumes de diables.

**Quand ?** Profitez de l'été, quand les balcons sont lourds de fleurs et que le village vit dehors. Le marché de Noël est ouvert tous les week-ends du mois de décembre.

**Où ?** À 10 km au sud de Salzbourg. Prenez le bus 160 depuis la gare centrale (Hauptbahnhof) jusqu'à la station Haslach de Hallein, près de Puch, et rejoignez le village à pied (1,6 km).

**À savoir** Promenez-vous autour du lac jusqu'à Schützenwirt (de l'autre côté), un restaurant bio proposant des produits du terroir ainsi qu'une bière (Jakobsgold) primée.

**Internet** www.austria.info/fr, www.salzburg.info/fr, international.salzburgerland.com

### Le festival d'été

Les **Jakobischützen** – les tireurs d'élite de saint Jacques (Jakob en allemand) –, originaires de Sankt Jakob, auraient été formés en 1476 pour protéger leur peuple des envahisseurs turcs. Depuis ils ont, pacifiquement, consacré leur vie à « la piété, la charité et le bien-être des pèlerins ». Leurs danses traditionnelles, leurs costumes folkloriques multicolores tiennent la vedette du **festival d'été Kirtag**, qui se déroule le dimanche suivant le 25 juillet. Leur réputation a dépassé les frontières, ils se produisent dans le monde entier.

ITALIE

# PIENZA

## Premier concept de « ville idéale » planifiée de la Renaissance, Pienza est en effet, à bien des égards, une cité parfaite.

Quittant les routes sinueuses du Val d'Orcia, vous comprenez instantanément pourquoi Pienza est surnommée la « ville idéale ». L'élégance de la géométrie Renaissance, l'harmonie des formes et des volumes, l'équilibre entre sacré et séculier : voilà ce que le pape Pie II avait en tête lorsqu'il décida, au xve siècle, de métamorphoser son humble ville natale, Corsignano, en une cité digne de son nouveau statut pontifical. Personnage typique de la Renaissance, d'une intelligence vive et d'une grande culture, Pie II demanda à l'architecte florentin Bernardo Rossellino de réaliser son rêve. Les siècles ont passé depuis l'inauguration de Pienza en 1462, pourtant le joyau toscan est demeuré intact. La vision papale s'incarne sur la Piazza Pio II, où la cathédrale – face à l'hôtel de ville – est flanquée des palais des familles Piccolomini et Borgia. Pour goûter les couleurs, les parfums et les ambiances de Pienza, perdez-vous dans ses ruelles qui montent vers le Corso Rossellino. Les microscopiques *trattorie* et les échoppes – où vous faites provision de genièvre, truffes, cèpes, confitures, pecorino et olives – témoignent de l'excellence gastronomique du Val d'Orcia. Buvez un verre de brunello di montalcino à la santé du pape Pie II et de son extraordinaire entreprise.

**Quand ?** Le climat s'apprécie d'avril à octobre. Plusieurs événements ponctuent l'année : Pienza e i Fiori (fête des fleurs) en mai; Fiera di Cacio (fête du fromage) en septembre; et, juste après Noël, le Torneo del Panforte dédié à ce dessert traditionnel.

**Où ?** À 125 km au sud de Florence. Comptez 1h15 en bus depuis Sienne.

**À savoir** Louez une voiture et consacrez 4 ou 5 jours à ce magnifique coin de la Toscane - vins enivrants, gastronomie exceptionnelle, inoubliable mosaïque de paysages...

**Internet** www.pienza.info, www.ufficioturisticodipienza.it, www.valdorcia.it, www.borghiditoscana.net/fr, www.palazzopiccolominipienza.it

### Lancer de fromage

À Pienza, il y a plusieurs façons de déguster le **pecorino**, le célèbre fromage au lait de brebis : délicat et doux, friable et vieilli, emballé dans des feuilles de noyer ou... lancé en l'air. Début septembre, la ville organise la fête du fromage dont le point d'orgue est la compétition de ***cacio al fuso***. Celle-ci met en présence, sous le regard de la foule, six équipes représentant chaque quartier de la ville. Les concurrents doivent lancer un disque de fromage le plus près possible d'un poteau planté sur la **Piazza Pio II**. On ne plaisante pas : les lanceurs de fromages s'entraînent pendant des mois.

Au cœur de Pienza trône la cathédrale du xve siècle, commanditée par le pape Pie II pour sa ville natale.

ITALIE

# Maratea

## Ce groupe de villages jalonnant le spectaculaire littoral de la région de Basilicate est l'un des secrets les mieux gardés d'Italie.

Le long de la côte sud-ouest de l'Italie, une poignée de villages ravissants, accrochés à la falaise vertigineuse et blottis au creux de baies, forme d'un point de vue administratif la « ville » de Maratea. Sur plus de 30 km, une succession de forêts de pins, de plages de sable et de criques rocailleuses se prête divinement à la natation, la randonnée et la navigation de plaisance – il n'y a ici rien à envier à la côte amalfitaine, au nord, pourtant beaucoup plus fréquentée. Surnommée la « perle de la mer Tyrrhénienne », Maratea attire les vacanciers italiens – en famille ou en couple – mais reste snobée par les visiteurs étrangers. Nul doute que ce relatif anonymat ait permis de préserver la beauté des eaux vert émeraude et l'ambiance très « authentique » des lieux. Disséminés le long de la côte, Fiumicello, Porto di Maratea et Marina di Maratea se peuplent en été : les yachts affluent dans les ports, et les cafés et les restaurants ne désemplissent pas. Plus haut, Maratea Paese, la vieille ville de l'intérieur des terres, aux ruelles sinueuses, aux placettes ombragées et aux vieilles églises, mérite une après-midi de visite. Toujours plus haut, sur le mont San Biagio, se tient le symbole de Maratea : un Christ Rédempteur (bras ouverts, pour former une croix) de 22 m de haut tourne le dos à la mer, comme oublieux du panorama fantastique – l'un des plus beaux d'Italie – qui se déroule derrière lui.

**Quand ?** Baignez-vous dès mai-juin... et jusqu'au mois d'octobre ! Le climat se prête toute l'année à la randonnée. La plupart des plages, des restaurants et des hôtels n'ouvrent que de mai à octobre. Les deux dernières semaines d'août (quand les Italiens prennent leurs vacances) sont les plus chargées.

**Où ?** Les aéroports les plus proches sont ceux de Naples, à 156 km au nord, et Lamezia Terme, à 153 km au sud. À votre arrivée, louez une voiture pour rejoindre Maratea.

**À savoir** Nombreux hôtels et restaurants à Fiumicello. Comme dans la plupart des villes du sud de l'Italie, les boutiques de Maratea ferment à l'heure du déjeuner (13 h 30-16 h ou 17 h). Les restaurants sont ouverts de 12 h 30 à 15 h et de 19 h 30 à minuit. L'office de tourisme se situe sur la Piazza Gesù 32, à Fiumicello.

**Internet** www.aptbasilicata.it

Ci-contre : le soleil se couche sur Maratea et les eaux du golfe de Policastro. Ci-dessus : une ruelle de Maratea Paese.

### Le jour des Saints

Si vous séjournez à Maratea la deuxième semaine de mai, vous pourrez assister à la **fête de San Bagio**, célébration religieuse honorant le saint patron de la ville.

Cette semaine-là, le jeudi, une effigie en argent renfermant les reliques du saint et couverte d'un linceul rouge sort de la chapelle de la **basilique San Bagio**, non loin de la statue du Christ Rédempteur. Les habitants se relaient pour la descendre au pied de la montagne, sur leurs épaules, jusqu'à l'**église Santa Maria Maggiore**, à Maratea Paese. Là, on ôte le linceul et le maire de Maratea remet symboliquement les clés de la ville à la statue.

Les villageois multiplient messes, processions et festivités jusqu'au dimanche, quand la statue d'argent retourne dans son sanctuaire, à l'ombre de la basilique, au sommet du mont San Biagio.

FRANCE

# Collonges-la-Rouge

**Pour aller à la rencontre du passé, partez à la découverte de Collonges-la-Rouge, lieu de retraite estival de la noblesse médiévale.**

Sous la pluie, les grosses pierres plates de Collonges-la-Rouge, dans le sud-ouest de la France, luisent d'une teinte rouille. Sous le soleil, elles flamboient, rehaussées par la luxuriante végétation limousine piquetée de noyers et de rangées de vignes. Châteaux, manoirs, arches, cours fermées, lucarnes et cheminées sont façonnés dans le calcaire rouge de la région. Ces demeures grandioses – surdimensionnées pour un si petit village – servaient de résidence d'été aux seigneurs du Moyen Âge. Les tours en poivrière et les donjons quadrangulaires sont coiffés de lauzes, pierres plates que le temps recouvre inlassablement de mousses. Ne ratez ni le castel de Vassinhac (XVIe siècle), ni la maison de la Sirène (musée régional), deux superbes édifices. Au centre du village, la halle renferme encore un four à pain communal, utilisé chaque année lors de la fête du Pain. Très étroites, les ruelles sont réservées aux piétons. Au printemps, les fleurs envahissent les façades, les fenêtres, les encadrures de portes. Nombre de maisons possèdent des jardins clos, ombragés, ainsi que des potagers. Jetez un coup d'œil par-dessus un de leurs murs ; vous risquez d'entrapercevoir une femme, vêtue d'un tablier bleu, ramassant des herbes aromatiques, dans le même geste séculaire que ses ancêtres avant elle.

**Quand ?** Au printemps et à l'automne. Il fait très chaud et il y a beaucoup de monde en juillet et en août. La fête du Pain a lieu le premier dimanche d'août. Festival de théâtre, les Théâtrales, en juillet-août.

**Où ?** L'autocar de Brive, à 19 km au nord-ouest du village, vous y conduit en 30 min. Les voitures sont interdites, parking obligatoire (et payant) à l'entrée de Collonges. S'il est complet, il faudra vous garer le long d'un chemin en pleine campagne.

**À savoir** Vous trouverez restaurants et cafés, ainsi que des boutiques proposant des produits du terroir. Hébergement confortable au relais de St-Jacques-de-Compostelle et chez Jeanne (maison d'hôtes).

**Internet** www.ot-collonges.fr, www.collonges-la-rouge.fr, www.collonges-festif.fr, www.les-plus-beaux-villages-de-france.org, www.jeannemaisondhotes.com, www.theatrales-collonges.org

### Une église, deux cultes

**L'église romane Saint-Pierre** se tient au cœur du village. Ses parties les plus anciennes remontent aux XIe et XIIe siècles. Fortifiée pendant les guerres de Religion (XVIe siècle), elle est dotée d'un clocher circulaire et d'un autre carré. Elle renferme également deux nefs, permettant aux catholiques et aux protestants du XVIe siècle d'utiliser le même lieu de culte – un arrangement remarquablement tolérant. Ainsi, le village devient-il l'étape privilégiée des pèlerins en route vers Saint-Jacques-de-Compostelle. Visitez l'église en musique, en glissant une pièce dans le tronc qui déclenche éclairages et ambiance sonore.

Collonges-la-Rouge se reconnaît immanquablement à ses toits en poivrière et ses façades de pierre rouge.

Pour admirer la plus belle des vues sur La Roque-Gageac, canotez sur la Dordogne.

FRANCE

# La Roque-Gageac

**Prenez le temps d'explorer ce village si douillettement niché au bord du fleuve qu'il semble avoir été sculpté dans la falaise.**

Le sud-ouest de la France est réputé pour ses villages pittoresques – les uns perchés au sommet de corniches, les autres étendus au creux de vallées. La Roque-Gageac – véritable décor d'opérette – est l'un des plus insolites de la région. Ses maisonnettes, déclinant toute la gamme des ocres, ont poussé comme des champignons au pied d'une falaise vertigineuse en bordure de la Dordogne. Le site est habité depuis la préhistoire et pendant des siècles La Roque-Gageac fut un port fluvial d'importance. Montez à bord d'une gabare – embarcation traditionnelle à fond plat – ou louez un kayak ou un canoë pour considérer le village et ses environs du point de vue des bateliers. Terminez l'après-midi en flânant dans les rues escarpées. La falaise étant exposée plein sud, La Roque-Gageac abonde de plantes tropicales – bambous et palmiers ! – notamment tout autour de l'église du XVI^e siècle à l'extrémité orientale du village. Dans l'une des rues, une plaque rappelle le désastre de 1957, lorsqu'un morceau de falaise s'est détaché, écrasant des maisons et faisant trois morts. Dans une autre ruelle sinueuse, le manoir de la famille Tarde veille sur La Roque-Gageac depuis la Renaissance, et a connu les guerres, bien d'autres désastres mais aussi des temps plus sereins.

**Quand ?** Pour éviter les foules estivales, préférez le printemps et l'automne.

**Où ?** À 177 km à l'est de Bordeaux et à 14 km au sud de Sarlat. Venez en voiture, parkings disponibles à l'entrée du village.

**À savoir** Restez un week-end pour visiter les châteaux et les jardins qui bordent la Dordogne. Des hôtels confortables ou des chambres d'hôtes offrent de superbes vues sur le fleuve. Sur la rue principale, l'Auberge de la Plume d'Oie propose des chambres et une cuisine du terroir (réservation indispensable).

**Internet** www.cc-perigord-noir.fr, www.les-plus-beaux-villages-de-France.org, www.gabarres.com, www.sarlat-tourisme.com, www.aubergelaplumedoie.com, www.marqueyssac.com

### Jardins suspendus

Vu du fleuve, le promontoire du **château de Marqueyssac**, à 4,8 km à l'ouest de Beynac, est stupéfiant. Pour un instant de magie pure, visitez ses jardins suspendus au coucher du soleil, au printemps. Des sentiers frangés de buis taillés conduisent au belvédère, à 130 m au-dessus du lit de la Dordogne : le Périgord à vos pieds, le panorama est inoubliable. En journée, déjeunez ou savourez une glace à la terrasse du café pour contempler cette incroyable vallée piquetée de châteaux. Au début de l'automne, des cyclamens de Naples roses tapissent les bois, tandis que le printemps apporte ses teintes pastels, décor de rêve pour la chasse aux œufs de Pâques. Les jardins sont ouverts d'avril à novembre.

THE
CROOKED HOUSE
GALLERY
LAVENHAM
paintings · cards · prints

GRANDE-BRETAGNE

# LAVENHAM

## Les façades aux couleurs vives des maisonnettes biscornues de Lavenham font à coup sûr pétiller les yeux des visiteurs.

Vous n'avez jamais vu de pastel ? Filez à Lavenham. Cette plante, utilisée par les guerriers celtes pour peindre leur corps en bleu, a fait la fortune de cette ville du Suffolk et de son drap bleu. À la fin du Moyen Âge, les riches fabricants du « bleu de Lavenham » se firent construire ce qui demeure, de nos jours, le plus important ensemble de maisons à colombages du Royaume-Uni. Sur les façades, guettez les symboles relatifs à la profession des tisserands et visitez le jardin du Guildhall of Corpus Christi (1530) où l'on cultive encore pastel et autres plantes à teinture. En face, une échoppe de la période Tudor s'ouvre sur deux vitres en arcade – d'où un marchand, vêtu de bas et d'un pourpoint, haranguait sa clientèle. Des siècles plus tard, Lavenham a conservé ses couleurs éclatantes. Plus de 300 bâtiments du xv$^{e}$ siècle s'éclairent de teintes lumineuses, comme le fameux rose du Suffolk, obtenu avec du sureau, des prunelles ou du sang de bœuf. Ici, nul n'élève la voix, sauf quand il s'agit de débattre du bien-fondé de peindre – ou non – les colombages, à l'exemple du Guildhall, tout blanc. Certains édifices sont ouverts au public – c'est le cas du Little Hall, sur la rue principale, bâti dans les années 1390 et aujourd'hui transformé en musée. Vous pouvez aussi passer la nuit au Swan Hotel, construit dix ans après Little Hall. Des aviateurs britanniques et américains stationnés ici pendant la Seconde Guerre mondiale ont quant à eux graffité un mur de l'hôtel Old Bar.

**Quand ?** Consultez le programme des événements - atelier de fabrication de drap, par exemple - au Guildhall (fermé de décembre à début mars), ainsi qu'à Kentwell (représentations théâtrales et autres spectacles).

**Où ?** À 120 km au nord-est de Londres (comptez 2 h de trajet en voiture). Liaison en train Londres-Sudbury, puis bus jusqu'à Lavenham (10 km).

**À savoir** À la pharmacie (High Street), procurez-vous un audioguide (1h30) et une carte. Les week-ends de juin à octobre, des visites guidées partent du centre d'informations touristiques (Lady Street). Le restaurant Great House (également hôtel-boutique) sert de la cuisine française.

**Internet** www.discoverlavenham.co.uk, www.greathouse.co.uk, www.kentwell.co.uk

Ci-contre : la Crooked House (« maison biscornue ») date de 1425. Ci-dessus : le Swan Hotel (1400).

### Plein les mirettes

■ Sur Shilling Street, ne ratez pas **Shilling Old Grange**. Jane Taylor, contemporaine et amie du peintre paysagiste John Constable, y vécut avec son père et sa sœur. Par une nuit claire de 1810, elle regarde par la fenêtre de sa chambre et le ciel lui inspire quelques rimes commençant par *Twinkle, twinkle, little star* (« brille, brille, petite étoile »), la comptine la plus populaire du Royaume-Uni.

■ **Kentwell** est un manoir élisabéthain circonscrit de douves situé à 10 km au sud-ouest de Lavenham. Propriété de Judith et Patrick Phillips, cette demeure vieille de cinq siècles est toujours une résidence familiale. Pendant la visite, vous traversez des pièces utilisées quotidiennement par ce couple enthousiaste qui restaure le lieu depuis son acquisition en 1971. On se croirait revenu à la période Tudor, surtout en été, pendant le Great Annual Re-Creation, quand des centaines d'acteurs en costumes envahissent le site.

Boiseries et dalles au sol signent le décor du Falkland Arms, pub traditionnel du village de Great Tew, dans les Cotswolds.

GRANDE-BRETAGNE

# Villages cachés des Cotswolds

## Se perdre dans les Cotswolds, c'est un peu jouer à cache-cache dans ces villages de pierre ocre, à l'écart des sentiers battus.

La chaîne de collines des Cotswolds se déroule sur six comtés et occupe près de 2 070 $km^2$ dans le sud-ouest de l'Angleterre. Nombre de ses villes et villages – célèbres pour leur architecture jouant sur les harmonies ocre du calcaire local – sont de véritables pièges à touristes, mais d'autres restent délicieusement confidentiels, à l'image de Blockley (Gloucestershire). À mi-chemin de Moreton-on-Marsh et de Chipping Camden, il niche dans une vallée escarpée, à l'écart de la route. Autrefois, les moulins à soie, entraînés par la force du cours d'eau, tournaient à plein régime : ils sont toujours là, entre les alignements de cottages envahis de rosiers grimpants, face à l'autre versant de la vallée, domaine des moutons. À 32 km à l'est de Blockley, Gret Tew (Oxfordshire) est l'un des plus ravissants villages d'Angleterre, relativement méconnu malgré son célèbre pub du XVIe siècle, le Falkland Arms. La plupart de ses cottages sont coiffés d'un toit de chaume bien taillé – *idem* pour l'ancienne poste aujourd'hui transformée en café-boutique. De l'école primaire aux cheminées élisabéthaines à l'espace vert communal triangulaire, ce village semble comme tiré à quatre épingles !

**Quand ?** Les étés britanniques sont parfois inconstants et humides, mais quand le temps est de la partie, profitez d'un jardin ou sirotez une bière en terrasse d'un pub. Il y a du monde les week-ends.

**Où ?** De nombreux villages (Moreton-in-Marsh par exemple) sont accessibles en train depuis la gare londonienne de Paddington (1 h 30). D'autres, plus méconnus, se rejoignent en bus, mais les liaisons sont irrégulières - préférez alors venir en voiture.

**À savoir** Il y a de confortables chambres d'hôtes dans la plupart des villages, parfois aménagées dans des bâtiments historiques. Grâce au National Trust, nombre d'anciennes demeures sont ouvertes au public.

**Internet** www.cotswolds.info, www.the-cotswolds.org, www.cotswoldsaonb.org.uk, www.stanwayfountain.co.uk

### Geyser

Le microscopique village de **Stanway** s'étend au pied des collines des Cotswolds, à 21 km à l'ouest de Moreton-on-Marsh. Son manoir du XVIIe siècle est d'une extraordinaire beauté. Il est construit en *Guiting Yellow*, une pierre extraite dans la région. La demeure renferme du mobilier d'époque. Son jardin aquatique, de conception XVIIIe siècle, récemment réaménagé, accueille désormais la plus haute fontaine du monde fonctionnant par gravité : l'eau jaillit à 90 m de hauteur, visible à des kilomètres à la ronde lorsqu'elle fonctionne, quand le manoir est ouvert au public les week-ends de juin, juillet et août.

# BEGET

## Le temps n'a pas de prise sur ce village de pierre blotti au creux d'une superbe vallée d'altitude des Pyrénées catalanes espagnoles.

Pour les quelques initiés qui connaissent son existence, Beget – perché dans les Pyrénées à 541 m d'altitude – est considéré comme le *més bufó* (« plus joli ») village de Catalogne. Avec une petite cinquantaine de maisons, Beget compte également deux ponts médiévaux, une église romane et 27 habitants à l'année. Jusqu'au milieu des années 1960, aucune chaussée ne le reliait à la civilisation, puis une *pista forestal* (« sentier forestier ») a été ouverte jusqu'à la route de Camprodon, au sud-ouest. En 1980, Beget entre enfin dans le XX$^{e}$ siècle lorsqu'il se retrouve sur la route bitumée qui relie Camprodon à Prats-de-Mollo, en France. Son isolement fait tout son charme, sublimé par l'ocre doré de la pierre de ses maisonnettes, les portes et les balcons de bois rustiques, sans oublier les ponts arrondis enjambant le ruisseau qui le traverse. Un élégant clocher domine l'église Sant Cristòfol (fin XII$^{e}$ siècle), qui renferme des fonts baptismaux romans, une statue d'albâtre de la Vierge de style gothique, ainsi que la Majestat de Beget, un Christ en croix en bois polychrome de 1,80 m, revêtu d'une somptueuse tunique tombant jusqu'aux pieds. Depuis 2003, un autre sentier forestier, partant du village de Oix, dans le sud-est, relie Beget à Castellfollit de la Roca, dans la Garrotxa, superbe région volcanique de Catalogne.

**Quand ?** D'avril à juin et de septembre à novembre.

**Où ?** À 16 km au nord-est de Camprodon, qui se trouve à 97 km au nord-ouest de l'aéroport de Gérone.

**À savoir** Prévoyez de bonnes chaussures de marche et des vêtements chauds. Pour rejoindre Beget, vous devez louer une voiture. Si l'église est fermée, demandez les clés à la Carrer Bellaire 8. Il y a trois restaurants, dont El Forn qui propose également des chambres, une terrasse, et une cuisine typique.

**Internet** www.turismegarrotxa.com, www.garrotxahostalatge.cat, www.besalu.cat, www.castellfollitdelaroca.org, www.valldecamprodon.org

### Villes de la Garrotxa

■ **Besalú** est l'une des villes médiévales les mieux préservées de Catalogne. Elle est célèbre pour son pont fortifié du XI$^{e}$ siècle qui enjambe le fleuve Fluvià. Un *mikvah* du XIII$^{e}$ siècle, bain rituel utilisé dans le judaïsme orthodoxe pour une purification physique et spirituelle par immersion, est l'un des trésors du *call*, le quartier juif de Besalú.

■ **Castellfollit de la Roca** est perché au sommet d'une falaise de basalte de 46 m d'altitude façonnée par les cours du Fluvià et du Toronell. Des maisons de pierre volcanique s'alignent au fil des ruelles. À la lisière de la ville, la vue sur les vallées des cours d'eau est absolument spectaculaire.

L'un des deux ponts de pierre de Beget enjambe la rivière Trull ; la silhouette du clocher de l'église Sant Cristòfol se détache sur un ciel bleu azur.

國鏢局博物館
中國鏢

# 9

# Escapades urbaines

Une ville forge son âme dans ses quartiers insolites, ses jardins secrets où la nature prolifère sans entraves, ses places minuscules absentes des cartes et ses vénérables cafés fréquentés par d'illustres fantômes. Quittez la foule et les célébrissimes monuments historiques pour explorer l'envers du décor. Certains endroits ont su demeurer d'une absolue confidentialité : combien de New-Yorkais savent que Central Park est, tout au long de l'année, un repaire d'ornithologues ? À l'inverse, il existe des lieux que les locaux préfèrent garder pour eux, à l'instar des îles de la lagune vénitienne, si merveilleusement éloignées du concert des flashs du pont du Rialto. Ceux qui ont le goût de l'aventure seront récompensés : à Rio de Janeiro, les murs de clubs microscopiques tremblent sous les rythmes de la samba ; les ruelles étroites de Gênes abondent de gourmandises délicieuses ; tandis qu'au cœur de Pékin, un labyrinthe d'allées tortueuses – les *hutongs* – forme une enclave traditionnelle vouée à une disparition prochaine.

En Chine, le mur d'enceinte formidablement préservé de la ville de Ping Yao renferme de nombreux vestiges d'un passé prospère et offre aujourd'hui à ses visiteurs des instantanés de la vie quotidienne sous les dynasties Ming et Qing.

# ORNITHOLOGIE À CENTRAL PARK

Le poumon vert de la ville est un véritable refuge pour les New-Yorkais... comme pour les oiseaux.

Au cœur de New York, Central Park – 341 ha de pure nature, superbe ensemble de forêts, pelouses et points d'eau – est un formidable sanctuaire pour les oiseaux et les fans d'ornithologie. Près de 200 différentes espèces y séjournent à un moment ou un autre de l'année : des migrateurs qui font ici étape sur leur route vers les climats plus chauds du sud, ou leurs aires de nidification au nord ; mais il y a aussi des résidents à l'année ! C'est le cas du geai bleu, du cardinal rouge et du pic à ventre roux. Entre les 74e et 79e rues, le Ramble et sa luxuriante végétation offrent de bons points d'observation. Au printemps et à l'automne, guettez les petits passereaux colorés, telles la paruline du Canada au plumage jaune et gris et la paruline à gorge noire. Plus au nord, au Belvedere Castle, épiez l'épervier brun et l'épervier de Cooper sur leur route de migration automnale – peut-être seront-ils en train de festoyer d'une proie malchanceuse. Les autres bons points d'observation incluent le Réservoir (86e/96e rues), où hivernent les canards colverts, les petits garrots et d'autres familles de canards et d'oies. Du côté de North Woods (102e/106e rues), des pics duveteux bavardent et piquent piquent piquent, tandis que des colibris – le martinet ramoneur et son plumage couleur de suie – fréquentent les environs de Great Hill, du côté de Central Park West (104e rue).

**Quand ?** On observe des oiseaux toute l'année, mais surtout à l'automne et au printemps, saisons des flux migratoires – venez tôt le matin ou en fin d'après-midi.

**Où ?** Postez-vous d'abord au Central Park Conservancy, près du Belvedere Castle, au centre du parc, au niveau de la 79e rue.

**À savoir** Au Central Park Conservancy, on vous prêtera un kit contenant jumelles, guide et carte. Ouvert de 10 h à 16 h 30, du mardi au dimanche d'avril à octobre et du mercredi au dimanche de novembre à mars.

**Internet** www.centralpark.com

### Pale Male et Lola

Faites la connaissance de Pale Male : à New York, cette buse à queue rousse est une vraie vedette. Depuis le début des années 1990, elle fait son nid sur une corniche d'un immeuble de la 5e Avenue, face à Central Park. En 2004, avec sa partenaire du moment, Lola, il a frôlé l'expropriation lorsque les copropriétaires ont voulu enlever le nid – les nombreuses protestations les en ont empêchés.

Aujourd'hui, Pale Male est grand-père et d'autres buses à queue rousse se sont établies dans la ville ; avoir la chance de les observer est toujours un plaisir.

Un bihoreau gris en goguette à Harlem Meer, aux confins septentrionaux de Central Park.

À la fin avril et en mai, les milliers d'azalées de l'Arboretum s'épanouissent en une exceptionnelle symphonie de couleurs.

ÉTATS-UNIS

# National Arboretum

## Ce formidable ensemble d'arbres, de prairies et de fleurs est assurément le « jardin de l'Amérique ».

Le National Arboretum est inauguré en 1927 à l'est de Washington D.C. avec pour vocation de « conserver et faire connaître arbres, arbustes, fleurs et autres plantes ». Il prend une tout autre envergure en 1935, en pleine Dépression, lorsque le CCC (Corps civil de protection de l'environnement) met des centaines d'hommes au travail pour aménager routes, étangs, serres, sentiers, fontaines et pépinières – véritable prouesse horticole – et donner naissance à l'actuel site de 180 ha. On peut y passer toute une journée et n'en explorer qu'une fraction. Des sentiers soigneusement entretenus conduisent à des lieux étonnants : le National Capital Columns, par exemple – une terrasse ensoleillée, une fontaine et un ensemble de colonnes données à l'arboretum après une rénovation du Capitole. Le printemps est couronné par la floraison des azalées et la symphonie pastel de la Collection Dogwood. Ne faites pas l'impasse sur les bonsaïs, l'une des plus remarquables collections du monde – certains de ces gracieux arbres miniatures ont près de quatre siècles. Délectez-vous des charmes du jardin d'herbes aromatiques, des couleurs et des parfums de la Collection asiatique, de la palette des verts profonds de la Collection de houx et de magnolias. Sans oublier le calme quasi religieux de la plantation de séquoias de Chine.

**Quand ?** De fin avril à juin pour la floraison, à la mi-octobre pour les feuillages d'automne.

**Où ?** L'entrée principale se situe sur R Street, à deux pâtés de maisons au nord de Bladensburg Road. Le quartier est un peu glauque, venez plutôt en voiture. Prenez le Metrorail jusqu'à Union Station, puis un taxi jusqu'à l'arboretum. Le personnel sera ravi de vous appeler un taxi pour le retour.

**À savoir** Plusieurs fois par jour (week-ends et jours fériés), de mi-avril à mi-octobre, visite commentée de 35 min en petit train. Pas de restauration, apportez votre pique-nique.

**Internet** www.usna.usda.gov

### Le paradis du nénuphar

Au nord-est de la capitale, **Kenilworth Aquatic Gardens**, unique en son genre, est un parc national dédié aux nénuphars, aux lotus et aux autres plantes aquatiques. Circonscrit sur trois côtés par d'immenses marais, ce parc de 5 ha, aux prairies piquées d'étangs aux eaux calmes, est d'une exceptionnelle luxuriance. À la fin du printemps et en été, les espèces originaires du monde entier fleurissent en une explosion de couleurs. L'endroit est peu fréquenté et c'est souvent seul que vous arpentez les herbages ombragés par les saules, sur les rives des plans d'eau couverts de fleurs.

Pause-déjeuner dans Yerba Buena Gardens, ou une parenthèse verte dans la jungle des gratte-ciel.

ÉTATS-UNIS

# SoMa, San Francisco

San Francisco a bâti sa renommée sur le charme un peu désuet de la plupart de ses quartiers. Celui-ci est résolument tourné vers le futur.

À l'époque où l'industrie battait son plein, South of Market (ou SoMa) était un sinistre quartier d'entrepôts. À la fin des années 1990, il a été complètement réinventé dans le cadre d'initiatives de réaménagement urbain. C'est aujourd'hui un lieu branché dédié au travail, à l'habitation, aux arts, à la musique et au divertissement. Au tournant des années 2000, SoMa est devenu le centre de la « bulle Internet ». Quand celle-ci a explosé, les emplois ont souffert, mais la dimension « sociale » du quartier est demeurée intacte, avec ses restaurants d'une exceptionnelle variété et son ambiance nocturne – de la classique boîte de nuit aux rendez-vous SM les plus étranges. SoMa est pluriethnique et multiculturel, mais ses résidents ont bien des points en commun : ils sont jeunes, ont fait des études supérieures et travaillent dans le secteur des médias et des nouvelles technologies. Il n'y a pas ici de centre à proprement parler, car les restaurants, clubs et bars sont disséminés dans ce paysage urbain plutôt terne. On prend toutefois une bouffée d'air frais aux Alicia Street Community Gardens, où des personnes handicapées et les seniors du quartier font pousser des fleurs et des légumes au pied d'une immense fresque multicolore.

**Quand ?** Au printemps et à l'automne, pour des températures plus agréables.

**Où ?** SoMa est circonscrit par Market Street (au nord et nord-ouest), la baie de San Francisco (à l'est), Townsend Street (au sud et sud-est) et la Highway 101 (ouest et nord-ouest).

**À savoir** Emportez votre pique-nique aux Alicia Street Community Gardens. Quelques restaurants ? : So (cuisine fusion asiatique), Pazzia Restaurant and Pizzeria (Sicilien traditionnel), Fringale (bistro français).

**Internet** www.sfgate.com/neighborhoods/sf/soma, www.sanfrancisco.com

### Le musée de la BD

Le musée emblématique de SoMa est le **musée d'Art moderne** (SFMOMA), mais le **Cartoon Art Museum**, situé dans le Yerba Buena Center, sur Mission Street célèbre un autre domaine artistique. Son aventure a débuté sous la forme d'un collectif d'artistes locaux désireux de faire connaître leurs travaux. En 1987, grâce au soutien financier de Charles Schulz, créateur de Snoopy, le musée intègre ses locaux actuels. Sa collection permanente compte désormais 6 000 pièces. Les expositions temporaires ont pour thème des sujets variés, de la BD dans la presse aux mangas japonais.

BRÉSIL

# LES RYTHMES DE RIO DE JANEIRO

**Avancez en cadence sur le chemin de la musique et de la danse qui serpente à travers la ville la plus exotique du Brésil.**

Montagnes emblématiques et kilomètres de plage : les paysages de Rio sont dignes d'une toile surréaliste. Dans la capitale du carnaval, la vie s'écoule en musique. *The Girl from Ipanema* vous trotte dans la tête depuis votre réveil ? Sirotez une *chope* (bière pression brésilienne) à la Garota de Ipanema où, en 1962, le compositeur Antonio Carlos Jobim et le parolier Vinícius de Moraes ont écrit cette chanson, faisant connaître au monde entier les rythmes entêtants de la bossa-nova. De l'autre côté de la rue, le Vinícius Piano Bar propose des sessions live de bossa-nova. Tout près, au Toca do Vinícius, véritable sanctuaire de la bossa-nova, les fans trouvent leur bonheur dans une précieuse collection de CD et assistent à des concerts impromptus organisés en soirée par des chanteurs tels que Claudia Telles. Courez à Lapa, quartier du centre-ville. Qu'importe que vous soyez riches ou pauvres, disent les Cariocas – les habitants de Rio –, tout le monde vient ici pour la même chose : la musique, la danse et la *caipirinha*, cocktail national à base de citron vert, de sucre, de glace et de *cachaça* (alcool de canne à sucre). Boîte extravagante bourrée d'antiquités… et de fêtards, le Rio Scenarium est l'un des clubs les plus fréquentés de Lapa. Vous pouvez aussi danser et écouter de la musique à Estrela de Lapa et Carioca de Gema, repaire des amoureux de la samba et de la bossa.

**Quand ?** Si vous aimez la foule et le chaos, allez à Rio pendant le carnaval, sinon, évitez cette période ; mais pour la musique, il n'y a pas de saison.

**Où ?** Pour vous déplacer la nuit à Rio, prenez un taxi.

**À savoir** Dans la plupart des bars, cafés et restaurants, le service (10 %) est inclus dans l'addition, donc inutile de laisser un pourboire. Pour les taxis, arrondissez la somme.

**Internet** www.braziltour.com, www.infobresil.com, www.barcariocadagema.com.br, www.jazzrio.com

## Musique avec vue

■ L'un des événements musicaux les plus en vue de Rio est la soirée jazz du **Maze**, chaque premier vendredi du mois. Ce labyrinthe (*maze* en portugais) de pièces en béton domine la ville depuis la **favela Tavares Basto**. En plus du jazz, on y entend de la bossa et de la samba, avec un panorama fantastique sur la ville illuminée.

■ Si vous êtes toujours en avance d'une tendance, rendez-vous dans le quartier **Praça Tiradentes**. Autrefois déserté, il renaît de ses cendres, principalement grâce au **Centro Cultural Carioca**, qui fait office de club et d'école de samba.

Au Rio Scenarium (quartier Lapa), les groupes jouent essentiellement de la samba et du chorino, courant musical brésilien du XIXe siècle alliant polka, valse et samba.

TOP 10

# PAUSE-CAFÉ

Apprivoiser une ville ne se résume pas à visiter ses monuments touristiques. Il faut savoir s'offrir une parenthèse enchantée - un café, une gourmandise - dans le lieu idéal.

## 1 Hell's Kitchen, Minneapolis, États-Unis

Débutez la journée par un bol fumant de porridge au riz sauvage. Ou une omelette aux parfums inédits. Ou des pancakes ricotta-citron aux myrtilles fraîches. Et le week-end, pour le brunch, essayez les œufs Bénédicte au filet de viande de bison…

À savoir Réservation indispensable pour le brunch Salvation Sunday (en musique) et le dîner en week-end. www.hellskitcheninc.com

## 2 Espresso Vivace, Seattle, États-Unis

Dans cette ville où nombreux sont les aficionados de la torréfaction, il y a un café à chaque coin de rue. Pour vous éviter un choix cornélien, optez pour les mélanges signés Espresso Vivace servis au Blix Café, Gran Bar, Alley 24 et Sidewalk Café. Les serveurs connaissent le rituel du cappuccino sur le bout des doigts.

À savoir Prévoyez de la place dans votre valise pour y glisser un ou deux paquets d'Espresso Vivace. www.espressovivace.com

## 3 Tree House, Santa Fe, États-Unis

La salle et la cuisine de ce café-pâtisserie sont inondées de lumière. Ici, la fleur du désert s'appelle « cupcake ». Tous les gâteaux et les salades sont préparés sur place, avec des produits saisonniers et locaux. Les végétariens et les intolérants au gluten et produits laitiers ne sont pas oubliés.

À savoir Tree House est situé dans les Lofts du 1600 Lena Street (la rue donne dans Second Street). www.treehousepastry.com

## 4 Café Zambra, Hong Kong

Les meilleurs cafés du monde ont trouvé leur tasse dans ce lieu clair et moderne du quartier financier Wan Chai de Hong Kong, hérissé de gratte-ciel. Les sièges de la mezzanine sont infiniment confortables. Ne faites surtout pas l'impasse sur le cheesecake au cappuccino.

À savoir Le Zambra est à un pâté de maisons de Gloucester Road. En semaine, il est ouvert de 7 h 30 à 22 h (ou 23 h). www.zambra.net

## 5 Konditori Valand, Stockholm, Suède

Le Konditori Valand embaume la cardamome et le gingembre. C'est le décor parfait pour la pause-café rituelle des après-midi suédois : ambiance années 1950, boiseries chaleureuses et chaises de teck. Que choisir ? Des petits pains à la cannelle, des pâtisseries à la crème, des cheesecakes fruités, de savoureux sandwichs…

À savoir En été, des cafés saisonniers font leur apparition sur le front de mer de Stockholm. www.stockholmtown.com

## 6 Palmenhaus, Vienne, Autriche

Vous arpentez les jardins botaniques de Vienne par une journée froide et pluvieuse ? Arrêtez-vous siroter un café *mit Schlagsahne* (avec crème fouettée) dans le vaste jardin d'hiver de la Palmenhaus (Palmeraie). La compagnie des palmiers et des plantes tropicales est si relaxante que vous envisagerez sérieusement de rester pour le déjeuner.

À savoir Si vous déjeunez sur place, sachez que les portions sont très copieuses. Agréable terrasse. www.palmenhaus.at

## 7 Flat White, Londres, Grande-Bretagne

Havre de paix dissimulé parmi les stands de vêtements et de restauration du Berwick Street Market, ce minuscule café-galerie de Soho attire les fans du *flat white* australien – un cappuccino coiffé d'une mousse extrêmement légère. S'il fait beau, allez le boire dehors.

À savoir L'après-midi, le Flat White est souvent bondé : rendez-vous chez son alter ego, le Milk Bar, sur Bateman Street toute proche. www.trustedplaces.com

## 8 Café Martini, Paris, France

Dorlotez-vous, les mains autour d'une tasse de chocolat bien chaud et profitez du confort du Café Martini… en étudiant du coin de l'œil l'alléchant menu. L'établissement – héritier des cafés traditionnels de la Ville Lumière – est situé à quelques pas de la place des Vosges.

À savoir Station de métro la plus proche : Bastille. Le café est ouvert jusqu'à 2 h du matin. www.cafemartini.fr

## 9 Café de la Paix, La Rochelle, France

Poussez la porte du Café de la Paix, délicieusement Belle Époque, dans l'ancien port de La Rochelle, sous les arcades, face à la place Verdun. Georges Simenon, maître du roman policier et propriétaire d'une maison dans les environs, venait souvent écrire sous les dorures de la salle. Le décor a été rafraîchi depuis, mais le temps ne semble pas avoir de prise sur ce lieu.

À savoir Fermé le dimanche. www.ville-larochelle.fr

## 10 Café es Firo, Sóller, Majorque, Espagne

Un train d'époque tout en bois, le Ferrocaril, serpente le long du paysage montagneux entre Palma et Sóller. Arrivé à Sóller, la faim vous attire vers les tapas et la sangria du Café es Firo, sur la Plaça Constituçio ombragée. Des agrumes cultivés dans la vallée sont fraîchement pressés et transformés en un inoubliable sorbet à l'orange. Empruntez le vieux tram, el Orange Express, qui vous conduit au port de Sóller.

À savoir Évitez Pâques. www.trendesoller.com, www.sollernet.com

Ci-contre : une pause dans l'élégante Palmenhaus Art nouveau de Vienne, située dans les anciens jardins privés des Habsbourgs.

Pas besoin de salon, à Cuba, un banc public suffit.

CUBA

# Salons de musique à Santiago

## Dans la deuxième ville du pays, la vie s'écoule au tempo d'une musique au rythme entraînant.

On pénètre dans la Casa de Trova avec la révérence qui sied d'ordinaire à une église. Le public prend place sur des chaises pliantes et bavarde tandis que le groupe s'installe. Mais le calme est de courte durée. À peine la première chanson terminée que tout le monde est debout, tapant du pied et des mains, dansant et chantant. Santiago de Cuba est considérée comme le berceau de la révolution de 1959, mais ses liens avec la musique sont aussi solides que sensuels. La ville résonne de toutes les mélodies (mambo, salsa...), mais réserve une place particulière aux *trovas*, des ballades mariant la guitare espagnole et les percussions africaines à des paroles passionnées qui racontent les aléas de la vie quotidienne sur cette île des Antilles. Casa de Trova est une institution nationale, un lieu étonnant où se sont produites toutes les vedettes de la musique cubaine de ces cent dernières années. Chaque après-midi et tous les soirs, on vient y écouter un artiste solo ou un groupe. Les notes s'échappent par la fenêtre et envahissent la Calle Heredia, centre névralgique de la vie nocturne et musicale de l'île.

**Quand ?** De novembre à février, quand la saison des cyclones est terminée et que la brise marine modère les températures et le taux d'humidité.

**Où ?** Il y a au moins trois vols par jour au départ de la capitale, La Havane (1 h 30 de vol). Depuis La Havane, train de nuit ou liaison en bus (15 h de trajet...).

**À savoir** Prévoyez de rester au moins 3 nuits. Le vieil et élégant Hôtel Casa Granda se dresse au cœur du centre historique. Si vous recherchez la modernité, essayez le Meliá Santiago dans la banlieue de Vista Alegre : le bar de la terrasse du 15e étage offre une vue imprenable... et de la musique live.

**Internet** www.cubatourisme.fr, www.cuba-linda.com, www.santiago-de-cuba.net, www.cubalatina.com

### Salons, festivals et épaves

- Le salon de musique **Patio de Artex**, sur la Calle Heredia mérite une visite. De même que le **Café Cantante Niágara** (au Teatro Heredia), le **Patio de los Dos Abuelos** (sur la Plaza Marte), la **Casa del Caribe** (Calle 13) et la **Casa de las Tradiciones** (quartier Tivoli). Quelle que soit l'adresse, ambiance garantie.

- Le calendrier culturel de Santiago réserve une place de choix à la musique : **festival de la Rumba** (en janvier) et **carnaval Santiaguerro** (en juillet) – groupes, chars fleuris et cortèges.

- Si vous aimez la plongée autant que la musique, les épaves de quatre navires de guerre espagnols gisent au large de Santiago : Le *Vizcaya*, le *Pluton*, le *Furor* et l'*Almirante Oquendo* ont été coulés par la marine américaine au cours de la bataille de Santiago de Cuba, pendant la **guerre hispano-américaine** de 1898. Il est possible de les explorer (expéditions guidées).

CHINE

# LES *HUTONGS* DE PÉKIN

**Nul ne peut prétendre connaître le vrai Pékin sans jamais s'écarter des grandes artères pour se perdre dans le dédale de ses ruelles.**

Fondateurs de Pékin au XIIIe siècle, les Mongols aménagent un plan en damier aux rues de direction nord-sud et est-ouest. En 1403, Pékin obtient le statut de capitale et la dynastie chinoise Ming conserve ce plan, mais au fil des siècles, un dédale d'allées tortueuses, les *hutongs* (un mot d'origine mongole), s'enchâsse entre les artères perpendiculaires. Les cartes modernes peinent à les recenser. La meilleure façon d'explorer ces allées labyrinthiques (et d'éviter de s'y perdre), c'est de toujours tourner du même côté et de s'attendre à tout. Il y a ici peu de voitures, comparé au nombre de bicyclettes. Des petits lions de pierre montent la garde au pied des portes. Des linteaux sculptés et des toits couverts de tuiles anciennes donnent une idée de l'âge avancé des maisons. Des murs ont été abattus pour transformer des pièces en échoppes. Une couturière se penche sur l'ourlet d'une robe de mariée. Une jeune femme vêtue d'une robe traditionnelle fendue, perchée sur des talons vertigineux, attend à l'entrée d'un « salon de coiffure ». Non loin de là, une vieille femme patiente aux côtés de son pèse-personne parlant. Des paniers-vapeur en bambou s'empilent sur un microscopique feu de charbon de bois, promesse de savoureux raviolis vendus à un prix dérisoire. Voilà le vrai Pékin.

**Quand ?** Fin septembre et octobre : il fait bon et sec et les vents d'altitude maintiennent un ciel dégagé. Avril et mai sont aussi plaisants, mais il peut y avoir des tempêtes de sable. Dans le nord de la Chine, les hivers sont rudes et les étés chauds et humides.

**Où ?** Les guides et plans achetés sur place sont utiles pour se repérer dans les artères principales une fois sorti du lacis des *hutongs*. Leur descriptif des *hutongs* reste cependant succinct, voire fictif.

**À savoir** Un nombre croissant de petits hôtels ouvrent leurs portes dans les *hutongs* – dans les maisons dotées d'une cour intérieure. Étudiez les guides et les sites pour plus d'information. Dans certains quartiers, possibilité de visites guidées en rickshaw, mais elles sont très chères et ne remplacent pas les circuits à pied.

**Internet** www.instanthutong.com, french.china.org.cn/french/110304.htm, www.hutongphotography.com

## Derniers jours

On dénombrait environ 2 000 *hutongs* sous la dynastie Ming (1368-1644), 3 000 sous la dynastie Qing (1644-1912) et près de 3 200 dans les années 1940.

De nos jours, des dizaines d'hectares de maisons traditionnelles sont rasés chaque année. Cela a parfois pour conséquence positive de réhabiliter des petits temples et des maisons de guildes utilisés comme ateliers de couture, entrepôts pharmaceutiques ou pour des activités de l'industrie légère. Si vous voyez sur une façade un caractère chinois entouré d'un cercle, il s'agit certainement de *chai* (« à démolir ») : le *hutong* aura disparu dans une semaine.

Les *hutongs* disparaissent à vue d'œil – le vieux Pékin vit ses derniers instants.

TOP 10

# JARDINS EN VILLE

Pourquoi les jardins seraient-ils le privilège de la campagne ?
Les plus fascinants du monde – oasis inconnues – se cachent au cœur de villes trépidantes.

### ❶ Sun Yat-Sen Garden, Vancouver, Canada

Le plus grand jardin chinois hors de la Chine s'étend à Vancouver. Inauguré en 1986, il a été conçu selon les techniques et les principes en vigueur sous la dynastie Ming et a reçu le nom de l'homme d'État chinois. À travers les treillis des fenêtres des bâtiments, le paysage paraît en métamorphose permanente.

À savoir Venez au printemps, lorsque la végétation s'épanouit. Fermé le lundi. www.vancouverchinesegarden.com

### ❷ Conservatory Garden, New York, États-Unis

L'unique jardin de Central Park est une oasis de 2,4 ha qui vibre de couleurs au printemps et laisse la place aux chrysanthèmes de Corée à l'automne. Entrez par la 5e Avenue et 105e rue, en passant sous la porte Vanderbilt en fer forgé et faites votre choix : jardin à la française, à l'anglaise, à l'italienne ?

À savoir Ouvert tous les jours de 8 h jusqu'au coucher du soleil. Visites guidées gratuites la plupart des samedis. www.centralpark.com

### ❸ Foster Botanical Garden, Honolulu, États-Unis

Fatigué du tohu-bohu du centre-ville de Honolulu ? Pénétrez dans ce jardin tropical qui compte 24 arbres « exceptionnels » du fait de leur âge ou de la rareté de leur essence. La plupart ont été plantés dans les années 1850 par le créateur du jardin, William Hilebrand, médecin d'origine allemande.

À savoir Des bénévoles animent des visites guidées du lundi au samedi. www.honolulu.gov/parks

### ❹ Jardins botaniques, Saint-Vincent-et-les-Grenadines

Une douce brise porte le chant des oiseaux et les parfums exotiques des plantes rares qui poussent sur les 8 ha de ces jardins étendus à la limite de la capitale de cet État des Antilles – Kingstown. Les habitants les chérissent particulièrement, car ils sont vraisemblablement les plus anciens jardins botaniques de l'époque coloniale.

À savoir Ne ratez pas l'arbre à pain, héritier du spécimen rapporté du sous-continent indien par William Bligh, capitaine du célèbre *Bounty*. www.stvincent.com.vc

### ❺ Jardins botaniques, Singapour

Le Jardin national des orchidées est une attraction très courue de Singapour : des bâtiments de l'ère coloniale abritent de rares espèces d'orchidées – l'hybride *Dendrobium* Margaret Thatcher par exemple. Les espèces tropicales ou d'altitude sont conservées dans des édifices où il fait plus frais. Une section est consacrée à la forêt pluviale, traversée par un pont suspendu.

À savoir Les jardins sont ouverts tous les jours de 5 h à minuit. Accès gratuit, sauf pour le Jardin des orchidées (4 €). www.sbg.org.sg

### ❻ Jardins suspendus de Bombay, Inde

Tôt le matin, ou en soirée, promenez-vous dans ce parc aménagé en terrasses depuis 1881 sur le versant occidental de Malabar Hill. La brise qui y souffle est délicieuse. Venez voir le soleil se coucher sur la mer d'Arabie.

À savoir Le parc est aisément accessible depuis tous les quartiers, que ce soit en bus, en taxi ou en train. www.mumbai.org.uk

### ❼ Musée Rodin, Paris, France

Avant sa mort en 1917, Auguste Rodin fait don de son œuvre à l'État français. Le musée Rodin ouvre ses portes en 1919, et son jardin est restauré en 1926. En 1993, il est entièrement repensé, pour accueillir un plus grand nombre de sculptures. *Le Penseur* est assis dans la roseraie, tandis qu'*Orphée implorant les dieux* surgit de la végétation et de la rocaille dans le jardin d'Orphée.

À savoir Fermé le lundi. Les stations de métro les plus proches sont Varenne et Invalides. www.musee-rodin.fr

### ❽ Royal Botanic Garden, Édimbourg, G.-B.

Ce jardin s'étend sur plus de 28 ha, à 1,5 km du centre de la capitale écossaise. Les attractions n'y manquent pas : le centre d'informations touristiques John Hope Gateway flambant neuf, l'extraordinaire collection de plantes chinoises, un jardin de rocailles aux 5 000 plantes alpines et la palmeraie victorienne.

À savoir Entrée gratuite, mais l'accès à la serre est payant. Ouvert tous les jours à partir de 10 h. www.rbge.org.uk

### ❾ Chelsea Physic Garden, Londres, G.-B.

Les parcs de Londres sont connus de tous, mais ce jardin de 1,5 ha niché au cœur du très sélect quartier de Chelsea reste confidentiel. Fondé en 1673 par la Worshipful Society of Apothecaries, il bénéficie d'un microclimat doux permettant à nombre d'espèces – y compris le plus gros olivier du Royaume-Uni – de s'épanouir en plein air. L'intérêt pour les plantes médicinales est toujours d'actualité avec l'inauguration, en 1993, du Garden of World Medicine.

À savoir Ouvert au public à partir de midi plusieurs jours par semaine, d'avril à octobre. www.chelseaphysicgarden.co.uk

### ❿ Jardin Majorelle, Marrakech, Maroc

Jacques Majorelle, peintre français, s'installe à Marrakech en 1919. Il place son atelier et son célèbre jardin – où s'épanouit une remarquable collection de cactus et palmiers – sous le signe du bleu berbère. Le jardin est restauré dans les années 1980 sous l'égide du couturier Yves Saint Laurent.

À savoir Venez tôt pour éviter la foule. Ouvert tous les jours dès 8 h (9 h pendant la période du Ramadan). www.jardinmajorelle.com

Ci-contre : le contraste éclatant des couleurs (dont le fameux « bleu Majorelle ») évoque les œuvres des fauves, peintres que fréquentait Jacques Majorelle.

CHINE

# Ping Yao

**Prenez le temps de flâner le long du mur d'enceinte de cette cité médiévale chinoise formidablement préservée.**

En 1370, l'empereur Hongwu de la dynastie Ming fit fortifier Ping Yao, dans le nord de la Chine, pour assurer la défense du pays face aux assauts mongols. Des remparts de 10 m de haut, percés de six portes fortifiées, et dotés de tourelles d'angle et de 72 bastions massifs, encerclaient la ville de 2 km$^2$. Cette enceinte est toujours debout ; elle circonscrit un dédale de ruelles étroites prisonnières des vastes demeures de l'ère Ming, où logeaient autrefois banquiers et marchands. Les murs de ces édifices gris à deux niveaux portent des entailles – manœuvres hasardeuses des tricycles à remorque qui assurent la livraison de toutes sortes de denrées. À l'arrière, des cours intérieures se dissimulent sous la brique et le bois sculpté. Leurs portes sont souvent entrouvertes, laissant deviner qu'elles font également office de tableau noir pour les enfants – on entraperçoit une leçon d'anglais tracée à la craie. Par la fenêtre s'échappent les bruits caractéristiques du repas qui se prépare, et les pleurs d'un bébé. Une hirondelle vole à ras de terre et un vendeur de pêches itinérant fait une pause, afin d'épousseter les fruits de son étal.

**Quand ?** Les hivers sont rudes à Ping Yao (bien plus qu'à Pékin). Venez plutôt de la fin du printemps au début de l'automne. Évitez le Nouvel An chinois à la fin de l'hiver (il est alors très difficile de circuler) ainsi que la première semaine d'octobre (vacances), quand les touristes chinois affluent dans la ville.

**Où ?** Liaisons directes par train depuis Pékin, mais il existe une liaison bien plus rapide Pékin-Taiyuan (capitale de la province du Shanxi), puis minibus jusqu'à Ping Yao (liaisons fréquentes).
En chemin, vous longez le Qiao Jia Dayuan, vaste ensemble d'habitations sur un niveau qui mérite une visite.

**À savoir** Les deux premières banques chinoises étaient autrefois installées dans la Rishengchang et la Baichuantong, grandes résidences ouvragées dotées de plusieurs cours, transformées en musées.

**Internet** www.chine-informations.com, whc.unesco.org/fr/list/812

### La cité des banquiers

Au XIX$^e$ siècle, les marchands de la province du Shanxi ayant bâti leur fortune sur le tofu et le thé, cherchent à mettre leurs richesses à l'abri des brigands.

Les propriétaires d'une teinturerie de Ping Yao, qui prospèrent également dans d'autres provinces, trouvent la solution : ils créent un système d'échange permettant le règlement d'une somme à un endroit, et sa perception à un autre. En 1823, ils fondent la **Rishengchang** (« aube de la prospérité »), première banque chinoise. Rapidement, 57 filiales ouvrent dans le pays, en charge des transactions financières – entre autres, le paiement des fonctionnaires – du gouvernement Qing.

L'un des quatre gardiens de l'entrée du temple taoïste Qinxu, aujourd'hui un musée consacré à l'histoire de Ping Yao.

Les quelques habitants de Po Toi se rassemblent pour la plupart le long de la baie principale du village de pêcheurs de Tai Wan.

CHINE

# Les îles de Hong Kong

## Fuyez le tumulte de la Hong Kong contemporaine pour trouver refuge dans son passé rural.

Difficile d'associer Hong Kong à l'image d'une nature austère et dépeuplée : c'est pourtant ainsi que les colons britanniques l'ont découverte au temps de l'annexion, voilà près de 170 ans, et c'est ainsi qu'elle est demeurée, tout du moins aux confins sud-est de l'île principale, sur la microscopique île de Po Toi. Ici, pas de voitures, mais un unique petit village de pêcheurs. Une fois le ferry éloigné, seul le chant des oiseaux résonne à vos oreilles. Dans le village, grimpez les marches effritées, dévorées par les hibiscus et le gingembre en fleurs, paradis des papillons. Écoutez ! Aux pépiements des oiseaux se sont joints le coassement des grenouilles et le cricri des grillons. Le versant de la colline est piqué de tombes en demi-cercle, qui font face à la mer : la plupart sont entretenues, certaines décorées de céramiques, d'autres ornées d'un portrait du défunt. Parvenu au sommet, vous goûtez le spectacle du bleu intense de la baie. Un chemin serpente jusqu'au bord de l'eau et à des pétroglyphes datant vraisemblablement de l'âge du bronze, il y a 2 500 ans. Un peu plus loin, voici Palm Rock et ses « doigts » de pierre, puis Turtle Rock, incroyable tortue minérale qui paraît se hisser péniblement au sommet du relief. Ici, c'est le moine de Monk Rock qui, penché au bord du chemin, bénit les passants.

**Quand ?** La période de novembre à février est la moins humide et la plus agréable, mais le Nouvel An chinois (entre la fin janvier et la mi-février) amène beaucoup de monde. La saison des ouragans court de mai à septembre : soyez très vigilant en termes de météo et de transports.

**Où ?** En semaine, un vieux ferry de bois assure la traversée depuis Aberdeen Typhoon Shelter. Les liaisons ne sont pas quotidiennes, renseignez-vous auprès de l'office de tourisme de Hong Kong.

**À savoir** Évitez le dimanche, il y a vraiment foule : touristes mais aussi ornithologues à la recherche des rares loriots de Chine et des gobe-mouches narcisses.

**Internet** www.discoverhongkong.com, www.hkoutdoors.com/outlying-islands/po-toi.html

### Un repas et une promenade

**Ming Kee** – un modeste restaurant qui s'avance sur la mer – est réputé pour ses encornets pimentés et son poisson à l'étouffée. En semaine, il est le seul restaurant de Po Toi susceptible d'être ouvert. Après avoir choisi votre poisson dans le vivier, allez, le temps qu'il cuise, vous promener dans le village. Vous voici à la porte d'un temple débordant de personnages de faïence aux couleurs criardes et d'un énorme poisson de porcelaine, la queue fendant l'air. Le sanctuaire, où règne la pénombre, est dédié à Tin Hau, déesse taoïste protectrice des marins, très populaire sur la côte méridionale de la Chine, dont l'effigie disparaît derrière des monceaux d'offrandes.

JAPON

# Le jardin de mousse de Kyoto

## Un manteau de mousse aux reflets changeants de velours vert tapisse l'un des plus anciens jardins du Japon.

Au printemps, lorsque les cerisiers sont en fleurs, et à l'automne, quand brunissent les feuillages, les touristes affluent dans les temples de Kyoto. Mais Saiho-ji, temple zen recroquevillé dans un quartier tranquille de l'ouest de la ville, reste désert. Kokedera, ou « jardin de mousse », fut autrefois un jardin zen traditionnel, aux rochers cerclés de cailloux blancs, mais à l'ère meiji (milieu du XIX<sup>e</sup>-début du XX<sup>e</sup> siècle), le monastère n'a plus eu les ressources suffisantes pour l'entretenir et ce sont plus de 120 différents types de mousses, récitant toute la gamme des verts, qui ont conquis l'espace. Le jardin est divisé en deux niveaux : en haut, des formations rocheuses forment une « cascade sèche », tandis que le niveau inférieur, tapissé de mousses, est densément boisé d'érables du Japon et de bambous. Au centre, un sentier circulaire borde un étang dont la forme rappelle le caractère chinois signifiant « cœur » et qui regroupe plusieurs îlets, ainsi qu'un pont, semblant surgir de nulle part. L'entretien de ces mousses réclame travail et amour : elles ont besoin d'humidité, mais trop d'eau provoque l'apparition d'un lichen parfaitement inesthétique. Les moines veillent, nettoyant ces coussinets naturels à l'aide d'un petit balai et coupant les branches des arbres qui les assombrissent. Le jardin n'est jamais aussi beau que les jours de pluie, nimbé des brumes d'humidité qui s'élèvent depuis l'étang. Le vert est alors éclatant. Les mousses étouffent le bruit des gouttes et le silence profond accentue la sensation de se trouver ici aux confins d'un monde oublié.

**Quand ?** La mousse recouvre le sol toute l'année, mais le jardin est particulièrement beau à l'automne.

**Où ?** Des bus relient régulièrement les temples de Kyoto. Pour le jardin de mousse, descendez à Kokederamich. De nombreux bus partent de la gare principale.

**À savoir** Attention : visiter ce temple relève du défi. Vous devez envoyer une demande par courrier 3 semaines à l'avance, en spécifiant une date et le nombre de participants. Pensez à donner votre adresse pour que les moines puissent vous confirmer. Portez des chaussures plates (les talons abîment les mousses). On vous demandera de chanter et de méditer (rituel du *zazen*) avant d'entrer dans le jardin.

**Internet** www.kyoto.travel/fr, www.tourisme-japon.fr

Ci-contre : le vert du tapis de mousse contraste avec le roux des feuilles d'érable. Ci-dessus : un bassinet rituel.

### Paisibles plaisirs

■ Pour une flânerie contemplative, rendez-vous sur la promenade des Philosophes, un itinéraire de 2 km le long du canal non loin de **Ginkaku-ji** (le Pavillon d'Argent), au nord-est de Kyoto. Après la visite de ce temple très couru, partez à la recherche des temples moins connus, camouflés çà et là : parmi eux, le **Honen-in** et son entrée coiffée de chaumes. L'allée est bordée de centaines de cerisiers, réservant au printemps et à l'automne un spectacle inoubliable.

■ Très à l'écart des sentiers battus, le **temple Otagi Nenbutsu-ji** se dresse à Oku-Saga, dans le quartier d'Arashiyama. Sur le versant de la colline, voici les *rakan*, des rangées entières de statues de pierre mangées par les mousses. Elles sont l'œuvre des élèves du célèbre sculpteur Kocho Nishimura. Chacune a une expression différente - sérieuse, hilare, gaie. Celui-là a la tête en bas, celui-ci est un soiffard, un surfeur, un musicien, un photographe... Ils vous feront assurément sourire.

SYRIE

# Les joyaux cachés de Damas

Niché dans un recoin de la capitale syrienne, le vieux quartier al-Salihiye s'enorgueillit d'une époustouflante architecture islamique.

Au XII^e siècle, les réfugiés musulmans fuyant l'occupation de la Terre sainte par les croisés fondent le quartier al-Salihiye de Damas, au pied de la colline du Qassioun. À l'époque, al-Salihiye est un village indépendant, séparé des remparts de Damas par près de 2 km de plaine. Aujourd'hui, le quartier est complètement imbriqué dans la capitale syrienne. Promenez-vous dans les ruelles millénaires et admirez des monuments bâtis entre les XII^e et XVI^e siècles, à l'apogée de l'architecture islamique. Les fondateurs d'al-Salihiye ont créé des écoles, des hôpitaux, des œuvres de bienfaisance, des hamams et des mosquées qui sont pour la plupart encore debout. On peut voir des vestiges d'édifices islamiques dans les échoppes de l'actuel souk : observez la vague de motifs blancs et noirs incrustés qui ondule au fil des murs. Le site le plus visité est celui du tombeau d'Ibn Arabî, mystique soufiste du XIII^e siècle, protégé par une vitrine et entouré de lampes vertes brillantes. Tout proche, l'Imaret Sultan Süleyman est une soupe populaire du XVI^e siècle, où mangeaient les pèlerins venus se recueillir sur le tombeau et qui fait aujourd'hui office de boulangerie. La cour centrale du bâtiment de pierre est coiffée de deux élégantes coupoles. La nourriture était stockée et préparée à l'étage. Sur l'artère principale d'al-Salihiye, le Maristan al-Qaymari, un hôpital du XII^e siècle, s'ouvre sur un iwan, un hall voûté aux ornements de stuc et incrustations de pierre. Par la fenêtre, la vue sur la ville est sublime.

**Quand ?** Planifiez votre voyage entre septembre et mai, pour éviter la chaleur de l'été. Le Festival du jasmin, qui rend hommage à cette fleur infiniment parfumée, se tient en avril. Festival du film à l'automne.

**Où ?** Pour vous rendre à al-Salihiye, prenez un taxi (peu cher).

**À savoir** Pour visiter les mosquées, les femmes doivent avoir la tête couverte et porter une tenue sobre. Pour entrer en Syrie, visa obligatoire délivré par l'ambassade syrienne ou le consulat du pays de naissance ou du lieu de résidence. Une destination à risques, compte tenu des événements qui s'y déroulent.

**Internet** www.syrievoyage.fr

## La synagogue de Doura Europos

Le musée national de Damas recèle un exceptionnel trésor polychrome du III^e siècle : la **synagogue de Doura Europos**, ville de l'est de la Syrie. Mise au jour en 1932, la structure – une seule pièce – de 14 x 3 m a été remontée dans une aile du musée. Elle est visible sur demande.

Les murs sont ornés sur trois registres d'un décor peint constitué de scènes de l'Ancien Testament dans des tons rouges et orangés. 90 pèlerins peuvent prendre place sur les sièges de marbre. La synagogue témoigne de l'adaptation, par les juifs de l'Antiquité, de formes artistiques et de motifs romains à leurs besoins ornementaux et culturels.

Le mausolée où repose la tombe d'Ibn Arabî a été conçu par Sinan, surnommé le « Michel-Ange de l'architecture ottomane ».

Les demeures des marchands arméniens bordent la grande place du marché.

POLOGNE

# Zamość

**Réfugiée aux confins sud-est de la Pologne, l'une des plus belles villes Renaissance d'Europe est délaissée par les touristes.**

En 1590, Jan Zamoyski, noble polonais, décide de fonder une ville dans la région de Roztocze, sur la route commerciale reliant l'ouest et le nord de l'Europe à la mer du Nord. Féru de Renaissance italienne, il demande à l'architecte italien Bernardo Morando de concevoir la « Padoue du Nord ». Zamość s'affirma rapidement comme une cité pluriculturelle, rassemblant derrière ses puissants remparts Arméniens, juifs, Hongrois, Grecs, Allemands et bien d'autres nationalités autour de six églises catholiques, une synagogue et une église orthodoxe. L'architecture Renaissance mâtinée d'influences polonaises éclate sur la grande place du marché, où les élégantes demeures à arcades des marchands s'ornent de frises, de bas-reliefs, de fresques et de trompe-l'œil. Dominant la place, l'hôtel de ville est devancé par un imposant escalier en éventail et coiffé d'une horloge qui s'exprime bruyamment à midi. Les incontournables de la cité incluent l'académie, le palais Zamoyski, la cathédrale et l'arsenal. L'agenda culturel estival de Zamość est digne d'une cité Renaissance : théâtre en plein air et concerts de musique classique. Depuis quatre siècles, Rektorska, la plus ancienne pharmacie du pays, n'a pas cessé son activité. Elle est aménagée d'un musée à l'étage et, au sous-sol, d'un café-jazz où siroter une bière au gingembre.

**Quand ?** Toute l'année, mais préférez l'été pour le temps, les festivals et les autres événements culturels.

**Où ?** Rejoignez Rzeszow en avion et prenez le bus jusqu'à Zamość (3 h de trajet). En bus, comptez 5 h depuis Varsovie, 7 h depuis Cracovie.

**À savoir** Zamość est le point de départ idéal pour essaimer dans la région environnante et le parc national de Roztocze. À la sortie de la ville, il y a des parcours tout à fait adaptés à l'équitation, le vélo et à la randonnée. Le parc du pittoresque village de Guciów mérite également une visite.

**Internet** www.zamosc.pl, www.zamosc.wonder.pl, www.travel.zamosc.pl, whc.unesco.org/fr/list/564

### L'Occupation allemande

Pendant la Seconde Guerre mondiale, la région de Zamość est programmée par les nazis pour être repeuplée par des Allemands. La ville serait rebaptisée Himmlerstadt (« la ville de Himmler ») et 60 000 Allemands y seraient installés d'ici 1943. Nombre de Polonais perdent la vie, et la communauté juive (plus de 12 000 personnes) est décimée. La résistance de la population locale et l'arrivée de l'Armée rouge en 1944 mettent cependant un terme aux projets nazis.

Sous l'Occupation, la **synagogue** de Zamość est pillée et transformée en atelier de charpentiers, toutefois, le superbe bâtiment Renaissance a survécu et demeure l'un des plus beaux témoignages du patrimoine juif polonais.

TOP 10

# MARCHÉS ET BAZARS

Des canaris de Pékin aux chéchias de Tunis, délectez-vous de l'extraordinaire variété de produits qu'offrent les marchés des quatre coins du globe.

### 1 Marché de Sololá, Guatemala

Sur ce marché hebdomadaire des hautes terres guatémaltèques, les rayures rouges et blanches sont de mise, chez les marchands comme chez les clients. Des femmes portent sur la tête de gros sacs emplis de *tortillas*, de poulets vivants ou d'étoffes tissées à la main par les Indiens Cakchiquel. Aucune babiole touristique en vue, mais tenue traditionnelle de mise.

À savoir Marché le mardi. www.guatemala-tourisme.info

### 2 La Vega Central, Santiago, Chili

Dans la capitale chilienne, sur les rives du Mapocho, il règne un joyeux désordre sur le marché La Vega Central. Bienvenue au paradis des chiens et des chats errants (et des mouches), âmes sensibles s'abstenir : têtes de cochon, tripes et autres abats au menu, ainsi que *sopaipillas* (pain au potiron frit), *caldo pata* (soupe de sabot de vache) et *pastel de choclo* (tourte au maïs).

À savoir Beaucoup de monde le week-end. www.chile-excepcion.com

### 3 Marché de Namdaemun, Séoul, Corée du Sud

Namdaemun (« grande porte du Sud »), le plus grand marché traditionnel sud-coréen, doit son nom à sa situation, proche d'une porte de remparts aujourd'hui disparus. Mille échoppes proposent vêtements, fleurs, denrées à base de ginseng, articles de cuir, jouets – sans oublier des tortues (vivantes).

À savoir Namdaemun est ouvert 24 h/24 sauf le dimanche. Les bonnes affaires se concluent après minuit. french.visitkorea.or.kr

### 4 Marché aux fleurs, aux oiseaux, aux poissons et aux insectes, Pékin, Chine

Les canaris pépient, les chats miaulent et les criquets grillonnent : tel est le fond sonore inédit du marché Yuan Hua Niao Yu Chong Shi Chang (fleurs, oiseaux, poissons et insectes) de Pékin. Chaussures, scorpions et pipes côtoient cerfs-volants et insectes. Si la ville a été « aseptisée », ce marché à l'ancienne est demeuré absolument authentique.

À savoir La station de métro la plus proche est Fu Chang Men. www.otchine.com

### 5 Grand Bazar de Kashgar, Chine

Deux mille ans d'histoire ont gardé intact l'exotisme du marché de Kashgar, sur l'antique route de la Soie. Son grand bazar a longtemps attiré les marchands d'Asie centrale et de l'ouest de la Chine, pour l'échange de bétail, tapis, pièces d'artisanat, vêtements et denrées. On y pratique encore le troc.

À savoir Marché ouvert tous les jours; forte affluence le dimanche. Consultez les consignes de sécurité avant d'aller à Kashgar, une région qui a connu des troubles par le passé. www.otchine.com

### 6 Pak Khlong Talat, Bangkok, Thaïlande

Partez du Memorial Bridge pour rejoindre le Chinatown de Bangkok. Laissez-vous guider par les effluves jusqu'au plus grand marché de gros (fleurs, épices, fruits, légumes) de la ville, ouvert jour et nuit. Orchidées, jasmin, roses : tout n'est que couleur et parfum. Enivrement des sens garanti.

À savoir Le marché bouillonne de 2 h du matin jusqu'à l'aube, quand les bateaux débarquent les marchandises. www.bangkoktourist.com

### 7 Mercato della Pignasecca, Naples, Italie

Naples est l'une des plus exubérantes villes d'Italie. Pour en avoir la preuve, goûtez l'ambiance et les délices des vendeurs ambulants du marché Pignasecca : pizza calzone, *panzerotti* (croquettes de pommes de terre), *taralli* (bretzels à l'italienne), *pizza fritta* (pizza frite) et *sfogliatelle* (pâtisseries à la crème).

À savoir À Naples, faites attention aux pickpockets. www.inaples.it

### 8 Isle-sur-la-Sorgue, Provence, France

Sur cet îlet du cours de la rivière Sorgue se dressait autrefois un moulin à eau où l'on produisait de la soie, de la laine et du papier. Dans les années 1960, le déclin des industries traditionnelles marqua le développement du business des antiquités. La ville compte plus de 300 antiquaires et son marché aux puces est le plus vaste du pays après Paris. Les jours de marché se déroulent en musique, et les étals débordent de marchandises et de produits provençaux.

À savoir Marché tous les jours en été; en hiver, les dimanches et jeudis matin. www.oti-delasorgue.fr

### 9 Mercado da Ribeira, Lisbonne, Portugal

Fondé en 1882 et implanté dans la halle des bords du fleuve depuis 1930, voici le plus grand marché alimentaire de Lisbonne. Au rez-de-chaussée : poissons, fruits de mer, fleurs, viandes, fruits et légumes ; à l'étage : gastronomie et artisanat local. Le miel et les tuiles peintes à la main sont incontournables.

À savoir Tous les jours (sauf le dimanche) de 5 h à 14 h. Le dimanche, rassemblements de collectionneurs. www.visitlisboa.com

### 10 Souk des Chéchias, Tunis, Tunisie

Dédié à la chéchia – une coiffe de drap ornée de glands, – ce souk aux échoppes du XIXe siècle est probablement le plus intéressant de Tunis. Son existence est pourtant menacée. Traditionnellement associée aux Maures d'Andalousie qui quittèrent l'Espagne, la chéchia fait désormais partie du costume national tunisien. Peu d'artisans la fabriquent eux-mêmes.

À savoir Marchandage inévitable. Ne confondez pas chéchia et fez. www.bonjour-tunisie.com

Ci-contre : sur le marché de Namdaemun, en Corée du Sud, une vendeuse propose de savoureux plats mijotés.

국
밥
전문
야쿠르트

L'ancien hôtel de ville de Leipzig, bâti en neuf mois à peine entre 1556 et 1557, a perdu de son éclat au fil des siècles.

ALLEMAGNE

# Art et foires de Leipzig

Longtemps isolée derrière le rideau de fer, Leipzig a su reconquérir son rang et est à nouveau l'un des centres culturels de l'Allemagne.

La vieille ville saxonne de Leipzig donne désormais le ton, comme en témoigne la Neue Leipziger Schule (nouvelle école de Leipzig), groupe de jeunes artistes formés à l'Académie des arts visuels de la ville et qui a conquis le marché international. Suivez le mouvement, le long de la rue pavée, à l'ouest de la cité, menant aux Baumwolls-Spinnerei, autrefois la plus importante filature à coton d'Europe. Dans les années 1990, sa vingtaine de bâtiments est convertie en un immense complexe artistique. On y trouve aujourd'hui des boutiques, des galeries, des théâtres et un restaurant, au milieu des studios et des ateliers des peintres, des joailliers, des ébénistes et des troupes de danseurs. Plus à l'est, l'Altes Rathaus (ancien hôtel de ville) du XVIe siècle domine la place du Marché et rappelle combien Leipzig fut un carrefour commercial d'importance, réputé pour ses foires. Visitez les édifices où se tenaient ces foires : le Barthels Hof, qui renferme d'élégants intérieurs du XVIIIe siècle derrière une façade XIXe ; et le Specks Hof, où bars, restaurants et boutiques ont trouvé refuge dans les cours et sous les arcades de verre.

**Quand ?** Venez à Leipzig de juin à septembre : le ciel est bleu et les températures agréables. Pour plus de frissons, préférez décembre et son marché de Noël.

**Où ?** Leipzig est à 2 h de route de Berlin. En empruntant l'ICE (le TGV allemand) vous gagnez 1 h sur le trajet.

**À savoir** Investissez dans la Leipzig Welcome Card pour des trajets illimités en tram et en bus dans Leipzig intra-muros. Elle offre aussi des réductions - musées, restaurants et manifestations (concerts au Gewandhaus et Festival Bach).

**Internet** www.leipzig.de, www.germany.travel/fr

## Musique, café et calendrier

■ Dans l'église Saint-Thomas (**Thomaskirche**), le patrimoine musical de Leipzig est bien vivant. Sa chorale - fondée il y a huit siècles - fut dirigée par un certain Johann Sebastian Bach. Une statue du compositeur est érigée à l'extérieur de l'église, en compagnie de celle de Felix Mendelssohn, natif de Leipzig.

■ **Zum Arabischen Coffe Baum** (L'Arbre à café arabique), l'un des plus anciens cafés d'Europe, se situe à deux pâtés de maisons à l'ouest de l'Altes Rathaus et distille de fabuleux arômes. À l'entrée, voici la sculpture d'un Turc Ottoman offrant une tasse de café à Cupidon. Ici, beaucoup de célébrités vous ont précédé : le poète et dramaturge Goethe, les compositeurs Bach, Liszt, Wagner et Grieg. Au 3e étage, un petit musée est dédié... au café.

■ Le **marché de Noël** est un événement majeur du calendrier festif de Leipzig. De la fin novembre à la veille de Noël, 200 étals s'installent sur la place du Marché, ainsi qu'une patinoire et le plus grand calendrier de l'Avent du monde (860 $m^2$).

ALLEMAGNE

# MUNICH AU FIL DE L'EAU

Vous partez pour Munich ? N'oubliez surtout pas votre maillot de bain car vous aurez l'occasion de montrer vos talents aquatiques.

Par une chaude journée d'été, faites comme tous les Munichois : allez pique-niquer, prendre le soleil et vous baigner sur les rives de l'Isar, en plein centre-ville, non loin de l'île Prater. Relaxez-vous sur les larges plages de galets et plongez dans l'eau aux reflets de jade. En fin de journée, barbecues et bouteilles de vin font leur apparition : la fête peut commencer. Encore envie d'eau ? Direction le Jardin anglais de Prinzregentenstrasse, tout proche, et l'Eisbach (« ruisseau de glace »), une rivière artificielle alimentée par l'Isar serpentant au milieu des pelouses piquées de fleurs. Le courant est très fort et produit une vague perpétuelle, un vrai bonheur pour les surfeurs qui patientent, attendant leur tour pour la glisse... et se laissent surprendre par la vigueur de la vague. Quand il fait chaud, il est très tentant de plonger dans les eaux fraîches, mais le courant et les rochers doivent vous en dissuader : la baignade est absolument interdite. Si vous recherchez une virée fluviale où l'eau... et la bière coulent à flots, partez pour Wolfratshausen, à 34 km au sud-ouest de Munich : montez à bord d'une embarcation de bois traditionnelle dirigée par des marins vêtus d'une très seyante culotte de peau pour une balade de six heures sur l'Isar. Vous longerez des formations rocheuses et passerez trois petits rapides au son enivrant des chants bavarois.

**Quand ?** Pour nager et bronzer, venez en été. Pour applaudir des surfeurs inconscients ou visiter le Müller'sches Volksbad, préférez décembre : le marché de Noël bat son plein.

**Où ?** La vague se trouve dans le Jardin anglais, derrière le musée d'art Haus der Kunst. Des sentiers balisés et des pistes cyclables longent les rives de l'Isar ; l'île Prater est proche du Deutsches Museum.

**À savoir** Dans le Jardin anglais et sur les rives de l'Isar, laissez tomber vos principes, car les Munichois, eux, laissent tomber leurs vêtements. Pour le Volksbad, prévoyez des tongs – le sol du sauna est brûlant.

**Internet** www.isarflossfahrten.biz, www.muenchen.de/int/fr, www.germany.travel/fr

### Bain et bière

Pour se baigner toute l'année, voici le **Müller'sches Volksbad**, élégant établissement de bains Art nouveau, face au Deutsches Museum, où vous nagez dans le gigantesque (31 m x 13 m) bassin principal, sous le regard de gargouilles cracheuses d'eau.

Le complexe compte d'autres bassins (plus petits et plus chauds), des bains de vapeurs à l'antique, des bassins de plongeon, des saunas, des salles de massage et un *biergarten* (jardin à bière).

C'est le lieu idéal pour se relaxer après une journée de tourisme ou faire la sieste dans une cabine privée. Ouvert tous les jours (sauf lundi) jusqu'à 23 h.

En été, les rives de l'Isar n'ont rien à envier aux plages de Méditerranée.

Moneta

ITALIE

# Les îles de la lagune de Venise

**Accordez autant de temps aux îles méconnues de la lagune vénitienne qu'aux sites célébrissimes – la place Saint-Marc pour ne citer qu'elle.**

Plus de 3 millions de touristes visitent Venise chaque année : ils passent moins d'une journée dans la ville et se contentent d'arpenter les îles principales en s'exclamant devant la place Saint-Marc, le palais des Doges et le pont du Rialto. Mais la Sérénissime s'est construite sur un immense marécage, ponctué d'une centaine d'îlots. Pour en apprécier toute la dimension, prenez la mer, comme le font les Vénitiens, et partez pour des îles plus éloignées. Au nord-est de la lagune, rejoignez par le ferry au départ de l'île de Burano la petite île de Torcello : peu peuplée, elle est le véritable joyau de Venise. Sa cathédrale Santa Maria Assunta regorge de mosaïques du XIIe siècle, de dorures et de verreries, et rappelle l'importance de Torcello sous l'ère byzantine, à l'époque de sa fondation. Toutes proches, les îles de Mazzorbo et de Burano, avec leurs maisons aux couleurs vives sagement alignées, sont réputées depuis le XVe siècle pour leurs dentelles. Au nord-est de Torcello, accessible seulement en bateau privé, l'île de Sant'Ariano s'est nourrie du XVIIe au XXe siècle des os de Vénitiens morts de longue date et exhumés pour libérer de l'espace dans les cryptes de la cité des Doges. Plus au sud, Sant'Erasmo est l'une des plus grandes îles de la lagune. Maisons et terres cultivées s'y côtoient dans le plus grand calme – on y fait pousser des *castraùre* (jeunes pousses d'artichaut) et des asperges. Admirez la vue sur la lagune en reprenant le vaporetto jusqu'à Venise.

**Quand ?** Venise se visite toute l'année, mais il fait très chaud et très humide au cœur de l'été (et il y a un monde fou). Un vent fort et froid descendu du nord souffle en hiver.

**Où ?** Les vols intérieurs et internationaux atterrissent à l'aéroport Marco Polo. De là, les bateaux-bus Alilaguna vous emmènent aux Fondamente Nuove, à la place Saint-Marc, au Rialto et à la gare (Venise est desservie par le train au départ de la plupart des grandes villes italiennes).

**À savoir** Prévoyez votre séjour bien à l'avance si vous comptez venir entre Pâques et la fin octobre, ou pendant le carnaval, le festival du Film ou la Biennale. Pour sillonner toute la lagune, comptez 1 semaine.

**Internet** www.actv.it, www.turismovenezia.it, www.veniceconnected.com, www.vivre-venise.com, www.venise-tourisme.com, www.labiennale.org

### San Lazzaro degli Armeni

**En 1717, les Vénitiens font don de l'ancienne communauté de lépreux de la petite île de San Lazzaro (saint Lazare, patron des lépreux) à des moines arméniens fuyant les persécutions des Turcs Ottomans.**

**Les moines – appartenant à l'ordre bénédictin des mékhitaristes – font de leur nouveau refuge un foyer d'apprentissage, d'art et de littérature qui attire des sommités, le poète lord Byron en tête.**

**Aujourd'hui, les moines reçoivent encore le peu de touristes parvenus jusqu'à leur île – à mi-chemin du centre de Venise et du Lido. Visite guidée quotidienne, juste après l'arrivée du vaporetto de 15 h.**

Ci-contre et ci-dessus : les habitants de Burano ont coutume de peindre leurs maisons de couleurs vives.

TOP 10

# Flâneries au bord de l'eau

Beaucoup de grandes villes ont été fondées sur les rives d'un cours d'eau. Une promenade au gré du courant réserve des surprises étonnantes et délicieuses.

### ❶ La Calzada de Amador, Panamá, Panamá

Construite avec les pierres retirées pour creuser le canal de Panamá, cette chaussée de près de 5 km de long relie le continent aux quatre îles situées à l'entrée du canal. Passez devant les restaurants, boutiques et hôtels pour rejoindre le Smithsonian Tropical Research Institute qui organise des expositions consacrées à la mer et abrite le musée de la Biodiversité, œuvre de l'architecte Frank Gehry.

À savoir Depuis le centre-ville, rejoignez aisément la Calzada de Amador en taxi (4-7 €). www.pancanal.com, www.panama-voyage.com

### ❷ La Chao Phraya, Bangkok, Thaïlande

Au cœur du vieux Bangkok, l'île Rattanakosin est cernée par le cours de la Chao Praya et les canaux creusés à la fondation de la ville. Depuis le Musée national, une promenade d'une vingtaine de minutes sur la rive mène au Thanon Phra Athit, une rue bordée d'anciens édifices aménagés en restaurants, petites boutiques et cafés. Le panorama est remarquable.

À savoir Le musée se situe à côté du pont Phra Pin-klao, bon point de départ pour différents itinéraires. www.tourismethaifr.com

### ❸ Le Brisbane, Brisbane, Australie

Ville et fleuve partagent ici le même nom et une promenade sur le RiverWalk s'impose pour s'approprier l'un et l'autre. Partez du Victoria Bridge et traversez le parc de South Bank. Là, franchissez la passerelle piétonne jusqu'au sentier du jardin botanique, ou restez sur la rive sud pour rejoindre Kangaroo Point Cliffs : ce spot d'escalade est idéal pour un pique-nique.

À savoir Ralliez le RiverWalk de n'importe quel point de la ville. Possibilité de circuit accompagné. www.brisbane.qld.gov.au

### ❹ La Neva, Saint-Pétersbourg, Russie

Érigée sur les canaux et le cours de la Neva, Saint-Pétersbourg charme les amoureux de l'eau. Entre les ponts Leitenanta Schmidta et Trotsky, sur la rive sud de la Neva, voici le palais, l'amirauté et le quai des Anglais. Pour le palais d'Hiver, traversez le pont Dvortsovy.

À savoir De mai à novembre, la nuit, le pont Dvortsovy est relevé de 1 h 35 à 4 h 55 pour laisser passer les bateaux : l'horaire tardif n'entame en rien l'enthousiasme des spectateurs. www.saint-petersburg.com

### ❺ La Limmat, Zurich, Suisse

Le lac de Zurich est la source de la Limmat, laquelle, sur sa rive droite, circonscrit Limmatquai : ce quartier, l'un des plus anciens de la ville, s'enorgueillit de ses élégantes maisons de guildes des XVII^e^ et XVIII^e^ siècles réaménagées en commerces.

À savoir De mai à octobre, louez (gratuitement) un vélo et pédalez sur la piste cyclable qui longe la rivière. www.zurichtourism.ch

### ❻ Le Tibre, Rome, Italie

Ombragés de sycomores, les quais *(lungoteveri)* du Tibre s'offrent à qui veut connaître Rome. La paisible île Tibérine (Isola Tiberina) est un bon point de départ : le pont Fabricio, le plus ancien de la ville, mène au quartier du Ghetto et à de splendides palais du XVI^e^ siècle.

À savoir En été, séances de cinéma en plein air sur l'île Tibérine. www.rome.info, www.turismoroma.it

### ❼ La Mersey, Liverpool, Grande-Bretagne

Le Pier Head et ses trois bâtiments emblématiques – Cunard Building, Port of Liverpool Building et Royal Liver Building – rappellent l'époque des traversées transatlantiques. Au sud, l'Albert Dock rassemble désormais la galerie d'art Tate Liverpool, un musée maritime et le musée dédié aux Beatles.

À savoir Ne quittez pas le Pier Head sans une traversée en ferry ou une promenade en bateau sur la Mersey. www.visitliverpool.com

### ❽ Regent's Canal, Londres, Grande-Bretagne

Jadis réservés aux chevaux tirant les barges, les chemins de halage vous permettent aujourd'hui de visiter Londres. Le tronçon du canal qui court de Camden Lock (au nord de Londres) à Little Venice en passant par Regent Park est infiniment séduisant. Sur le parcours, des jardins privés se dévoilent, et le chant des rossignols se mêle aux rugissements qui s'élèvent du zoo.

À savoir En métro, descendez à Camden Town pour Camden Lock, et à Warwick Avenue pour Little Venice. www.canalmuseum.org.uk

### ❾ Les berges du Rhône, Lyon, France

Les grands cours d'eau lyonnais – le Rhône et la Saône – sont tous deux bordés par des voies rapides. Cependant, les voitures sont maintenant interdites sur les berges du Rhône, permettant ainsi une plaisante promenade le long de la rive gauche. Les barges traditionnelles sont désormais aménagées en restaurants et cafés.

À savoir Promenez-vous à la fraîche, à la nuit tombée, quand les ponts sont illuminés. Instant magique. www.lyon-france.com

### ❿ Le Tage, Lisbonne, Portugal

Une flânerie de plus de 8 km depuis la Praça do Comércio, sur la rive du Tage, jusqu'à Belém, d'où Vasco de Gama et d'autres explorateurs du XVI^e^ siècle ont pris la mer. Plus courte, la promenade jusqu'à Doca de Santo Amaro, la marina située sous le pont du 25 de Abril. À Belém, découvrez les boutiques et les cafés (goûtez aux *pastéis de Belém*) et le monastère Jerónimos.

À savoir Liaisons régulières en train et en bus entre la gare de Cais de Sodré, Doca de Santo Amaro et Belém. www.visitlisboa.com

Ci-contre : curieusement baptisée Saint-Sauveur-sur-le-Sang-Versé, la cathédrale, achevée en 1907, est située le long du canal Griboïedov, à Saint-Pétersbourg.

Sur les étals des ruelles du quartier historique s'amoncellent les plus frais des produits frais.

ITALIE

# Les ruelles de Gênes

**Partez à l'assaut des venelles dès le petit matin pour profiter d'une kyrielle d'occasions gourmandes qui vous mettront l'eau à la bouche.**

Il y a un certain plaisir à se perdre dans un lieu singulier. Gênes en est l'exemple type. Son réseau inextricable de ruelles – appelées *caruggi* dans le dialecte local – serpente dans toute la ville, créant un véritable labyrinthe. En l'honneur du patrimoine maritime de La Superba (« l'orgueilleuse »), débutez votre parcours au Porto Antico (le vieux port). La ville qui a vu naître Christophe Colomb s'est affirmée, à son apogée, comme l'une des plus grandes puissances maritimes de l'histoire. Elle est aujourd'hui encore le deuxième port d'Italie. Près du Porto Antico se côtoient le deuxième plus grand aquarium d'Europe et la biosphère coiffée d'un dôme de verre. Depuis la Piazza Caricamento, empruntez la Via Sottoripa, allée piétonne jalonnée d'étals jonchés de poissons si frais que leurs écailles scintillent, de *panisse* (friture à base de pois chiches) dorée et croustillante et de *frisceu,* sortes de beignets aux herbes. Sur les comptoirs de vieux marbre des échoppes – les *sciamadde,* littéralement « flammes » en génois, en référence aux fours au feu de bois – toutes ces délices et bien d'autres encore sont disposées. Faites une pause déjeuner ou, mieux encore, picorez d'étal en étal tandis que vous arpentez la Via Garibaldi, une artère paisible bordée de pas moins de quatorze palais.

**Quand ?** Le climat génois est doux toute l'année - un peu plus froid en hiver lorsque souffle le vent du nord.

**Où ?** Pour une arrivée spectaculaire sur le Porto Antico, empruntez le NaveBus (bateau-bus) depuis la banlieue littorale de Pegli, où se situent nombre d'hôtels.

**À savoir** Plus vous achèterez des spécialités cuites ou frites tôt le matin, plus elles seront fraîches. Les échoppes ferment en général au coucher du soleil. Évitez les ruelles la nuit si vous êtes seul(e).

**Internet** www.genova-turismo.it, http://www.delice-network.org/index.php?id=24

## Gourmandises

Gênes a toujours été très portée sur la gastronomie : il fallait bien nourrir tous ces marins et explorateurs ! La *farinata* est une spécialité très populaire - crêpe fine et savoureuse à base de farine de pois chiche et d'huile d'olive fruitée de Ligurie (considérée comme la meilleure d'Italie). Pour savourer cette friandise traditionnelle, rendez-vous à **Antica Sciamadda,** dont les fours au feu de bois fonctionnent depuis plus de deux siècles.

Si vous avez le bec sucré, poussez jusqu'à **Pietro Romanengo fu Stefano,** le deuxième plus ancien magasin de bonbons d'Europe, spécialiste de pâtes de fruits et de microscopiques bonbons à la violette, délicieux et hors de prix.

BELGIQUE

# LE CHÂTELAIN

## Designers, artistes et artisans de tout poil continuent de fréquenter ce quartier aux influences Art déco et Art nouveau.

Autour de la place du Châtelain d'Ixelles (Elsene en flamand), commune du sud de Bruxelles-Capitale, un quartier branché se distingue par sa diversité culturelle. Explorez-le un mercredi après-midi, quand les étals s'installent sur la place et dans la rue du Bailli – où vous vous précipiterez chez le chocolatier Irsi, réputé pour ses *manons,* pralines à la crème fraîche, fourrées à la mousse à la vanille, au café ou au chocolat. Ici, le spectacle n'est pas seulement gustatif, il est aussi visuel : dès les années 1890, les architectes Art nouveau Victor Horta et Paul Hankar y ont beaucoup travaillé. À deux pâtés de maisons de la place du Châtelain, rue Américaine, la maison et l'atelier d'Horta forment le musée Horta. Un peu plus au nord, rue Defacqz, voici la demeure de Hankar. Les amoureux de l'Art nouveau et de l'Art déco déambuleront le long de l'avenue Louise, élégante, ombragée et bordée de galeries d'art et de boutiques de créateurs, d'antiquités et de bijoux. Au n° 346 se dresse l'hôtel Max Hallet, conçu par Horta pour l'avocat Max Hallet et récemment restauré. Sur la place Sainte-Croix (Het Heilig-Kruisplein), donnant sur les étangs d'Ixelles, admirez les locaux Art déco de la radio belge signés Joseph Diongre à la fin des années 1930 et transformés depuis en centre culturel. Plus au sud s'étend le bois de la Cambre, véritable poumon de la ville.

**Quand ?** Les températures sont douces de mai à octobre. Nombreux festivals et événements artistiques en été. Merveilleux marché de Noël et patinoire en décembre.

**Où ?** À 30 min de marche de la Grand-Place de Bruxelles, l'une des plus jolies places d'Europe. Vous pouvez également prendre le tram 91 ou 92 depuis la station de métro Louise.

**À savoir** Parmi les sites d'intérêt qui sortent un peu de l'ordinaire, ne faites pas l'impasse sur le Centre belge de la bande dessinée, installé rue des Sables dans un superbe édifice conçu par Horta en 1906 ; ni sur la brasserie Cantillon, rue Gheude (visite : 5 €, incluant un verre de gueuze, bière bruxelloise typique).

**Internet** www.tourismebelgique.com, www.belgique-tourisme.fr

### Spéculoos

Rien que leur nom éveille la curiosité. Ces petits biscuits aux épices étaient à l'origine taillés à l'emporte-pièce en forme de saint Nicolas et distribués aux enfants sages le 6 décembre. De nos jours, ils sont vendus partout et l'on s'en régale tout au long de l'année. Croustillants, ils provoquent en bouche une explosion de saveur : sucre roux, clou de girofle, cannelle, gingembre, muscade et amandes blanchies. Ils se marient merveilleusement avec une tasse de café fumant ou de la crème glacée.

L'étang du joli square Marie-Louise est l'un des derniers survivants de la cinquantaine de pièces d'eau qui criblaient autrefois la ville.

PAYS-BAS

# Les dunes de sable de La Haye

Les Pays-Bas, contrée au relief plat densément peuplée, ont su heureusement préserver une part de leur nature sauvage.

La Haye, royaume de la bicyclette, généralement associée à la Cour internationale de justice et aux organisations internationales, possède un inestimable trésor naturel. En effet, la ville a été fondée sur trois dunes de sable. L'une d'entre elles, Meijendel (6,4 km de long et 3,2 km de large) s'étend de La Haye à Wassenaar. En soufflant constamment, le vent de la mer alimente en sable la dune, qui joue un rôle essentiel dans l'écosystème, car elle constitue un habitat de prédilection pour plus de 250 espèces d'oiseaux, sans oublier mulots, lapins, chauves-souris, renards, chevreuils, chevaux sauvages et belettes. Elle compte aussi des zones humides où se réfugient crapauds, grenouilles arboricoles vertes et rouges et le trop rare lézard des souches. Meijendel protège les humains des assauts de la mer, filtre pour eux une eau d'une exceptionnelle pureté et constitue une attraction très populaire. Plusieurs sentiers – ouverts aux randonneurs, aux cyclistes et aux cavaliers – quadrillent ce paysage étrange et désolé... parcouru par des fils barbelés interdisant l'accès à certaines zones. Car Meijendel est lourd de souvenirs de sinistre mémoire. Pendant la Seconde Guerre mondiale, l'occupant nazi a construit ici un réseau de bunkers et de tranchées – aujourd'hui intégrés au centre de communication de l'OTAN – et y a également exécuté un grand nombre de résistants, enterrés sous les sables.

**Quand ?** Climat très changeant, mais généralement doux toute l'année avec cependant beaucoup de vent. Juillet et août sont les mois les plus chauds. Nombreuses promotions hôtelières en hiver.

**Où ?** Bus 43 depuis la gare centrale de La Haye. Ou jouez-là à la néerlandaise en sillonnant La Haye et Meijendel à vélo (circuits planifiés par Totzo !).

**À savoir** Meijendel compte trois grands sentiers de randonnées (balises jaunes, rouges et bleues), des pistes cyclables et des allées cavalières. Certains itinéraires sont réservés aux détenteurs d'un permis délivré par la DZH, la compagnie des eaux qui gère la dune et programme des circuits accompagnés. Le centre d'information touristique Delflandsee Kustr renseigne sur le rôle environnemental de la dune.

**Internet** www.holland.com, www.denhaag.nl/fr.htm, www.kustgids.nl/meijendel-en, www.totzo.org

### Vent, frites et mouettes

À 10 minutes en voiture du centre de La Haye, voici la plage – et les dunes – de **Scheveningen**. Aux beaux jours, les cafés de sa promenade battue par les vents sont bondés, et sa plage est envahie par les fans de sports nautiques. Sur les étals du port, commandez la spécialité locale : friture de fruits de mer, frites et mayonnaise (Attention ! Les mouettes de la région sont chapardeuses !).

À La Haye, ne ratez pas le **Panorama Mesdag**, un paysage à 360 degrés peint sur les murs d'un édifice circulaire, montrant le Scheveningen du XIXe siècle (très semblable à celui d'aujourd'hui).

La troisième dune de sable de La Haye se situe à **Kijkduin**, paisible station balnéaire.

Les plages désertes et les kilomètres de dunes ne sont pas si éloignés du centre-ville bouillonnant de La Haye.

Les célèbres roses de Bagatelle. Derrière, l'orangerie, édifiée près du château par sa propriétaire britannique, la marquise de Hertford, au milieu du XIXe siècle.

FRANCE

# Le parc de Bagatelle

## Jardin anglais et élégance parisienne pour ce havre de verdure absolument charmant au cœur du bois de Boulogne.

Le château du XVIIIe siècle et son jardin sont créés en moins de deux mois par le comte d'Artois, le plus jeune frère du roi Louis XVI, à la suite d'un pari avec sa belle-sœur Marie-Antoinette. Deux cent trente ans après cette bêtise (ou « bagatelle »…), l'enclave de 24 ha au milieu du bois de Boulogne a été embellie par ses propriétaires et jardiniers successifs sans jamais rien perdre de ses charmes. À chaque partie du jardin, son thème : ici, les iris fleurissent à profusion dès le mois de mai. Là, poiriers et pommiers délimitent un potager planté de rangées de légumes. Des sentiers et des passerelles mènent à des grottes, des cascades, un bassin aux eaux cristallines colonisé par les nénuphars et d'autres plantes aquatiques. Au printemps, les jonquilles s'épanouissent, dodelinant doucement sous la brise. En été, les orangers, droits dans leurs jardinières, bordent les allées. Rosiers grimpants et clématites ont pris possession d'un mur de brique, face à un étroit jardin de plantes vivaces dont les teintes se nuancent du printemps à l'automne. La roseraie, avec plus d'un millier de variétés, est absolument magnifique début juin. Traversez la pelouse impeccablement entretenue et reposez-vous sur un banc ombragé, rien que pour le bonheur de contempler les merveilles de la nature.

**Quand ?** Le parc ouvre ses portes toute l'année à 9 h. Fermeture à 20 h de mai à août, à 19 h de septembre à avril.

**Où ?** Métro Porte Maillot, puis bus 244.

**À savoir** Visite guidée du château possible. Le bois de Boulogne est immense (plus de 8 km$^2$) : sillonnez-le à vélo. Location de bicyclettes à l'entrée du Jardin d'acclimatation (au nord du parc). Évitez le bois - haut lieu de la prostitution - à la nuit tombée.

**Internet** www.parisinfo.com, parcsetjardins.equipement.paris.fr

### Théâtre et toiles

Le **bois de Boulogne** est aménagé au XIXe siècle, sur le modèle de Hyde Park, à Londres.

■ L'inspiration britannique est décidément à l'ordre du jour avec le **jardin Shakespeare** du Pré Catelan, au centre du parc. Les plantes cultivées ici sont toutes mentionnées dans les pièces du dramaturge. En été, ses pièces sont jouées sur la scène du **théâtre de verdure**, en plein air.

■ Le **musée Marmottant**, situé dans une rue tranquille à la lisière orientale du bois du Boulogne, est riche d'une remarquable collection de toiles impressionnistes (Claude Monet, Berthe Morisot…).

TOP 10

# LOIN DE LA FOULE

Un jardin littoral à Tokyo et des cours intérieures berlinoises camouflent parfois galeries et cafés à la mode : il suffit pour cela de s'écarter des sentiers battus.

### ❶ Garfield Park Conservatory, Chicago, É.-U.

La « Ville des vents » possède un refuge bien douillet : une vaste serre entourée de jardins, de vergers et potagers. Conçue pour ressembler à une meule de foin, la serre se dresse au cœur d'un parc de 74 ha qui englobe également le City Garden et le Monet Garden (réplique du jardin du peintre à Giverny).

**À savoir** À quelques minutes à pied de la station de métro Conservatory-Central Park Drive. www.garfieldconservatory.org

### ❷ Museo Casa de la Bola, Mexico, Mexique

Cette somptueuse villa est le temple du bon goût : Don Antonio Haghenbeck y de la Lama y a accumulé peintures, sculptures et bibelots de 1942 jusqu'à sa mort en 1991. Admirez la salle de bal du salon Versailles et la chapelle privée, et flânez dans le vaste et merveilleux jardin.

**À savoir** Ouvert les dimanches de 11 h à 17 h, ou en semaine sur rendez-vous. www.mexicocity.gob.mx

### ❸ Parque Lage, Rio de Janeiro, Brésil

Dotée d'un élégant patio et de colonnades enserrant la piscine, la demeure de ce parc – merveilleux paradis subtropical – a été entièrement repensée dans les années 1920 pour ses propriétaires, la mezzo-soprano Gabriella Besanzoni et son mari constructeur de navires, Henrique Lage. C'est aujourd'hui une école d'art, mais son café vous est ouvert.

**À savoir** Le parc se situe au n° 414 Rua Jardim Botânico, du côté sud de la ville. www.eavparquelage.rj.gov.br

### ❹ Jardins Hamarikyu, Tokyo, Japon

Sur la baie de Tokyo, au-delà des gratte-ciel du quartier Shiodome, les jardins Hamarikyu sont les anciens terrains de chasse au canard des shoguns de la dynastie Tokugawa. Le lac salé (avec marées) et les étangs peuplés de carpes sont toujours là. Pins noirs du Japon, pruniers, cerisiers et myrtes cohabitent avec les camélias, les hortensias et les pivoines. Prenez le thé sur l'élégante terrasse de la Maison de thé Nakajima.

**À savoir** Arrivez en bateau. Les navettes fluviales Asakusa accostent dans les jardins. www.tourisme-japon.fr, www.tokyo-park.or.jp

### ❺ Lac Sihwa, Ansan, Corée du Sud

Vous n'aviez peut-être pas l'intention de visiter un système d'égouts, mais le Lake Sihwa Reed Wetland Park est un exemple paysager inédit, où des lits de roseaux font office de filtres. Un chemin de 1,6 km permet d'observer roseaux, étangs, oiseaux et fleurs – à chaque saison son décor.

**À savoir** De Séoul, ralliez le parc en un peu plus de 1 h en métro (ligne 4) ou en bus (n° 52). french.visitkorea.or.kr

### ❻ Fairfield Park, Melbourne, Australie

Explorez le bush au fil de l'eau sans quitter la ville. Témoin de la période édouardienne, la Fairfield Park Bushland Boathouse est inaugurée en 1908 sur le cours du Yarra. Dans ce garage à bateaux, on grille aujourd'hui viande et poisson, mais l'établissement est surtout réputé pour son « thé Devonshire » avec *scones* et crème. Pour caboter en toute élégance, louez un bateau à rames « pour messieurs » en bois.

**À savoir** Feux de bois en hiver. www.fairfieldboathouse.com

### ❼ Réservoir de Banganga, Bombay, Inde

Indifférent à la pagaille qui règne sur Bombay, ce bassin rituel, creusé par l'homme, est alimenté par une source souterraine. C'est l'un des sites les plus sacrés de la ville. Seuls les cloches et les chants qui s'élèvent des temples viennent troubler le calme des eaux. Des escaliers descendent jusqu'à l'eau des quatre côtés du bassin, à la rencontre des poissons et des tortues.

**À savoir** Banganga est proche du dépôt de bus Walkeshwar, au sud de Malabar Hill. www.passagetomumbai.com

### ❽ Palais Lobkowicz, Prague, Rép. tchèque

Pour visiter ce palais, qui fait partie du château de Prague, accompagnez-vous de l'audioguide. L'édifice date de 1860. Cette perle baroque renferme des toiles de Bruegel, Vélasquez et Canaletto et des partitions signées Beethoven et Mozart.

**À savoir** Tous les jours à 13 h, un trio classique se produit dans la salle de concert. www.lobkowiczevents.cz

### ❾ *Hinterhöfen* de Berlin, Allemagne

Les cours intérieures (*hinterhöfen*) des immeubles ouvriers berlinois valent le coup d'œil. Certaines sont décrépies, d'autres ont été aménagées en galerie ou boîte de nuit à la mode, en café ou en musée. Au 21 de la Sophienstrasse vous trouverez le café branché Barcomi et la galerie Sophie Gips Höfe.

**À savoir** Le quartier Kreuzberg est le foyer d'une scène artistique très pointue qui se produit dans les *hinterhöfen* (Aqua Carré sur Lobeckstrasse, par exemple). www.visitberlin.de/fr

### ❿ Jermyn Street, Londres, Grande-Bretagne

Dans cette rue où l'on vend chemises, souliers, bijoux et articles de toilette (pour hommes), la plus ancienne boutique se situe au n° 89 : les parfumeurs Floris sont établis ici depuis les années 1750 et la maison appartient toujours aux descendants du fondateur Juan Famenias Floris. Remontez vers le nord et les ravissantes boutiques de Princes et Piccadilly Arcades.

**À savoir** Pour dîner, réservez chez Rowley's (n° 113) pour ses steaks-frites copieux. www.jermynstreet.net

Ci-contre : à Bombay, un vieux pèlerin, dans la position du lotus, savoure le calme ambiant au bord du réservoir de Banganga.

Le pont Valentré enjambe en toute élégance un méandre du Lot, à l'ouest de la ville.

FRANCE

# Jardins secrets de Cahors

Ville d'art et d'histoire, Cahors, au sud-ouest de la France, est aussi une « ville fleurie », comme le prouve son circuit des Jardins secrets.

Une ville se laisse découvrir de plusieurs façons – surtout lorsqu'elle possède une cathédrale, des églises, un imposant pont médiéval et de belles demeures dominant le lit de la rivière. Cahors, puisqu'il s'agit d'elle, a décidé de se livrer au rythme d'un circuit jalonné d'une trentaine de jardins secrets, témoins d'une histoire particulièrement riche. Vous y verrez des jardins séculaires, des jardins contemporains, un jardin mauresque, un jardin d'inspiration italienne, un jardin de sculptures et bien d'autres encore. Commencez au pont Valentré, à l'est de la ville, avec le jardin d'Ivresse, planté de vignes, qui célèbre la tradition vinicole de Cahors. Dans l'herbularium de l'hôpital de Grossia poussent des plantes médicinales cultivées depuis le Moyen Âge – certaines rapportées par les croisés. Au courtil des Moines, des bénédictins faisaient pousser dans un petit jardin (courtil) oseille, bourrache et carde (ancêtre de l'artichaut) destinés à leur consommation personnelle. Les fleurs qui garnissent l'autel de la cathédrale proviennent du jardin bouquetier, tandis que dans le cloître du Préau céleste s'épanouit la lavande. La place des Épices date du Moyen Âge, lorsque Cahors était une plaque tournante sur la route du commerce des épices entre l'Asie, l'Espagne et le nord de l'Europe.

**Quand ?** Fin du printemps et début de l'automne. Les étés sont chauds et humides. Venez tôt un jour de marché (deux marchés par semaine, le mercredi et le samedi).

**Où ?** À 110 km environ au nord de Toulouse.

**À savoir** Comptez au moins 2 h pour le circuit des Jardins secrets. Le restaurant Le Balandre est réputé pour son menu et sa carte des vins. Moins cher mais excellent, L'O à la Bouche, rue Saint-Urcisse.

**Internet** www.mairie-cahors.fr, tourisme-cahors.com, www.quercy-tourisme.com

### Le pont du Diable

Édifié à partir de 1306, le **pont Valentré** est considéré comme l'un des plus beaux ponts fortifiés d'Europe. Massives, ses trois tours sont demeurées inexpugnables. Son surnom, le « pont du Diable », vient d'une légende qui court depuis sa construction. Le chantier n'avançant pas – il durera soixante-dix ans – il se murmure que l'architecte a conclu un pacte avec le diable pour que le pont voie enfin le jour. Quand il est presque terminé, l'architecte a des remords et veut reprendre sa parole. Ivre de vengeance, le diable, toutes les nuits, vient s'emparer de l'ultime pierre de l'édifice, qu'il faut remplacer chaque matin. Une petite statue du diable, placée ici pendant la restauration des années 1870, est visible sur la face orientale de la tour centrale, juste en dessous du toit de tuiles.

GRANDE-BRETAGNE

# LE BÂTIMENT MACKINTOSH

**Laissez les étudiants qui y flânent vous raconter l'histoire du chef-d'œuvre de l'architecte Charles Rennie Mackintosh, natif de Glasgow.**

Une loge de gardien suspendue comme une lanterne japonaise dans l'escalier : voilà l'une des nombreuses surprises que réserve le bâtiment Mackintosh de la Glasgow School of Art. Son audacieux mélange d'influences – baronial écossais et Art nouveau, sans oublier une touche de style japonais – a montré, lors de son inauguration en 1899, une utilisation innovante de la lumière et l'emploi de mobilier étonnamment original. Le souci du détail de Mackintosh saute aux yeux sur les murs des couloirs menant aux ateliers, creusés de niches où se lovait à l'origine un soliflore, destiné à une rose. Les budgets actuels ont, malheureusement, sonné le glas des fleurs fraîches. Le dernier étage, baignant dans la belle lumière du nord et surnommé « le poulailler » (car c'est ici que résidaient autrefois les jeunes filles) surplombe une galerie coiffée de verre et offre un panorama magnifique sur Glasgow. Les vues distillées par les fenêtres à vantaux ont sans nul doute inspiré des générations d'étudiants. La bibliothèque, havre de paix éclairé de larges baies sur trois niveaux, a été réalisée en dernier. La lumière filtre entre d'épaisses poutres sombres et un imposant mobilier de bois, conférant la curieuse impression de se trouver dans une clairière.

**Quand ?** Toute l'année. D'avril à septembre, sept visites guidées par jour, de 10 h à 17 h ; d'octobre à mars, visites à 11 h et à 15 h.

**Où ?** L'école est à 5 min de marche de la station de métro Cowcaddens. Il faut grimper Garnethill, sur Sauciehall Street (prononcez « soqui-ole »). Pour les visites guidées, prenez l'entrée du 11 Dalhousie Street.

**À savoir** Le bâtiment dispose d'une boutique, d'une galerie de mobilier et d'un espace réservé à des expositions (accessibles aux heures d'ouverture du bâtiment). Le reste ne se visite qu'en compagnie d'un guide (généralement un étudiant en 3e année). Il est préférable de réserver.

**Internet** www.gsa.ac.uk, www.crmsociety.com, www.seeglasgow.com, www.bienvenueenecosse.com

## Sur les traces de Mackintosh

■ Mackintosh a beaucoup collaboré avec son épouse, l'artiste Margaret MacDonald. Visitez la **Mackintosh House**, dans le Hunterian Museum and Art Gallery de l'université de Glasgow. On y voit des répliques des pièces principales de la demeure du couple. Les meubles sont d'origine.

■ Parmi les autres sites d'intérêt, ne ratez pas **The Willow Tea Room** (Sauciehall Street), l'**église Mackintosh** de Queen's Cross et les deux bâtiments du **Daily Record Building** et du **Lighthouse** (ancien siège du *Glasgow Herald*).

Dans le bâtiment Mackintosh, détail d'une bibliothèque en chêne (vers 1897) conçue à l'origine pour la salle de classe d'une résidence privée.

# Les Inns of Court de Londres

## Depuis des siècles, ces paisibles enclaves du quartier juridique de la capitale tiennent à distance le tumulte du centre de Londres.

Entre halls, chapelles, bibliothèques et chambres réservées aux avocats, de ravissants jardins sont venus se nicher. En semaine, ils se prêtent à merveille à une pause-déjeuner. À quelques mètres de la Cour royale de justice située sur le Strand, les quatre Inns of Court (les « auberges de la Cour »), fondées au Moyen Âge, sont des institutions de formation destinées aux *barristers* anglais (avocats plaideurs). La Lincoln's Inn, la plus proche de la Cour de justice, possède des bâtiments de style Tudor. Son New Square, d'une élégance rare, orné depuis 2004 de la Jubilee Fountain, déroule une pelouse bordée de fleurs. Plus à l'est, voici le jardin de 2 ha de la Gray's Inn et son allée de platanes, surnommée The Walks (« la promenade »). Plus surprenantes, Inner Temple et Middle Temple se perdent dans un dédale de cours et de ruelles entre Fleet Street et le cours de la Tamise. Elles tiennent leur nom des Templiers, ces chevaliers du Moyen Âge qui fondèrent ici, au XIe siècle, leur commanderie. Ils firent bâtir – sur le modèle de l'église du Saint-Sépulcre de Jérusalem – l'église que se partagent aujourd'hui Inner et Middle Temple. Juste à côté, dans Middle Temple, les jardins fleuris d'Elm Court et Fountain Court – une place pavée aux bancs ombragés par les mûriers –, semblent avoir été conçus pour la méditation et la contemplation.

**Quand ?** Toute l'année, mais les jardins sont superbes au printemps et en été. Les inns sont ouvertes seulement en semaine (accès aux pelouses à l'heure du déjeuner uniquement).

**Où ?** Stations de métro les plus proches : Temple, Holborn et Chancery Lane.

**À savoir** Si vous avez faim, passez par Fuzzy's Grub (62 Fleet Street), étape obligée pour les sandwichs rôti de bœuf-sauce raifort ou tomates grillées-cheddar. Le jardin de l'Inner Temple est ouvert en semaine de 12 h 30 à 15 h. La maison de John Soane est ouverte de 10 h à 17 h, du mardi au samedi.

**Internet** www.visitlondon.com, www.graysinn.info, www.lincolnsinn.org.uk, www.innertemple.org.uk, www.middletemple.org.uk, www.soane.org

### Lincoln's Inn Fields

■ Vous trouverez au nord de la plus grande place de Londres le **Sir John Soane's Museum**, collection remarquable d'art et d'antiquités léguée au royaume par l'architecte et collectionneur sir John Soane (1753-1837). La demeure ne reçoit que 70 visiteurs à la fois, pour leur permettre d'admirer tout à loisir les merveilles qu'elle contient – le sarcophage du pharaon Séti Ier ou des toiles de Hogarth pour ne citer que celles-ci.

■ En quittant la place, allez jusqu'à l'**Old Curiosity Shop**, une échoppe à colombages du XVIe siècle dont se serait inspiré Charles Dickens pour son roman *Le Magasin d'antiquités*.

Le Great Hall (Inner Temple) se dresse à l'emplacement de l'ancienne commanderie des Templiers.

Le musée Sorolla est demeuré tel qu'il était du vivant du peintre ; sur le chevalet, sa dernière toile, inachevée.

ESPAGNE

# Petits musées madrilènes

## Loin de la foule, les amoureux de l'art qui ont le goût de l'aventure savent dénicher de petits – mais riches – musées.

À Madrid, on ne compte plus le nombre de chefs-d'œuvre au mètre carré concentrés sur la célèbre « Promenade de l'Art » – musée du Prado, musée Thyssen-Bornemisza et Centre d'art Reina Sofia. Pourtant, la capitale espagnole est riche de collections méconnues, livrées au coup d'œil des rares visiteurs qui savent les trouver. En quittant le Paseo du Prado vers le nord, remontez le Paseo de la Castellana pour rejoindre, sur l'Avenida General Martínez Campos, le musée Sorolla, demeure et atelier de Joaquin Sorolla (1863-1923), l'un des plus grands impressionnistes espagnols. Réputé pour ses paysages solaires de mer et de plages, Sorolla maîtrise parfaitement la lumière du Levant, la côte méditerranéenne de la région de Valence. Tout proche, le musée de la Fondation Lázaro Galdiano – demeure du financier et éditeur José Lázaro Galdiano (1862-1947) – est réputé pour ses ivoires, ses émaux et ses toiles de Bosch, El Greco, Zurbarán, Murillo et Goya. Sur la Calle Alcalá, près de la Puerta del Sol, la Real Academia de Bellas Artes de San Fernando expose une collection exceptionnelle de cinq siècles de peinture espagnole, de José de Ribera à Murillo en passant par Sorolla, et Goya pour vedette, avec une douzaine de toiles et trente gravures. Non loin de là, le monastère de Las Descalzas Reales regorge de chefs-d'œuvre de grands maîtres, parmi lesquels Brueghel l'Ancien, Titien et Zurbarán.

**Quand ?** D'octobre à juin : les températures sont agréables, l'air est sec, frais et ensoleillé.

**Où ?** Préférez la marche pour vous déplacer en ville. Certaines distances peuvent paraître longues, mais elles se couvrent sans problème à pied.

**À savoir** Prenez de bonnes chaussures de marche, prévoyez des vêtements chauds et légers. À 640 m d'altitude, l'air de la meseta (le plateau du centre de l'Espagne) est sec, pensez à une protection solaire (visage et lèvres).

**Internet** www.esmadrid.com, www.madridcard.com, museosorolla.mcu.es, www.flg.es, rabasf.insde.es

### Trésors inattendus

■ **L'église de San Antón**, sur la Calle Hortaleza (quartier de Chueca), est l'un des nombreux trésors cachés de Madrid. Tapi dans l'obscurité, près de l'autel, sur le côté droit de la nef, est suspendu ce qui est considéré comme l'une des dernières grandes peintures religieuses de Goya, *La Dernière Communion de Saint Joseph de Calasanz* (1819), à moins qu'il ne s'agisse d'une copie.

■ Le **Musée national du romantisme** présente, parmi les toiles et les objets symboliques du mouvement romantique du XIX^e siècle, le *Saint Grégoire* de Goya, réalisé en collaboration avec son élève Leonardo Alenza.

# INDEX


**A**

Abergavenny, pays de Galles 145
Acton Scott, ferme historique, Angleterre 218
Adirondacks, massif des, États-Unis 213
Afrique du Sud
- Bochimans 177
- Cederberg, monts 177
- Coffee Bay 77
- De Hoop, réserve naturelle 122
- Hluleka, réserve naturelle d' 77
- iSimangaliso, parc d' 92
- Mkhuze, réserve des chutes de 74
- Monkeyland Primate Sanctuary 147
- Namaqua, parc national 46
- Nieuwoudtville 46
- San 177
- Sevilla Trail, art rupestre 177
- Tsitsikamma Trail 147

Agios Georgios, Corfou, Grèce 122
Aïja, Oman 18
Akan, parc national d', Japon 55
Alaska
- Aléoutiennes, îles 130
- baleines 43
- grizzlis 66
- Homer-Unalaska en ferry 130
- pygargues à tête blanche 43
- White Pass & Yukon Railroad 140
- Wrangell-Saint-Élie, parc national de 43

Albanie 265
Alberobella, Italie 135
Alberta, Canada 10
Albi, France 238
alimentation
- cafés 282
- cafés et terrasses 32
- fêtes de la Bière et du Vin 262
- marchés 294

Allemagne
- Baltique 133
- Berlin *voir* Berlin
- Constance, lac de 200
- Hanse, villes de la 133
- Leipzig 296
- Lübeck 133
- Munich 297
- Reichenau, île 200
- Rostock-Gedser en ferry 130
- Schlosshotel Hirschhorn 224
- Trèves 168

Allerheiligen *voir* Tous-les-Saints
Alpes, Suisse 9, 26
Alpes du Sud, Nouvelle-Zélande 20
Alsace, France 262
Amakusa, îles, Japon 96
Amboseli, parc national d', Kenya 36
Anatolie, Turquie 154
Anavilhanas, archipel d', Brésil 136
Andaman, récifs de la mer d', Thaïlande 92
Andes, Amérique du Sud 15, 126
Andros, Bahamas 92
Angleterre
- Acton Scott, ferme historique d', 218
- Chartwell 243
- Churchill, Winston 243
- Cornouailles aux Sorlingues en ferry 130
- Cotswolds, villages cachés des 274
- Dean, forêt de, Sculpture Trail 240
- Gloucester, cathédrale de 198
- Great Tew 274
- Hadrien, mur d' 168
- Heathrow 182
- Hever Castle 243
- Lavenham 273
- Liverpool 300
- Londres *voir* Londres
- Nayland 188
- Penshurst Place 243
- romain, Empire 168
- Romney, Hythe & Dymchurc Railway 140
- Skipton, fête de la Bière 262
- South Oxford Canal 136
- Swinton Park, Yorkshire 224
- Worksop 218
- Yorkshire Sculpture Park 239

Anglo-Normandes, îles 108
Annapurna, Népal 46
Ansan, Corée du Sud 306
Antalya, Turquie 168
Antarctique 89
Antilles 82, 84
Antilles néerlandaises 82
Apalachicola, Floride 251
Appalaches, États-Unis 11
Aran, îles d', Irlande 18
Arctique 103
Ardennes, Belgique 224
Argentine
- Andes 126
- Cruce de Lagos en ferry 130
- Purmamarca 126
- Salta 126
- vieil express de Patagonie 140

Arima, Trinité 74
Asa Wright Nature Center, Arima, Trinité 74
Assouan, Égypte 31
Atacama, désert d', Chili 154, 255
Atchafalaya, marais de l', Louisiane, États-Unis 48
Atlas, Maroc 34
Austin, États-Unis 119
Australie
- Alice Springs 129
- Birdsville Working Museum 210
- Brisbane 300
- Broome 122
- Charters Towers 260
- Cocos (Keeling), îles 82
- Fraser, île 97
- Larapinta Trail 129
- Leeuwin, cap 18
- Melbourne 306
- Myall Lakes 136
- Namatjira, Albert 129
- Ningaloo 92
- outback 63
- province botanique du Sud-Ouest 46
- Roebuck Bay 74
- Sunlander 140
- Sydney 106
- Tasmanie 17, 130
- tortues 92
- Walpole-Nornalup 62

Australie-Méridionale 63
Australie-Occidentale 18, 46, 62, 74, 92, 122
Autriche
- Hallstatt 132
- Kirtag, festival d'été 266
- Salzbourg 32, 132
- Salzkammergut 132
- Sankt Jakob am Thurn 266
- Schlosshotel Rosenau 224
- Vienne 282

**B**

Bagatelle, parc de, Paris, France 305
Bahamas
- Andros 92
- Eleuthera 82

baleines, observation des
- Alaska 43
- Canada 66
- Mexique 121
- Polynésie française 66

Bandelier National Monument, Nouveau-Mexique, États-Unis 157
Bandiagara, falaise de, Mali 35
Banganga, réservoir de, Bombay, Inde 306
Bangkok, Thaïlande
- Chao Phraya 300
- Jim Thompson House 236
- Pak Khlong Talat 294
- Songkran Niyomsane, musée du Dr 210

Barcelone, Espagne
- Joan Miró, fondation 32
- Museu de Carrosses Fúnebres 210

Bardo, musée national du, Tunis, Tunisie 245
Barra, Écosse 105
barrières de corail 92
Bartók, Béla, maison de, Budapest, Hongrie 228-229
Basque, pays, Espagne/France 142
Beaufort, Caroline du Sud, États-Unis 80
Beget, Espagne 275
béguinage de Courtrai, Belgique 234
Belchite, Espagne 154
Belfast 146
Belgique
- Bruges *voir* Bruges
- Bruxelles 303
- cuisine 303
- Courtrai, béguinage de 234
- Dixmude, fête de la Bière 262
- Hassonville, château d', Ardennes 224

Belize
- Poustinia Land Art Park 240
- San Pedro 92
- singes hurleurs 66

Belle-Isle, détroit de, Canada 130
Beni Hassan, nécropole de, Égypte 173
Berlin, Allemagne
- Bundestag 28
- *Hinterhöfen* 306

Berry, églises du, France 188
Bethel, Caroline du Nord, États-Unis 45
Bevis Marks, synagogue, Londres, Grande-Bretagne 182
Bhangarh, Rajasthan, Inde 154
Bhoutan 191
Bialowieska, forêt de, Pologne/Biélorussie 72
Biarritz, France 182
Biélorussie
- Bialowieska, forêt de 72
- bison européen 72

Bière, fêtes de la 262
Big Island Hawaiian Music Festival, Hawaii 252
Biltmore House, Caroline du Nord, États-Unis 216
Birdsville, Australie 210
bison européen 72
Blackford Hill, Édimbourg, Écosse 28
Blue Ridge, chaîne des, États-Unis 45
Bodie, Californie, États-Unis 154
Bolivie 32
Bombay, Inde
- Banganga, réservoir de 306
- jardins suspendus 286

Bonaire, Antilles néerlandaises 82
Bonifacio, Corse, France 27
Borgo San Lorenzo, Italie 188
Bosc, château du, Naucelle, France 238
Bosnie-Herzégovine 140
Boston, Massachusetts
- Georges, île 106
- Isabella Stewart Gardner Museum 236
- Spectacle, île 106

Boti, Timor, Indonésie 259
Boundary Waters, États-Unis 136
Bowen Island, Vancouver, Canada 106
Bozeman, Montana, États-Unis 218
Briottières, château des, France 224
Brésil
- Anavilhanas, archipel 136
- Fernando de Noronha 87
- Fumaça, chutes de 16
- Ilha Grande 82
- Leão, plage 87
- Morro de São Paulo 122
- musique, Rio de Janeiro 281
- Olinda 207, 221
- Rio de Janeiro *voir* Rio de Janeiro

Brimstone Hill, forteresse de, Saint-Kitts-et-Nevis 158
Brisbane, Australie 300
Bristol, Rhode Island 249
Bromo, mont, Java, Indonésie 22
Brotonne, forêt de, Normandie, France 46
Broome, Australie-Occidentale 122

Bruges, Belgique
Lumina Domestica 210
Notre-Dame, église 188
Bruxelles, Belgique 303
Bucarest, Roumanie 197
Budapest, Hongrie
Béla Batók, maison de 229
Margitsziget 106
Bulgarie 71
Bulla Regia, villas de, Tunisie 168
Bundestag, Berlin, Allemagne 28
Burgos, Espagne 244

## C

Cable Beach, Broome, Australie 122
Cacilhas, Lisbonne, Portugal 28
Caesars Head, parc, États-Unis 11
cafés et terrasses 32
Cahors, France 308
Cahuita, parc national de, Costa Rica 92
Caire, Le, Égypte 28
Cala Luna, Sardaigne, Italie 122
Californie
Bodie 154
Catalina, île 122
Diamond Valley Lake 46
Kelso 51
Mojave National Preserve 51
San Francisco *voir* San Francisco
Camargue, France 74
Cambodge
Angkor Thom 186
Koh Rong 82
Ta Prohm 179, 186
Camera Obscura, La Havane, Cuba 28
Çamlica, Istanbul, Turquie 74
Canada
baleines, baie de Fundy 66
Belle-Isle en ferry 130
Burgess, schistes de 44
Inuits 41
Kangiqsujuaq 41
Kluane, parc national et réserve de 43
Montréal 182
Nunavik 41
O'Hara, lac 39, 44
Ontario 218
Ottawa 136
Pieds-Noirs (Blackfeet), réserve des 10
Pingualuit, cratère des 41
Pointe-Pelée, parc national de la 74
Québec, cantons du 248
Rocheuses 10, 39, 44
South Canol Road 116
Vancouver *voir* Vancouver
Vins, route des, Québec 248
Waterton, parc national des lacs 10
White Pass & Yukon Railroad 140
Yoho, parc national 39, 44
canaux 136
Canouan, Saint-Vincent-et-les-Grenadines 122
Cao Bang, province de, Vietnam 258
Cape Cod, États-Unis 122
Cappadoce, Turquie 196
Caroline du Nord, États-Unis
Bethel 45
Biltmore House 216
Blue Ridge, chaîne des 45
Cherohala Skyway 12
Cold Mountain Trail 45
George Vanderbilt 216
Great Smoky Mountains 12
Joyce Kilmer Memorial Forest 12
Nantahala, forêt de 12
Shining Rock Wilderness 45
Caroline du Sud, États-Unis
Appalaches 11
Caesars Head, parc 11
Gullah, culture 80
« Pretty Place », chapelle 11
Raven Cliff Falls 11
Saint Helena Island 80
Carthagène, Colombie 198
Carthagène, Espagne 168
Casale, villa romaine du, Sicile, Italie 168
Cass Scenic Railroad, États-Unis 140
Castello di Ripa d'Orcia, Toscane, Italie 224
Castelo de Óbidos, pousada, Leiria, Portugal 224
Castlebay, Barra, Écosse, Grande-Bretagne 105
catacombes, Savoca, Sicile, Italie 170
Catalina, île, États-Unis 122
Catherine, palais, Russie 236
Celsus, bibliothèque de, Éphèse, Turquie 168
Central Park, New York, États-Unis 278, 286
Chaco Canyon, Nouveau-Mexique, États-Unis 154
Chambre de la Signature, Vatican 236
Chapelle expiatoire, Paris, France 201
Charters Towers, Australie 260
Chartwell, Angleterre 243
Châtelain, Le, Bruxelles, Belgique 303
Chelsea Physic Garden, Londres, Grande-Bretagne 286
Cherohala Skyway, Tennessee/ Caroline du Nord, États-Unis 12
Chettiar, demeures des, Tamil Nadu, Inde 226
Chianti, Parco Sculture, Italie 240
Chicago, États-Unis,
Garfield Park Conservatory 306
Willis Tower 28
Chili
Andes 126
Atacama, désert d' 154, 255
Cruce de Lagos en ferry 130
cuisine 88
Curico, fête des Vendanges 262
Humberstone 154
Isla Grande, Chiloé 88
San Pedro de Atacama 126, 255
Santa Laura 154
Santiago 294
Chine
Guling 21
Hong Kong *voir* Hong Kong
Hukeng 257
Kashgar 294
Lu, mont 21
Mékong (Lancang Jiang) 57
Miao Lusheng Festival, Guizhou 252-253
Pékin *voir* Pékin
Pingyao 277, 288
Salouen (Nu Jiang) 56
Shaanxi, province de 66
Trois Fleuves parallèles 56
Yangzi Jiang 21, 57
Zhejiang 161
Chişinău, Moldavie 262
Cholula, Mexique 181
Choquequirao, Pérou 160
Christ-Sauveur, cathédrale du Moscou, Russie 28
Chyulu Hill, parc national de Kenya 36
Citadelle, Le Caire, Égypte 28
City, églises de la, Londres, Grande-Bretagne 203
City Island, New York, États-Unis 106
City Palace, Jaipur, Inde 236
Clare, comté de, Irlande 224
Cloisters Museum, The, New York, États-Unis 209
Coast Guard Beach, États-Unis 122
Cockatoo, île, Sydney, Australie 106
Cocos (Keeling), îles, Australie 82
Coffee Bay, Afrique du Sud 77
Colca, canyon de, Pérou 15
Collonges-la-Rouge, France 270
Colombie 198
Colombie-Britannique, Canada 38-39, 44
Colorado, États-Unis
Molly Brown House Museum, Denver 218
Saint Elmo 154
Connecticut, États-Unis
Chester-Hadlyme, ferry 208
Gillette Castle 208
Goodspeed Opera House 208
Conservatory Garden, New York, États-Unis 286
Cook, détroit de, Nouvelle-Zélande 130
Copán, Honduras 159
Copenhague, Danemark 7, 134
corail, barrières de 92
Corbett, parc national, Inde 23
Corée du Sud
Ansan 306
Séoul 294
Corfou, Grèce 122
Cornouailles, Grande-Bretagne 130
Corridor Vasari, Florence, Italie 236
Corse, France 27
Costa Rica
Cahuita, parc national de 92
capuchin-moine 52
forêt biologique de Monteverde 52
Santa Rosa, parc national 52
Cotswolds, villages cachés des, Grande-Bretagne 274
Courlande, isthme de, Lituanie/ Russie 69
Courtrai, béguinage de, Belgique 234
Cracovie, Pologne 252
Croatie
danse du sabre 100
Dubrovnik 198
Istrie 168
Korčula 100
Crooked Road, États-Unis 117
Cruce de Lagos en ferry, Argentine/ Chili 130
crypte archéologique, Paris, France 171
Cuba
Havane, La 28
Santiago 284
Cuetzalán, Mexique 254
Curico, Chili 262
Cuzco, cathédrale, Pérou 188
Cygnes, île des, Paris, France 106

## D

Damas, Syrie 292
Danemark
Copenhague 7, 134
Gedser-Rostock en ferry 130
Louisiana Museum of Modern Art 134
Riviera danoise 134
Roskilde, festival de rock 252
Dead Horse Point, parc de, Utah, États-Unis 13
Dedham, Massachusetts, États-Unis 210
De Hoop, réserve naturelle, Afrique du Sud 122
Den Haag *voir* Haye, La
Dennis Severs' House, Londres, Grande-Bretagne 218
Denver, Colorado 218
Descanso Beach, île Catalina, États-Unis 122
Diamond Valley Lake, Californie, États-Unis 46
Dieng, plateau de, Java, Indonésie 187
Dixmude, Belgique 262
Djurgården, île de, Stockholm, Suède 32
Dominique, la 85
World Creole Music Festival 252
Drametse, monastère de, Bhoutan 191
Dromoland Castle, Irlande 224
Druga Godba, festival international de musique de, Slovénie 252
Dubai, Émirats arabes unis 182
Dubrovnik, Croatie 198
Dun Aengus, îles d'Aran, Irlande 18
Dunlod, Rajasthan, Inde 164
Duras, France 262

## E

Écosse
Applecross, péninsule d' 143
Barra 105
Édimbourg 28, 286
Glasgow 309
Glen Affric 143
Great Glen Way 136
Innerleithen 218
Iona 198

Mackintosh, Charles Rennie 309
Orcades 18
Vatersay 105
Édimbourg, Écosse
Blackford Hill 28
Royal Botanic Garden 286
Eger, Hongrie 262
Égypte
Agatha Christie 31
Assouan 31
Beni Hassan, nécropole de 173
Caire, Le 28
Nil 31
Tell el-Amarna 173
Égyptien, musée, Turin, Italie 231
Équateur 74
Eleuthera, Bahamas 82
Elgon, mont, Ouganda/Kenya 37
Eli Creek, Fraser, île, Australie 97
Émirats arabes unis 182
Éphèse, Turquie 168
Espagne
Barcelone *voir* Barcelone
Basque, pays 142
Beget 275
Burgos 244
Carthagène 168
Empire romain 30
Garrotxa 275
Getaria 262
Jarandilla de la Vera, parador 224
Las Médulas 30
Madrid 311
Majorque *voir* Majorque
Pyrénées 275
Salamanque 204
Santo Domingo de Silos 198
Saragosse 154
Ségovie 168
Séville 188
vin basque 142
Espíritu Santo, île, Mexique 121
Espresso Vivace, Seattle, États-Unis 282
éthiopienne, église, Jérusalem, Israël 193
express, vieil, de Patagonie, Argentine 140

## F

Fairfield Park, Melbourne, Australie 306
Fatehpur, Rajasthan, Inde 164
faune
appels de la nature 66
barrières de corail 92
sites ornithologiques 74
Feakle, Irlande 252
ferme historique, Bozeman, Montana, États-Unis 218
Fernando de Noronha, Brésil 87
ferry, traversées en 130
Fès, Maroc 34, 205
Festival international de musiques traditionnelles irlandaises, Irlande 252
Festival de Fès des musiques sacrées du monde, Fès, Maroc 205
Fidji, îles 92
Finlande
Helsinki 182
Kolovesi, parc national de 136
flamants roses, Camargue, France 74
flâneries au bord de l'eau 300
fleuris, paysages 46
flore
jardins en ville 286
paysages fleuris 46
Florence, Italie
Corridor Vasari 236
San Marco, monastère 198
Floride, États-Unis
Apalachicola 251
huîtres 251
Saint Joseph Peninsula State Park 122
Fontainebleau, château de, France 235
Foster Botanical Garden, Honolulu, Hawaii, États-Unis 286
France
Albi 238
Baïse 136
Barbizon 235
Berry 188
Biarritz 182
Brotonne, forêt de 46
Cahors 308
Camargue 74
Collonges-la-Rouge 270
Corse 27
Duras, foire aux Vins 262
Dordogne 271
Fontainebleau, château de 235
gardes suisses 201
Isle-sur-la-Sorgue 294
lavandins 138
Lautaret, col du 46
Loire, vallée de la 224
Lyon 300
Marais poitevin 73
Marqueyssac, château 271
Moissac 198
Naucelle 238
Oradour-sur-Glane 172
Paris *voir* Paris
Refuges d'Art 240
Riquewihr 262
Rochelle, La 73, 282
Roque-Gageac, La 271
Seconde Guerre mondiale 172
Frank Church-River of No Return Wilderness, Idaho 50
Fraser, île, Queensland, Australie 97
Frégate, île, Seychelles 82
Frères Mineurs, Dubrovnik, Croatie 198
Fumaça, chutes de, Brésil 16

## G

Galle, Sri Lanka 261
Galles, pays de
Abergavenny 145
Black Mountains 145
Hay-on-Wye 145
Llancaiach Fawr Manor 218
Llangollen, canal de 136
Mawddach, estuaire de la 76
Monmouth 46
Portmeirion 76
Snowdonia, parc national de 76
Sugar Loaf 145
Welsh Highland Railway 140
Gambie, Afrique de l'Ouest 136
Garfield Park Conservatory, Chicago, États-Unis 306
Gatlinburg, Tennessee, États-Unis 210
*Gatsby le Magnifique* 249
Géants, Chaussée des, Irlande du Nord, Royaume-Uni 146
Gedser, Danemark 130
Gênes, Italie 302
Georges, île, Boston, États-Unis 106
Georgia O'Keeffe, maison de, Nouveau-Mexique, États-Unis 217
Géorgie du Sud, Antarctique 89
manchots 89
Shackleton, Ernest 89
Getaria, Espagne 262
Ghâts occidentaux, Inde 140
Gillette Castle, Connecticut, États-Unis 208
Gjirokastër, Albanie 265
Glasgow, Écosse 309
Glen Affric, Écosse 143
Gloucester, Grande-Bretagne, 198, 240, 274
cathédrale de 198
Golondrinas, El Rancho de las, Nouveau-Mexique, États-Unis 218
Gom Kora, temple de, Bhoutan 191
Goodspeed Opera House, Connecticut, États-Unis 208
Gorée, île de, Sénégal 176
Gozo, île de, Malte 233
Grace Bay Beach, îles Turks et Caicos 122
Granada, Nicaragua 220
Grand Central Station, Fidji 92
Grande-Bretagne *voir* Angleterre ; Écosse ; Galles, pays de
Great Camp Sagamore, New York, États-Unis 213
Great Glen Way, Grande-Bretagne 136
Grand Rift, vallée du, Kenya 115, 149
Great Smoky Mountains, Caroline du Nord/Tennessee, États-Unis 12
Grèce
Bassae 167
Corfou 122
Makrinitsa 264
Messène 167
Pélion, mont 264
Sífnos 82
Groenland 210
Grytviken, Géorgie du Sud, Antarctique 89
Guatemala 294
Guizhou, Chine 252
Guling, Chine 21
Guyana 125

## H

Hadassah, centre médical, Jérusalem, Israël 188
Hadrien, mur d', Northumberland, Grande-Bretagne 168
Haleakala, volcan, Hawaii 46
Hallgrim, église, Reykjavík, Islande 188
Hallstatt, Autriche 132
Hamarikyu, jardins, Tokyo 306
Hanse, villes de la, Allemagne 133
Haputale, Sri Lanka 140
Hassonville, château d', Belgique 224
Haut lieu du Sacrifice, Pétra, Jordanie 195
Havane, La, Cuba 28
Hawaii
Big Island Hawaiian Music Festival, Hilo 252
Haleakala, volcan 46
Honolulu 286
Moloka'i 18
Haye, La, Pays-Bas 304
Hay-on-Wye, Grande-Bretagne 145
Heathrow, aéroport, Grande-Bretagne 182
Helsinki, Finlande 182
Herculanum, Italie 154
Hever Castle, Angleterre 243
High Bridge Trail, Virginie, États-Unis 152
Highway 50, États-Unis 119
Hilo, Hawaii 252
Himalaya
Bhoutan 191
Sikkim 25
Hinterhöfen, Berlin, Allemagne 306
Hokkaido, Japon 74, 210
Hólmvik, Islande 210
Homer, Alaska 130-131
Honduras 159
Hong Kong, Chine
Café Zambra 282
cuisine 289
îles 289
Hongrie
Budapest 106, 229
Eger, fête du Vin 262
Honolulu, Hawaii, États-Unis 286
Honshu, Japon 127
Hornbjarg, Islande 18
Hoy, Orcades 18
Hua Zang Si, temple, San Francisco, États-Unis 182
Hukeng, *tolou* de, Chine 257
Humberstone, Chili 154

## I

Idaho, États-Unis
Frank Church-River of No Return Wilderness 50
Salmon River, canyon 50
Shoshones, Indiens 50
Silver City 153
îles du bout du monde 78-113
barrières de corail 92
îles citadines 106
îles au soleil 82

Ilha de Paquetá, Rio de Janeiro, Brésil 106
Ilha Grande, Brésil 82
Illinois, États-Unis 28, 306
Inde
Bombay *voir* Bombay
Corbett, parc national 23
cuisine 226
éléphants 65
*havelis* de Shekhawati 164
Himalaya 23, 25
Jaipur 236
Jodhpur 236
Lakshadweep 82
Manali 32
Mandu 163
Malnad, Ghâts occidentaux 140
Manas, sanctuaire de faune de 65
Rajasthan *voir* Rajasthan
Ranikhet 23
Sikkim 25
Tamil Nadu *voir* Tamil Nadu
tigres 23
Udaipur 224
Independence Day, Bristol, États-Unis 249
Indonésie
dragons de Komodo 66
Java *voir* Java
Sumatra *voir* Sumatra
Timor *voir* Timor
Innerleithen, Écosse 218
Inns of Court, Londres, Grande-Bretagne 310
Inuit, Groenland 210
Iona, Écosse 198
Irlande
Aran, îles d' 18
Clare, comté de 224
Festival international de musiques traditionnelles irlandaises, Feakle 252
Sculpture Trail du comté du Mayo 240
Irlande du Nord
Belfast 146
Géants, Chaussée des 146
Isabella Stewart Gardner Museum, Boston, États-Unis 236
iSimangaliso, parc d', Afrique du Sud 92
Isla Grande, Chiloé, Chili 88
Islande
Hólmvik 210
Hornbjarg 18
Leirhnjúkur 40
Reykjavík 188
Israël 188, 193
Istanbul, Turquie
Çamlica, colline de 74
Pierre Loti, hôtel 32
Istrie, Croatie 168
Italie
Borgo San Lorenzo 188
Burano 298-299
Cala Luna, Sardaigne 122
cuisine 109, 267, 302
Florence *voir* Florence
Gênes 302
Maratea 247, 269
Maximilien, empereur 230
Mazzorbo 299
Miramare, château de 230
Monreale 198
Naples *voir* Naples
*Parrain, Le* 170
pecorino 267
Pienza 267
Ponza 109
Pouilles 135
Rome *voir* Rome
San Lazzaro 299
Sant'Ariano 299
Sant'Erasmo 299
Savoca 170
Sicile *voir* Sicile
Torcello 299
Toscane 262
Turin 231
Venise *voir* Venise
Verdi, festival, Parme 252
villa romaine du Casale, Sicile 168
Vino al Vino, festival, Panzano,
*voir aussi* Vatican
Itria, vallée d' 135

## J

Jaipur, Inde 236
Japon
Akan, parc national d' 55
Amakusa, îles 96
grues du Japon 55
Hokkaido 74, 210
Kumano Kodo 185
Kushiro, marais de 55
Kyoto 291
Kyushu 223
macaques 66
Naoshima 240
Noto, péninsule de 127
Shiretoko, péninsule de 74
sources chaudes 185
Tokyo 222, 306
Jarandilla de la Vera, parador de Espagne 224
jardin de mousse de Kyoto, Japon 291
jardins botaniques
Saint-Vincent-et-les-Grenadines 286
Singapour 286
jardins en ville 286
jardins suspendus, Bombay, Inde 286
Jardin Tranquille, Montréal, Canada 182
Java, Indonésie
Bromo, mont 22
Dieng, plateau de 187
équitation 22
Semar, grotte de 187
Jermyn Street, Londres, Grande-Bretagne 306
Jérusalem, Israël
éthiopienne, église 193
Hadassah, centre médical 188
Jhunjhunu, Rajasthan, Inde 164
Jim Thompson House, Bangkok, Thaïlande 236
Joan Miró, fondation, Barcelone, Espagne 32
Jodhpur, Inde 236
John, mont, Nouvelle-Zélande 20
Jordanie 195
Joseph Schneider, Maison, Ontario, Canada 218
Jost Van Dyke, îles Vierges britanniques 130
Jumeirah, mosquée de, Dubai, Émirabes arabes unis 182

## K

Kadaré, Ismail 265
Kaieteur, chutes de, Guyana 125
Kalaupapa, Moloka'i, Hawaii 18
Kampa, île de, Prague, République tchèque 106
Kandy-Haputale en train, Sri Lanka 140
Kangiqsujuaq, Canada 41
Kansas, États-Unis 74
Kashgar, Chine 294
Katmandou, Népal 188
Kayaköy, Anatolie, Turquie 154
Kenilworth Aquatic Gardens, Washington, États-Unis 279
Kentucky, États-Unis 215
Kenya
Amboseli, parc national d' 36
Chyulu Hills, parc national de 36
éléphants 36
Elgon, mont 37
flamants 149
Grand Rift, vallée du 115, 149
Kikuyu, population 149
Kitum, grotte de 37
Nakuru, lac 149
Observation Hill 36
Kerinci Seblat, Sumatra, Indonésie 61
Kiribati 90
Kisimul, château de, Barra, Écosse, Grande-Bretagne 105
Kitum, grotte de, Kenya 37
Kluane, parc national de, Canada 43
Koh Lanta Yai, Thaïlande 99
Koh Rong, Cambodge 82
Kolmanskop, Namibie 154
Kolovesi, parc national de, Finlande 136
Korčula, Croatie 100
Kortrijk *voir* Courtrai
Koster, îles, Suède 130
Kumamoto, château de, Kyushu, Japon 223
Kumano Kodo, pèlerinage, Japon 185
Kumari Ghar, Katmandou, Népal 188
Kusa, Singapour 130
Kyoto, Japon 290-291
Kyushu, Japon 223

## L

Lakshadweep, Inde 82
Lakshmangarh, Rajasthan, Inde 164
Laos 58
La Peña de Francia, Salamanque, Espagne 204
Larapinta Trail, Australie 128-129
Las Matildes, mines, Carthagène, Espagne 168
Las Médulas, Espagne 30
Lautaret, col du, France 46
Lavenham, Grande-Bretagne 273
Leeuwin, cap, Australie 18
Leighton House, Londres, Grande-Bretagne 242
Leipzig, Allemagne 296
Leirhnjúkur, Islande 40
Leiria, Portugal 224
Leptis Magna, Libye 151, 175
Libye 151, 175
lieux saints 178-205
art religieux 188
cloîtres 198
dans la ville 182
Lisbonne, Portugal
Cacilhas 28
Mercado da Ribeira 294
Tage 300
Lituanie
Courlande, isthme de 69
Trakai, château de 227
Vilnius, églises de 227
Livermore, Maine 218
Liverpool, Grande-Bretagne 300
Ljubljana, Slovénie 252
Llancaiach Fawr Manor, pays de Galles, Grande-Bretagne 218
Llangollen, canal de, Grande-Bretagne 136
Lobkowicz, palais, Prague, République tchèque 306
Loire, vallée de la, France 224
Londres, Angleterre
Bevis Marks, synagogue 182
Chelsea Physic Garden 286
City, églises de la 203
Denis Severs' House 218
Flat White 282
Inns of Court 310
Jermyn Street 306
Leighton House 242
Monument 28
Regent's Canal 300
Victoria & Albert Museum 236
Los Angeles, États-Unis 122
Lot-et-Garonne, France 136
Louis XVI 201, 305
Louisiana Museum of Modern Art, Danemark 134
Louisiane, États-Unis
Atchafalaya, marais de l' 48
cajun, culture 48
Lower East Side Tenement, musée, New York, États-Unis 212
Lyon, France 300

## M

Mackintosh Building, Glasgow, Grande-Bretagne 309
McMinnville, Oregon, États-Unis 262
Madère 139
Madrid, Espagne 311

Maine
The Norlands, Livermore 218
Majorelle, jardin, Marrakech, Maroc 286
Majorque, Espagne 18, 282
Makrinitsa, Grèce 264
Malaisie
lucioles, Selangor 66
Perhentian, îles 98
Maldives 92
Mali
Bandiagara, falaise de 35
Dogons 35
Malnad, Inde 140
Malte
citadelle de Rabat, Gozo 233
It-Tokk (marché), Gozo 233
Manali, Inde 32
Manas, sanctuaire de faune de, Inde 65
Mandawa, Rajasthan, Inde 164
Mandu, Inde 162-163
Manú, parc national de, Pérou 54
Marais poitevin, France 73
Maratea, Italie 247, 269
marchés 294
Margarita, île, Venezuela 86
Margitsziget, Budapest, Hongrie 106
Marie-Antoinette 201, 305
Maroc
Atlas 34
Fès *voir* Fès
Marrakech 286
Meknès 205
Roches, vallée des 34
Tanger 32
Taza 34
Tazzeka, parc national de 34
Marrakech, Maroc 286
Maryland 250
Massachusetts, États-Unis
Boston 106, 236
Cape Cod 122
Coast Guard Beach 122
DeCordova Sculpture Park 240
Dedham 210
Matiu/Somes, île, Wellington, Nouvelle-Zélande 106
Mawddach, estuaire de la, Grande-Bretagne 76
Mehrangarh, fort de, Jodhpur, Inde 236
Melbourne, Australie 306
mer, vue sur sur la 18
Messène, Grèce 167
Metropolitan Museum of Art, The, New York, États-Unis 236
Mexique
baleines, observation des 121
Basse-Californie 121
café 254
Cholula 181
Cuetzalán 254
Espíritu Santo, île 121
Festival international de guitare, Morelia 252
Mexico 306
monarques, sierra Chincua 66
San Carlos 18
San Miguel 92
Tlaxcala, haciendas de 124
Totonaques 254
Yohualichan, pyramides de 254
Mexico 306
Micronésie, États fédérés de
Nan Madol 91
Pohnpei 91
Mindo, Équateur 74
Minneapolis, États-Unis 282
Minnesota, États-Unis
Boundary Waters 136
Mirador Escénico, San Carlos, Mexique 18
Miramare, château de, Italie 230
Missouri, États-Unis 252
Mkhuze, réserve des chutes de, Afrique du Sud 74
MOBA *voir* Museum of Bad Art
Mohave National Preserve, États-Unis 51
Moissac, abbaye Saint-Pierre, France 198
Moldavie 262
Molly Brown House Museum, Denver, Colorado, États-Unis 218
Moloka'i, Hawaii 18
Mongolie 59
Monmouth, Grande-Bretagne 46
Monreale, Italie 198
Montana 218
Montréal, Canada 182
Montserrat 53
Monument, Londres, Angleterre 28
Moorea, Polynésie française 32
Morelia, Mexique 252
Morro de São Paulo, Brésil 122
Moscou, Russie 28
Mostar, Bosnie-Herzégovine 140
Mr. Straw's House, Worksop, Angleterre 218
Munich, Allemagne 297
Mürren, Suisse 9, 26
Piz Gloria, restaurant 26
Schilthorn 26
Museo Casa de la Bola, Mexico 306
Museu de Carrosses Fúnebres, Barcelone, Espagne 210
Museum der Moderne, Salzbourg, Autriche 32
Museum of Bad Art, Dedham, Massachusetts, États-Unis 210
musique
Brésil 281
Cuba 284
festivals 252
Maroc 205
Virginie 117
Myall, lacs, Australie 136

**N**

Namaqua, parc national, Afrique du Sud 46
Namibie 154
Naoshima, île de, Japon 240
Naples, Italie
Herculanum 154
Mercato della Pignasecca 294
National Arboretum, Washington, États-Unis 279
Naucelle, France 238
Nawalgarh, Rajasthan, Inde 164
Nayland, Angleterre 188
Népal
Annapurna 46
Kumari Ghar, Katmandou 188
Neva 300
Nevada, États-Unis 119
New Grove Meadows, Monmouth, Grande-Bretagne 46
New York (État), États-Unis
Adirondacks, massif des 213
Great Camp Sagamore 213
Stone Quarry Hill Art Park 240
New York (ville)
Central Park,
Conservatory Garden 286
observation des oiseaux 278
City Island 106
Cloisters Museum, The 209
Lower East Side Tenement, musée 212
Metropolitan Museum of Art, 236
Saint-Jean-le-Divin 180
Tillman, chapelle 182
Nicaragua
base-ball 220
Granada 220
Nieuwoudtville, Afrique du Sud 46
Ningaloo, Australie 92
Norlands, Livermore, États-Unis 218
Normandie, France 46
Northumberland, Angleterre 168
Norvège
ours polaire, Spitzberg 103
Pyramiden 154
Skulpturlandskap Nordland 240
Spitzberg 102-103
Svalbard globale frøhvelv 103
Vega, archipel de 74
Notre-Dame, Bruges, Belgique 188
Noto, péninsule de, Japon 127
Nouveau-Mexique
Abó 120
Bandelier National Monument 157
Chaco Canyon 154
El Rancho de las Golondrinas 218
Georgia O'Keeffe's, maison de 217
Los Alamos 120, 157
Pueblos, Indiens 120, 157
Salt Missions Trail 120
Santa Fe 217, 282
Nouvelle-Galles du Sud, Australie 136
Nouvelle-Zélande
Alpes du Sud 20
Connells Bay Sculpture Park, île Waiheke 240
Cook, détroit de, en ferry 130
John, mont 20
Larnach, château de 64
Overlander 130
Tekapo, lac 20
Taiaroa Head 64
Wellington 106
Nunavik, Canada 41
Nuuk, Groenland 210

**O**

Observation Hill, parc national d'Amboseli, Kenya 36
O'Hara, lac, Canada 39, 44
Old Cataract, hôtel, Assouan, Égypte 31
Olinda, Brésil 207, 221
Oman
Aïja 18
Sur 18
Ontario, Canada
Joseph Schneider Haus 218
Pointe-Pelée, parc national de la 74
Oradour-sur-Glane, France 172
Orcades, Écosse 18
Ordre du Christ, couvent de l', Tomar, Portugal 198
Oregon, États-Unis
Pinot noir, fête internationale du, McMinnville 262
Umpqua Trail 118
ornithologiques, sites 74
Ottawa, Canada 136
Ouganda 37
outback, Australie 63
Overlander, Nouvelle-Zélande 140
Oxfordshire, Grande-Bretagne 274

**P**

Palais Catherine, Russie 236
Palancar, récif de, Mexique 92
Palau Ubin, Singapour 106
Palawan, île, Philippines
Bacuit Bay 95
El Nido 79, 95
Palmyre, Syrie 165
Panamá
Calzada de Amador 300
San Blas, îles 82
pandas géants, province de Shaanxi, Chine 66
Pang Mapha, cercueils de, Thaïlande 190
Panzano, Toscane, Italie 262
Paris, France
Bagatelle, parc de 305
Café Martini 282
Chapelle expiatoire 201
crypte archéologique 171
Cygnes, îles des 106
Rodin, musée 286
Saint-Julien-le-Pauvre 182
Parme, Italie 252
Parque Enrique Lage, Rio de Janeiro, Brésil 306
Pays-Bas
Frise occidentale 104
Haye, La 304
Scheveningen 304
Texel 104
paysages fleuris 46
Pékin, Chine
*hutongs* 285
Impôts, musée des 210

marché aux fleurs, aux oiseaux, aux poissons et aux insectes, 294
Pelling, Sikkim, Inde 25
Pemba, Tanzanie 113
Penshurst Place, Angleterre, 243
Pergé, Antalya, Turquie 168
Perhentian, îles, Malaisie 98
Pérou
Andes 15
Choquequirao 160
Colca, canyon de 15
Cuzco, cathédrale de 188
*Fitzcarraldo* 54
géologiques, attractions 15
Manú, parc national de 54
Sibayo 15
Toro Muerte 15
Volcans, vallée des 15
Pétra, Jordanie 195
Philippines
Palawan 79, 95
Tubbataha, récifs de 92
Pienza, Italie 267
Pilatus, mont, Suisse 32
Pilatus-Kulm, hôtel, Suisse 32
Pingyao, Chine 277, 288
Pirin, chaîne du, Bulgarie 71
plages idylliques 122-123
Pleasant Hill, communauté shaker, Kentucky, États-Unis 215
plongée sous marine *voir* barrières de corail
Pohnpei, Micronésie 91
Pointe-Pelée, parc national de la, Canada 74
Pologne
Białowieska, forêt de 72
bison européen 72
Cracovie 252
Festival de la culture juive, Zamość 252
Occupation allemande 293
Polynésie française
baleines, Rurutu 66
Moorea 32
Rangiroa 82-83
ponts couverts, Zhejiang, Chine 61
Ponza, Italie 109
Porto Rico
cuisine 81
écotourisme 81
Vieques 81
Portugal
Castelo de Óbidos, pousada Leiria 224
Lisbonne 28, 294
Sagres, baie de 18
Tage 300
Tomar 198
Po Toi, Hong Kong, Chine 289
Prague, République tchèque
château 236
Kampa, île de 106
Lobkowicz, palais 306
Princípé *voir* São Tomé-et-Príncipe
promenades au fil de l'eau 136
Provence, France
Isle-sur-la-Sorgue 294
lavandins 138
Refuges d'Art, France 240
province botanique du Sud-Ouest, Australie 46
Pouilles, Italie 135
Pula, amphithéâtre de, Istrie, Croatie 168
Pyramiden, Svalbard, Norvège 154

## Q

Québec, Canada 41, 248
Montréal 182
Queensland, Australie 97, 140, 210, 260
Quivira National Wildlife Refuge, États-Unis 74

## R

Rabat, citadelle de, Gozo, Malte 233
Rajasthan, Inde 154
Dunlod 164
Fatehpur 164
Jhunjhunu 164
Lakshmangarh 164
Mandawa 164
Nawalgarh 164
Ramgarh 164
Shekhawati, *havelis* 164
Rameshwaram, Inde 192
Ramgarh, Rajasthan, Inde 164
Rangiroa, Polynésie française 82
Ranikhet, Inde 23
Refuges d'Art, France 240
Reichenau, île, Allemagne 200
relais-châteaux 224
Reykjavík, Islande 188
Rhode Island 249
Rhodope, monts, Bulgarie 71
Rideau, canal, Canada 136
Rila, monts, Bulgarie 71
Rio de Janeiro, Brésil
Ilha de Paquetá 106
musique 281
Parque Enrique Lage 306
Riquewihr, France 262
Rochelle, La, France 73, 282
Roches, vallée des, Maroc 34
Rocheuses 10, 39, 44
Rodin, musée, Paris, France 286
Roebuck Bay, Australie 74
romain, Empire 30, 151, 165, 175, 245
sites 168
Rome, Italie
Santa Maria della Vittoria 182
Tibre 300
*voir aussi* Vatican
Romney, Hythe & Dymchurch Railway, Grande-Bretagne 140
Roque-Gageac, La, France 271
Roskilde, Danemark 252
Rostock, Allemagne 130
Roumanie
Bucarest 197
Transylvanie 168
Royal Botanic Garden, Édimbourg, Grande-Bretagne 286
Royaume-Uni *voir* Angleterre ; Écosse ; Galles, pays de ; Irlande du Nord
Rurutu, Polynésie française 66
Russie
Courlande, isthme de 69
Moscou 28
Neva 300
Saint-Pétersbourg 300
Palais Catherine 236

## S

Sagres, baie de, Portugal 18
Sahara occidental, route côtière 18
Saint-Alexandre-Nevsky, église, Biarritz, France 182
Saint-Barthélemy, Antilles, France 84
Saint-Barthélemy 84
Saint Clair, lac, Tasmanie, Australie 130
Sainte-Charité, hôpital de la, Séville, Espagne 188
Saint Elmo, Colorado, États-Unis 154
Saint George, chapelle, Heathrow, Angleterre 182
Saint Helena Island, Caroline du Sud, États-Unis 80
Saint James, église, Nayland, Grande-Bretagne 188
Saint-Jean-le-Divin, New York, États-Unis 180
Saint John, île, Singapour 130
Saint John's Head, Hoy, Écosse, Grande-Bretagne 18
Saint Joseph Peninsula State Park, Floride, États-Unis 122
Saint-Kitts-et-Nevis 158
Saint Michaels, Maryland, États-Unis 250
Saint-Pétersbourg, Russie 300
Saint-Pierre, basilique, Vatican 28
Saint-Pierre-Claver, Carthagène, Colombie 198
Saint-Vincent-et-les-Grenadines
Canouan 122
jardins botaniques 286
Salamanque, Espagne 204
Salt Missions Trail, États-Unis 120
Salzbourg, Autriche 132
Museum der Moderne 32
Sanaa, Yémen 28
San Blas, îles, Panamá 82
San Carlos, Mexique 18
Sandhamn, Suède 101
San Francisco, Californie, États-Unis
Hua Zang Si, temple 182
SoMa 280
Sankt Jakob am Thurn, Autriche 266
San Lorenzo, église, Borgo San Lorenzo, Italie 188
San Marco, monastère, Florence, Italie 198
San Pedro, Belize 92
San Pedro de Atacama, Chili 255
Santa Fe, Nouveau-Mexique, États-Unis 217, 282
Santa Laura, Chili 154
Santa Maria della Vittoria, Rome, Italie 182
Santa Maria la Nuova, Monreale, Italie 198
Santa María la Real, Burgos, Espagne 244
Santa Rosa, parc national, Costa Rica 52
Santiago, Chili 294
Santiago, Cuba 284
Santo Domingo de Silos, Espagne 198
São Lourenço, Madère 139
São Tomé-et-Príncipe 112
Saragosse, Espagne 154
Sarajevo-Mostar en train, Bosnie-Herzégovine 140
Sardaigne, Italie 122
Sark *voir* Sercq
Sarmisegetuza, citadelle de, Transylvanie, Roumanie 168
Savoca, catacombes de, Sicile, Italie 170
Schaffhausen, Suisse 198
Schilthorn, Suisse 26
Schlosshotel Hirschhorn, Allemagne 224
Schlosshotel Rosenau, Autriche 224
Scilly *voir* Sorlingues 130
Scott Joplin Ragtime Festival, Missouri 252
Sculpture Trail de la forêt de Dean, Grande-Bretagne 240
sculptures en liberté 240
Scuola di San Giorgio degli Schiavoni, Venise, Italie 188
Seattle, États-Unis 282
Sedalia, États-Unis 252
Ségovie, aqueduc de 168
Selangor, Malaisie 66
Sénégal 176
Séoul, Corée du Sud 294
Sercq, îles Anglo-Normandes 108
Serengeti, Tanzanie 66
Sevilla Trail, art rupestre sur le, Afrique du Sud 177
Séville, Espagne 188
Seychelles 82
Shaanxi, province de, Chine 66
Shekhawati, *havelis* de, Rajasthan, Inde 164
Shining Rock Wilderness, Caroline du Nord, États-Unis 45
Shiretoko, péninsule de, Hokkaido, Japon 74
Shiv Nivas Palace Hotel, Udaipur, Inde 224
Sicile, Italie 168, 170, 198
Sífnos, Grèce 82
Signature, chambre de la, Vatican 236
Sihwa, lac, Corée du Sud 306
Sikkim, Inde 25
Silver City, Ihaho, États-Unis 153
Singapour
jardins botaniques 286
Kusa-île Saint John en ferry 130
Palau Ubin 106
Skipton, Grande-Bretagne 262
Skulpturlandskap, Nordland, Norvège 240
Slovénie 252
Socotra, Yémen 111
Solitude Mountain Resort, Utah, États-Unis 32
Sóller, Majorque, Espagne 282

Sololá, marché de, Guatemala 294
SoMa, San Francisco, États-Unis 280
Son Marroig, Majorque, Espagne 18
Sorcellerie, musée de la, Hólmvik, Islande 210
Sorlingues, Grande-Bretagne 130
Soufrière, Montserrat 53
Souk des Chéchias, Tunis, Tunisie 294
South Canol Road, Canada 116
South Oxford Canal, Grande-Bretagne 136
Spectacle, île, Boston, États-Unis 106
Spitzberg, Norvège 103
Sri Lanka
Bawa, Geoffrey 261
Galle 261
Kandy-Haputale en train 140
léopards 68
Tangalle 68
Yala, parc national de 68
Stavropoleos, église de, Bucarest, Roumanie 197
Stockholm, Suède
Djurgården, île de 32
Konditori Valand 282
Strömstad, Suède 130
Sucre, Bolivie 32
Suède
Idö 101
Sandhamn 101
Stockholm 32, 282
Strömstad-îles Koster en ferry 130
Suisse
Alpes 9, 26
Constance, lac de 200
Lauterbrunnen, vallée de 9
Limmat, Zurich 300
Pilatus, mont 32
Mürren 9, 26
Schaffhausen 198
Schilthorn 26
Sumatra, Indonésie 61
tigres de 61
Sunlander, Australie 140
Sun Yat-Sen Garden, Vancouver, Canada 286
Sur, Oman 18
Svalbard, Norvège
Pyramiden 154
Svalbard globale frøhvelv 103
Swinton Park, Angleterre 224
Sydney, Australie 106
Syrie
Damas 292
islamique, architecture 292
Palmyre 165
romain, Empire 165

## T

Taiaroa Head, Nouvelle-Zélande 64
Taj Talha Hotel, Sanaa, Yémen 28
Tamil Nadu, Inde
Chettiar, demeures des 226
Rameshwaram 192
Tanger, Maroc 32
Tanzanie
Pemba 113
gnous, Serengeti 66
Ta Prohm, Cambodge 179, 186
Tasmanie, Australie
Freycinet 17
Saint Clair, lac 130
Wineglass, baie de 17
Taurus, monts, Turquie 46, 166
Taza, Maroc 34
Tazzeka, parc national de, Maroc 34
tchèque, République 106, 236, 306
Tennessee, États-Unis
Cherohala Skyway 12
Cherokee, forêt de 12
Great Smoky Mountains 12
Salt and Pepper Shaker Museum, Gatlinburg 210
Termessos, Turquie 166
Territoire du Nord, Australie 129
Texel, Pays-Bas 104
Thaïlande
Andaman, récifs de la mer d' 92
Bangkok *voir* Bangkok
cuisine 99, 190
Koh Lanta Yai 99
Pang Mapha, cercueils de 190
Thessalie, Grèce 264
Tigrad, gorges de, Bulgarie 71
tigres de Sumatra 61
Tillman, chapelle, New York 182
Timor, Indonésie 259
Tlaxcala, haciendas de, Mexique 124
Tokyo, Japon
Hamarikyu, jardins 306
Kanto, musée du séisme de 222
Mingeikan, musée 222
Sumo, musée du 222
Ukiyo-e Ota, musée d'Art 222
Tomar, Portugal 198
Toro Muerte, Pérou 15
Tortola, îles Vierges britanniques 130
Tortola-Jost Van Dyke en ferry 130
Toulouse-Lautrec, musée, Albi, France 238
Tous-les-Saints, Schaffhausen, Suisse 198
train, voyages en 140
Trakai, château de, Lituanie 227
Transylvanie, Roumanie 168
Traquair House, Innerleithen, Écosse 218
traversées en ferry 130
Trèves, Allemagne 168
Trinité 74
Tsitsikamma Trail, Afrique du Sud 147
Tubbataha, récifs de, Philippines 92
*tulou* 257
Tunis, Tunisie
Bardo, musée national du 245
Souk de chéchias 294
Tunisie
Bulla Regia, villas de 168
Carthage 245
romain, Empire 245
Tunis *voir* Tunis
Turin, Italie 231
Turks et Caicos, îles 122
Turquie
Anatolie 154
Antalya 168
Cappadoce 196
Éphèse 168
Istanbul 32, 74
Taurus, monts 46, 166
Termessos 166
Toscane, Italie
Castello di Ripa d'Orcia 224
Chianti, Parco Sculpture du 240
Florence *voir* Florence
Panzano 262
Trois Fleuves parallèles, Chine 57
Tsast, mont, Mongolie 59

## U

Udaipur, Inde 224
Umpqua Trail, États-Unis 118
Unalaska, États-Unis 130
Utah, États-Unis
Canyonlands, parc national de 13
Dead Horse Point 13
Moab 13
VTT 13
Yurt, Solitude Mountain Resort, 32

## V

Vancouver, Canada
Bowen Island 106
Sun Yat-Sen Garden 286
Vanha Kirkko, Helsinki, Finlande 182
Vasari, Corridor, Florence, Italie 236
Vatersay, Écosse 105
Vatican
chambre de la Signature 236
Saint-Pierre, basilique 28
Vega, archipel de, Norvège 74
Venezuela 86
Venise, Italie
Burano 299
Mazzorbo 299
San Lazzaro 299
Sant'Ariano 299
Sant' Erasmo 299
Scuola di San Giorgio degli Schiavoni 188
Torcello 299
Victoria & Albert Museum, Londres, Grande-Bretagne 236
Vieng Xai, grottes de, Laos 58
Vienne, Autriche 282
Vieques, Porto Rico 81
Vierges britanniques, îles 130
Vietnam 258
villes 276-311
flâneries au bord de l'eau 300
îles citadines 106
jardins en ville 286
loin de la foule 306
marchés 294
pause-café 282
vue sur la ville 28
villes fantômes 154
Vin, fêtes du 262
Vin, journée nationale du, Moldavie 262
Virginie
Crooked Road 117
guerre de Sécession 152
High Bridge Trail 152
musique 117
Virginie-Occidentale 140
Volcans, vallée des, Pérou 15
voyages en train 140
vues panoramiques 8-37
cafés et terrasses 32
sur la ville 28
sur la mer 18

## W

Waiheke, île, Nouvelle-Zélande 240
Walpole-Nornalup, Australie 62
Washington, États-Unis 279
Waterton, parc national des lacs, Canada 10
Wellington, Nouvelle-Zélande 106
Welsh Highland Railway, Grande-Bretagne 140
White Pass & Yukon Railroad, Alaska/Canada 140
Willis Tower, Chicago, Illinois, États-Unis 28
Wineglass, baie de, Tasmanie, Australie 17
Worksop, Angleterre 218
World Creole Music Festival, Dominique 85
Wrangell-Kluane, réserve de, Alaska/Canada 43
Wyoming, États-Unis
Yellowstone, parc national de 49

## Y

Yala, parc national de, Sri Lanka 68
Yellowstone parc national de, États-Unis 49
Yémen
Socotra 111
Sanaa 28
Yoho, parc national, Canada 39, 44
Yorkshire, Angleterre 224, 239, 262
Yorkshire Sculpture Park, Angleterre 239
Yukon, Canada 43, 116, 140

## Z

Zamość, Pologne 293
Zhejiang, ponts couverts du, Chine 161
Zurich, Suisse 300